개발자를 위한

# 코틀린

## 프로그래밍  AtoZ

개발자를 위한 **코틀린** (AtoZ) 프로그래밍

2022년 9월 20일 1판 1쇄 발행

저자       문용준
발행자     정지숙
마케팅     김용환

발행처     (주)잇플ITPLE
주소       서울 동대문구 답십리로 264 성신빌딩 2층
전화       0502.600.4925
팩스       0502.600.4924
홈페이지    www.itpleinfo.com
이메일      itpleinfo@naver.com
카페       http://cafe.naver.com/arduinofun

ISBN   979-11-91198-22-5   13000

잘못된 책은 구입하신 서점에서 교환해 드립니다.
책값은 뒤표지에 있습니다.
소스코드 **https://github.com/zerosum99/itple_kotlin** (Ver. 1.7.0 기반 1.7.2 가능)

# Kotlin

개발자를 위한

# 코틀린

프로그래밍 **AtoZ**

코틀린 스크립트로
코틀린 문법과 코루틴까지

먼저 이 책으로 코틀린을 시작하는 여러분의 입문을 환영합니다.

이 책을 집필하게 된 동기는 은행에서 인공지능 서비스를 적용할 때 머신러닝, 딥러닝에서 나온 알고리즘의 결과를 기존 자바 시스템에 전달해서 처리하기 때문입니다. 향후 고객 서비스를 위한 다양한 인공지능 서비스가 만들어지면 앱과 연계한 처리가 필요하므로 앱과 웹이 모두 가능한 언어인 코틀린을 선택해서 공부해야 할 필요가 있습니다.

코틀린 언어는 컴파일 및 인터프리터를 지원하므로 다양한 개발 툴을 사용해서 개발할 수 있습니다. 또한 코틀린 플레이그라운드나 주피터 노트북 등 스크립트 기반의 언어 공부를 할 수 있도록 지원합니다. 그래서 문법과 코루틴을 스크립트 환경에서 빠르게 습득할 수 있습니다.

코틀린을 배우려면 자바 지식이 필수이지만, 이 책은 자바를 모르는 사람들도 쉽게 코틀린을 접할 수 있게 자바 기능을 최소화해서 코틀린 문법에 맞게 설명하므로 코틀린이 추구하는 방향을 잘 이해할 수 있습니다.

이 책을 통해 코틀린 언어로 안드로이드, 백엔드 등의 개발을 잘할 수 있게 되어 코틀린 세상에서 좋은 개발자로 성장하기를 바랍니다.

마지막으로 책이 출판될 수 있도록 도와준 가족들, 편집 등을 잘 해주신 출판사 대표님, 편집 담당자, 그리고 여러 가지 기술 등을 공부할 수 있게 지원해 주신 팀장님과 동료분들에게 감사의 말을 전합니다.

머리말


# Chapter 01. 코틀린

## 1. 개발환경 알아보기 ················································································ 15
1.1 코틀린 지원환경 _ 15
1.2 아나콘다(anaconda) 설치 _ 16
1.3 주피터 랩과 주피터 노트북 설치 _ 18
1.4 코틀린(kotlin) 설치 _ 19
1.5 주피터 랩 이용 _ 21
1.6 주피터 노트북 이용 _ 22


# Chapter 02. 코틀린에서는 모든 것이 객체이다.

## 1. 객체란? ······························································································ 26
1.1 객체 _ 26
1.2 클래스 _ 27

## 2. 객체 표현과 주석 ··················································································· 30
2.1 리터럴, 연산자, 표현식 _ 30
2.2 리터럴(literal)과 표현식(expression) 처리 _ 30
2.3 주석 처리 _ 33
2.4 문자열 _ 35

## 3. 값을 저장하는 변수와 상수 알아보기 ·························································· 39
3.1 변수와 상수 _ 39
3.2 변수와 상수 정의 _ 39
3.3 변수 타입추론과 타입변환 _ 44

4. 계산 연산자 ······································································ 47

    4.1 연산자 구분 _ 47

    4.2 사칙연산자 처리 _ 47

    4.3 이진연산자 처리 _ 52

5. 식별자 알아보기 ······························································ 54

    5.1 패키지 정의와 활용 _ 54

    5.2 식별자 구분하기 _ 56

    5.3 표준 입출력 _ 58

## Chapter 03. 문장 제어처리 알아보기

1. 조건 표현식 알아보기 ···················································· 61

    1.1 비교연산자 _ 61

    1.2 논리연산자 _ 64

    1.3 동등성 _ 66

2. 조건문 알아보기 ······························································ 69

    2.1 if 조건 _ 69

    2.2 when 조건 _ 72

    2.3 예외 _ 74

3. 순환 표현 알아보기 ························································ 78

    3.1 범위 _ 78

    3.2 for 순환 _ 80

    3.3 while/do while 순환 _ 84

    3.4 반복자 _ 87

## Chapter 04. 함수 알아보기

1. 함수 알아보기 ·········································································· 91
  1.1  함수 정의와 실행 _ 91
  1.2  함수 몸체부(블록) 처리 _ 94
  1.3  함수의 매개변수와 인자 _ 95
  1.4  지역변수, 지역함수와 변수 스코프 _ 99
  1.5  함수 인자 전달 시 주의할 점 _ 102

2. 익명함수와 람다표현식 알아보기 ······································ 106
  2.1  익명함수 _ 106
  2.2  람다표현식 _ 108
  2.3  클로저 이해하기 _ 112

3. 함수 자료형 알아보기 ························································· 117
  3.1  함수 자료형 정의 _ 117
  3.2  널 가능한 함수 자료형 정의 _ 120
  3.3  호출메서드(invoke) _ 122
  3.4  함수 오버로딩 _ 125

## Chapter 05. 클래스 알아보기

1. 클래스(Class) 알아보기 ···················································· 129
  1.1  클래스 정의 _ 129
  1.2  생성자(constructor)로 객체 만들기 _ 133
  1.3  멤버 속성과 멤버 메서드 활용 _ 139
  1.4  메서드 참조 _ 142

## 2. 상속 알아보기 ···················································· 145

2.1 코틀린 클래스의 특징 _ 145

2.2 상속 _ 145

2.3 상속에 따른 생성자 호출 _ 149

## 3. 다양한 클래스 알아보기 ···································· 152

3.1 내포 클래스, 이너 클래스, 지역 클래스 _ 152

3.2 메서드에서 전역변수 참조 _ 156

3.3 외부 클래스의 상속관계를 이너 클래스에서 처리 _ 158

## 4. object 알아보기 ··············································· 160

4.1 object 표현식(expression) _ 160

4.2 object 정의 _ 165

4.3 동반 객체(companion object) 처리 _ 168

## 5. 확장 알아보기 ··················································· 173

5.1 일반 속성(property)과 확장 속성(extension property) _ 173

5.2 확장함수 _ 179

5.3 멤버와 확장의 주의할 사항 _ 186

5.4 클래스와 확장함수 활용 _ 189

# Chapter 06. 내장 자료형 알아보기

## 1. 내장 자료형 알아보기 ········································ 193

1.1 숫자 클래스 _ 193

1.2 문자와 문자열 자료형 _ 200

1.3 Any, Unit, Nothing 클래스 _ 210

1.4 배열 _ 214

2. 자료형 처리 알아보기 ································································· 222

2.1 널러블 여부 _ 222

2.2 타입변환 _ 227

2.3 구조분해(Destructing Declaration) 알아보기 _ 232

2.4 자료형과 클래스 _ 235

3. 범위 알아보기 ·································································· 240

3.1 범위 생성 _ 240

3.2 범위 활용 _ 244

4. 날짜(Date) 알아보기 ······················································· 249

4.1 달력과 날짜 처리 _ 249

4.2 지역 날짜와 타임 존 처리 _ 251

## Chapter 07. 클래스 관계 등 추가사항 알아보기

1. 클래스 연관관계 알아보기 ················································ 257

1.1 클래스 관계 _ 257

1.2 결합(Aggregation) 관계 _ 257

1.3 조합(Composition) 관계 _ 259

1.4 의존(Dependency) 관계 _ 261

2. 속성과 메서드 재정의 ······················································ 263

2.1 속성 정의 _ 263

2.2 연산자 오버로딩 _ 268

2.3 메서드 재정의 _ 272

2.4 메서드 재정의 활용 _ 276

3. 특정 자료를 다루는 클래스 알아보기 ···································· 280

   3.1 데이터 클래스 _ 280

   3.2 이넘 클래스 _ 283

   3.3 인라인 클래스(inline class) _ 291


## Chapter 08. 컬렉션 알아보기

1. 리스트, 세트, 맵 알아보기 ······································· 296

   1.1 컬렉션의 가변(mutable)과 불변(immutable) _ 296

   1.2 리스트 클래스 _ 296

   1.3 집합(Set) 클래스 _ 303

   1.4 맵 클래스 _ 308

   1.5 스택(Stack) _ 312

   1.6 큐(queue) _ 315

2. 컬렉션 메서드 알아보기 ········································· 320

   2.1 컬렉션 상속구조 알아보기 _ 320

   2.2 검색과 조건검사 _ 322

   2.3 정렬, 삭제, 조인 처리 _ 326

   2.4 맵 리듀스 처리 _ 331

   2.5 그룹 연산 _ 336

   2.6 시퀀스(Sequence) _ 340


## Chapter 09. 추상 클래스, 인터페이스 알아보기

1. 추상 클래스 알아보기 ··········································· 346

   1.1 추상 클래스 정의 규칙 _ 346

   1.2 추상 클래스 _ 347

   1.3 추상 클래스 활용 _ 350

2. 인터페이스 알아보기 ································································ 357

　2.1 클래스와 인터페이스의 차이 _ 357

　2.2 상속과 구현의 차이 _ 357

　2.3 인터페이스 정의 규칙 _ 358

　2.4 인터페이스 정의 알아보기 _ 358

　2.5 인터페이스의 활용 _ 365

3. 봉인 클래스 알아보기 ······················································· 369

　3.1 봉인 클래스 정의 규칙 _ 369

　3.2 봉인 클래스 정의 _ 369

　3.3 봉인 클래스 활용 _ 372

## Chapter 10. 함수 추가사항 알아보기

1. 함수형 프로그래밍이란 ····················································· 375

　1.1 순수함수와 일급 객체 함수 _ 375

　1.2 함수와 실행객체 비교 _ 381

　1.3 커링함수 알아보기 _ 383

　1.4 연속 호출하는 체이닝 처리 _ 388

2. 고차함수, 합성함수, 재귀함수 알아보기 ·························· 391

　2.1 고차함수 정의 _ 391

　2.2 합성함수 정의 _ 393

　2.3 재귀함수 정의 _ 396

3. 함수의 추가 기능 알아보기 ·············································· 400

　3.1 람다표현식에 수신 객체 반영 _ 400

　3.2 스코프 함수 _ 402

　3.3 SAM 인터페이스 _ 408

4. 인라인 함수와 인라인 속성 알아보기 ·········································· 410

4.1 인라인 함수와 인라인 속성 _ 410

4.2 노인라인 처리하기 _ 413

4.3 크로스인라인 처리하기 _ 415

## Chapter 11. 위임(delegation) 확장 알아보기

1. 클래스 위임 알아보기 ································································ 418

1.1 클래스 위임 규칙 _ 418

1.2 클래스 위임 처리 _ 419

1.3 클래스 위임 활용 _ 423

2. 속성 위임 알아보기 ································································ 430

2.1 속성 위임 규칙 _ 430

2.2 속성 위임 정의 _ 430

2.3 클래스를 만들어 속성 위임 처리 _ 436

## Chapter 12. 제네릭 알아보기

1. 제네릭 알아보기 ···································································· 442

1.1 제네릭 처리 기준 _ 442

1.2 제네릭 함수 _ 443

1.3 제네릭 확장함수와 제네릭 확장속성 _ 449

1.4 제네릭 클래스 _ 453

1.4 제네릭 인터페이스 _ 457

2. 변성 알아보기 ······································································ 462

2.1 변성 _ 462

2.2 공변성 _ 464

2.3 반공변성 _ 466

2.4 선언 변성 활용 _ 469

2.5 사용자 지정 변성 _ 471

2.6 스타 프로젝션 _ 474

3. 리플렉션 알아보기 ·········································································· 477

3.1 클래스, 함수, 속성 참조 _ 477

3.2 리플렉션으로 클래스와 object 정보 확인 _ 481

3.3 함수 인터페이스 확인 _ 488

3.4 리플렉션으로 클래스 상속관계 확인 _ 491

4. 애노테이션 알아보기 ······································································· 494

4.1 사용자 정의 애노테이션 _ 494

4.2 제공된 애노테이션 _ 497

## Chapter 13. 파일 입출력과 스레드 처리

1. 파일 I/O 처리 ·············································································· 505

1.1 스트림 및 버퍼 처리 _ 505

1.2 파일 처리: 읽기 _ 509

1.3 파일 처리: 쓰기 _ 514

1.4 파일 접근과 NIO 처리 _ 518

2. 스레드 ······················································································· 522

2.1 스레드 _ 522

2.2 스레드 풀 사용 _ 533

# Chapter 14. 코루틴 처리

1. 코루틴 동시성 알아보기 ···················································· 542

   1.1 코루틴 _ 542

   1.2 코루틴 기본 구성 _ 549

   1.3 주요 코루틴 빌더 함수 _ 555

   1.4 코루틴의 전역 스코프와 코루틴 스코프 _ 568

   1.5 코루틴 사용자정의 일시중단 함수 _ 579

   1.6 코루틴 예외처리 _ 583

2. 코루틴 정보 전달 알아보기 ·················································· 591

   2.1 코루틴 채널 처리 _ 591

   2.2 코루틴 플로우(Flows) 처리 _ 603

   2.3 액터 처리 _ 612

■ 찾아보기 _ 622

# Kotlin

CHAPTER 01

## CHAPTER 01

# 코틀린

코틀린은 인텔리제이(intelliJ)라는 개발 툴을 만드는 젯브레인(JetBrains)사에서 만든 프로그램 언어로 구글 안드로이드의 주 언어이고, JVM 환경에서 자바 대용으로 백엔드 개발을 할 수 있다. 또한, 코틀린으로 개발한 것을 여러 OS 상에 배포할 수도 있다. 코틀린 언어는 스크립트 처리도 가능하며, 기본적인 것을 신속히 배울 수 있는 다양한 환경을 지원한다.

코틀린은 파이썬 기반의 개발환경이지만 최근에는 다양한 프로그램 언어에서 이 브라우저 기반의 개발환경을 지원하고 있고, 코틀린 개발사인 젯브레인이 만든 커널을 이용하여 기본 문법과 코루틴 등을 모두 구현하고 테스트할 수 있다.

이 책의 문법과 코루틴 처리 등 모든 예제는 스크립트 기반의 주피터 노트북 환경에서 실행한 것이다. 먼저 개발환경을 구성하기 위해 아나콘다, 주피터 노트북, 코틀린을 설치하는 방법을 알아본다.

1. 개발환경 알아보기

# 01 개발환경 알아보기

코틀린은 다양한 환경에서 프로그램을 개발할 수 있다. 코틀린을 배울 때 컴파일러보다는 코틀린 문법과 코루틴 등 다양한 기능을 빠르게 실행해서 간단한 검증을 수행할 수 있는 인터프리터 환경에서 스크립트로 실행해 보는 것이 좋다. 그래서 이 책도 빠르게 배울 수 있는 스크립트 환경을 선택했다. 웹브라우저 기반의 개발환경에서 신속하게 코틀린을 해보기 위해 아나콘다 기반의 주피터 노트북이나 주피터 랩을 사용한다.

## 코틀린 지원환경

코틀린은 다양한 기기에서 작동하지만, 이를 지원하는 방식에는 조금 차이가 있다.

- ☑ **안드로이드 디바이스**: 구글에서 코틀린을 안드로이드 개발 주 언어로 지정했다.
- ☑ **백엔드 개발**: JVM 환경에서 개발할 수 있어서 자바와 동일하게 웹 개발을 할 수 있다.
- ☑ **자바스크립트**: 코틀린으로 작성한 코드를 트랜스파일을 사용해서 자바스크립트로 변환해 실행할 수 있다.
- ☑ **네이티브**: 다양한 OS(iOS, Linux, Windows)를 지원하는 네이티브 컴파일러를 제공한다.
- ☑ **브라우저 처리**: 웹 어셈블리어 포맷으로 컴파일 처리해서 실행할 수 있다.
- ☑ **주피터 노트북/랩**: 파이썬 환경에서 코틀린을 실행할 수 있는 커널을 제공하므로 코틀린으로 기능을 실행해 본다.

### ◼ 개발환경 구성

다음은 아나콘다와 주피터 노트북을 이용하는 개발환경을 설치하는 순서이다.

## 아나콘다(anaconda) 설치

아나콘다는 다양한 가상화 환경을 구성해 데이터 분석을 위한 모듈을 쉽게 설치할 수 있는 환경을 제공한다. 아나콘다를 설치하면 가상화 환경을 추가로 쉽게 구성할 수 있다. 이 가상화 환경에 코틀린, 스칼라 등 다양한 언어를 설치할 수 있다. 기본으로 제공하는 개발 툴이 주피터 노트북이나 주피터 랩이다.

### ◀ 아나콘다 다운받기

https://www.anaconda.com/products/individual에서 아나콘다를 내려받아 설치한다. 설치를 마치면 아나콘다 환경을 구성할 수 있는 아나콘다 내비게이터를 실행할 수 있다. 현재. Mac M1 칩 노트북 다운로드는 64-Bit(M1) Graphical Installer(316MB)를 받아 설치한다. M1 칩 노트북에는 아나콘다 내비게이터가 없어서 설치는 쉘 명령어 실행이 필요하다.

### ◀ 아나콘다 내비게이터(Navigator)로 가상환경 추가

아나콘다를 설치하면 가상환경을 추가하거나 삭제하는 도구인 아나콘다 내비게이터(anaconda navigator) 툴을 제공한다.
아나콘다 내비게이터를 실행하면 다음과 같은 아나콘다 내비게이터 화면이 나타나며 애플리케이션에 base라고 표시한 것을 볼 수 있다.

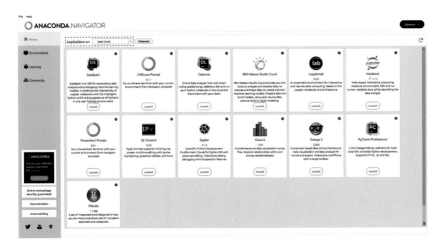

## ▍코틀린(kotlin) 가상환경 구성

추가적인 가상환경을 아나콘다 내비게이터로 만들 수 있다. 아나콘다 내비게이터를 보면 왼쪽에 Home이 있고 그 아래에 Environments가 있다. Environments를 선택하면 기존에 설치된 base 가상환경과 아래에 create가 보인다. 새로운 가상환경을 만들기 위해 create를 누르면 새로운 팝업이 나타나는데 여기에 kotlin과 최신 파이썬 버전을 세팅한 후에 가상환경을 생성한다. Name에 kotlin, Packages에 Python을 선택하고 파이썬 버전은 3.8 이상 선택한다.

잠시 후에 코틀린 가상환경이 만들어진 것을 확인할 수 있다. MAC M1 노트북은 아나콘다 내비게이터를 지원하지 않으므로 쉘 명령어로 가상환경을 만든다.

- 가상환경 생성: conda create --name kotlin python=3.8
- 가상환경으로 이동: conda activate kotlin
- 가상환경 생성 목록 확인: conda env list

## 주피터 랩과 주피터 노트북 설치

아나콘다 내비게이터 왼쪽 상단의 Home 버튼을 눌러 첫 화면으로 이동한다. kotlin 가상환경에서
주피터 랩과 주피터 노트북의 install 버튼을 눌러 설치한다. 설치에는 시간이 걸리므로 종료할 때
까지 기다린다. Mac M1 노트북에서는 명령어로 주피터 노트북을 설치한다.

- 주피터 노트북 설치: pip install jupyter notebook
- 주피터 랩 설치: pip install jupyterlab
- 주피터 노트북과 주피터 랩 실행: $jupyter notebook

    $jupyter-lab

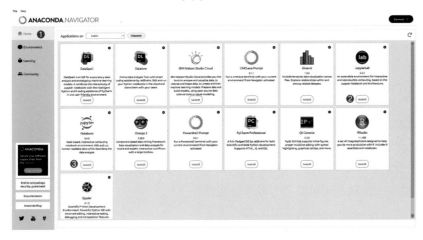

설치가 되면 launch 버튼으로 변경된다.

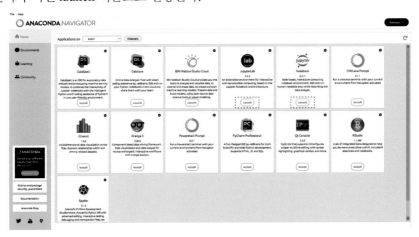

## 1.4 코틀린(kotlin) 설치

### ◀ 코틀린 정보 확인

아나콘다의 주피터 환경에서 코틀린을 설치할 수 있다. 먼저 코틀린의 정보를 확인해야 한다.
코틀린 커널의 정보가 있는 깃허브 주소로 가서 설치 방법을 숙지한다.

- 주소: https://github.com/Kotlin/kotlin-jupyter

### ◀ 가상환경 루트 확인

직접 쉘 창을 열어 설치할 수도 있지만, 아나콘다 내비게이터 사용법을 배우기 위해 작동방식을
알아보자.

Environments로 돌아가서 kotlin에 마우스를 가져가면 옆에 실행 버튼이 보인다.

실행 버튼을 눌러 터미널 창을 연다.

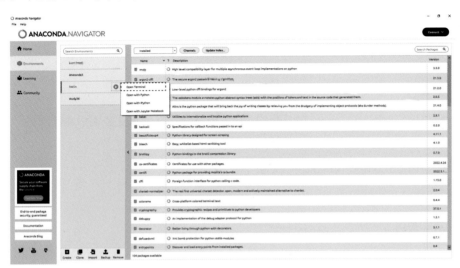

Open Terminal을 클릭하면 kotlin 가상환경 루트를 터미널로 확인할 수 있다.

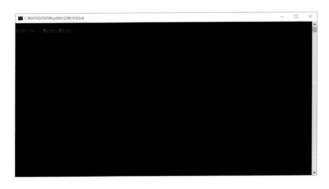

◤ 터미널에서 kotlin-jupyter-kernel 설치

아래의 명령 중 하나를 터미널에서 입력하고 설치하면 코틀린이 실행되는 환경을 자동으로 구성
할 수 있다.

- 콘다 명령으로 설치: $conda install –c jetbrains kotlin–jupyter–kernel
- 파이썬 명령으로 설치: $pip install –c jetbrains kotlin–jupyter–kernel

## 주피터 랩 이용

kotlin이 설치되면 주피터 랩의 launch 버튼을 눌러 주피터 랩을 실행한다. 브라우저는 크롬을 이용하는 것이 좋다.

주피터 랩 왼쪽에 현재 개발하는 디렉토리를 볼 수 있으며 원하는 디렉토리로 이동해서 개발할 준비를 할 수 있다. 새로운 kotlin 주피터 커널을 만들 때는 kotlin 마크 버튼을 눌러서 kotlin 커널에 맞는 것을 실행한다.

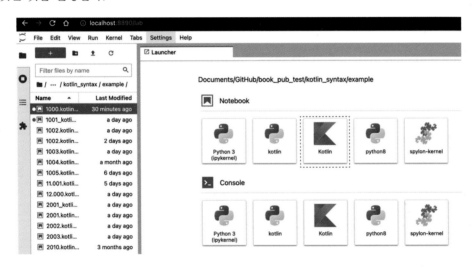

첫 번째 주피터 창을 열면 제목이 없는 Untitled1.ipynb 파일이 하나 만들어진다.

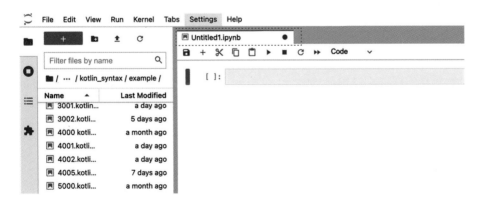

## 주피터 노트북 이용

아나콘다 내비게이터에서 주피터 노트북의 launch를 클릭하면 브라우저에 주피터 노트북 화면이 보인다. 코틀린만 개발하는 디렉토리를 선택해서 이동한다.

### ◤ 주피터 노트북 파일 만들기

주피터 노트북 우측 new 버튼을 눌러 커널 이름 kotlin을 선택해서 만들면 임의의 이름으로 하나의 브라우저 화면이 추가된다. 원하는 이름으로 rename한다.

### ◤ 주피터 노트북 코딩과 실행

주피터 노트북은 상단에 실행 버튼(run)과 중단 버튼(검은 사각형) 등이 있다. 수동으로 실행할 때는 키보드의 시프트(shift) 키와 엔터(enter) 키를 동시에 누른다.

코틀린 예제를 작성해 보자.

먼저 val hello="Hello"를 입력한다. 즉 변수 hello에 문자열 Hello를 할당한다. 변수명 앞의 val은 이 변수는 한번 할당하면 재할당할 수 없다는 것을 나타내는 예약어이다.

그 아래에 작성된 것을 알아보자.

fun은 함수를 정의할 때 쓰는 예약어이고 fun 다음에 함수명을 쓴다. 괄호는 매개변수 지정인데 아무것도 없다는 뜻이다.

함수가 실행될 코드는 중괄호 즉 코드 블록에 작성하며 함수에는 반드시 코드 블록이 필요하므로 그 내부에 2개를 출력하는 println 함수가 호출되었다.

출력할 문자열 내부에 $변수명 또는 ${특성객체.속성}을 표기해서 문자열 외부의 변수나 외부의 속성을 참조할 수 있다.

셀이 다 작성되면 실행해야 변수나 함수가 메모리에 로딩된다.

```
val hello = "Hello"

fun main() {
    println(" $hello ")
    println(" kotlin version : ${KotlinVersion.CURRENT } ")
}
```

위에서 정의된 main 함수를 실행해보자.

빈 셀에 함수 이름과 빈 괄호를 작성한 후에 시프트 키와 엔터 키를 동시에 눌러서 함수를 실행한다. 실행 결과 2줄이 출력된다. 하나는 변수에 정의한 문자열이고, 다른 하나는 현재 코틀린 스크립트의 버전인 것을 알 수 있다.

```
main()

Hello
kotlin version : 1.7.0
```

주피터 노트북 빈 셀에 hello를 작성하고 실행하면 위에서 정의한 변수를 참조해서 그 내부에 저장된 값인 문자열을 출력한다. REPL 창에서 실행하는 것과 같은 결과이다.

```
hello

hello
```

## ▌ 주피터 노트북의 특징

주피터 노트북은 빈 셀에 마크다운으로 코딩한 것에 대한 설명을 추가할 수 있다.

아래 예제를 보면 빈 셀에 문자열을 작성하고 이 셀을 마크다운으로 변경(esc 키와 M 키를 누르거나 code 표시 버튼을 누른 후 markdown으로 변경)해 다양한 문장을 입력할 수 있다. 세부적인 마크다운 처리는 검색해서 알아보면 된다.

문자열과 정수의 클래스 정보를 확인할 때는 점연산자 다음에 javaClass.kotlin을 입력하면 코틀린이 처리하는 클래스 정보를 알려준다.

### ■ 문자열인 정수에 대한 클래스 확인하기

```
"Hello".javaClass.kotlin
```

class kotlin.String

```
(100).javaClass.kotlin
```

class kotlin.Int

# Kotlin

CHAPTER **02**

## 코틀린에서는 모든 것이 객체이다.

객체지향을 도입한 언어에서는 모든 것을 객체로 보고 처리한다. 객체는 항상 유일하고 특정한 자료형을 가지므로 변수, 반환값 등에 할당할 수 있다.
코틀린 언어에서도 기본적으로 모든 것을 객체로 본다.

1. 객체란?

2. 객체 표현과 주석

3. 값을 저장하는 변수와 상수 알아보기

4. 계산 연산자

5. 식별자 알아보기

# 01 객체란?

객체지향을 반영한 프로그램 언어는 모든 것을 객체로 처리한다. 객체는 항상 유일하고 특정한 자료형(클래스)을 가지므로 변수, 반환값, 매개변수 등에 할당할 수 있다.

코틀린도 마찬가지로 모든 것을 객체로 본다. 내부에서 JVM으로 실행되어 자바와 동일하게 프리미티브(primitive)를 사용한다. 하지만 코틀린은 컴파일 처리할 때까지는 모든 객체에는 해당 클래스가 있다.

## 객체

코틀린은 모든 것을 객체로 처리한다. 그래서 객체에는 해당하는 클래스가 있다. 이 객체의 클래스를 확인하는 2가지 방법을 제공한다.

- ☑ javaClass: 자바 클래스를 확인하는 속성
- ☑ javaClass.kotlin: 코틀린 클래스를 확인하는 속성

아래 예제는 문자열과 정수에 점연산자를 붙이고 javaClass.kotlin으로 확인한다. 주피터 노트북에서 셀 단위의 실행은 키보드의 시프트 키와 엔터 키를 동시에 누른다. 그러면 입력된 셀 아래에 실행결과가 출력된다.

```
"Hello".javaClass.kotlin
```

```
class kotlin.String
```

```
(100).javaClass.kotlin
```

```
class kotlin.Int
```

## 클래스

클래스를 정의하는 방식은 아직 배우지 않았다. 일단 객체를 만들려면 클래스가 필요하다. 먼저 클래스를 정의하고 이 정의된 클래스 내의 생성자를 호출해서 객체를 생성한다.

- ☑ 클래스(class): 클래스를 정의하는 예약어이며 객체를 생성하는 템플릿 도구이다.
- ☑ 생성자(constructor): 클래스 정의 이후 객체를 생성하는 기능이다. 보통 클래스 이름으로 호출하고 생성자를 실행하면 객체 내의 속성들을 초기화 처리한다.

아래 예제에서는 class 예약어와 클래스 이름을 작성하고 클래스가 하는 내부적인 일은 코드 블록에 작성했다. 작성된 코드는 하나의 속성에 문자열을 할당했다.

클래스로 객체를 생성하려면 생성자를 호출해야 한다. 생성자를 호출하는 방법은 클래스 이름과 호출연산자인 괄호를 사용한다. 생성된 객체를 재사용하려면 변수에 객체를 할당한다. 그런 다음 객체의 속성이나 메서드는 점연산자로 접근해서 사용한다.

```
class Hello {
    val hello = "Hello"
}
```

```
val h = Hello()
```

```
h.javaClass.kotlin
```

```
class Line_2$Hello
```

주피터 노트북은 빈 셀에 작성한 코드를 바로 실행할 수 있으므로 코틀린을 개발할 때는 편리한 점이 많다. 특별하게 메인함수(main function, 코틀린을 작성해서 실행하는 함수)를 작성해서 실행할 필요가 없고 스크립트 환경이므로 실행된 결과를 바로 확인할 수 있다.

코틀린을 주피터 개발 툴에서 처리할 때의 장단점을 간단히 알아보자.

■ 장점 1: 일반 개발 툴처럼 main 함수로 실행할 필요가 없다.

주피터 노트북이나 주피터 랩은 셀 단위로 코드를 작성하고 바로 실행되므로 메인 함수를 작성해서 별도로 실행할 필요가 없다.

- 함수 정의(fun): 함수 정의 예약어이다. 함수를 정의할 때는 function의 약자인 fun을 예약어로 사용한다.
- 메인 함수(main function): 하나의 애플리케이션을 정의하면 처음으로 실행할 때 필요한 함수이다. 애플리케이션의 첫 번째 출입점이다.
- 스크립트로 표기할 때는 메인 함수가 없어도 현재 작성된 코드를 직접 실행해서 결과를 확인할 수 있다.

일반적인 개발 툴에서는 보통 main 함수를 작성한 후에 main을 실행해 결과를 확인한다.

```kotlin
fun main() {
    println("Hello World !!!")
}

main()                          //개발툴에서는 main 함수로 실행
```

Hello World !!!

주피터 노트북이나 주피터 랩은 빈 셀에 출력 함수만 작성해 실행하면 결과를 바로 확인할 수 있다.

```kotlin
println("Hello World !!!")      //스크립트 처리이므로 바로 실행 가능
```

Hello World !!!

■ 장점 2: 웹 기반이므로 마크다운 등으로 설명을 추가할 수 있다.

주피터 노트북이나 주피터 랩은 웹 기반의 스크립트 구현이므로 추가로 빈 셀에 마크다운으로 설명 등을 추가할 수 있다. 따라서 공부하는 자료를 바로 공유하고 웹에서도 바로 현재 상태를 공유할 수 있다.

### Student 클래스의 특징

- 특정 속성만을 가지는 클래스이다.

```kotlin
class Student(val name:String, val age : Int)

val s = Student("조현웅", 29)
```

**◤ 단점 1:** 패키지 작성이나 패키지 단위의 상수를 지정할 수 없다.

즉시 실행되는 구조라서 컴파일 타임이 구성되는 패키지나 패키지 내의 상수를 정의할 수 없다.

- 패키지(package): 코틀린은 여러 파일에 첫 번째 문장으로 패키지를 지정한다. 그러면 컴파일을 실행할 때 패키지 단위로 파일에 작성된 것을 묶는다. 보통 클래스나 최상위 함수 등은 패키지를 기준으로 구분된다.

주피터 노트북은 셀 단위로 실행되므로 별도의 패키지를 만들지 못한다.

```
// package com.jbrain.package.              //작성해도 실제 패키지를 처리할 수 없음

// const val CONST = 100                    //구성할 수 없어서 실행할 때 에러를 발생시킴
```

**◤ 단점 2:** 현재 코틀린용 주피터 노트북이나 주피터 랩에서 kts 파일을 바로 만들 수 없다.

파이썬으로 개발할 때는 주피터 매직 명령어(%%writefile)로 파일을 작성할 수 있으나 현재 코틀린에서 제공하는 방식은 특수한 경우에만 매직 명령어(%use package명)를 지원한다.

```
// %%writfile aaa.kts
// class Student(val name : String, val age : Int)
//
// fun main() {
//     val s = Student("조현웅", 29)
//     println("Hello World !!! ${s.name}")
// }
```

# 02 객체 표현과 주석

프로그램 언어에서 기본으로 제공되는 숫자 표현과 문자열 표현 등은 일반적인 숫자와 문자열을 그대로 사용한다. 이런 표현을 리터럴이라고 한다. 또한 코드를 작성하고 이를 설명하는 방법인 주석을 제공한다.

## 리터럴, 연산자, 표현식

문자, 연산자, 그리고 문자와 연산자의 조합인 표현식을 알아본다.

- ☑ 리터럴(literal): 리터럴이란 하나의 값을 말하며 보통 숫자, 문자, 문자열이다. 클래스를 만들어 객체로 만든 값은 모두 리터럴이다. 코틀린에서도 숫자, 문자, 문자열은 객체이다.

- ☑ 연산자(operator): 연산자는 두 개의 리터럴을 연산할 때 사용하는 도구이다. 보통 기호로 표시하지만 코틀린 내부에서는 메서드로 처리한다.

- ☑ 표현식(expression): 표현식은 여러 리터럴과 연산자가 연결된 수식을 말한다. 이 수식은 즉시 평가되어 하나의 값으로 변환된다.

- ☑ 객체(object): 객체란 클래스에 의해 생성되는 모든 것을 말한다. 보통 숫자, 문자열 등은 리터럴 표기법으로 객체를 만들지만, 사용자가 class 예약어로 정의한 클래스는 리터럴 표기법으로 객체를 표현할 수 없다.

## 리터럴(literal)과 표현식(expression) 처리

숫자, 문자는 100, '가' 등 리터럴 표기법으로 작성하면 객체이면서 값으로 사용한다. 리터럴과 연산자를 여러 번 연결해 표현식을 작성한다. 이 표현식은 아무리 복잡해도 항상 평가되어 하나의 결과인 값으로 처리된다. 리터럴과 표현식을 어떻게 사용하는지 간단하게 알아보자.

## 정수와 실수도 객체이다.

숫자를 관리하는 정수와 실수에 대한 다양한 클래스들을 알아본다.

- Byte(1바이트), Short(2바이트), Int(4바이트)와 Long(8바이트) 클래스로 구분한다.
- 실수는 Float(4바이트)와 Double(8바이트) 클래스로 구분한다.
- 정수는 기본이 Int 클래스의 객체이다. Long 클래스 정수는 L을 숫자 표현 끝에 붙이면 리터럴 표기법일 때 Long 클래스의 객체로 인식한다.
- 실수는 기본이 Double 클래스의 객체이다. Float으로 처리할 때는 숫자 표현 끝에 F를 붙여 사용한다.



아래 예제는 정수와 실수를 리터럴 표기법으로 작성한 것이다. 정수와 실수의 클래스를 확인해보면 코틀린에서는 정수와 실수도 다양한 클래스로 구분한다는 것을 알 수 있다. 세분화하여 구분하는 이유는 코틀린에서는 각 클래스의 자료형을 별도로 관리하기 때문이다.

```
val intVar = 100                            //정수 기본은 Int
val longVar = 100L                          //정수 Long은 접미사로 L, l 붙인다.
val doubleVar = 100.0                       //실수 기본은 Double
val floatVar = 100.0F                       //실수 Float은 접미사 F, f 붙인다.
                                            //코틀린 내부 클래스 확인
println(intVar.javaClass.kotlin)
println(longVar.javaClass.kotlin)
println(doubleVar.javaClass.kotlin)
println(floatVar.javaClass.kotlin)
```

```
class kotlin.Int
class kotlin.Long
class kotlin.Double
class kotlin.Float
```

## 문자, 문자열, 논릿값도 객체이다.

하나의 문자, 참과 거짓의 논리값, 여러 문자로 구성한 문자열 클래스를 알아본다.

- 문자는 Char 클래스(2바이트)이고 리터럴 표기법은 작은따옴표를 사용한다.
- 문자열은 String 클래스이고 리터럴 표기법은 큰따옴표를 사용한다. 문자열의 원소는 문자이다.
- 논릿값인 true(참), false(거짓)는 Boolean 클래스의 객체이다. 논릿값은 논리연산자, 비교연산자를 처리한 결과를 나타낸다.

아래 예제에서는 문자와 문자열을 리터럴로 작성해서 변수에 할당했고 논릿값도 변수에 할당했다. 변수에 자료형을 지정하지 않았지만, 실제 각 변수에 할당된 자료형은 리터럴 값으로 자동 지정된다. 문자, 문자열, 논릿값의 클래스를 확인한다.

```kotlin
val charVar = 'a'                          //문자 리터럴
val stringVar = "string"                   //문자열 리터럴
val boolVar = true                         //불리언 리터럴

println(charVar.javaClass.kotlin)
println(stringVar.javaClass.kotlin)
println(boolVar.javaClass.kotlin)
```

```
class kotlin.Char
class kotlin.String
class kotlin.Boolean
```

### ◧ 객체는 메서드로 연산을 수행한다.

모든 객체는 상태와 행위 즉 속성과 메서드를 가진다. 그래서 정수나 실수도 객체이므로 속성과 메서드를 가지고 있다. 보통 숫자 객체는 변경할 수 없는 객체이므로 연산자를 수행하면 새로운 객체를 생성한다.

- 메서드(method)는 클래스 내부에 정의한 함수인데 객체가 점연산자로 접근해서 실행할 수 있다.
- 함수(function)는 함수 이름과 호출연산자로 실행한다.
- 연산자(operator)는 특정 기호로 표기한다. 연산자를 표기하면 내부에서 해당하는 메서드로 변환해 처리한다.

아래 예제를 보면 연산자를 사용해 계산하고 같은 것을 메서드로 연산한다. 연산자 표기법은 오래전부터 사용했으므로 기본으로 지원하지만, 내부에서는 메서드로 처리한다.

```kotlin
println(100 + 100)              //연산자 사용
println(100.plus(100))          //메서드 사용

println(100 - 100)              //연산자 사용
println(100.minus(100))         //메서드 사용

println(200 / 100)              //연산자 사용
println(200.div(100))           //메서드 사용

println(300 % 7)                //연산자 사용
```

```
println(100.rem(7))        //메서드 사용

println(10 * 20)           //연산자 사용
println(10.times(20))      //메서드 사용
```

```
200
200
0
0
2
2
6
2
200
200
```

## 주석 처리

프로그램을 작성한 코드는 컴파일러나 인터프리터에 의해 실행 파일로 변경된다. 하지만 이 코드를 설명하는 주석(comment)은 실행 파일로 변환되지 않고 프로그램 작성하는 용도로만 사용된다. 요즘은 코드 리뷰가 필수이므로 주석을 제대로 표시하는 것도 코드를 잘 작성하는 만큼 중요하다.

### ◤ 한 줄 주석

한 줄 주석은 코드를 작성한 하나의 줄을 설명하는 용도이다. 그래서 변수 정의나 함수 호출 등의 다음에 두 개의 슬래시(//)를 쓰고 그다음에 설명을 붙인다. 아래 예제는 변수와 함수 호출에 모두 주석을 표시한 것이다. 주석은 코드를 실행할 때 아무런 영향을 미치지 않는다.

```
val 가을이라 = 100        //변수를 지정

println(가을이라)         //변수를 출력
```

```
100
```

### ◀ 여러 줄 주석

코드의 설명이 길어질 때는 여러 줄 주석으로 작성한다. 여러 줄 주석은 /*……*/ 사이에 설명을 붙인다. 보통 함수나 클래스 등을 설명할 때 여러 줄 주석을 사용한다.

나음 예제에서는 함수 위에 여러 줄의 주석을 표시했다. 함수의 코드가 복잡하면 여러 줄 주석으로 설명을 추가해줘야 한다.

```
/* 함수를 처리할 때 매개변수는 2개이며 처리방식은...
/* 그래서 ...*/
*/

fun helloWorld() {
    println("코틀린 입문을 환영합니다.")
}

helloWorld()
```
코틀린 입문을 환영합니다.

### ◀ 문서화 주석

클래스나 함수 등이 어떤 내용인지 규칙에 맞춰 작성하면 이를 문서화할 수 있다. 문서화 주석은 /**……*/ 사이에 설명을 붙인다. 아래 예제는 클래스에 관한 문서화 주석을 간단히 나타낸 것이다. 클래스 등 중요한 것은 문서화 작업도 필요하므로 코드에 주석을 많이 작성해야 하는데 이런 문서화 주석은 자동으로 문서를 만드는 용도로 사용된다.

```
/**
 * 클래스에 대한 멤버 구성.
 *
 * 클래스에 대한 매개변수, 생성자 등 멤버 설명.
 *
 */
class Group<T>(val name: String) {
    /**
     * 메서드에 대한 설명
     */
    fun add(member: T): Int {
        return 100
    }
}
```

CHAPTER 02

## 2.4 문자열

문자열은 두 개의 따옴표(큰 따옴표) 사이에 문자들을 순서대로 나열한 구조이다. 문자열, 예약어, 변수명은 코드 내부에서 처리하는 기준이 다르다. 그래서 문자열을 어떻게 구분하는지 정확히 알아야 한다.

### ▶ 문자와 문자열 구분하기

문자는 작은따옴표로 나타내는 하나의 문자이고 2바이트인 Char 클래스로 만든다. 문자열은 빈 문자도 포함하는 여러 개의 문자 묶음이다. 문자열 클래스는 String이다.

- 문자 배열 생성 함수: charArrayOf는 문자를 인자로 받아 배열을 만든다.
- 배열 정보 출력: contentToString 메서드는 배열 내부 원소를 출력한다.

아래 예제에서 '가' 문자의 클래스를 확인하면 Char이고 문자들의 배열을 charArrayOf 함수로 만들면 각각은 문자이다. 이 문자 배열을 문자열로 변환하면 문자열 객체가 만들어지고 문자열을 출력하면 문자들의 연속된 상태를 출력한다. 그래서 문자열이 객체라는 것을 알 수 있다.

```
println('가'.javaClass.kotlin)

println(charArrayOf('가','을').contentToString())

var str = String(charArrayOf('가','을'))
println(str)
```

```
class kotlin.Char
[가, 을]
가을
```

### ▶ 문자열 템플릿(String Template)

특정한 작업을 하고 나서 출력할 때는 다시 문자열로 변환해 출력한다. 이때 문자열 템플릿을 사용해서 기존에 정의된 변수나 표현식을 쉽게 활용해서 출력할 수 있다.

아래 예제에서는 문자열과 정수를 변수에 할당했다. 단순하게 변수를 참조하거나 변수를 계산한 결과를 출력할 때 문자열 템플릿을 사용할 수 있다. 문자열 사이에 변수 참조를 삽입할 때는 변수가 하나면 〈$ 기호＋변수명〉, 표현식이면 〈$기호＋중괄호 안에 표현식〉을 사용한다.

아래 예제에서는 문자열과 두 정수를 변수에 할당하고 문자열을 변수 참조로 사용했고, 정수가 할당된 변수는 덧셈하도록 삽입했다. 실행하면 참조와 계산 결과를 출력하는 것을 볼 수 있다.

```
val date = "20220101"
val a = 100
val b = 200

println(" 날짜 : $date ")          // $+변수명을 지정해서 출력

println(" 100 + 200 = ${a+b}")    // ${표현식}을 지정해서 출력
```

```
날짜 : 20220101
100 + 200 = 300
```

### ▶ 이스케이프 문자(Escape Character)

문자열을 작성할 때 문자열 내부의 정보를 제공하는 이스케이프 문자가 있다. 문자열을 출력할 때도 문자열의 끝에 개행문자를 넣어 문자열을 꾸며준다.

| 표현 | 영어 이름 | 한국어 이름 | 표현 | 영어 이름 | 한국어 이름 |
|---|---|---|---|---|---|
| ₩' | single quote | 작은따옴표 | ₩t | tab | 탭 |
| ₩" | double quote | 큰따옴표 | ₩b | backspace | 백스페이스 |
| ₩/ | slash | 슬래시 | ₩f | form feed | 폼피드 |
| ₩₩ | backslash | 역슬래시 | ₩v | vertical tab | 수직탭 |
| ₩n | new line | 뉴라인 | ₩0 | null character | 널 |
| ₩r | carrige return | 캐리지리턴 | ₩$ | dollar sign | 달러 기호 |

### ▶ 문자열 꾸미기

문자열에 이스케이프 문자를 삽입하면 출력할 때 이스케이프 문자에 따라 실행한다. 아래 예제에서는 문자열 사이에 이스케이프 개행문자(뉴 라인 문자)를 썼다. 출력해보면 두 줄로 출력된다.

```
println(" 문자열에 ₩n이스케이프 문자를 넣고 처리 ")
```

```
문자열에
이스케이프 문자를 넣고 처리
```

## ◤ Raw 문자열(Raw String) 처리

일반 문자나 이스케이프 문자들을 그대로 문자로 인식해서 처리하는 문자열을 원시 문자열이라고
한다. 코틀린에서 원시 문자열은 큰따옴표 3개를 사용한다.

아래 예제에서 Raw 문자열에 개행문자를 넣어 출력하면 개행문자도 문자열로 인식해서 그대로
출력한다. 원시 문자열에 문자열 템플릿 기능을 추가할 수 있다. 정수를 덧셈하는 것을 넣어서 실
행하면 계산 결과를 출력한다.

```
val s1 = """  문자열에 ₩n이스케이프 문자를 넣고 처리"""

println("$s1")

val s2 = """  문자열 템플릿 기능은 ${100 + 200}"""

println("$s2")
```

```
문자열에 ₩n이스케이프 문자를 넣고 처리
문자열 템플릿 기능은 300
```

## ◤ 형식문자 포매팅(String Formatiing)

형식문자 포매팅은 문자열에 특수한 편집기호를 사용한다. 해당 객체를 편집기호에 맞춰서 처리
하는 방식이다.

- %s: 문자열을 처리하는 형식문자
- %d: 정수를 처리하는 형식문자
- %f: 실수를 처리하는 형식문자
- %e: 실수를 지수로 표기하는 형식문자
- %x: 정수를 16진수로 표기하는 형식문자
- 형식문자의 숫자 표현은 출력하는 길이를 나타낸다. 실수 %6.2f는 전체 실수는 6자리이고 그중에 소수점
  이하는 2자리라는 것을 나타낸다.

아래 예제를 보면 문자열 내에 형식문자로 포매팅을 지정하고 format 메서드에 실제 값을 인자로
전달하면 문자열 내의 형식문자에 맞게 문자열이 포매팅된다.

```
val float = 1234.5
val int   = 100
val string = "문자열"
val edec = 10e15
val hex = 0xffff

println(" float= %6.2f int= %6d  string = %10s"
        .format(float,int,string))
println(" edec = %e hex=%x ".format(edec, hex))
```

```
 float= 1234.50 int=    100  string =        문자열
 edec = 1.000000e+16 hex=ffff
```

# 03 값을 저장하는 변수와 상수 알아보기

프로그램 언어 내에서 특정 값을 보관하는 장소는 변수와 상수이다.
코틀린에서 변수를 정의할 때는 예약어 val, var를 사용할 수 있다. 상수는 const val 예약어만 사용할 수 있으며 정의할 수 있는 영역도 제한된다.

## 변수와 상수

☑ **변수**
- 불변변수(val): 한번 저장하면 다시 할당할 수 없는 변수를 정의한다.
- 가변변수(var): 재할당할 수 있는 변수를 정의한다.

☑ **변수의 이름 작성**
- 소문자나 언더스코어(_)로 시작한다.
- 첫 문자에 숫자를 쓸 수 없다.
- 여러 단어를 연결해 표기할 때 두 번째 단어의 첫 글자를 대문자로 쓴다. 이것을 카멜 표기법 (camel notation)이라고 한다.

☑ **상수 정의**
- 패키지나 object 예약어를 사용하는 곳에서만 정의할 수 있다.
- 상수는 const val 예약어를 사용한다.
- 상수는 변수와 구별하기 위해 상수 이름을 모두 대문자로 쓴다.

## 변수와 상수 정의

코틀린 언어에서는 변수와 상수는 둘 다 값을 저장해서 관리한다. 상수는 정의할 때 한번 값을 할당하지만, var 변수는 한번 정의하고 다양하게 변경하면서 사용할 수 있다.

## ◤ 변수, 상수 정의와 참조 구분

- 정의(Declaration)는 변수와 상수를 처음으로 만드는 것을 말한다.
- 참조(Reference)는 만들어진 변수나 상수의 값을 이름으로 조회하는 것을 말한다.
- 할당(Assignment)은 변수나 상수에 초깃값을 지정하는 것을 말하며, 재할당은 변수의 값을 바꾸는 것을 말한다.

## ◤ 식별자 이름 작성 방법

- 식별자(identifier): 변수, 함수, 클래스 등을 이름으로 구별해서 참조하는 모든 것을 말한다. 그래서 이름을 중복되지 않게 지정해야 식별자를 찾을 때 충돌되지 않는다.
- 카멜 표기법(camel notation): 변수 이름의 첫 글자는 소문자로 쓰고 다음 단어의 첫 글자는 대문자로 쓴다.
- 파스칼 표기법(Pascal notation): 단어들의 첫 글자를 대문자로 쓴다. 클래스, object, 인터페이스는 첫 글자를 대문자로 쓰고 단어를 이어쓸 때는 시작하는 단어의 첫 글자를 대문자로 쓴다.
- 팟홀 표기법(pothole)/스네이크 표기법(snake): 단어와 단어를 언더스코어로 연결해서 쓴다. 보통 상수는 모두 대문자로 쓰지만, 단어를 연결해 쓸 때는 스테이크 표기법도 같이 사용한다. 한 번만 정의하므로 전체 이름을 대문자로 쓴다.

## ◤ 지역변수와 전역변수

코틀린은 패키지 단위로 관리하므로 파일에 변수를 정의하면 전역변수로 인식한다. 지역변수는 함수 내부나 코드 블록에 사용하는 문장에 정의한 변수이다. 전역변수와 지역변수들은 자신이 정의된 영역 내에서 참조할 수 있다.

- 지역변수(local variable): 함수 코드 블록인 중괄호({ }) 사이에 정의해서 사용하는 변수이다. 지역변수는 외부에서 참조할 수 없다. 다만 클로저 환경을 구성할 때만 외부에서 접근할 수 있다.
- 전역변수(global variable): 지역변수 이외에서 정의된 변수이다. 코틀린에서는 보통 패키지 단위에 정의된 최상위 변수가 전역변수이다. 동일한 패키지에서 함수 등에서 항상 참조할 수 있다.

## ◤ 변수와 상수 정의

아래는 전역변수를 정의한 예제이고 상수는 object 정의 내부에 정의했다. 숫자로 시작하는 변수 이름을 쓰면 예외가 발생하니 주의하자.

```
val abc123 = 100
val _abc123 = 100
//val 123abc_ = 200                          //변수명은 첫 글자에 숫자 불가

object Const {                               //상수 정의
    const val CONST = 100
}

println(Const.CONST)
```

100

## ◤ 변수 정의

변수를 정의할 때는 var나 val 예약어를 사용한다. 한 번만 할당할 수 있으면 val를 사용하고 지속해서 변경할 필요가 있으면 var로 정의한다.

- 변수를 정의할 때는 해당하는 값의 자료형을 지정해야 한다.
- 보통 자료형에는 클래스, 추상 클래스, 인터페이스가 올 수 있다.
- 자료형으로 지정하지 않으면 처음 할당된 값을 보고 자료형을 확정한다. 두 번째 할당될 경우 같은 자료형이 아니면 예외를 발생시킨다.
- 변수에 자료형을 지정할 때는 변수명 다음에 콜론(:)을 쓰고 자료형을 지정한다. 그다음에 할당연산자를 사용해 초깃값을 할당한다.

아래 예제를 보면 두 변수에는 자료형을 지정하지 않고 값을 할당했다. 값이 모두 문자열이므로 두 변수의 자료형은 String이다. 세 번째 변수는 변수 다음에 콜론을 쓰고 자료형을 지정했다.

```
val 불변변수 = "불변변수"                    //한번 초기화되면 재할당이 안 됨.
var 가변변수 = "가변변수"                    //초기화한 후에 항상 재할당 가능

val 변수정의 : String = "초기값"

println(변수정의)

//변수 정의="갱신" val 변수는 재할당 금지
```

초기값

### ▐ 지역변수

함수 내부나 for 순환 내부의 코드 블록 내에 변수를 정의할 수 있다. 이런 코드 블록은 지역영역이다. 이 지역영역에 정의한 변수가 지역변수이다. 지역영역에 정의된 변수의 특징은 항상 코드 블록 내부에서만 사용할 수 있고 외부에서는 접근할 수 없다.

다음 예제에서는 for 문에 지역변수 i와 코드 블록 내에 localVal를 정의했다. 둘 다 순환문 내에서만 참조할 수 있다. 그다음 함수에 순환문에 정의된 동일한 이름으로 지역변수를 정의했다. 두 지역변수는 다른 코드 블록을 사용하므로 서로 참조할 수 없다.

```
for (i in 1..2 ){
    val localVal = 100
    println("for 지역변수 : " + localVal)   //localVal 변수는 코드 블록 밖에서 참조 불가
}

fun func() {
    val locallevel : Int                      // 함수 블록 내부에 정의된 변수
    locallevel = 100

    println("함수 지역변수 : " +locallevel) //locallevel 변수도 함수 코드 블록 밖에서 참조 불가
}

func()
```

```
for 지역변수 : 100
for 지역변수 : 100
함수 지역변수 : 100
```

### ▐ 전역변수

보통 파일에 정의된 변수를 전역변수(global variable)라고 한다. 아래 예제에서는 최상위에 전역변수를 정의했다. 함수 내부에서 이 전역변수를 참조해서 출력할 수 있다. 또한, 변경할 수 있는 전역변수는 지역에서 변경할 수 있다.

```
val globallevel = "글로벌 변수"                 //최상위 변수는 전역변수

fun funcGlobal() {
    val locallevel : Int                       //함수 내부는 지역변수
    locallevel = 100
    println(" 지역변수 $locallevel")
```

```
    println(" 최상위변수 $globallevel")    //함수 외부의 변수는 참조 가능
}

funcGlobal()
```

```
지역변수 100
최상위변수 글로벌 변수
```

## ▌ 속성

코틀린은 변수를 정의하지만 이 변수에 해당하는 메서드를 가진 속성으로 사용한다. 그래서 변수
와 속성의 차이점을 이해해야 한다.

- 코틀린에서는 지역변수를 제외하고 모두 속성이다. 왜냐하면, 실제 변수를 정의하면 게터와 세터 즉 변수
  를 참조하는 메서드를 내부적으로 제공한다. 변수 이름으로 참조하면 메서드가 실행된다.
- 보통 속성은 클래스나 object 내부에 구현되며 객체가 만들어질 때 객체 영역에서 사용하는 상태를 만든
  다. 실제 객체가 만들어질 때 메서드는 메모리 영역에 만들지 않고 점연산자로 클래스에 있는 메서드를 참
  조해서 사용한다.

아래 예제에서는 클래스 정의와 object 정의에 변수 즉 속성을 정의했다.

클래스는 객체 즉 인스턴스(instance)를 만들므로 이 객체를 가지고 점연산자로 속성을 이름으로 참
조한다. 속성은 변수와 동일하게 정의한다. 그래서 속성을 정의할 때도 자료형을 지정할 수 있고
할당하는 값을 보고 자료형을 추론할 수 있다. object는 하나의 객체만 만들므로 object 이름과 점
연산자로 속성을 참조한다.

```
class Klass {
    val memberVar : Int = 100    //클래스 속성
}

object Obj {
    val objval = 100             //객체 속성
}

val k = Klass()                  //객체 인스턴스 생성 후 사용
println(k.memberVar)
println(Obj.objval)              //객체 이름으로 직접 접근
```

```
100
100
```

### ▶ 상수 조회

아래 예제는 object 정의에 상수를 정의한 것이다. object 이름으로 상수를 참조해서 값을 출력한다.

```
// const val ABC_CONST_HL:String="Hello"            주피터 상에서 에러 발생

object ABC {                                 // 객체에서 상수 정의 가능
    const val ABC_CONST : String = "Hello"   // 기본 자료형과 문자열만 가능
}


val abc = ABC
println(abc.ABC_CONST)
```

```
Hello
```

## 변수 타입추론과 타입변환

특정 값을 변수나 속성에 할당하려면 이에 상응하는 자료형이 지정되어야 한다. 하지만 코틀린은 할당된 값인 객체를 보고 타입을 확정한다. 이를 타입추론(type inference)이라고 한다. 또한, 변수에 정의된 자료형을 상속관계에 맞춰 자료형을 변경할 수 있다. 이를 타입변환(type conversion)이라고 한다.

### ▶ 타입추론과 타입변환

- 타입추론(type inference): 변수를 지정할 때는 보통 타입을 명기해야 한다. 대신 초깃값을 정의와 같이 지정할 때는 자료형을 명기하지 않아도 값의 자료형으로 확정한다.
- 타입변환(type conversion): 변수에 정의된 자료형을 특정 목적을 위해 명확한 자료형으로 변환할 수 있다. 코틀린에는 기본 자료형인 숫자나 문자열에 자료형 변환 메서드가 있어서 이를 사용해서 타입을 변환할 수 있다. 다른 객체인 경우는 as 예약어를 사용해서 자료형을 변환해야 한다.

### ▊ 변수의 타입정의와 타입추론

아래 예제에서는 변수에 자료형을 지정하거나 지정하지 않았을 때 초깃값을 바로 할당했다. 자료형을 지정하지 않아도 값의 클래스로 변수의 자료형을 확정한다. 변수에 자료형이 지정된 경우는 값이 자료형으로 생성된 객체인지 확인한 후에 값이 할당된다.

```
var number = 10000                          //타입 추론
println(number.javaClass.kotlin)

val num :Int = 1000                         //타입 정의
println(num)

var longNumber = 100L                       //타입 추론
println(longNumber.javaClass.kotlin)

var lNum : Long = 1000L                     //타입 정의
println(lNum)
```

```
class kotlin.Int
1000
class kotlin.Long
1000
```

### ▊ 숫자 자료형의 타입변환

정수나 실수 등은 수 체계에 따른 상속관계로 계층을 구성하지만, 코틀린에서는 숫자 자료형은 같은 자료형일 경우에만 변수에 할당할 수 있다. 다음 예제에서는 정수와 Long 정수를 변수에 할당했다. 변경할 수 있는 변수로 지정했으므로 값을 재할당할 수 있다. 정수를 Long 정수에 할당하면 다른 자료형이어서 예외를 발생시킨다. 이럴 때는 자료형 변환 메서드를 사용해 자료형 변환한 값을 생성하여 변수에 재할당해야 한다.

```
var number = 10000
var longNumber = 100L
//longNumber = number                 //타입 에러
longNumber = number.toLong()          //타입 변환 필요
//number = longNumber                 //타입 에러
number = longNumber.toInt()           //타입 변환 필요
```

보통 숫자 클래스 내부에 다양한 숫자 자료형으로 변환하는 메서드를 제공한다.

```
println(number.toByte())
println(number.toShort())
println(number.toLong())
println(number.toFloat())
println(number.toDouble())
```

```
16
10000
10000
10000.0
10000.0
```

정수 자료형이 다른 경우에도 리터럴 표기법에서는 계산할 수 있다. 대신 계산한 값이 상위 자료
형이므로 변수에 할당하면 최종 처리된 결과의 자료형으로 확정된다.

```
val longNumber = 100L          //Long 리터럴
val number = 100               //Int 리터럴
val ll = longNumber + number   //계산할 때는 큰 수로 변환
println(ll)
println(ll.javaClass.kotlin)
```

```
200
class kotlin.Long
```

# 04 계산 연산자

수학에서 정해진 값이나 미지수를 처리하는 변수의 수식을 계산하는 것처럼 코틀린도 두 값을 연산자로 계산할 수 있다. 이럴 때 표기법으로 연산자를 사용하는데 코틀린도 연산자를 사용하는 계산처리를 기본으로 제공한다. 객체지향 기법으로 메서드를 호출해서 실행하는 것도 알아본다.

## 연산자 구분

- ☑ 단항연산자(unary operator): 항이 하나인 연산자 즉 하나의 변수에서만 작동하는 연산자.
- ☑ 이항연산자(binary operator): 두 개의 항을 처리하는 연산자. 즉 두 변수의 값으로 작동하는 연산자.

## 사칙연산자 처리

사칙연산자는 두 개의 오퍼런드(operand) 즉, 두 개의 항으로 덧셈, 뺄셈, 나눗셈, 곱셈 등을 처리하는 연산자이다. 보통 항이 두 개 필요하므로 이항연산자라고 한다.

### ◤ 연산자 처리 표기법

아래에 연산자와 메서드 처리를 표로 나타냈다.

| 표현식 | 메서드 이름 | 내부적 실행 |
|--------|------------|-------------|
| a + b | plus | a.plus(b) |
| a - b | minus | a.minus(b) |
| a * b | times | a.times(b) |
| a / b | div | a.div(b) |
| a % b | rem/mod | a.rem(b), a.mod(b) |

### 연산자로 계산

사직연산을 연산자로 계산하는 것을 알아본다. 아래 예제에서는 두 변수를 실수인 Double형으로 지정했다. 이 실수를 사직연산자로 계산한 결과를 출력한다.

```
val number1 = 12.5      //실수정의
val number2 = 3.5
                        //연산자 실행
println("number1 + number2 = ${number1 + number2}")
println("number1 - number2 = ${number1 - number2}")
println("number1 * number2 = ${number1 * number2}")
println("number1 / number2 = ${number1 / number2}")
println("number1 % number2 = ${number1 % number2}")
```

```
number1 + number2 = 16.0
number1 - number2 = 9.0
number1 * number2 = 43.75
number1 / number2 = 3.5714285714285716
number1 % number2 = 2.0
```

### 연산자를 메서드로 계산

연산자와 동일한 메서드를 사용해 계산한다. 아래 예제는 사직연산에 맞는 메서드를 사용해서 계산한 결과이다.

```
val number1 = 12.5
val number2 = 3.5

println("number1 plus number2 = ${number1.plus(number2)}")
println("number1 minus number2 = ${number1.minus(number2)}")
println("number1 times number2 = ${number1.times(number2)}")
println("number1 div number2 = ${number1.div(number2)}")
println("number1 rem number2 = ${number1.rem(number2)}")
println("number1 mod number2 = ${number1.mod(number2)}")
```

```
number1 plus number2 = 16.0
number1 minus number2 = 9.0
number1 times number2 = 43.75
number1 div number2 = 3.5714285714285716
number1 rem number2 = 2.0
number1 mod number2 = 2.0
```

## ◤ 할당복합연산자

동일한 변수로 사칙연산을 실행하고 동일한 변수에 할당할 경우 축약형인 할당복합연산자를 사용한다.

- 할당복합연산자
  할당연산자도 축약형으로 나타낼 수 있고 해당하는 메서드도 제공한다.

| 표현식 | 같은 표현식 | 내부적 실행 |
|---|---|---|
| a += b | a = a + b | a.plusAssign(b) |
| a -= b | a = a - b | a.minusAssign(b) |
| a *= b | a = a * b | a.timesAssign(b) |
| a / =b | a = a / b | a.divAssign(b) |
| a %= b | a = a % b | a.modAssign(b) |

- 연산자로 계산
  아래 예제는 할당복합연산자를 사용해서 사칙연산을 처리한 결과이다. 메서드로 실행하는 것은 독자들이 직접 해보기 바란다.

```
var a = 5
a += 10
println(" += 변수 g의 결과는? $a")
a = 5
a -= 5
println(" -= 변수 g의 결과는? $a")
a = 5
a *= 2
println(" *= 변수 g의 결과는? $a")
a = 5
a /= 2
println(" /= 변수 g의 결과는? $a")
a = 5
a %= 2
println(" %= 변수 g의 결과는? $a\n")
```

```
 += 변수 g의 결과는? 15
 -= 변수 g의 결과는? 0
 *= 변수 g의 결과는? 10
 /= 변수 g의 결과는? 2
 %= 변수 g의 결과는? 1
```

■ 단항연산자 경우

단항연산자에는 증감연산자와 부호연산자가 있다. 증감연산자는 기호로 실행해본 후 나머지 단항
연산자의 메서드를 실행해 본다.

■ 난항연신지 표기법

| 연산자 | 의미 | 표현식 | 메서드 전환 |
|---|---|---|---|
| + | 양수표시 | +a | a.unaryPlus() |
| - | 음수표시 | -a | a.unaryMinus() |
| ! | 부정의 not | !a | a.not() |
| ++ | 증감연산 | ++a | a.inc() |
| -- | 감소연산 | --a | a.dec() |

■ 단항연산자 계산

증감연산자는 앞과 뒤에 모두 사용할 수 있다. 반환값에 차이가 있으므로 주의해야 한다.

아래 예제처럼 뒤에 붙이면 먼저 현재 상태를 반환한 후에 계산한다. 앞에 붙이면 먼저 계산하고 값을 반
환한다. 따라서 반환받는 값을 기준으로 코드를 작성해야 정확한 값을 얻을 수 있다.

```kotlin
var a = 10
var b = 20

println("a++ = ${a++} / b-- = ${b--}")
println("++a = ${++a} / --b = ${--b}")

println("a = ${a.inc()} / b = ${b.dec()}")
println(" ${a.unaryPlus()} ${b.unaryMinus()}")
```

```
a++ = 10 / b-- = 20
++a = 12 / --b = 18
a = 13 / b = 17
 12 -18
```

## 연산자를 추가로 사용하는 경우

사용자가 직접 클래스를 정의할 때 연산자 메서드를 추가로 정의하면 이 클래스의 객체 간의 연산자로 처리할 수 있다. 문자열 클래스에서 연산자를 사용해서 처리하는 방법을 알아보고 추후에 사용자 클래스에 연산자를 재정의하는 방법을 알아본다.

- 연산자 오버로딩(operator overloading): 문자열 등에도 덧셈연산자를 사용할 수 있다. 이때 덧셈연산자는 문자열을 결합하는 용도로 사용한다. 사용자 정의 클래스를 연산자의 메서드 이름으로 재정의하면 연산자 기호를 사용할 수 있다.

아래 예제에서는 문자열을 세 변수에 할당했다. 이 문자열을 모두 더하고 다른 변수에 할당한다. 덧셈연산자가 문자열에 재정의되어 있는데 이때 처리되는 방식은 문자열을 결합한 문자열을 반환하는 것이다. 연산자를 사용했지만, 내부 기능은 다르게 정의할 수 있다.

```
val start = "온고 "
val middle = "지신. "
val end = "- 공자"

val result = start + middle + end          // 문자열 변수 결합
println(result)
```

온고 지신. - 공자

아래 예제에서는 리스트에 재정의된 덧셈연산자와 뺄셈연산자를 사용한다. 보통 덧셈은 원소를 추가, 뺄셈은 원소를 삭제한다. 리스트 객체를 생성해서 변수에 저장한다. 문자열과 덧셈을 하면 리스트에 원소가 새로 추가된다.

- 리스트를 만드는 함수(listOf): 동일한 자료형의 원소로 리스트 객체를 만드는 함수이다.

```
val numbers = listOf("one", "two", "three", "four")
val plusList = numbers + "five"
val minusList = numbers - listOf("three", "four")

println(plusList)
println(minusList)
```

[one, two, three, four, five]
[one, two]

## 4.3

### 이진연산자 처리

컴퓨터는 사람과 달리 이진수가 기본이리서 내부에서는 이진수 연산을 처리한다. 그래서 프로그램 언어마다 이진수를 계산을 하는 연산을 지원한다. 보통 이진연산은 정수일 경우만 지원한다.

### ◀ 이진연산 메서드

이진연산은 연산자를 제공하지 않고 메서드로만 처리한다.

- shl(shift left): 이진수를 왼쪽으로 이동
- shr(shift right): 이진수를 오른쪽으로 이동
- ushr(unsigned shift right): 부호 없는 이진수를 오른쪽으로 이동
- and: 비트 단위의 논리곱 연산
- or: 비트 단위의 논리합 연산
- xor: 비트 단위의 배타적 논리합 연산
- inv(inversion): 비트를 반전시키는 연산

### ◀ 비트연산 처리

하나는 십진수 또 다른 하나는 2진수(0b를 붙여서 숫자 표시)로 변수에 할당했다. 이 두 변수를 사용해서 이진연산을 처리한다.

- 문자열 출력 메서드(toString): 인자로 진법을 표시하면 해당하는 진법에 맞게 출력한다.

```
val bit1: Int = 17
val bit2 :Int  = 0b1111

println((bit1 xor bit2))
println((bit1 xor bit2).toString(2))
```

```
30
11110
```

모든 이진연산을 처리하고 문자열로 2진수를 출력하려면 toString(2)를 사용한다.

```
val bit1: Int = 17
val bit2 :Int  = 0b1111
println(" bit1 = ${bit1.toString(2)} bit2 = ${bit2.toString(2)} ")
println(" and  = ${(bit1 and bit2).toString(2)}")
println(" or   = ${(bit1 or bit2).toString(2)}")
println(" xor  = ${(bit1 xor bit2).toString(2)}")
println(" not  = ${(bit1.inv()).toString(2)}")
println(" shift left  = ${(bit1.shl(2)).toString(2)} 정수값=${bit1.shl(2)}")
println(" shift right = ${(bit1.shr(2)).toString(2)} 정수값=${bit1.shr(2)}")
```

```
bit1 = 10001 bit2 = 1111
and  = 1
or   = 11111
xor  = 11110
not  = -10010
shift left  = 1000100 정수값=68
shift right = 100 정수값=4
```

이번에는 Long 자료형으로 처리하고 16진수(0x로 숫자 표시)로 문자열로 출력한다. 이때도 to-String(16)으로 출력해야 16진수가 출력된다.

```
val bit1: Long = 17
val bit2: Long = 0x1111
println(" bit1 = ${bit1.toString(16)} bit2 = ${bit2.toString(2)} ")
println(" and  = ${(bit1 and bit2).toString(16)}")
println(" or   = ${(bit1 or bit2).toString(16)}")
println(" xor  = ${(bit1 xor bit2).toString(16)}")
println(" not  = ${(bit1.inv()).toString(16)}")
println(" shift left  = ${(bit1.shl(2)).toString(16)} 정수값=${bit1.shl(2)}")
println(" shift right = ${(bit1.shr(2)).toString(16)} 정수값=${bit1.shr(2)}")
```

```
bit1 = 11 bit2 = 1000100010001
and  = 11
or   = 1111
xor  = 1100
not  = -12
shift left  = 44 정수값=68
shift right = 4 정수값=4
```

# 05 식별자 알아보기

코틀린에는 이름을 정의해서 사용하는 것으로 변수, 상수, 함수, 클래스, 인터페이스, object 등이 있다. 패키지, 클래스, 함수, 인터페이스, object 내부에서도 정의할 수 있다.
어떻게 이름을 구분해서 참조할 수 있는지 알아본다.

## 패키지 정의와 활용

코틀린은 패키지 단위로 파일에 작성된 코드를 관리한다. 그래서 파일이 달라도 패키지명이 같으면 동일한 패키지로 관리한다.

### ◢ 패키지와 import 처리

주피터 노트북에서는 패키지와 파일을 작성하는 방법을 명확하게 제공하지 않는다. 우선 기본으로 제공하는 방식을 사용해서 식별하는 방식을 알아본다.
다음 예제에서는 수학 패키지(kotlin.math)의 **sqrt** 함수를 사용한다. 클래스를 정의할 때 이 함수를 새로운 메서드에 정의해서 결괏값을 반환하도록 했다. 다른 셀에 메인 함수를 정의해 클래스의 객체를 만들어서 메서드를 실행한다.
주피터 노트북에서는 패키지를 지정할 수 없지만, 지정할 수 있으면 클래스 정의와 메인 함수 호출을 다른 패키지로 정의할 수 있다. 패키지가 다를 경우에는 **import** 해서 사용해야 한다.

```
// package pythagorean          // package 패키지명
import kotlin.math.sqrt         // 사용할 패키지 import

class RightTriangle(val a: Double,val b: Double) {
  fun hypotenuse() = sqrt(a * a + b * b)
  fun area() = a * b / 2
}
```

```
// import pythagorean.RightTriangle        //패키지가 다를 경우 import

fun main() {
  val rt = RightTriangle(3.0, 4.0)
  println("hypotenuse= ${rt.hypotenuse()}")
  println("area = ${rt.area()}")
}

main()
```

```
hypotenuse= 5.0
area = 6.0
```

### 패키지를 식별자로 사용

최상위 레벨을 정의하면 패키지 이름이 식별자의 기준이 된다. 이는 패키지가 다르면 같은 이름으로 클래스 등을 지정할 수 있다는 뜻이다.

아래 예제에서는 특정 패키지를 import 했지만, 패키지를 사용한 전체 이름을 사용해도 호출할 수 있다. 패키지 단위에서 정의된 최상위 레벨은 식별자의 이름이 패키지 이름까지 기본으로 포함하는 것을 알 수 있다.

```
import kotlin.math.PI
import kotlin.math.cos                  //Cosine


println(PI)
println(cos(PI))
println(cos(2 * PI))

println(kotlin.math.PI)
println(kotlin.math.cos(kotlin.math.PI))
println(kotlin.math.cos(2 * kotlin.math.PI))
```

```
3.141592653589793
-1.0
1.0
3.141592653589793
-1.0
1.0
```

아래 예제는 특정 패키지 전체를 이름으로만 호출해 전체 패키지를 사용하려고 별표를 붙인 것
이다.

```
import kotlin.math.*

println(E)
println(E.roundToInt())
println(E.toInt())
```

2.718281828459045
3
2

 import 하는 패키지의 별칭 사용

패키지는 다르지만 이름이 같을 경우 import 하면 이름의 충돌이 발생할 수 있다. 이때 as 다음에
별칭을 지정하면 충돌을 막을 수 있다.
다음 예제는 사용하는 상수와 함수를 별칭 이름을 부여해서 처리한 경우이다.

```
import kotlin.math.PI as circleRatio
import kotlin.math.cos as cosine

println(circleRatio)
println(cosine(circleRatio))
println(cosine(2 * circleRatio))
```

3.141592653589793
-1.0
1.0

## 5.2 식별자 구분하기

식별자란 변수명, 함수명, 객체명, 인터페이스명, 클래스명 등을 작성할 때 이름의 충돌을 막고 항
상 동일하게 조회해서 접근할 수 있는 이름을 말한다. 프로그램 언어에서는 보통 예약어를 만들어
두고 이 예약어를 식별자로 쓰지 못하게 하지만, 코틀린에서는 일부 예약어를 식별자로 사용할 수

있다. 식별자를 작성하는 방법을 알아본다.

## ◤ 중요 예약어

- 하드 예약어: 식별자로 사용할 수 없다.

  as, break, class, continue, do/while, else, false, for, fun, if, in, interface, is, null, object, package, return, super, this, throw, true, try, typealias, typeof, val, var, when

- 소프트 예약어: 특정 컨텍스트를 벗어날 경우 식별자로 사용할 수 있다.

  by, catch, constructor, delegate, dynamicKotlin, field, file, finally, get, import, init, param, property, receiver, set, setparam, valueclass, where

- 수정자 예약어/연산자 기호: 특정 컨텍스트를 벗어날 경우 식별자로 사용할 수 있다.

## ◤ 식별자 처리 규칙

- 패키지 내에 지정된 클래스, 인터페이스, 함수, 속성은 패키지 이름 전체와 클래스, 인터페이스, 함수, 속성 이름이 연결되어야 하나의 식별자로 인식한다.
- 클래스 내의 함수와 속성은 반드시 객체를 만들어 함수와 속성에 접근해야 처리할 수 있다.
- 함수 내에 정의된 변수는 변수 이름이 식별자이다.
- 변수에 정의된 자료형인 클래스, 인터페이스, 함수 타입 등은 자신이 속한 패키지 이름과 자신의 이름까지 가 하나의 식별자이다.

## ◤ 식별자 구분

식별자를 구분하는 방법을 알아보자. 아래 예제를 보면서 식별자 처리 규칙을 다시 확인한다.

- intArrayOf 함수: kotlin 패키지에 있는 정수 배열을 만드는 함수
- IntArray: kotlin 패키지에 있는 정수 배열 클래스
- println: 표준 출력 함수

그래서 지역변수인 IntArray, main, println을 처리하기 전에 할당연산자 우측의 함수와 클래스가 먼저 식별되어 패키지 이름까지 가진 함수와 클래스를 인식한다. 그리고 자료형도 클래스이므로 패키지에 있는 이름으로 인식한다.

```
fun main() {
    val IntArray = intArrayOf(1,2,3,4)        //함수로 배열 생성하고 지역변수에 저장
    val main = " main string "                 //지역변수에 문자열 저장
    val println : IntArray = IntArray          //지역변수에 지역변수 할당
    val main_= {println("Hello ")}             //지역변수에 람다표현식(함수) 할당

    println(IntArray.contentToString())
    println(main)
    println(println.contentToString())
    println(::main)                            //메인함수 참조
    println(main_)                             //변수에 할당된 람다표현식 참조
}
```

처리된 결과를 확인하면 아무런 예외가 발생하지 않는 것을 알 수 있다.

```
main()
```

```
[1, 2, 3, 4]
 main string
[1, 2, 3, 4]
fun Line_171.main(): kotlin.Unit
() -> kotlin.Unit
```

## 표준 입출력

표준 입출력은 컴퓨터 키보드로 입력하면 화면에 보여주는 기능을 지원하는 패키지이다. 보통 프로그램을 작성하다가 키보드 입력을 처리하고 결과를 바로 확인하고 싶을 때 사용한다.

- ☑ 입력 함수: readline
- ☑ 출력 함수: print, println

다음 예제에서는 두 정수를 받아서 덧셈한 결과를 출력한다. 입력이 둘이라 readline 함수를 두번 사용했다.

보통 표준 입력은 readLine 함수 실행할 때 반드시 값이 들어오므로 !!를 사용해서 널이 아닌 것을

표현한다. 들어온 문자열이 숫자이므로 정수로 변환했다.

출력은 문자열 템플릿으로 변환해서 출력했다. 문장이 연속일 경우는 세미콜론으로 문장을 분리해야 한다. 그리고 마지막에 두 변수를 더한 결과를 출력했다.

```
val a = readLine()!!.toInt()
val b = readLine()!!.toInt()

print("a= $a"); print(" b= $b");print("\n")
println(" sum ${a + b}")
```

```
stdin:100
stdin:200
a= 100 b= 200
 sum 300
```

아래 예제에서는 한 줄에 여러 개의 숫자를 빈 문자열로 구분해서 입력했다. 이를 분리해 정수로 변환해서 처리한다.

☑ 특정 문자열을 쪼개는 split 메서드: 분리하는 문자열을 기준으로 세부 문자열을 분리해서 리스트로 반환한다.

☑ 모든 원소를 변환하는 map 메서드: 여러 원소를 가진 컬렉션 자료형의 개별 원소를 받아 내부적으로 순환하면서 변환 처리한다.

3개의 원소를 for 문으로 순환해서 합산하고 출력한다.

```
val input = readLine()!!.split(" ").map { it.toInt() }

var sum = 0
for(i in (0 until input.size)) {
    sum += input[i]
}
println(sum)
```

```
stdin:100 200 300
600
```

# Kotlin

## 문장 제어처리 알아보기

문장(Statement)은 특정 예약어를 사용해서 하나의 정의를 만드는 것이다. 프로그램 언어는 보통 조건문, 순환문, 예외문 등의 문장을 사용해서 다양한 제어를 처리한다.

코틀린에서는 조건문과 예외문을 표현식으로 사용할 수 있는데, 문장 제어에 같이 넣어서 처리한다.

1. 조건 표현식 알아보기
2. 조건문 알아보기
3. 순환 표현 알아보기

# 01 조건 표현식 알아보기

특정 조건에 따라 분기하려면 먼저 조건을 판단해서 참과 거짓으로 처리해야 한다.
결과를 처리하는 연산자인 비교연산자와 논리연산자를 알아본다.

## 비교연산자

비교연산자는 이항연산자로 두 항의 크거나 작거나 또는 같음을 비교한다.

### ◤ 비교연산자 처리 규칙

비교연산자도 연산자 표현과 메서드 처리 두 가지 방식을 제공한다.

| 연산자 | 의미 | 표현식 | 메서드 전환 |
|:---:|:---:|:---:|:---|
| > | 크다 | a > b | a.compareTo(b) > 0 |
| < | 작다 | a < b | a.compareTo(b) < 0 |
| >= | 크거나 같다 | a >= b | a.compareTo(b) >= 0 |
| <= | 작거나 같다 | a < = b | a.compareTo(b) <= 0 |
| == | 같다 | a == b | a?.equals(b) ?: (b === null) |
| != | 같지 않다 | a != b | !(a?.equals(b) ?: (b === null)) |

### ◤ 불리언 클래스 확인

비교연산의 결과는 논리값 true/false 중 하나가 반환된다. 이 객체의 클래스는 Boolean이다.
아래 예제에서 두 정수가 같은지 비교하면 같지 않으므로 거짓이다. 이 값의 클래스를 확인해 보면
Boolean 클래스라는 것을 알 수 있다.

```
var humid = 100
var jacket = 200
val eq = humid == jacket        //두 수를 비교
println(eq)
println(eq.javaClass.kotlin)    //비교 결과의 자료형
```

```
false
class kotlin.Boolean
```

## ◤ 비교연산자 실행

두 정수를 비교연산자로 비교한 결과를 확인한다. 아래 예제는 두 변수의 값을 비교한 결과이다.

```
val a = 100
val b = 20

println(a == b )        //두 수가 같은지 비교
println(a != b )        //두 수가 다른지 비교
println(a >= b )        //두 수의 크기 비교(GE)
println(a <= b )        //두 수의 크기 비교(LE)
println(a > b )         //두 수의 크기 비교(GT)
println(a < b )         //두 수의 크기 비교(LT)
```

```
false
true
true
false
true
fals
```

## ◤ 비교 연산을 처리하는 compareTo 메서드

비교연산자를 메서드로 사용할 때는 **compareTo** 메서드가 실행된다. 이 메서드의 결과는 기본으로 0, 음수, 양수이다. 이를 다시 0과 비교연산을 사용해서 처리해야 비교연산과 동일한 결과가 나온다.

| 결괏값 | 설명 |
|---|---|
| 0<br>negative integer<br>positive integer | 두 항이 동일한 경우<br>첫 번째 항이 작은 경우<br>첫 번째 항이 큰 경우 |

아래 예제는 위의 예제와 동일한 비교연산을 실행한 것이다. 실제 비교연산을 메서드로 처리할 때는 compareTo 메서드가 실행되어 다시 0과 값을 비교한 결과가 연산자의 결과와 동일하다.

```
val a = 100
val b = 20
                                        //비교연산에 대한 메서드 처리
println(a.compareTo(b) == 0 )
println(a.compareTo(b) != 0)
println(a.compareTo(b) >= 0 )           //두 수의 크기 비교(GE)
println(a.compareTo(b) <= 0 )           //두 수의 크기 비교(LE)
println(a.compareTo(b) > 0)             //두 수의 크기 비교(GT)
println(a.compareTo(b) < 0)             //두 수의 크기 비교(LT)
```

```
false
true
true
false
true
false
```

## ◤ 포함연산자 처리

특정 범위에 속한 값에 포함 여부를 확인할 때는 이 연산자를 사용한다. 포함관계도 포함 여부를 결정해서 참과 거짓의 결과를 제공한다.

| 연산자 | 표현식 | 상응하는 메서드 |
|---|---|---|
| in | a in b | b.contains(a) |
| !in | a !in b | !b.contains(a) |

### ◤ any, all, none 처리

여러 원소를 가진 배열이나 리스트 등에 특정 원소의 값이 있는지 확인해서 논리값으로 처리하는
메서드이다.

- 모든 것이 참인 경우는 all 메서드 사용
- 모든 것이 거짓인 경우는 none 메서드 사용
- 하나라도 참인 경우는 any 메서드 사용

아래 예제는 특정 정수가 범위의 값인지 확인하고 널 원소를 가진 리스트로 이 원소에 널 값이 있
는지 확인하는 여러 메서드를 처리한 것이다.

```kotlin
var height = 46
println(height in 1..53)              // 특정 범위 (..)에 속하는지 확인

val list = listOf(1,2,null)           // 리스트를 하나 생성

println(list.any({ it == null}))      // 리스트 내부에 null이 하나라도 있으면 참
println(list.all({ it == null}))      // 리스트 내부에 모든 게 null이면 참
println(list.none({ it == null}))     // 리스트 내부에 모든 게 null이 아니면 참
```

```
true
true
false
false
```

## 논리연산자

특정 비교연산 등을 다시 묶어서 논리값을 판단하는 연산자가 논리연산자이다.

### ◤ 논리연산자 처리

논리연산자에는 두 항이 모두 참일 때만 참인 논리곱 연산과 두 항이 모두 거짓일 때만 거짓인 논
리합 연산이 있다. 그리고 기존 논리값을 부정 즉 반대로 변환하는 부정연산자가 있다.

■ 논리연산자의 처리 규칙

| 연산자 | 의미 | 표현식 | 상응하는 메서드 |
|--------|------|--------|----------------|
| \|\|<br>&& | 두 조건식이 전부 거짓인 경우만 거짓<br>두 조건식이 전부 참인 경우만 참 | (a>b)\|\|(a<c)<br>(a>b)&&(a<c) | (a>b)or(a<c)<br>(a>b)and(a<c) |

아래 예제에서는 5개의 변수를 정의하고 이를 논리연산자 and, or로 처리한 결과를 확인한다.

```
var humid = true
var raining = true
var jacket = false
var shorts = false
var sunny = false

println(humid.javaClass.kotlin)      //불리언 클래스

println(!humid)                      //not 연산
println(jacket && raining)           //and 연산기호
println(humid || raining)            //or 연산기호

println(jacket and raining)          //두 변수의 and 연산
println(humid or raining)            //두 변수의 or 연산
```

```
class kotlin.Boolean
false
false
true
false
true
```

추가로 부정연산도 실행했다. 항상 반대의 결과를 출력한다.

```
var hungry = true
var full = false

println(!hungry)      //not 부정 처리
println(!full)        //not 부정 처리
```

```
false
true
```

논리연산을 조합해서 처리

논리연산은 조건표현식에 복잡한 구조를 만들어서 논리값을 판단할 경우 많이 사용한다.
아래 예제에서는 4개의 논리값을 변수에 할당하고 논리연산을 조합해 처리하여 결과를 확인한다.
괄호를 사용하시 않으면 순서를 좌측에서 묶어서 처리한다. 복잡한 조건식이 있으면 처음부터 괄
호를 묶어서 처리하는 것이 좋다.

```
var late = true
var skipBreakfast = true
var underslept = false
var checkEmails = false

println(skipBreakfast || late)                    //단일 논리식
println(late || checkEmails && late)              //두 개의 논리식 조합
println(underslept || late)                       //단일 논리식
println(checkEmails || underslept || late)        //두 개의 논리식 조합
```

true
true
true
true

# 동등성

객체의 상태인 값이나 객체의 레퍼런스가 같은지 즉 동일한 객체인지 비교하는 것이 중요할 수 있
다. 이런 것을 비교하는 방법을 동등성이라고 한다.

 동등성(Equality) 규칙

비교할 때 값이 동일한 경우와 실제 객체 레퍼런스가 동일한 경우는 별도의 연산자로 처리한다.

- 구조적 동등성(Structural equality): 동일한 값을 비교(==)
- 참조적 동등성(Referential equality): 객체 참조로 비교(===)

## ◤ 동등성 연산 처리

값을 비교하는 동등성 연산은 ==, equals로 처리하고 객체 참조를 비교하는 동등성 연산은 ===를 사용한다.

다음 예제에서는 100이라는 정수를 두 변수에 할당한다. 정수의 값은 유일하므로 값을 동등성 비교하면 항상 참이다.

- 널러블 연산( ?. , ?: ): 널에는 메서드가 없어서 널이 들어와 메서드를 호출하면 널 예외가 발생한다. 그래서 널러블 연산을 하면 널이면 그 뒤에 메서드 처리를 하지 않는다.

동일한 정수는 유일하고 레퍼런스도 같으므로 참으로 표시한다. 널과 정수는 비교할 수 없지만 널 처리에 안전한 연산자가 있어 널 예외가 발생하지 않고 비교연산자가 작동하는 것이다.

널이 발생하는 경우 이 널 처리하는 연산자에 대해 세부적으로 알아본다.

```
val a = 100
val b = 100
val c = null

println(a == b)
println(a.equals(b))
println(a?.equals(b) ?: (b === null))    //널 타입 처리는 널도 체크
println(a === b)                         //객체 참조 비교

println(c == null)                       //널값끼리 비교
println(c === null)                      //널 객체 참조 비교
println(a?.equals(c) ?: (c === null))    //정상적인 값과 널값 비교
```

```
true
true
true
true
true
true
false
```

## ◤ 실수 처리

실수도 숫자이므로 하나의 숫자인 객체가 유일하다. 그래서 동등성 비교를 할 수 있다.

- 숫자나 문자열은 항상 값과 레퍼런스가 동일해야 하지만, 성능을 위해 필요할 때마다 여러 개를 만들어 처

리할 수 있다. 그래서 값이 같지만 레퍼런스는 같지 않을 수 있으므로 값만 비교하는 것을 권장한다.

아래 예제를 보면 실수는 값과 레퍼런스가 같은 것을 알 수 있다.

```
val d = 0.0
val e = -0.0

println(d == e)
println(d === e)
```

```
true
true
```

## ◤ 함수도 일급 객체

함수도 정의되면 하나의 객체가 만들어진다. 이 함수를 구분하는 함수 자료형은 추후 알아본다.
그래서 함수 객체도 참조적 동등성을 비교할 수 있다.

- 함수 참조: 함수 정의 후에 메모리에 로딩된 함수의 주소를 가져오는 리플렉션 기능이다.
- hashCode 메서드: 레퍼런스를 정수로 변환해주는 메서드이다.

아래 예제를 보면 함수를 정의하면 함수도 객체이므로 레퍼런스를 가질 수 있다. 변수에 할당하려
면 함수 참조를 사용해서 함수 레퍼런스를 가져올 수 있다. 또한, 해시코드로 변환하면 정수로 표
시되어 쉽게 비교할 수 있다.

```
fun add(x:Int, y:Int) = x+y              //함수가 정의되면 동일한 참조를 갖는다.
val addVal = ::add

println(add(10,20))
println((::add).hashCode() == addVal.hashCode())   //참조에 대한 해시 비교
println(add(30,20))
println((::add).hashCode() == addVal.hashCode())   //참조에 대한 해시 비교
```

```
30
true
50
true
```

# 02 조건문 알아보기

코틀린 언어에서는 일반적인 조건을 처리하는 if와 패턴 매칭을 하는 when을 제공한다. 둘 다 문장 처리를 만들 수 있지만, 실제는 문장이 아니라 표현식 즉 값을 반환한다.

## if 조건

조건식 결과를 판단해 처리하는 조건 제어를 알아본다. 여러 조건을 제어할 수 있고 내부에 조건 제어도 내포할 수 있다.

### ▌ If 조건 규칙

- 한 가지 조건만 판단: if만 사용
- 두 가지 조건을 판단: if else 사용
- 표현식 처리: 반드시 if else를 사용
- 표현식과 문장 처리 구분: 표현식으로 처리할 때는 할당이나 반환이 필요하며 코드 블록으로 처리할 경우에는 반드시 마지막에 반환값을 표시해야 한다.
- 내포된 if 조건 추가: if 내부에 if else, if elseif 등의 구문을 추가할 수 있다.

### ▌ 단순 조건 처리: 단일표현식

단순 조건은 if만 사용하거나 if else로 작성할 수 있다. 주의할 것은 조건식을 반드시 소괄호 안에 작성해야 한다.

다음 예제는 하나의 조건을 가지고 true인 경우는 if만 사용했고 true/false가 가능할 때는 if else로 구성했다. 또한, if 표현식으로 사용하면 결과를 변수에 할당할 수 있다.

```kotlin
if (20 >= 20) println(" 성공 ")          //조건식이 참일 경우
```

```
if (10>=20) println(" 성공 ")                    //조건식이 참과 거짓 다 가능할 경우
else println(" 실패 ")

val a = if (10>20) " 성공 " else " 실패 "        //표현식으로 사용할 때는 if와 else 필수

println(a)
```

```
 성공
 실패
 실패
```

## ◀ 단순 조건 처리: 코드 블록

조건을 판단한 후에 여러 문장을 처리하려면 코드 블록(중괄호)을 사용해야 한다. 이 중괄호 내에
여러 줄의 코드를 작성할 수 있다.

아래 예제에서는 코드 블록 내에 코드를 작성했다. 코드 블록으로 작성해도 변수에 할당하려면 마
지막 라인에 할당할 값을 표시해야 한다. 변수에 할당된 값은 그다음 코드에서 사용할 수 있다.

```
if (10>20) {                     //조건식은 괄호 안에
    println(" 참 ")              //블록 구문에 출력 반환값 없음
} else {
    println("거짓")
}

val a = if (10>20) {             //표현식이므로 변수 할당
    println(" 참 ")
    true                         //블록에 마지막은 반환값으로 할당
} else {
    println(" 거짓 ")
    false                        //블록에 마지막은 반환값으로 할당
}

println(" 변수 = $a")
```

```
 거짓
 거짓
 변수 = false
```

## ◤ 블록 구문 내의 지역변수

조건문에도 코드 블록을 작성해서 여러 문장을 나열할 수 있다. 이때 이 코드 블록 내에 지역변수도 정의해서 사용한다.

아래 예제에서는 전역변수와 같은 이름으로 코드 블록 내에 지역변수를 정의했다. 같은 이름이지만 관리하는 영역이 전역과 지역이라서 별도의 변수로 관리한다. 블록 구문 내에서 지정한 변수를 사용하면 전역변수에 접근할 수 없으므로 출력한 결과가 지역변수에 할당된 값을 출력한다.

```
val x = 100                    //전역변수

if (10>20) {                   //코드 블록 내에 변수 정의 가능
    val x = 300                //지역변수
    println(" 참  $x ")
} else {                       //코드 블록 내에 변수 정의 가능
    val x = 400                //지역변수
    println("거짓 $x")
}
```

거짓 400

## ◤ 내포(Nested) 조건 처리

특정 조건이 많아지면 조건문 내부에 조건문을 작성할 수 있다. 다음 예제에서는 특정 조건이 만족하면 내부에서 다른 조건으로 다시 처리할 경우 조건 제어를 내부에 내포해서 처리한다.

```
val a = 10
val b = 20

if (a >= 10) {                         //외부 조건문
    println("첫번째 조건문 if 처리 ")
    if (b >= 20) {                     //내포된 조건문
        println("내포된 조건문 : 참")
    } else {
        println("내포된 조건문 : 거짓")
    }
} else {
    println(" 첫번째 조건문 else처리")
}
```

첫번째 조건문 if 처리
내포된 조건문 : 참

## when 조건

조건식을 처리하는 방식에는 특정 값이나 특성 패틴을 치리하는 패턴매칭(pattern matching) 방식도 있다. 패턴매칭 기법에서도 특정 조건을 체크하지 않으면 if 조건과 동일하게 구성할 수 있는 장점이 있다.

### ▌ when의 패턴매칭 방법

- 단일 패턴매칭: 특정 값(정수, 문자열)이나 특정 패턴(자료형 체크, 포함관계)을 하나만 처리
- 복합 패턴매칭: 여러 종류의 패턴을 하나의 구문에서 처리
- 패턴이 없는 경우: if 문처럼 임의의 패턴을 지정해서 처리

### ▌ when 값 매칭

특정 값만 패턴 매칭하는 방식을 알아본다. 아래 예제는 현재 사용하는 노트북의 프로세스 즉 코어 개수를 조회해서 출력하는 것이다. 이때 when 다음에 패턴매칭할 변수를 괄호 안에 지정해야 한다.

패턴 조건을 2개 작성한다. 첫 번째 패턴은 정숫값이고 두 번째 패턴은 범위 연산자(..)를 사용하는 범위 값이면 범위에 포함을 표시하는 연산자인 in을 사용한다. 결과는 범위 값의 패턴에 일치해서 코어 수를 출력한다. 주의할 점은 패턴이 확정되지 않았으므로 else 패턴을 반드시 작성해야 한다.

```kotlin
val cores = Runtime.getRuntime().availableProcessors()   //노트북 코어 수 읽기

when(cores) {                                            //특정 값의 패턴 점검
    1 -> " 1 core"
    in 2..16 -> " $cores Cores"
    else -> "I want your machine"                        //패턴 불일치 조건 표시
}
```

```
8 Cores
```

## ◤ when 표현식

when 표현을 작성할 때, 조건은 -> 기호 왼쪽, 오른쪽은 처리된 결과를 표시한다. when도 표현식으로 처리가 가능하므로 변수에 할당할 수 있다. 아래 예제에서는 패턴매칭을 함수 내에 정의하고 결괏값을 변수에 할당한 후에 함수의 반환값으로 사용했다.

```
val cores = Runtime.getRuntime().availableProcessors()

fun systenInfo_(cores : Int) : String {

    val result  = when(cores) {          //함수 지역변수에 when 값 할당
        1 -> " 1 core"
        in 2..16 -> " $cores Cores"
        else -> "I want your machine"
    }
    return result
}

println(systenInfo_(cores))
```

8 Cores

## ◤ when 내부에 지역변수 정의와 함수 반환에 직접 표기

패턴매칭에 사용하는 변수를 when 다음 괄호 안에 정의해서 사용할 수 있다. 이 변수는 when 내부의 지역변수로 사용되므로 외부에서는 참조할 수 없다.

아래 예제에서는 when 다음에 cores라는 변수를 지정했다. 이 변수에 코어 수를 참조하는 함수를 실행해서 값을 할당한다. when을 직접 함수 반환으로 정의하므로 별도의 반환을 위한 지역변수는 정의하지 않았다.

```
fun systenInfoR() : String =              //when 표현의 바로 반환값 처리
    when(val cores = Runtime.getRuntime()   //when 내의 지역변수 정의
            .availableProcessors()) {
    1 -> " 1 core"
    in 2..16 -> " $cores Cores"
    else -> "I want your machine"
}

println(systenInfoR())
```

8 Cores

### If 문 대용으로 처리

패턴매칭도 if의 조건을 대체할 수 있다. 이럴 때 when의 조건을 작성하지 않으면 내부의 패턴매칭을 개별적으로 지정해야 한다.

이래 예제에서는 if else if else로 지정한 것을 when으로 수정했다. if의 조건을 when 패턴매칭에 하나씩 정의해서 처리한다.

```kotlin
val number = 10

if (number < 0) {
    println("음수 ")
} else if (number == 0) {
    println(" 영 ")
} else if (number % 2 == 0) {
    println(" 짝수")
} else {
    println(" 홀수 ")
}

when {
    number < 0 -> println(" 음수 ")
    number == 0 -> println(" 영 ")
    number % 2 == 0 -> println(" 짝수 ")
    else -> println(" 홀수 ")
}
```

짝수
짝수

## 예외

특정 기능의 처리가 맞지 않을 경우 프로그램 내에서 예외를 던질 수 있고 컴파일러나 JVM 내의 처리에서도 예외를 발생시킬 수 있다. 예외가 발생하면 현재의 프로세스가 중단된다. 이를 방지하고 정상적인 조치를 하려면 예외를 잡고 내부적으로 정상 처리를 추가해야 한다.

## 예외 처리

기본적인 예외처리는 **try catch finally**로 한다. 마지막 **finally**는 선택적으로 사용할 수 있다. 다음 예제에서는 함수가 실행될 때 예외가 발생할 수 있어서 함수 호출 부분을 try 내부에 정의해서 예외 발생을 확인한다. 예외 없이 정상적으로 끝나는 것을 알 수 있다.

```
fun add() = 100

try {                          //예외 발생 지점에 정의
    add()
} catch (e : Exception) {       //예외 잡기
    println(e)
} finally {                     //필수적으로 처리
    println(" 정상적으로 처리 ")
}
```

　정상적으로 처리

## 예외 던지기

예외는 throw로 던지고 catch로 예외를 받아서 정상적인 대응을 처리하는 절차를 제공한다.

- 예외 던지기: 예외를 코드에서 발생시키는 것이다. 보통 throw를 사용한다.
- 사용자 정의 예외: 보통 기업은 언어에서 제공하는 방식보다 기업에 맞는 예외를 재정의해서 사용한다.

아래 예제에서는 throw로 예외를 발생시켰고 예외 메시지를 그대로 출력하는 것으로 끝났다. finally는 예외의 발생과 상관없이 필수적으로 실행되는 것을 알 수 있다.

```
try {                                 //예외 발생
    throw Exception(" 예외 발생")       //예외던지기
} catch (e : Exception) {              //예외잡기
    println(e)
} finally {                            //필수적으로 처리
    println(" 정상적으로 처리 ")
}
```

　java.lang.Exception:　예외 발생
　정상적으로 처리

아래 예제에서는 함수의 반환값으로 예외를 발생시켰다. 반드시 처리하는 **finally**는 제외해서 예외만 처리하고 종료했다.

- Nothing 자료형: 실제 아무것도 반환하지 않는다는 뜻이다.

```
fun except() : Nothing {
    return throw Exception(" 예외 발생")
}

try {
    except()
} catch (e : Exception) {
    println(e)
}
```

java.lang.Exception:   예외 발생

## 예외도 표현식이다.

예외 처리를 변수에 할당해 처리하면 결괏값이 변수에 할당되는 것을 알 수 있다.

- 표현식과 문장의 차이는 표현식은 바로 계산되어 값을 반환한다. 문장은 현재 상태를 보관하거나 다른 곳으로 분기 처리한다.

아래의 예제에서는 예외의 결괏값을 변수가 할당받아서 그다음 로직에서 처리할 수 있는 것을 보여주고 있다.

```
val x = try {
    100
} catch (e : Exception) {
    200
} finally {
    300
}

println(x)
```

100

아래 예제에서는 함수의 결과가 예외이다. 예외에 대한 함수 반환 자료형은 Nothing이고 이 함수를 실행하면 예외가 발생하므로 try catch로 처리했다. 실제 예외가 발생했지만, 예외 처리로 프로세스는 중단되지 않고 정상적인 값이 변수에 할당되었다. 이처럼 예외 처리는 비정상 처리를 정상 처리로 변환해준다.

```kotlin
fun add_ex() : Nothing = throw Exception("예외")

val y = try {
    add_ex()
} catch (e : Exception) {          //예외 발생
    200                             //예외처리로 정상적인 값 반환
} finally {
    300
}

println(y)                          //예외가 아닌 정상값 처리
```

200

CHAPTER 03

# 03 순환 표현 알아보기

같은 코드를 여러 번 반복해서 작성하는 것보다는 순환문을 사용해서 처리하는 것이 더 편리하다.
순환에는 특정 반복자를 기준으로 순환하는 for 문, 특정 조건으로 순환하는 while 문과 do while
문이 있다.

## 범위

숫자나 문자 등을 연속적인 특정 영역으로 지정할 수 있다. 이를 범위(Range)라고 하며, 이 범위를
특정 간격으로 진행할 수도 있다. 코틀린에서는 이런 객체를 만드는 클래스인 범위(Range)나 진행
(Progression)을 지원한다.

### ◀ 범위/진행 연산자와 메서드

- 범위연산자(..): 두 수, 두 문자, 두 문자열 사이에 지정해서 두 항목을 포함한 범위 객체 생성한다.
- rangeTo 메서드: 범위연산자와 동일한 메서드이다.
- until 메서드: 범위연산자와 동일한 메서드이다. 차이점은 마지막 항목이 포함되지 않는다.
- downTo 메서드: 역방향 범위를 만들 때 사용한다.
- step 메서드: 범위의 간격을 처리하는 메서드이며 실행하면 범위 객체를 진행 객체로 변환한다.
- first, last, step 속성: 범위와 진행 내의 첫 번째, 마지막, 간격 정보를 관리하는 속성이다.

### ◀ 범위 알아보기

숫자와 문자를 범위 연산자와 범위 메서드를 사용해서 만든다.
아래 예제에서 첫 번째는 범위연산자와 rangeTo 메서드를 사용해서 정방향 범위를 두 개 만들었다.
두 개의 속성값이 같은지 비교했고 속성을 조회했다. 두 번째는 마지막을 포함하지 않는 until 메
서드로 만들었다. 마지막은 역방향 범위를 downTo 메서드로 만들었다.

```
val range1 = 1..10                              //순방향 범위 설정
val range2 = 1.rangeTo(10)
println(range1 == range2)
println("range2 first= ${range2.first}" )
println("range2 last= ${range2.last}")

val range3 = 1.until(10)                         //순방향 범위 설정이지만 마지막 미포함
println("range3 first= ${range3.first}" )
println("range3 last= ${range3.last}")

val range4 = 10.downTo(1)                        //역방향 범위 설정
println("range4 first= ${range4.first}" )
println("range4 last= ${range4.last}")
```

```
true
range2 first= 1
range2 last= 10
range3 first= 1
range3 last= 9
range4 first= 10
range4 last= 1
```

다음 예제는 범위를 만든 후에 step 메서드를 사용해 간격대로 이동하는 진행을 처리한다.
먼저 rangeTo 메서드로 범위를 지정하고 step 메서드로 특정 간격을 처리한다. 그리고 만들어진
범위에 대한 클래스를 확인한다. 주의할 점은 step 메서드를 사용할 경우에는 마지막 값이 step을
처리하는 값으로 변경된다는 것이다.

```
val range5 = 1.rangeTo(10).step(2)              //범위를 만든 후에 step 메서드로 진행 객체로 변환

println(range5.javaClass.kotlin)
println("range5 first= ${range5.first}" )
println("range5 last= ${range5.last}")          //진행에 맞춰 필요 없는 마지막 값 수정
println("range5 step= ${range5.step}")
```

```
class kotlin.ranges.IntProgression
range5 first= 1
range5 last= 9
range5 step= 2
```

## for 순환

순환(loop)은 동일한 코드를 반복해서 처리하는 규칙을 제공하는 문장이다. for 순환은 범위와 진행을 사용해 반복 순환을 처리한다. 반복 순환이 가능한 반복자를 가지는 컬렉션(collection) 패키지인 배열, 리스트, 집합, 맵을 사용할 수 있다.

### ▶ for 순환 표기법

- for 예약어로 시작하고 순환 조건인 반복자는 소괄호 사이에 지정한다.
- 순환 조건은 in을 기준으로 앞에는 지역변수가 오고, 뒤에는 순환할 수 있는 반복형(iterable) 즉 컬렉션 클래스의 객체인 범위, 배열, 집합, 맵 등이 온다.
- for 몸체부는 중괄호 내에 코드 블록을 작성한다. 한 줄만 필요한 경우는 중괄호를 생략하고 단일표현식으로 작성한다.

### ▶ 순환 중단 처리법

순환을 처리할 때 중단하거나 특정 조건이 맞을 경우 현재 처리를 중단해서 바로 순환으로 처리하는 방법이 있다.

- break 예약어: 순환 내부에서 특정 로직을 만나면 현재의 순환을 바로 중단한다.
- continue 예약어: 순환 내부에서 특정 로직을 만나면 현재의 순환으로 바로 돌아가서 순환을 다시 실행한다.
- break@레이블, continue@레이블: 내포된 순환에서 더 많은 순환문 블록을 넘어서 순환을 중단하려면 제일 밖의 순환문에 레이블을 지정한 후 break, continue에 이 레이블을 지정한다.

### ▶ for 순방향 순환

작은 수부터 큰 수로 순환을 처리하는 방법을 알아본다.
아래 예제에서는 범위연산자와 마지막 원소까지 포함하는 rangeTo 범위 메서드, 마지막 원소를 포함하지 않는 until 범위 메서드로 순환을 처리했다.

```
for (i in 1..5) {                       // 범위 순방향에 대한 순환
    print(i.toString() + ", ")
}
println()
for (i in 1.rangeTo(5)) {               // 범위 순방향에 대한 순환
    print(i.toString() + ", ")
}
println()

for (i in 1.until(5)) {                 // 마지막 미포함 순환 처리
    print(i.toString() + ", ")
}
println()
```

```
1, 2, 3, 4, 5,
1, 2, 3, 4, 5,
1, 2, 3, 4,
```

범위의 시작과 끝이 같으면 한 번만 실행되므로 주의해서 범위를 지정해야 한다.

```
for (i in 5..5) {                       // 범위에 대한 순환
    print(i.toString() + ", ")
}
println()

for (i in 5..5 step 3) {                // 진행에 대한 순환
    print(i.toString() + ", ")
}
```

```
5,
5,
```

### ◤ for 역방향 순환

아래 예제는 역방향으로 처리한다. 범위연산자로 표시할 때는 순방향과 반대로 숫자를 표기한다.
메서드를 사용할 경우는 downTo 메서드를 사용한다. 시작과 끝이 같은 역방향도 딱 한 번만 처리
되는 것을 확인할 수 있다.

```
for (i in 10..1) {                          // 범위에 대한 순환
    print(i.toString() + ", ")
}
println()

for (i in 10.downTo(1)) {                   // 역방향 처리 downTo
    print(i.toString() + ", ")
}
println()
for (i in 10.downTo(10)) {                  // 역방향 처리 downTo
    print(i.toString() + ", ")
}
```

```
10, 9, 8, 7, 6, 5, 4, 3, 2, 1,
10,
```

## ◢ 문자 범위 순환

문자도 실제 아스키코드나 유니코드에 순서대로 저장되어 있어서 문자 범위를 만들 수 있다.
아래 예제에서는 영어 문자의 범위를 지정해서 순방향과 역방향으로 순환을 처리했다. 출력할 때
는 문자도 문자열로 변환해서 처리하는 것을 알 수 있다.

```
for (ch in 'a'..'f') {
    print(ch.toString() + ", ")            // 순방향
}
println()
for (ch in 'f' downTo 'a') {
    print(ch.toString() + ", ")            // 역방향
}
```

```
a, b, c, d, e, f,
f, e, d, c, b, a,
```

## ◢ 순환 블록 내 코드 작성

순환문 내에도 코드 블록을 지정해서 여러 코드를 작성할 수 있다. 아래 예제에서는 순환문 내에
두 개의 if 조건을 작성해서 처리한다. 첫 번째 조건은 짝수인지 확인했고, 두 번째 조건은 특정 값
과 같은지 확인했다. 각 조건제어 내의 처리는 순환을 반복하는 continue, 순환을 중단하는 break
를 사용했다.

```
for (i in 1..10) {
    if (i % 2 == 0) {
        println("continue $i")
        continue                    // 가장 가까운 순환으로 이동
    }

    if (i == 7) {
        println("break $i ")
        break                       // 가장 가까운 순환을 종료
    }
}
```

```
continue 2
continue 4
continue 6
break 7
```

## 내포된 순환 처리

순환 조건의 여러 개일 경우 순환문 내부에 순환문을 내포해서 작성할 수 있다. 순환문을 종료하기 위해 내포된 순환문에 break를 사용하면 하나의 순환문만 종료한다.

아래 예제에서는 순환문 내에 내포된 순환문을 작성해서 이중으로 순환을 처리한다. 내포 순환문 내에서 break 문을 사용해 내포된 순환을 빠져나가지만, 외부 순환이 더 있어서 순환문이 실행되는 것을 확인할 수 있다.

```
for (i in 1..2) {
    for (j in 1..3) {
        if (j == 2) {
            println(" 내포 순환")
            break
        }
        println(" for 순환 $j")
    }
}
```

```
for 순환 1
내포 순환
for 순환 1
내포 순환
```

순환문 내부에 내포된 순환문이 있을 경우 전체 순환을 종료하려면 레이블을 사용해서 외부 순환문까지 빠져나올 수 있도록 처리한다. 이때 순환문 앞에 레이블명+@를 붙이고 **break**+@ 레이블명을 지정한다.

```kotlin
loop@ for (i in 1..3) {
    for (j in 1..5) {
        if (j == 3) {
            println(" 내포 순환 ")
            break@loop
        }
        println(" for 순환 $j")
    }

}
```

```
for 순환 1
for 순환 2
내포 순환
```

## while/do while 순환

특정 조건이 만족할 때까지 순환을 처리하는 while, do while 순환을 알아본다.

### ◤ 조건 순환 표기법

- while 순환: 조건식을 만족할 때까지 순환한다.
- do while 순환: 먼저 한 번 실행한 후에 조건을 확인하고 참일 경우에 순환한다.
- 조건식 결과가 항상 참이면 무한 순환을 처리한다. 순환의 마지막 처리점은 항상 내부에 로직으로 처리해야 한다.

### ◤ 조건 순환 처리

조건을 처리해 순환하는 while 순환과 do while 순환을 알아본다. 두 순환문의 차이점은 do while 문은 한번 실행하고 조건을 처리하고 while 문은 조건을 판단한 후에 조건의 만족할 경우만 내부의 코드를 실행한다.

아래 예제는 조건을 만족하면 바로 순환문 내부를 실행하는 while 문과 한 번 실행한 다음에 조건을 체크하는 do while 순환문을 확인한 것이다.

```
println(" while")
var n = 0

while (n < 3) {              //첫 번째 조건을 만족해야 내부 처리
    println(n)
    n++
}
println(" do while")
var m = 0

do {                         //내부 처리를 한 번 실행한 후 조건 확인
    println(m)
    m++
} while (m<3)
```

```
 while
0
1
2
 do while
0
1
2
```

## ◤ 조건 순환 내의 내포된 순환 처리

조건 순환도 내부에 조건 순환을 작성할 수 있다. 또한 break와 continue로 순환을 제어할 수도 있다. 다음 예제에서는 외부 순환과 내부 순환을 만들었다. 내부 순환 내의 조건에 해당하면 내부 순환을 중단하고, 외부 순환이 가능하면 다시 순환을 실행한다.

```
var n = 0
while (n < 2) {
    println(" n :" + n)
    var m = 0
    while (m < 2) {          //내포된 while 문
        println(" m :" +m)
```

```kotlin
        m++
        if (m ==3) break        // 가까운 순환문 종료

    }
    n++
}
```

```
n :0
m :0
m :1
n :1
m :0
m :1
```

아래 예제에서도 외부 순환과 내부 순환을 만들었다. 내부 순환 내의 조건에 해당하면 해당 부분을 배제하고 그다음 내부 순환을 실행한다.

```kotlin
var n = 0
while (n < 2) {
    println(" n :" + n)
    var m = 0

    while (m < 2) {              // 내포된 while 문
        println(" m :" +m)
        m++
        if (m ==2) continue      // 가까운 순환문으로 이동

    }
    n++
}
```

```
n :0
m :0
m :1
n :1
m :0
m :1
```

### ◤ 외부 순환까지 제어

조건 순환도 레이블을 지정하면 내부 순환을 넘어서 외부 순환으로 바로 제어를 넘길 수 있다.

```
var n = 0
var m = 0
loop@ while (n < 3) {
    println(" n :" + n)
    while (m < 5) {                    //내포된 while
        println(" m :" +m)
        m++
        if (m ==3) break@loop          //레이블 기법으로 전체 종료

    }
    n++
}
```

```
n :0
m :0
m :1
m :2
```

## 3.4

# 반복자

여러 개의 원소를 가진 자료형인 범위, 배열, 리스트 등은 반복형(Iterable) 클래스이며 이를 객체로 만들어도 반복형 객체이다. 이 반복형을 iterator 메서드로 반복자(Iterator) 클래스의 객체로 변환할 수 있다. 반복형과 반복자의 차이점은 반복형을 반복자로 자료형을 변환하면 내부의 원소를 순환할 수 있는 메서드가 추가된다.

### ◤ 반복형을 반복자로 변환

- 반복형 내의 iterator 메서드를 실행하면 반복자(Iterator) 클래스의 객체로 변환된다.
- 반복자는 현재 상태를 조회하는 hasNext 메서드, 다음 원소를 조회하는 next 메서드가 추가된다.
- 반복자의 순환은 hasNext 메서드로 상태를 확인하고 next 메서드로 원소를 조회하면서 처리한다.
- 반복자의 특징은 한번 모든 원소를 조회하면 다시 객체를 생성해서 사용한다.

### 내부 순환과 외부 순환

- 외부 순환은 for, while, do while 문을 사용해 반복자의 원소를 조회해서 반복 처리하는 방식이다.
- 내부 순환은 반복자 내부의 메서드를 사용해 반복 처리하는 방식이다. 보통 내부 순환을 하는 map, filter, reduce, forEach 등의 메서드를 제공힌다.

### 범위 반복자

숫자나 문자로 범위를 만들고 for를 사용해서 순환했다. 이제 범위를 반복자로 변환해서 내부 순환 처리를 알아본다.

다음 예제에서는 정수와 문자 범위를 변수에 할당한다. 이를 iterator 메서드로 반복자로 변환해 다시 변수에 할당했다. 이번에는 순환문이 아닌 내부 순환 처리 forEach 메서드를 사용해 순환 처리를 한다. 이 메서드는 인자로 람다표현식을 받는다.

아직 배우지 않았지만, 람다표현식은 중괄호 내에 특정 코드를 넣어서 만든다. 이제 내부 순환과 외부 순환(for) 문의 처리 결과를 확인한다.

```
val i = 1..10
val c = 'a'..'z'

val iIter = i.iterator()              //정수 범위를 반복자로 처리
val cIter = c.iterator()              //문자 범위를 반복자로 처리

iIter.forEach { print(it.toString()+",") }   //내부 순환

println()
for (i in cIter) print(i+",")         //외부 순환
```

1,2,3,4,5,6,7,8,9,10,
a,b,c,d,e,f,g,h,i,j,k,l,m,n,o,p,q,r,s,t,u,v,w,x,y,z,

■ 반복자 내의 메서드로 순환 처리

범위 객체를 반복자 객체로 변환 후에 반복자에서 제공하는 hasNext, next 메서드로 순환을 처리한다.

아래 예제에서는 while 문을 처리하기 위해 반복자로 변환한다. 조건식에 hasNext로 원소를 가져올 수 있을 때까지 반복하고 코드 블록 내에서는 원소를 next로 가져와서 처리한다. 이는 내부 순환인 forEach로 처리한 결과와 같다.

```
val r = ('a'..'c').iterator()        //반복자 처리
while (r.hasNext()) {                 //외부 순환
    println(r.next())                 //반복자 내의 원소를 하나씩 조회
}

('a'..'c').forEach(::println)         //내부 순환
```

```
a
b
c
a
b
c
```

# Kotlin

CHAPTER **04**

## 함수 알아보기

절차적으로 작성한 코드 블록을 서브루틴(subroutine)이라는 명칭으로 사용했다. 함수형 프로그래밍 기법이 도입되면서 서브루틴이 완전히 함수(Function)로 변환되었다.

함수는 재사용하는 가장 작은 단위의 구성요소이다. 객체지향 프로그래밍 기법이 도입되면서 모든 것을 객체로 관리하므로 이제 함수도 1급 객체로 처리된다. 즉 함수도 정수처럼 변수, 매개변수, 반환값 등에 사용할 수 있다는 뜻이다.

함수를 작성해 바로 사용할 수 있는 익명함수와 람다표현식에 대해서 알아본다.

1. 함수 알아보기
2. 익명함수와 람다표현식 알아보기
3. 함수 자료형 알아보기

# 01 함수 알아보기

일반적으로 함수는 함수를 먼저 정의하고 필요할 때 호출하는 방식으로 사용한다. 그래서 함수를 정의할 때 함수의 입력값인 매개변수, 함수의 출력값인 반환 자료형, 실제 함수의 기능을 처리하는 코드 블록 등을 잘 정의해야 한다.

함수의 호출은 입력값에 대한 인자를 전달하고 결괏값을 반환받아 적절한 변수 등에 할당해서 사용한다. 함수를 정의하고 실행하는 것을 알아본다.

## 함수 정의와 실행

함수를 사용하려면 먼저 함수를 정의해야 한다. 이를 함수 정의(Function Definition)라고 한다. 기본적으로 함수는 사용하기 전에 정의하고 정의한 함수를 호출해서 실행한다.

한번 정의한 함수는 여러 번 호출해서 사용할 수 있으므로 같은 코드를 함수로 정의해 사용하면 중복하는 코드를 줄일 수 있다.

### ◤ 함수 정의

함수를 정의할 때는 머리부(header)와 몸체부(body)로 구분한다. 함수를 정의한 후에 이를 호출하려면 함수 이름 등으로 함수를 식별해야 한다. 이는 메모리에 올라간 함수를 참조해서 가져와야 함수를 실행할 수 있다는 것이다.

함수를 호출할 때 함수의 식별 기준은 함수 시그니처(Signature)인 함수 이름과 매개변수 개수에 맞게 자료형과 반환 자료형으로 구성한 머리부이다. 실제 실행되는 영역은 코드 블록인 몸체부이다. 그래서 함수를 정의하는 규칙을 잘 이해하는 것은 아주 중요하다.

- 함수 머리부(Function Header)
  - 예약어 fun 사용 함수 정의: function의 약자인 fun을 함수 이름 앞에 붙인다.
  - 함수 이름 작성: fun 예약어와 매개변수 정의 사이에 함수 이름을 작성한다. 함수 이름은 영어 소문자로 시작한다. 한글로 함수 이름을 작성해도 아무런 문제는 없다.
  - 매개변수(parameter) 정의: 함수 내부에서 변수로 사용되는 것을 정의한다. 매개변수는 곧 함수

내의 지역변수이다.
- 함수의 결과 표시: 함수 반환 자료형을 매개변수 다음에 콜론(:) 후에 작성한다. 실제 몸체부가 실행되면 이 자료형의 객체로 반환값을 처리한다.

■ 몸체부(Function Body)
- 함수 몸체부: 실제 함수가 호출되었을 때 실행되는 코드는 코드 블록인 중괄호({ }) 내에 작성한다.
- 지역변수(local variable): 함수 내부에 정의되는 변수이다. 이 지역변수는 함수가 실행될 때 생겼다가 함수가 종료되면 사라진다.
- 반환값 처리: 함수의 결과를 반환할 때는 최종 처리결과를 return 다음에 처리한다. 실제 반환값이 없다는 Unit 자체도 반환된 값의 자료형이다.

■ 함수 몸체부 내에 정의할 수 있는 대상
- 지역 함수를 작성할 수 있다. 이 지역 함수는 보통 함수의 내부 코드가 복잡해지면 함수의 기능을 분리해서 처리할 목적으로 사용한다.
- 지역 클래스를 작성할 수 있다. 보통 함수 내부에서 특정 상태와 행위가 필요할 때 정의해서 사용할 수 있다.
- object 정의는 할 수 없지만 객체를 만들 때는 object 표현식으로 정의해서 객체를 사용할 수 있다.

## ◀ 함수 실행(Function call)

■ 함수 정의한 것을 작동시키는 것이 함수 실행이다.
■ 함수 이름과 호출연산자인 괄호를 사용하여 매개변수가 정의되면 동일한 개수의 인자를 전달해야 한다.

## ◀ 함수 정의와 실행

함수 정의는 예약어 fun, 함수 이름, 매개변수, 반환자료형, 그리고 코드 블록으로 작성한다.
아래 예제에서는 코틀린도 유니코드 문자를 지원하므로 함수 이름과 매개변수 이름을 한글로 작성했다. 반환 자료형은 두 개의 값을 처리하는 튜플인 Pair 클래스이다. 이 튜플을 자료형으로 사용할 때는 꺾쇠괄호에 실제 자료형을 지정한다. 즉 함수의 반환되는 값을 확정하는 것이다.
함수 내부에 지역변수, 지역함수, 지역 클래스를 정의했다. 함수의 반환값은 return 다음에 Pair 클래스에 매개변수를 지정해서 처리했다.

```
fun 함수명(매개변수명1:String, 매개변수명2:String) :
                    Pair<String, String> {          //반환 타입:튜플 처리
    val 지역변수1 = 100
    var 지역변수2 = 300

    fun 지역함수명(매개변수명:String) : String {
        return "매개변수명"
    }

    class 지역클래스명 {}

    //object 지역 오브젝트 {}                          //함수 내부에 지정 금지

    println(" $지역변수1 $지역변수2")                  //지역변수를 사용하지 않으면 컴파일 에러

    return Pair(매개변수명1, 매개변수명2)              //튜플로 반환값 전환
}

val 결과값 = 함수명("함수","호출")
println(결과값)
```

```
 100 300
(함수, 호출)
```

### 반환값이 없는 함수 정의와 실행

함수를 호출하면 실행된 결과를 반드시 반환한다. 반환값이 없을 경우에도 보통 반환자료형을 지정해야 한다. 이때 아무것도 처리하지 않는 Unit 자료형을 지정한다.

아래 예제에서는 두 개의 함수를 정의한다. 함수 내부 코드는 println 함수로 문자열을 출력한다. 이 함수에는 return 문이 없어서 실제 반환값이 없다. 그래서 Unit을 반환 자료형으로 표시한다. 아무것도 표시하지 않으면 반환 자료형을 Unit으로 추론한다.

두 함수를 실행하면 내부에 작성된 println 함수가 실행되고 문자열을 출력한다.

```
fun func() : Unit {                           //반환값이 없는 함수에도 반환 자료형 정의
    println(" 특정 처리 기능이 없음 ")
}

func()

fun funcNoReturn() {                          //반환값이 없을 경우는 생략 가능
    println(" 반환값을 생략 가능")
```

```
}
funcNoReturn()
```

특정 처리 기능이 없음
반환값을 생략 가능

## 함수 몸체부(블록) 처리

함수의 모든 로직은 코드 블록 내부에 작성한다. 간단한 표현식만 있는 경우는 블록을 생략하고
한 줄로 작성하는 단일표현식으로 작성할 수도 있다.

### ◤ 단일 표현식으로 대체

함수 코드 블록의 하나의 라인으로 처리될 경우는 간략하게 작성할 수 있다. 이를 단일 표현식이
라고 한다. 보통 = 연산자 다음에 표현식을 사용해서 처리한다.

- 보통 함수를 정의할 때는 코드 블록에 함수의 몸체를 정의한다.
- 간단한 함수일 때는 코드 블록 대신에 단일 표현식으로 작성할 수 있다. 단일 표현식은 = 다음에 짧은 표
  현식을 작성한다.
- 보통 단일 표현식으로 함수 코드 블록을 구성하면 단일 표현식을 추론해 반환 자료형을 추론할 수 있으므
  로 반환 자료형을 생략한다.

```
fun add(x:Int, y:Int) : Int {          //코드 블록 몸체부에 한 줄로 처리
    return x + y
}

fun add1(x:Int, y:Int) : Int = x + y    //코드 블록 대신 =과 표현식으로 표시
                                        //return을 사용하지 않는다.
fun add2(x:Int, y:Int) = x + y          //계산 결과가 반환 자료형을 추론할 수 있다.
                                        //반환 자료형을 생략한다.
println(add(10,20))
println(add1(10,20))
println(add2(10,20))
```

```
30
30
30
```

## ◤ 복잡한 단일 표현식

조건문, object 표현식 등은 하나의 표현식으로 작성할 수 있다. 특히 object 표현식은 복잡하게 작성되지만 하나의 결과인 객체를 만들므로 단일 표현식으로 작성할 수 있다.

아래 예제는 if 표현식일 경우 if else 구문을 모두 하나의 표현식 처리로 작성한 것이다. object 표현식으로 익명 객체를 생성하는 것도 하나의 표현식이므로 코드가 길어도 실제는 하나 표현식이므로 단일 표현식으로 작성할 수 있다.

```
fun comSingle(x:Int, y:Int) = if (x>y) x else y //if 표현식 사용

val r = comSingle(20,10)
println(r)


open class People {                               //클래스 정의
    fun hello() = println("Hello World")          //메서드 정의
}
fun comSingle1() = object : People() {            //People을 상속한 익명 객체 반환
}

val p = comSingle1()
p.hello()
```

```
20
Hello World
```

### 1.3

## 함수의 매개변수와 인자

함수는 동일한 이름으로 여러 개의 함수를 정의할 수 있다. 이는 함수를 식별하는 기준이 함수 시그니처까지 포함하기 때문이다. 동일한 이름으로 여러 함수를 작성했을 때 함수 호출의 인자를 보고 정확한 함수를 식별하는 것이 중요하다. 그래서 함수 매개변수(Parameter)와 함수 호출인자(Argument)를 잘 이해해야 한다.

## ◤ 매개변수와 인자 처리 규칙

매개변수와 인자를 처리하는 방식을 알아본다. 아래의 규칙은 혼합 처리가 가능하다.

- 위치인자(positional argument): 매개변수가 작성되면 이 매개변수를 지정한 위치에 맞춰 함수 호출인자를 지정한다. 매개변수의 자료형에 맞는 인자를 전달해야 예외 없이 처리할 수 있다.
- 이름인자(named argument): 인자가 위치에 따라 자동으로 매핑되지만 매개변수 이름과 인자를 쌍으로 지정해서 처리하면 함수를 호출할 때도 매개변수가 명확해져서 코드를 볼 때 편리하다. 이름인자는 실제 위치인자와 상관없이 지정할 수 있다.
- 가변인자(variable argument): 인자의 개수가 미정일 때는 가변인자를 사용한다. 가변인자를 작성할 때는 매개변수 이름 앞에 vararg 예약어를 사용한다. 가변인자는 이 매개변수 이름으로 여러 개의 원소를 가지는 배열로 처리한다.
- 매개변수 초깃값(default value): 매개변수를 지정할 때 초깃값을 할당해두면 인자에 값을 할당하지 않으면 바로 초깃값으로 인자의 값을 대치할 수 있다. 특히 여러 개의 매개변수를 사용할 때 매개변수에 맞는 초깃값을 설정하면 함수를 편리하게 사용할 수 있다.

## 위치인자와 이름인자 처리

위치인자는 함수의 매개변수와 인자의 개수가 같으면 그 위치에 따라 매개변수에 할당된다. 또한 이름인자는 함수의 인자를 이름과 값을 쌍으로 전달한다.

아래 예제에서는 3개의 매개변수를 갖는 함수를 단일표현식으로 작성했다. 이 함수에 3개의 인자를 전달해서 실행할 수 있다. 그리고 각 매개변수의 이름을 순서와 상관없이 지정하고 값을 할당해서 처리할 수 있다.

```
fun addVar(x : Int, y:Int, z:Int) =          //3개의 매개변수 지정
                    x + y + z

println("위치인자 =" +addVar(10,20,30))        // 매개변수 위치에 따라 인자 매핑
println("위치인자 =" +addVar(20,30,30))

println("이름인자 ="+addVar(z=100, x=20, y=30))//매개변수 이름과 인자를 같이 넣어 처리
println("이름인자 ="+addVar(y=30,x=20, z=30))

println("인자혼합 =" +addVar(30,z=20, y=30))    // 위치 인자와 이름 인자 혼합
```

위치인자 =60
위치인자 =80
이름인자 =150
이름인자 =80
인자혼합 =80

### 매개변수에 초깃값 지정

함수의 매개변수와 인자는 항상 일치해야 한다. 그래서 인자의 개수가 불일치할 때를 대비해 함수를 정의할 때 매개변수에 초깃값(default value)을 지정할 수 있다. 아래 예제에서는 함수를 정의할 때 매개변수마다 정수로 초깃값을 지정했다. 함수를 호출할 때 2개의 인자를 전달하면 초깃값은 전부 무시된다. 하지만 인자가 전달되지 않으면 초깃값을 인자로 사용해서 함수의 결과가 반환된다.

```
fun defaultArg(x:Int = 100, y:Int=200) = x +y

println("위치인자 전부 전달=" + defaultArg(300,400))
println("이름인자 전부 전달=" + defaultArg(y=300, x=400))

println("인자 전달없음=" + defaultArg())
println("인자 하나 전달=" + defaultArg(500))
```

```
위치인자 전부 전달=700
이름인자 전부 전달=700
인자 전달없음=300
인자 하나 전달=700
```

### 가변인자 지정

함수의 인자가 고정되면 인자를 추가할 때마다 함수를 정의하지 않도록 가변인자로 작성해서 사용하는 것이다. 가변인자 표기법은 매개변수 앞에 varagr를 붙인다.

아래 예제에서는 하나의 매개변수만 지정했지만, 예약어 vararg가 붙어서 여러 개의 인자를 전달받을 수 있다. 이 가변인자에 대한 변수의 자료형을 코드 블록에서 확인하면 배열이고 실제 합산을 하려면 이 배열을 순환해서 모든 원소를 더해야 한다.

합산한 결과 저장된 변수를 반환한다. 실제 함수를 실행한 결과를 보면 아무런 인자가 없는 것부터 여러 개의 인자를 전달해서 실행하는 것을 확인할 수 있다.

또한 배열로 정의된 것을 가변인자로 처리하려면 별표(*)를 붙여 모든 원소가 전달되어야 가변인자가 처리된다. 이 연산자를 스프레드 연산자(spread operator)라고 한다. 주의할 점은 배열일 경우에만 이 연산자가 작동한다는 것이다.

```
fun addVarArg(vararg x : Int): Int {
    var result = 0
    for (i in x) {
        result += i
    }
    return result
}
```

```
println("가변인자 0 =" +addVarArg())
println("가변인자 4 =" +addVarArg(1,2,3,4))
println("가변인자 6 =" +addVarArg(1,2,3,4,5,6))

val ll = intArrayOf(1,2,3,4)                    //스프레드 처리할 때는 array 등 기본 배열 사용
println("스프레드 연산 사용 =" +addVarArg(*ll))
```

```
가변인자 0 =0
가변인자 4 =10
가변인자 6 =21
스프레드 연산 사용 =10
```

## █ 함수 인자를 전달할 때의 주의 사항

코틀린은 가변 객체와 불변 객체가 있다. 가변 객체를 함수의 인자로 전달하면 가변 객체 내부의 값을 변경할 수 있다. 리스트인 경우는 가변과 불변을 지정할 수 있다. 함수를 정의할 때 매개변수에 가변 매개변수를 지정하면 가변 리스트를 인자로 전달할 경우 함수 밖에 지정한 리스트도 같이 변경된다. 함수 내부에서 외부 값을 변경하지 않으려면 가변 리스트를 복사해서 함수의 인자로 전달해야 한다.

```
val ll = listOf(1,2,3,4)                         //변경 불가능한 리스트 생성

fun addList(ll : List<Int>) :List<Int> {         //함수의 매개변수와 반환 자료형의 리스트
    val result  = ll + listOf(6,7)               //리스트 원소 추가
    return result                                //새로운 리스트 반환
}

val ll2 = addList(ll)                            //함수 실행
println(ll2 == ll)                              //리스트 비교

val ml = mutableListOf(1,2,3,4)                  //변경 가능한 리스트 생성

fun addList1(ml : MutableList<Int>)              //변경 가능한 리스트 생성
                  : MutableList<Int> {
    ml.add(5)                                   //내부 원소 추가
    return ml
}

val ml2 = addList1(ml)                           //함수 실행
println(ml == ml2)                              //외부 리스트 변경
```

```
false
true
```

## 지역변수, 지역함수와 변수 스코프

함수 내의 코드 블록에 정의된 변수를 어떻게 참조해서 처리하는지 알아본다. 보통 함수가 정의되면 지역변수를 관리하는 변수 스코프가 만들어진다. 해당 변수가 함수에 없으면 상위에서 참조할 수 있는 변수 스코프를 조회한다. 함수 내부에 지역함수를 정의하면 지역함수도 변수 스코프가 만들어지고 해당 변수가 없으면 외부 함수의 변수를 참조할 수 있다. 함수 지역에 정의한 변수, 함수 등을 어떻게 사용하는지 알아본다.

### ◤ 함수 내부에 내포된 변수, 함수, 클래스 정의

- 지역변수: 함수 내부에서만 사용할 수 있는 변수이다. 초깃값을 지정하지 않고 정의해도 컴파일 에러는 발생하지 않는다. 하지만 지역변수를 사용할 때는 반드시 초기화해야 한다.
- 지역함수: 함수 내부에서만 사용할 때 지정한다. 보통 클로저 환경을 구성하거나 세부 기능을 분리해서 처리할 때 사용한다.
- 지역 클래스: 함수 내부에서 클래스를 활용해서 사용할 때 정의할 수 있다. 보통 함수 기능이 커지면 클래스로 변환하여 정의해서 사용하므로 실제 사용할 일은 별로 없다.

### ◤ 지역변수 정의

함수 매개변수와 함수 코드 블록 내부에 정의한 변수는 지역변수이다. 아래 예제는 아무런 매개변수가 없고 지역변수만 정의되었다. 이 지역변수를 계산한 결과를 반환하므로 이 함수는 호출할 때마다 항상 같은 값을 반환한다.

```
fun localVar() : Int {
    val x : Int = 100          //지역변수 정의
    val y : Int = 200          //지역변수 정의
    return x+y
}

println("지역변수의 합= " +localVar())
```

지역변수의 합= 300

CHAPTER 04

### 지역함수 정의

함수 내부에 지역함수를 만들어봤다. 그러면 지역함수 내부에 또 지역함수를 만들 수 있다. 이는 함수도 계층구조를 구성할 수 있다는 것이다.

아래 예제에서는 하나의 매개변수를 받아 처리하는 외부함수를 정의하고 내부함수는 지역변수와 매개변수를 합산한 결과를 반환한다. 이 함수를 호출해서 실행하면 전달된 인자와 내부 지역변수를 더한 결과를 반환한다.

```
fun outerFunc(x:Int) :Int {
    val y = 100
    fun localFunc() = x +y                //지역함수 정의

    return localFunc()                     //지역함수 실행
}

println("지역함수 실행=" +outerFunc(100))
```

지역함수 실행=200

### 변수 스코프(variable scope)

패키지, 함수 등은 내부에서 변수를 정의할 때 변수를 관리하는 영역인 변수 스코프가 생긴다. 이런 영역을 관리하는 방법을 알아본다.

- 전역함수(global function): 패키지 레벨에 정의된 함수가 전역함수이다. 우리가 말하는 함수는 대부분 전역함수이다.
- 지역함수(local function, nested function): 전역함수 내부에 정의된 함수를 말한다. 또한, 지역함수 내부에 다시 함수를 정의할 수도 있다.
- 지역함수 내의 지역함수: 함수도 계층을 구성해서 정의할 수 있다. 이때 상위에 정의된 함수의 지역변수를 내포된 함수에서 사용할 수 있다.
- 렉시컬 스코프(lexical scope): 함수가 계층 구조로 정의되면 현재 지역 영역에 없는 변수를 상위 레벨에서 검색해서 사용하는 것을 말한다.

### 변수 스코프: 전역과 지역처리

각각의 함수는 자신이 관리하는 변수 스코프를 유지한다. 이것을 지역영역이라고 하고 여기에 정의된 변수를 지역변수라고 한다. 패키지 기반으로 정의된 변수는 전역영역에 선언되므로 전역변

수라고 한다.

아래 예제에서는 2개의 전역변수와 2개의 함수를 정의한다. 이 2개의 함수 내부에는 지역함수가 선언되었다. 이 지역함수는 전역변수를 참조해서 계산한다. 이 두 함수를 실행하면 전달된 인자와 함수 내부 지역변수 그리고 전역변수를 계산해서 값을 처리한다.

outerFunc2에서 전역변수를 갱신해서 조회하면 변경된 것을 확인할 수 있다. 이처럼 변경할 수 있는 전역변수는 함수 내에서 변경할 수 있다는 것에 주의해야 한다.

```
var outVar = 300
val outVarR = 999

fun outerFunc1(x:Int) :Int {
    val y = 100
    fun localFunc() = x +y +outVarR         //지역함수 정의:전역변수 사용
    return localFunc()                       //지역함수 실행
}

fun outerFunc2(x:Int) :Int {
    val y = 100
    fun localFunc(): Int {                   //지역함수 정의
        outVar += x                          //전역변수 갱신
        return x+y+ outVar
    }
    return localFunc()                       //지역함수 실행
}

println("전역변수 참조=" +outerFunc1(100))
println("전역변수 갱신=" +outerFunc2(100))
println("전역변수 =" + outVar)
```

전역변수 참조=1199
전역변수 갱신=600
전역변수 =400

### 변수 스코프: 전역, 지역, 지역의 지역처리

패키지 기반에서 정의된 변수와 함수는 전역영역이고, 함수 내부에 정의된 변수와 함수는 지역영역이다. 또한 지역함수 내에 다시 변수와 함수가 정의되면 지역의 지역영역이다. 이처럼 함수의 계층 구조에 따라 스코프도 계층화할 수 있다.

아래 예제에서는 최상위 변수를 지정하고 하나의 매개변수와 반환 자료형인 Int 함수를 정의한다.

이 함수 내부에 지역변수와 지역함수를 정의한다. 지역함수 내부에 지역변수와 지역함수가 정의된다.

함수를 실행하면 지역함수의 지역함수가 먼저 실행되고 그 결과를 받은 내부함수가 실행된 후에 최종 결과가 반환된다.

```kotlin
var outVar = 300                    //전역변수 정의

fun outerFunc(x:Int) :Int {         //전역변수 정의
    val y = 100
    fun innerFunc(): Int {          //지역함수 정의
        var z = 777
        z += outVar
        fun localFunc() =           //지역함수 내의 지역함수 정의
                x +y + z            //+outVar 전역함수 사용할 때 참조하지 못함
        return localFunc()          //지역함수 내의 지역함수 실행
    }
    return innerFunc()              //지역함수 실행
}

println(outerFunc(100))
```

1277

## 함수 인자 전달 시 주의할 점

함수를 호출할 경우 객체의 변경 가능 또는 불가능을 구분하지 않고 인자로 전달한다. 함수 내부에서 변경 가능한 객체의 내부를 변경하고 반환한 경우 전달 전 값도 변경되므로 함수의 인자는 변경 불가능한 객체로 전달해야 한다.

### ◤ 변경 가능한 객체와 변경 불가능한 객체

- 변경 가능한 객체(mutable object): 내부의 원소를 삽입, 삭제, 변경할 수 있는 객체이다. 보통 리스트, 집합, 맵 등에 변경할 수 있는 객체가 별도로 있고 사용자 정의한 클래스로 만든 객체는 대부분 변경할 수 있다.
- 변경 불가능 객체(immutable object): 객체로 만들어지면 내부의 원소를 변경할 수 없는 객체이다. 대신에

새로운 객체로 만들 수는 있다. 보통 리스트, 집합, 맵 등에 변경할 수 없는 객체를 지정할 수 있다. 사용자 정의 클래스일 때 변경할 수 없도록 만들어야 한다.

## ◤ 변경 불가능한 인자 전달

보통 listOf 함수로 만들어진 리스트 객체는 변경할 수 없다. 이를 인자로 전달하면 실제 내부의 원소 등을 변경할 수 없다. 아래 예제에서는 변경 불가능한 리스트를 만들고 함수에 인자로 전달한다. 이때 반환자료형도 변경 불가능한 리스트이다. 함수 내부적으로 변경 불가능한 리스트를 새로 만들어서 반환해야 한다.

함수의 인자로 전달된 리스트는 항상 자기 자신의 값을 그대로 유지한다.

```kotlin
val ll = listOf(1,2,3,4)
println(ll)
fun addList(ll : List<Int>) :List<Int> {      // 변경 불가능한 리스트
    val result  = ll + listOf(6,7)             // 새로운 리스트 객체 생성
    return result                              // 결과를 반환
}
val ll2 = addList(ll)
println(ll2 == ll)                             // 원 리스트는 변경되지 않는다.
println(ll2)
println(ll2 == ll)
```

```
[1, 2, 3, 4]
false
[1, 2, 3, 4, 6, 7]
false
```

## ◤ 변경 가능한 인자 전달

변경 가능한 리스트를 함수의 인자로 전달하고 함수 내부적으로 이 리스트를 변경하면 외부의 리스트도 변경된다.

아래의 예제는 mutableListOf 함수로 변경 가능한 리스트를 만들어서 함수에 전달한다. 반환자료형도 변경 가능한 리스트 자료형이다. 전달된 변경 가능한 리스트에 원소를 추가하면 함수 외부의 변경 가능한 리스트로 변경된다. 따라서 함수를 처리할 때 인자로 전달되는 객체가 변경 가능하면 이를 복사해서 전달해야 원본을 유지할 수 있다.

```
val ml = mutableListOf(1,2,3,4)
println(ml)

fun addList1(ml : MutableList<Int>) :
                    MutableList<Int> {          //변경 가능한 리스트
    ml.add(5)                                   //원소를 하나 추가
    return ml                                   //결과를 반환
}

val ml2 = addList1(ml)
println(ml == ml2)                              //전달 전 변경 가능한 리스트도 변경
println(ml)
println(ml2)
println(ml == ml2)
```

```
[1, 2, 3, 4]
true
[1, 2, 3, 4, 5]
[1, 2, 3, 4, 5]
true
```

### ◼ 변경 가능한 인자를 복사해서 전달

변경 가능한 객체를 함수 내부에서 변경해도 아무런 영향을 미치지 않기 위해 복사해서 전달한다.
아래의 예제에서는 mutableList 내에 복사함수가 없어서 List로 변환하고 나서 다시 MutableList
로 재변환하여 함수의 인자로 전달했다. 복사해서 함수의 인자로 전달하므로 원 객체는 변경이 안
되는 것을 볼 수 있다.

```
val mlc = mutableListOf(1,2,3,4)
println(mlc)

fun addList1(ml : MutableList<Int>) :
                    MutableList<Int> {          //변경 가능한 리스트
    ml.add(5)                                   //원소를 하나 추가
    return ml                                   //결과를 반환
}

val ml2 = addList1(mlc.toList().toMutableList())  //변경가능한리스트를복사해서처리
println(mlc == ml2)                               //전달 전 변경 가능한 리스트도 변경
println(mlc)
```

```
println(ml2)
println(mlc == ml2)
```

```
[1, 2, 3, 4]
false
[1, 2, 3, 4]
[1, 2, 3, 4, 5]
false
```

# 02 익명함수와 람다표현식 알아보기

지금까지는 함수를 정의하고 함수를 실행해서 사용했다. 함수를 정의하지 않고 바로 사용할 수 있는 함수가 있다.

코틀린에서는 함수 정의 없이 바로 실행하는 함수를 만드는 방법을 두 가지 제공한다. 하나는 함수 정의와 같지만, 이름을 지정하지 않는 익명함수(anonymous function)이고 다른 하나는 코드 블록에 직접 함수를 정의하는 람다표현식(Lambda expression)이다.

두 방법은 유사하지만 약간 차이가 있으므로 사용법을 정확히 이해하고 있어야 한다.

## 익명함수

익명함수는 함수 정의와 동일하지만 함수의 이름을 가지지 않는다. 대신 일회성으로 처리하는 용도로 사용한다.

### ◀ 익명함수 정의와 실행

익명함수는 함수 정의와 동일하게 작성한다. 차이점은 함수는 함수를 호출해서 실행하지만 익명함수 정의하면 바로 호출해서 실행할 수 있다.

- 익명함수 표기법

  함수 정의와 같지만, 함수 이름을 정의할 수 없다. 익명함수는 함수처럼 정의할 수 없고 정의하면 바로 실행하거나 변수, 매개변수에 할당하거나 바로 반환값으로 할당해야 한다.

  - 예약어 fun 사용
  - 함수 이름이 없다는 점에서 일반 함수 정의와 다르다.
  - 매개변수는 괄호 안에 정의한다.
  - 반환값은 매개변수와 콜론 다음에 정의한다.
  - 함수 블록은 중괄호 내에 정의한다.
  - 함수 블록 내 return 다음에 반환값을 정의한다.

아래 예제는 익명함수를 작성하고 바로 호출연산자인 괄호에 매개변수에 맞춰 인자를 전달해서 실행한 것이다. 익명함수를 이름으로 호출하려면 변수에 할당하고 변수 이름으로 조회해서 실행한다.

```
println((fun (매개변수1:Int, 매개변수2:Int) : Int {      //익명함수를 즉시 실행
    return 매개변수1 + 매개변수2
}) (100, 200))


val 덧셈 = fun (매개변수1:Int, 매개변수2:Int) : Int {   //익명함수를 변수에 할당
    return 매개변수1 + 매개변수2
}

val res1 = 덧셈(300,200)                           //익명함수를 실행
println(res1)

val res2 = (fun (매개변수1:Int, 매개변수2:Int) : Int {//즉시 실행
    return 매개변수1 + 매개변수2
}) (500,200)

println(res2)
```

```
300
500
70
```

## ◣ 익명함수 내부에 지역 익명함수 정의

익명함수도 함수 코드 블록 내부에 지역변수, 매개변수, 반환 자료형을 지정해서 처리할 수 있다. 또한, 익명함수 내부에 지역함수를 익명함수로 지정해서 사용할 수 있다. 익명함수를 반환하는 경우는 함수의 반환 자료형을 함수 자료형으로 지정해야 한다.

- 익명함수 내부에 익명함수를 지역함수로 정의할 수 있다.
- 함수의 반환자료형을 처리할 때 함수를 반환할 수 있다.
- 함수의 매개변수로 함수자료형을 정의하면 함수 호출할 때 익명함수를 인자로 전달할 수 있다.
- 함수자료형 지정은 매개변수는 괄호 안에 표시하고 -> 다음에 반환값을 지정한다. 코틀린에서는 함수자료형을 인터페이스로 제공한다. 함수자료형을 지정하는 방법은 추후에 자세히 알아본다.

아래 예제는 익명함수 내부에 익명함수를 작성하고 변수에 할당한 후에 이를 반환값으로 반환한 것이다. 이를 변수에 할당하기 전에 내부 익명함수를 바로 실행해서 처리한 결과를 변수에 할당했

다. 실제 변수에는 최종 처리결과가 저장된 것을 알 수 있다.

익명함수의 매개변수에 함수자료형을 지정하면 익명함수를 함수 인자로 바로 전달해서 함수 내부에서 실행하고 결과를 반환할 수 있다.

```
val res3 = (fun (x:Int) : (Int)->Int{        //외부 익명함수
    val inner = fun(y:Int):Int{              //내부 익명함수
        return x+y
    }
    return inner                             //변수로 반환
}) (10)(20)


val res4 = (fun (x:Int) : (Int)->Int{        //외부 익명함수
    return fun(y:Int):Int{                   //바로 반환 내부 익명함수
        return x+y
    }
}) (10)(20)


val res5 = fun(x:Int, y:Int,
              f:(Int,Int) -> Int):Int {      //함수를 매개변수로 받음
    return f(x,y)                            //함수 실행 결과를 전달
}

println(res3)
println(res4)
                                             //익명함수를 인자로 전달
println(res5(100,200, fun(x:Int,y:Int) :Int {return x+y}))
```

30
30
300

## 람다표현식

람다라는 말은 수학에서 상수를 의미한다. 코틀린에서 람다표현식(lambda Expression)은 상수처럼 사용하는 함수를 의미한다. 익명함수도 있지만 람다표현식을 사용하는 방식이 더 간편하게 함수

를 정의하고 상수처럼 인자나 반환값 등으로 전달하기 편리하다.

## ▌람다표현식 정의와 실행

익명함수 정의처럼 람다표현식도 정의하면 바로 실행할 수 있다. 보통 함수의 인자나 반환할 때 많이 사용한다.

- 람다표현식 표기법
  - 예약어가 없고 함수 이름도 없는 게 특징이다.
  - 코드 블록인 중괄호 안에 직접 매개변수와 표현식을 작성한다.
  - 매개변수와 표현식을 구분하는 기호 ->으로 구분한다. 람다표현식에서 매개변수는 괄호처리를 하지 않는다.
  - 매개변수가 없을 때는 매개변수를 생략하고 표현식만 작성한다.
  - 람다표현식을 작성하고 바로 실행하려면 람다표현식 다음에 호출연산자인 괄호를 사용해서 매개변수에 해당 인자를 전달한다.
  - 람다표현식에는 기본적으로 return 문을 사용할 수 없지만, 인라인 함수로 사용할 때는 return 문을 사용할 수 있다. 그 이유는 실제 람다표현식 내부 로직이 호출된 곳에 코드로 삽입되기 때문이다.
  - 람다표현식에서 중간에 함수를 빠져나갈 경우에는 레이블 된 return 문을 사용할 수 있다. 이때는 반환값이 아니라 현재 처리하는 람다표현식을 종료하는 조건으로만 사용한다.
  - 람다표현식에서 매개변수가 하나만 있을 경우 별도의 매개변수를 지정하지 않고 하나의 매개변수라는 의미로 it을 제공한다.

아래 예제에서 첫 번째 람다표현식은 중괄호 안에 println 함수를 실행하는 코드가 있고 이를 바로 실행하기 위해 실행연산자가 붙어있다. 이런 방식으로 람다표현식을 작성하고 바로 실행한다.

println 함수 내에 람다표현식을 작성하고 바로 실행하면 람다표현식이 전달되는 것이 아니라 람다표현식이 실행된 결괏값이 전달되어 이를 출력한다.

람다표현식을 작성해서 다시 사용하려면 익명함수를 작성해서 변수에 저장하는 방식을 그대로 활용한다. 변수에 저장된 람다표현식은 나중에 실행할 때 인자를 전달하면 람다표현식을 그대로 실행해서 결괏값을 반환한다.

마지막으로 함수를 정의할 때 매개변수에 함수 자료형을 지정하면 이 함수를 호출할 때 람다표현식을 전달해서 처리할 수 있다.

```
{ println("아무 인자가 없다.")}()                          //인자가 없는 경우

println({x:Int -> x * x}(10))                           //인자가 하나 있는 경우
println({x:Int, y:Int -> x*y}(10,20))                   //인자가 두 개 있는 경우

val a = { x:Int, y:Int -> x + y }                       //재사용하려면 변수에 할당
println(a(200,300))

fun func(x:Int, y:Int, f:(Int, Int) -> Int) : Int {    //함수 매개변수를 가지는 함수
    return f(x,y)
}
println(func(100,200,{x,y -> x+y}))                     //인자로 람다표현식 전달
```

```
아무 인자가 없다.
100
200
500
300
```

### 람다표현식과 익명함수 비교

람다표현식은 익명함수보다 더 축약된 표현이고 return 문을 사용하지 않는 것을 빼면 동일하다. 아래 예제에서는 두 매개변수를 더하는 람다표현식, 함수 정의, 익명함수 등을 작성했다. 이를 실행하면 같은 결과가 나오는 것을 볼 수 있다.

보통 재사용할 때는 함수를 정의해서 사용하지만, 함수를 인자로 전달하고 반환값을 처리할 때는 람다표현식으로 처리한다. 익명함수는 람다표현식보다 내부 코드가 많아질 때 사용하는 것이 좋다.

```
                                                        //익명함수 정의하고 즉시 실행
println({매개변수1:Int, 매개변수2:Int -> 매개변수1 + 매개변수2} (100,200))

fun add(x:Int, y:Int) = x+y                             //함수는 정의 후에 호출
println(add(100,200))

println({ x:Int, y:Int -> x + y }(100,200))
println((fun (x:Int, y:Int) = x+y)(100,200))            //익명함수도 정의하고 즉시 실행
```

```
300
300
300
300
```

## 람다표현식 활용

코틀린에서는 함수형 프로그래밍 기법을 사용하여 처리하는 경우가 많아서 인자로 함수를 전달할 경우가 많다. 이때 대부분 람다표현식으로 작성해서 실행한다.

아래 예제에서는 먼저 일반함수를 정의하고 람다표현식을 반환을 받아서 변수에 할당한 후에 이 변수를 실행했다. 그다음에 리스트 객체를 만들고 리스트 원소들을 처리하는 map 메서드에 람다표현식을 전달해서 원소를 변형한다. 이때 리스트의 원소가 하나이므로 람다표현식이 매개변수 하나만 필요하다. 이때 내부적으로 it을 사용하여 하나의 매개변수로 처리하도록 구성했다.

클래스의 매개변수에 함수 자료형을 지정할 수 있다. 이때도 객체를 생성할 때 람다표현식을 인자로 전달할 수 있다. 객체를 만든 후에 속성에 저장된 람다표현식을 호출연산자에 인자를 전달해서 실행할 수 있다.

```
fun ret() : ()->Int {
    return {100}              //함수의 반환값
}
val r = ret()

println(r())

val ll = listOf(1,2,3)

println(ll.map {it*it})       //함수의 인자

class LL(val action:(Int)->Int)  //클래스의 속성
val l = LL({it*2})
println(l.action(10))
```

100
[1, 4, 9]
20

## 클로저 이해하기

함수 내부에 지역함수를 정의해서 사용해봤다. 함수 내부에 지역함수를 반환하면 어떻게 처리될지도 궁금할 것이다. 이런 상황을 클로저라고 한다. 어떻게 클로저가 구성되는지 알아본다.

### ▶ 외부함수와 내부함수

- 외부함수(outer function): 지역함수를 가진 함수를 말한다.
- 내부함수(inner function): 외부함수 내에 정의된 지역함수를 말한다.

### ▶ 클로저(Closure)

- 외부함수 내에 내부함수를 정의하고 단순히 내부함수를 실행하지 않고 이 내부함수를 반환한다.
- 이때 내부함수는 외부함수의 지역변수를 사용할 수 있다. 반환된 내부함수가 실행될 동안 외부함수의 지역변수를 계속 사용한다. 이때 외부함수의 지역변수를 자유변수라고 하고 이런 환경을 클로저(closure)라고 한다.

### ▶ 함수 내의 함수 정의와 실행: 지역함수

함수 코드 블록 내에 내포된 함수를 지역함수(local function) 또는 내부함수(inner function)라고 한다. 보통 지역함수는 함수 블록 내부에서 실행하는 용도로 사용한다.

아래 예제에서 첫 번째 작성된 함수는 외부함수 내부에 지역함수인 내부함수를 정의해서 내부함수를 실행하고 결과를 보여준다. 두 번째 함수는 내부함수의 실행된 결과를 반환했다. 세 번째 함수는 내부함수를 익명함수로 정의하고 바로 실행한 결과를 반환한다. 네 번째 함수는 람다표현식을 정의하고 바로 실행한다. 내포된 내부함수는 함수 내부에서 모두 실행되어 결과를 반환한다.

```
fun outer(x:Int) {                     //외부함수
    fun inner(y:Int) =x +y             //내부함수→외부함수 변수 사용
    println(inner(x))                  //내부함수 실행→외부함수 지역변수 인자 제공
}
outer(10)

fun outer1(x:Int): Int {
    fun inner(y:Int) =x +y
    return inner(x)                    //내부함수 실행 결과
}
println(outer1(10))


fun outer2(x:Int): Int {
    return (fun (y:Int):Int {
            return x +y })(10)         //내부함수를 익명함수로 처리
}
println(outer2(10))

fun outer3(x:Int): Int {
    return {y:Int -> x+y}(10)          //내부함수를 람다표현식 처리
}

println(outer3(10))
```

```
20
20
20
20
```

## ◤ 함수 반환처리: 지역함수

이번에는 내부함수를 실행하지 않고 반환 처리해서 클로저 환경을 구성한다.

- 함수 참조: 일반 함수는 직접 함수의 레퍼런스를 가질 수 없어서 로딩된 함수 참조를 별도의 방식으로 가져와야 한다. 이때 사용하는 방식이 함수 참조이다.
- 함수 참조 표기법: 콜론을 두 개 붙이고 다음에 함수 이름을 정의하면 로딩된 함수의 레퍼런스를 가져온다.
- 함수 자료형 표기법: (매개변수 자료형, …) –〉 반환 자료형으로 지정한다. 이때 매개변수는 반드시 괄호 안에 표시해야 한다.

다음 예제를 보자. 첫 번째는 일반 함수를 지역함수로 선언했다. 지역함수가 일반 함수일 때는 바로 반환할 수 없다. 대신 리플렉션의 함수 참조를 사용해 함수 레퍼런스(함수 객체)를 조회해서 반환할 수 있다. 함수를 반환하는 것은 아직 함수를 실행한 결과가 아닌 함수 자체를 반환하는 것이다. 두 번째 함수는 내부함수를 람다표현식으로 정의해서 바로 return 문으로 반환한다. 세 번째 함수는 내부함수를 익명함수로 정의해서 반환한다.

세 함수가 모두 내부함수를 반환하므로 함수를 다시 실행해야 최종 결과를 알 수 있다.

```kotlin
fun outer2(x:Int) :(Int) -> Int {        //함수를 참조로 반환
    fun inner(y:Int) =x +y
    return ::inner
}

val inner1 = outer2(10)
println(inner1(10))

fun outer3(x:Int) :(Int) -> Int {        //람다표현식 반환

    return {y:Int -> x+y}
}

val inner2 = outer3(10)
println(inner2(10))

fun outer4(x:Int) :(Int) -> Int {        //익명함수 반환

    return fun(y:Int) = x+y
}

val inner3 = outer4(10)
println(inner2(10))
```

```
20
20
20
```

### 렉시컬 스코핑

일반 함수, 익명함수, 람다표현식 모두 함수이다. 그래서 지역영역을 가진다. 이런 지역영역을 변수 스코프(variable scope)라고 한다.

외부함수와 내부함수는 각각 스코프를 구성한다. 내부함수는 외부함수의 스코프를 참조할 수 있으므로 스코프 계층이 생긴다. 이런 계층에서 변수를 검색하는 방법을 렉시컬 스코핑(lexical scoping)이라고 한다.

- 렉시컬 스코프의 처리기준: 항상 자기 함수 내부(local)를 조회하고 없으면 외부함수(non-local)를 조회하고 없으면 전역인 패키지의 변수(global)를 찾는다.
- 보통 LGB(local → global → built-in) 순으로 변수를 검색한다.

아래 예제는 전역변수와 같은 영역에 함수를 정의했다. 이 함수에서는 전역변수를 코드 블록 내부에서 참조할 수 있다. 그래서 전달된 인자로 전역변수를 곱한 결과를 반환한다.

```
val factor = 2
fun func(e: Int) :Int {          //매개변수 하나인 함수 정의
    return e * factor            //전역변수 사용
}

println(func(20))
```
40

### 내부함수를 반환해서 처리할 때의 스코프 처리 방식

내부함수가 반환되어 클로저 환경을 구성한 경우는 내부함수에서 사용하는 외부함수의 변수를 함수 호출할 때마다 계속 사용한다.

아래 예제에서는 함수를 정의하고 람다표현식으로 작성할 때 외부함수의 지역변수인 매개변수를 람다표현식 내부에서 사용하는 클로저 환경이 구성되었다.

먼저 외부함수를 실행해서 내부함수를 변수에 할당한다. 그다음에 내부함수를 연속해서 실행하면 외부함수의 매개변수를 계속해서 사용한다.

```
fun funcLen(length: Int): (String) -> Boolean { //매개변수 하나이고 함수를 반환
    return { input: String -> input.length == length } //내부함수를
}                                                       //람다표현식 사용
                                        //length는 외부함수의 매개변수
```

```
val len = funcLen(4)                        // 내부함수를 반환으로 클로저 환경 구성

println(len("벌써 여름인가"))                   // 내부함수 호출: 외부함수 매개변수 사용
println(len("여름인가"))                        // 내부함수 호출: 외부함수 매개변수 사용


val len1 = funcLen(6)                       // 추가적인 클로저 환경 구성

println(len1("벌써 여름인가"))                  // 내부함수 호출: 외부함수 매개변수 사용
println(len1("여름인가"))                       // 내부함수 호출: 외부함수 매개변수 사용
```

```
false
true
false
false
```

# 03 함수 자료형 알아보기

자료형은 변수를 할당하거나 반환값을 표기할 때 사용한다. 정수 등 내장 자료형이나 클래스 등을 정의해서 객체를 만들어도 이 자료형으로 처리할 수 있다.

이런 이유는 일반적인 객체는 1급 객체이기 때문이다. 함수도 자료형을 사용해서 변수나 반환값 등으로 사용할 수 있는 것은 함수도 1급 객체이기 때문이다. 그래서 함수를 변수에 할당하거나 반환값을 사용할 때 함수 자료형(function data type)을 명확히 지정해서 사용해야 한다.

## 함수 자료형 정의

변수에 자료형은 클래스와 인터페이스가 다 가능하다. 그래서 자료형과 클래스의 차이가 있는 것이다. 함수도 변수에 할당할 수 있으므로 함수 자료형을 어떻게 표시해서 사용하는지 알아본다.

### ◤ 함수 자료형 표기법

함수 자료형은 함수 이름과 매개변수를 제외한 함수 시그니처로 작성한다. 그래서 함수 시그니처가 같으면 다양한 함수가 같은 함수 자료형에 포함되는 것을 알 수 있다.

- 매개변수 자료형 표시: 괄호 안에 매개변수의 개수에 맞춰 자료형을 쉼표로 구분해서 정의한다.
- 반환 자료형 표시: -〉 다음에 자료형을 표시한다. 이때는 괄호를 사용하지 않는다.
- 매개변수 자료형에 함수가 전달될 때는 함수 자료형을 지정한다.
- 보통 반환 자료형이 함수일 때도 함수 자료형을 지정한다.
- 변수에 함수가 할당될 때는 익명함수, 람다표현식, 함수 참조에서 정의된 것을 확인하고 타입추론이 가능하다.
- 함수 자료형에 여러 개 묶여서 전달될 경우 -〉 을 기준으로 우측에 표기된 것을 괄호로 묶어서 처리한다.

### 변수에 함수 자료형 처리

함수도 객체여서 변수에 할당할 수 있다. 그래서 다른 객체처럼 해당하는 자료형을 지정해야 한다.

아래 예제에서는 람다표현식으로 작성한 것을 변수에 할당했다. 그래서 함수에 함수 자료형을 지정한다. 함수 자료형에 인자가 없을 때도 괄호를 반드시 표기해야 한다. 왜냐하면, 매개변수가 없다는 것을 명확히 표시해야 하기 때문이다. 하나의 매개변수가 있을 때는 괄호에 하나의 자료형을 지정했다. 두 개의 매개변수가 있을 때는 괄호 안에 두 개의 자료형을 쉼표로 구분해서 표현했다. 변수 이름 다음 호출연산자에 매개변수에 맞게 인자를 전달해서 실행한 결과를 확인한다.

```kotlin
val a : ()-> Unit = { println("함수 ")}        //매개변수 없고 반환값은 Unit으로 처리

val b : (Int)-> Int = { x -> x * 3}          //하나의 매개변수로 처리하고 반환값은 Int

val c : (Int,Int)-> Int = {x,y -> x+y }      //두 개의 매개변수로 처리하고 반환값은 Int

a()
println(b(10))
println(c(10,20))
```
함수
30
30

익명함수일 때도 람다표현식과 같은 방법으로 함수 자료형을 지정해서 변수에 할당할 수 있다.

```kotlin
val d : ()-> Unit = fun(){ println("함수 ")} //매개변수 없고 반환값은 Unit으로 처리

val e : (Int)-> Int = fun(x:Int):Int{        //하나의 매개변수로 처리하고 반환값은 Int
                        return x * 3}

val f : (Int,Int)-> Int = fun(x:Int,          //두 개의 매개변수로 처리하고 반환값은 Int
                        y:Int):Int{
                        return x+y }

d()
println(e(10))
println(f(10,20))
```
함수
30
30

함수 정의도 함수 참조를 사용해서 변수에 할당할 수 있다. 이때도 동일한 함수 자료형을 지정해서 처리한다.

```
fun unit(){ println("함수 ")}              // 매개변수 없고 반환값은 Unit로 처리

fun triple(x:Int):Int{return x * 3}        // 하나의 매개변수로 처리하고 반환값은 Int

fun add(x:Int, y:Int):Int{return x+y }     // 두 개의 매개변수 처리하고 반환값은 Int

val g: ()-> Unit = ::unit                  // 매개변수 없고 반환값은 Unit로 처리
val h : (Int)-> Int = ::triple             // 하나의 매개변수로 처리하고 반환값은 Int
val i : (Int,Int)-> Int = :: add           // 두 개의 매개변수 처리하고 반환값은 Int

g()
println(h(10))
println(i(10,20))
```

함수
30
30

## 내부함수를 반환하는 함수를 변수에 할당

함수의 반환값을 변수에 할당해도 자료형을 지정한다. 이번에는 함수의 반환값이 함수라서 함수 자료형을 지정해야 한다.

아래 예제에서는 람다표현식 내에 람다표현식이 정의되었다. 즉 람다표현식으로 외부함수를 정의하고 내부함수로 람다표현식을 작성한 것이다. 그래서 변수에 할당할 때 반환 자료형이 함수 자료형으로 정의되어야 한다.

변수에 정의된 함수자료형은 매개변수가 없고 함수를 반환한다. 이 자료형을 읽는 방법은 첫 번째 -> 다음의 오른쪽을 하나의 자료형으로 묶어서 처리해야 한다. 할당된 람다표현식을 보면 외부함수와 내부함수로 지정되었고 내부함수를 반환하는 것을 알 수 있다.

보통 타입추론이 가능하므로 변수에 자료형을 지정하지 않고 람다표현식을 정의해도 함수 자료형을 변수에 지정할 수 있다.

함수 정의를 하고 람다표현식을 반환하는 경우는 변수에 정의하고 함수 참조로 할당하면 예외 없이 함수가 할당된다. 변수에 정의되는 함수 자료형과 함수 정의할 때 함수 자료형이 같아서 변수에 할당되는 것을 알 수 있다.

```
val producePrinter: ()->()->Unit = {{println("함수 전달 1")}}//함수내부에
                                                            //함수
val producePrinter1 = {{ println("함수 전달 2") } } //함수내부에함수

fun outer() : ()->Unit {                          //외부함수
    return {println("함수 절달 3")}               //내부함수
}

val producePrinter2: ()->()->Unit = ::outer

producePrinter()()                                //연속함수 실행
producePrinter1()()                               //연속함수 실행
producePrinter2()()                               //연속함수 실행
```

```
함수 전달 1
함수 전달 2
함수 전달 3
```

## 널이 가능한 함수 자료형 정의

코틀린은 널이 불가능한 자료형을 확장해서 널이 가능한 자료형으로 만들 수 있다. 나중에 널러블 처리에 대해서 자세히 살펴볼 것이다. 여기서는 함수자료형에 널이 가능한 자료형으로 지정해서 처리하는 방법을 먼저 알아본다.

### ◤ 함수 자료형 널러블 표기법

- 널러블 함수 자료형: (함수 자료형)?

    함수 자료형 전체를 소괄호로 묶고 그다음에 물음표를 붙인다.

- 널러블 함수 자료형 함수 호출: 함수명?.invoke(인자)

    널이 들어온 경우 안전호출을 처리하기 위해 invoke 메서드로 처리한다.

## ▎ 매개변수에 널러블(Nullable) 함수 자료형

함수 자료형을 괄호로 묶은 후에 물음표를 사용하면 널러블 함수 자료형이 만들어진다. 널을 처리하기 위해 안전호출연산(?.) 처리가 필요하다.

아래 예제에서는 함수 매개변수에 널러블 함수 자료형을 지정했다. 전달된 함수는 코드 블록 내에서 호출한다. 일반적인 함수 호출이 아니라 안전호출연산이 추가되어 뒤에는 연산자가 아닌 invoke 메서드로 처리한 것을 볼 수 있다.

이제 함수의 인자로 널, 람다표현식, 익명함수, 함수 참조가 모두 처리되는 것을 볼 수 있다. 인자가 함수 자료형이 하나이거나 마지막 인자이면 람다표현식을 전달할 때 괄호를 생략해서 처리할 수 있다.

```
//함수 자료형도 널 자료형이 가능
fun nullFunc(action :(()->Unit)?) :Long{ //함수자료형전체를괄호로묶고난후에물음표
    val start = System.nanoTime()            //시스템 시간을 조회
    action?.invoke()                         //널이 들어올 수 있으니?이후 실행 처리

    return System.nanoTime() - start         //최종 처리 시간 표시
}

println(nullFunc(null))                      //널을 전달

println(nullFunc { println("Hello world") }) //람다함수 전달

println(nullFunc(fun() :Unit {println("익명함수")}))  //익명함수 전달

fun unitFunc() = println("함수처리")          //함수 참조 전달
println(nullFunc(::unitFunc))
```

```
195
Hello world
89914
익명함수
39975
함수처리
70827
```

## ▎ 함수 반환을 널러블 함수 자료형 처리

함수의 반환 자료형으로 널러블 함수 자료형을 지정해서 널(null)로 반환처리가 가능하다. 아래 예제에서는 함수 자료형이 하나의 매개변수를 받고 함수를 반환한다. 그래서 함수 자료형으로 정의했지만, 이 함수 자료형은 널러블이 가능해서 전체를 소괄호로 묶고 물음표를 붙였다.

첫 번째만 람다표현식 안에 반환값으로 널을 처리했다. 안전호출이 있어서 널로 반환한 것을 알수 있다. 나머지는 람다표현식, 익명함수, 함수로 정의해서 정상적인 함수가 들어와서 처리결과가 같은 것을 알 수 있다.

```
val innerFunc : (Int) -> ((Int) -> Int)? =        // 반환값을 전체로 널러블 함수자료형 처리
                {n -> null }                       // 함수 정달 대신 null 반환
println(innerFunc(10)?.invoke(20))                 // 그래서 안전 호출

val innerFunc1 : (Int) -> ((Int) -> Int)? =        // 반환값을 전체로 널러블 함수자료형 처리
                {n -> { m -> n + m }}              // 함수 표현식으로 전달, 반환자료형도 함수 표현

println(innerFunc1(10)?.invoke(20))                // 실행하면 함수표현식의 자료형이 널러블
                                                   // 그래서 안전 호출

val innerFunc2 : (Int) -> ((Int) -> Int)? =        // 반환값을 전체로 널러블 함수자료형 처리
                fun(n:Int) : ((Int) -> Int)? {     // 익명 함수로 전달
                  return fun(m: Int) : Int {        // 반환자료형도 익명 함수
                            return n + m
                  }
                }

println(innerFunc2(10)?.invoke(20))

fun funcDT(n:Int) : ((Int) -> Int)? {
    fun inner(m: Int) : Int { return n + m }       // 내부함수 정의
        return ::inner                             // 내부함수 참조 처리
}

println(funcDT(10)?.invoke(20))                    // 실행하면 함수표현식의 자료형이 널러블
                                                   // 그래서 안전 호출
```

```
null
30
30
30
```

## 호출메서드(invoke)

널러블 함수 자료형을 처리할 때 호출연산자 대신 invoke 메서드를 처리하는 방법을 알아봤다. 실제 호출 가능한 함수, 생성자, 메서드 등은 모두 이 invoke 메서드를 사용한다. invoke 메서드가 실행되면 함수의 반환 자료형에 속하는 객체를 반환한다. 이제 invoke 메서드를 처리하는 방법을

알아보자.

## ▌ 함수에서 호출연산자 사용

일반 함수를 정의하려면 호출연산자인 소괄호를 사용해서 처리한다. 하지만 함수 참조로 함수를 조회하려면 호출 메서드인 invoke를 사용한다.

아래 예제처럼 람다표현식과 익명함수로 정의해서 변수에 할당한 경우는 바로 호출 메서드인 invoke를 사용할 수 있다. 메서드를 호출할 때도 매개변수와 일치하는 인자를 전달해야 한다. 일반 함수로 정의한 경우는 호출연산자만 사용할 수 있다. 일반 함수도 함수 참조로 가져와서 변수에 할당한 다음 호출 메서드 invoke를 사용할 수 있다.

```
val toUpperCase = { str: String -> str.uppercase() }
println(toUpperCase.invoke("summer"))          //람다표현식은 invoke 메서드 사용 가능


val upper = fun (str: String) :String {
    return str.uppercase()
}
println(upper.invoke("fall in love"))           //익명함수도 invoke 메서드 사용 가능


fun toLowerCase(str: String) :String {
    return str.lowercase()
}
println(toLowerCase("SUMMER"))                  //함수를 직접 호출할 경우는 호출 연산자만 사용 가능

val lower = ::toLowerCase                        //함수 참조로 접근하면 invoke 메서드 사용 가능
println(lower.invoke("Summer"))
```

```
SUMMER
FALL IN LOVE
summer
summer
```

## ▌ 클래스에 연산자 오버로딩

호출연산자도 하나의 연산자이고 이 연산자에 해당하는 메서드가 invoke라서 클래스를 정의할 때 연산자를 재정의해서 사용할 수 있다.

- 함수 자료형 구분하기
  - 함수 자료형 표기법: 코틀린 문법에서 사용하는 함수 자료형은 매개변수 자료형과 반환 자료형으로 표기한다.
    예) (Int) -> Unit: 매개변수 자료형은 괄호 안에 표시하고 화살표 다음은 반환 자료형을 작성한다.
  - 함수 인터페이스 표기법: 코틀린 패키지 내부에 함수 자료형과 일치하는 인터페이스를 제공한다.
    예) Function1〈Int,Int〉: 매개변수 1개와 반환값 1개를 꺾쇠 기호 내부에 표시한다.

아래 예제에서는 함수 자료형과 Function〈Unit〉 인터페이스를 받아서 클래스를 정의했다. 항상 호출 메서드인 invoke를 재정의해야 한다. 재정의를 표시한 것은 override 예약어를 붙여야 한다. 인터페이스로 재정의할 때는 이 인터페이스에 invoke 메서드가 정의되어 있지 않아서 override 없이 정의할 것이다. 객체를 만들어서 실행하면 함수처럼 호출되는 객체가 만들어진다.

```
class MyFunction: ()->Unit {            //함수 자료형 상속
    override operator fun invoke() {     //실행 연산자 오버라이딩
        println("실행연산 실행 1")
    }
}

val function = MyFunction()              //함수 객체 생성
function()                               //함수 실행

class A : Function<Unit> {               //함수 자료형 인터페이스 상속
    operator fun invoke() {              //실행 연산자 오버라이딩
        println("실행연산 실행 2")
    }
}

val functionA = A()                      //함수 객체 생성
functionA()                             //함수 실행
```

실행연산 실행 1
실행연산 실행 2

## object 정의와 표현식으로 호출연산자 처리

호출연산자에 대한 연산자 오버로딩은 object 정의와 object 표현식에서도 정의할 수 있다. object로 정의되면 하나의 객체만 만들므로 클래스에서 정의하는 것보다 더 많이 사용된다.
아래 예제에서 첫 번째는 object 표현식을 함수 자료형을 상속받아서 invoke 메서드를 재정의했

다. 두 번째는 object 정의에 함수 자료형을 받고 invoke 메서드를 재정의했다. 동일한 함수 자료형으로 구현했지만, 내부 로직에 차이가 있는 것을 알 수 있다.

```
val a = object : (Int,Int)-> Int {          //object 표현식: 함수를 상속
    override fun invoke(x:Int, y:Int) : Int {  //연산자 오버로딩
        println("객체 invoke 호출 1")
        return x+y
    }
}

val x = a(10,20)                            //함수 실행
println(x)

object Func : (Int,Int)-> Int {            //object 정의: 함수를 상속
    override fun invoke(x:Int, y:Int) : Int {  //연산자 오버로딩
        println("객체 invoke 호출 2")
        return x*y
    }
}

val y = Func(10,20)                        //함수 실행
println(y)
```

```
객체 invoke 호출 1
30
객체 invoke 호출 2
200
```

## 3.4

## 함수 오버로딩

함수 식별자는 함수 이름과 시그니처인 함수 매개변수의 개수와 자료형으로 구성한다. 그래서 같은 이름의 함수를 여러 개 정의할 수 있다. 이것을 함수 오버로딩(function overloading)이라고 한다. 즉 함수 식별자가 다른 것을 여러 개 정의한다는 뜻이다. 식별자가 같으면 컴파일 에러가 나온다. 같은 함수를 두 번 정의할 수 없기 때문이다.

## ▌함수 식별자

함수를 참조하기 위한 구분 방법이다.

- 함수 이름+시그니처(signature)를 함수 식별자로 본다.
  예) 두 개의 매개변수를 가진 함수일 경우는 함수명+(Int,Int)가 함수 식별자이다.
- 함수 식별자가 다르면 다른 함수로 본다. 그래서 같은 이름으로 함수를 작성할 수 있다.

## ▌매개변수가 다른 함수 오버로딩

함수 오버로딩은 같은 이름을 가진 함수를 여러 개 작성하는 방법이다. 실제 내부적으로는 별도의 함수로 인식한다.

다음 예제는 함수 이름이 같지만, 매개변수 개수가 다르다. 그래서 같은 이름의 함수를 여러 개 정의할 수 있는 것이다. 함수를 호출할 때는 실제 인자의 개수를 맞추면 내부적으로 해당하는 함수를 선택해서 실행해준다.

함수 참조는 함수 이름으로만 함수를 조회하므로 여러 개의 함수가 정의된 경우 주의해서 사용해야 한다.

```
fun func(a: String, b: String) : String {      //동일한 타입의 매개변수 두 개
    return "func"                               //반환값은 다르다.
}

fun func(a:String) :Int {                       //동일한 타입의 매개변수 하나
    return 100                                  //반환값은 다르다.
}

println(func("가","을"))
println(func("가"))
```

func
100

## ▌매개변수 개수가 동일한 함수 오버로딩

매개변수의 개수가 같아도 실제 함수 식별자는 자료형을 구분하므로 자료형이 다른 경우에는 재정의할 수 있다.

아래 예제에서는 함수 이름과 매개변수의 개수가 같지만, 자료형이 다르다. 두 개의 함수 정의를

하고 호출하면 다른 함수를 호출해서 처리한 결과가 나온다.

```
fun test1(a: String, b: String? = null) {    //두 개의 매개변수
    println("test1")                          //자료형 String, String?
}

fun test1(a: Int, b: String) {                //두 개의 매개변수
    println("test2")                          //자료형이 Int, String
}

test1(100,"a")
test1("ccc","a")
```

test2
test1

## ◤ 초깃값과 가변인자로 함수 오버로딩 줄이기

여러 개의 함수를 정의하는 방식이 다 좋은 것은 아니다. 이런 함수 오버로딩을 줄이려면 함수를 정의할 때 초깃값을 사용하거나 매개변수를 가변인자로 변경해서 작성하면 된다.

아래 예제에서 같은 함수를 매개변수 개수와 자료형 때문에 여러 함수를 정의했다. 하나의 매개변수와 두 개의 매개변수를 받는 함수를 정의했다. 두 개의 매개변수를 받는 함수에 초깃값을 부여하면 하나의 인자가 들어와서 처리가 가능하다. 이처럼 초깃값을 명확히 처리해서 함수를 정의하면 하나의 매개변수를 가진 함수는 정의할 필요가 없다.

여러 개의 매개변수가 같은 자료형이면 가변인자를 정의해서 하나의 함수로 처리하는 것이 좋다.

```
fun test3(a: Any) : String =
            "매개변수 하나"
fun test3(a: String, b: String = "Hello") :String =    //초기값 지정
            "매개변수 두개"
fun test3(vararg a: String) :String =                   //가변인자 지정
            "가변 매개변수"


println(test3("a","b","c","d"))
println(test3("a"))
println(test3(100))
```

가변 매개변수
매개변수 두개
매개변수 하나

# Kotlin

## CHAPTER 05

## 클래스 알아보기

클래스(class)는 객체지향에서 가장 중요한 도구이다. 클래스를 정의하면 객체를 만드는 툴로 사용지만 어떤 기준으로 클래스를 정의하는지는 쉽게 정의할 수 없다.

이번 장에서는 클래스를 정의할 때 속성과 메서드를 정의하는 방법을 알아본다. 또한 객체를 만드는 생성자와 상위 클래스를 상속하는 방법도 알아본다.

1. 클래스(Class) 알아보기
2. 상속 알아보기
3. 다양한 클래스 알아보기
4. object 알아보기
5. 확장 알아보기

# 01 클래스(Class) 알아보기

클래스도 함수처럼 먼저 정의한 후에 사용한다. 그래서 클래스를 정의할 때 클래스 내부에 들어갈 구성요소인 다양한 멤버를 알아본다.

## 클래스 정의

클래스도 함수처럼 기본 구조는 머리부(header)와 몸체부(body)로 구분된다. 다른 프로그램 언어와의 클래스 정의의 차이점은 주 생성자를 머리부에 정의하는 것이다. 클래스에 필요한 다양한 용어와 예제를 통해 클래스 정의하는 것을 알아본다.

### ▌ 지시자 정의

지시자는 클래스의 상속이나 클래스 멤버들의 외부에서 접근 범위를 제한한다.

- 상속지시자(modifier)
  - open: 상속할 수 있는 클래스를 만들 때는 반드시 지정해야 한다.
  - final: 코틀린은 상속을 못 하는 클래스가 기본이라서 표시하지 않으면 상속할 수 없는 클래스이다.
- 사용 가시성 지시자(visuality modifier)
  클래스를 사용할 수 있는 범위를 지정하는 지시자이다.
  - 비공개(private): 파일에 지정하면 그 파일 내부에서만 사용할 수 있다.
  - 상속만 허용(protected): 파일 내부나 상속한 경우에만 사용할 수 있다.
  - 모듈만 허용(internal): 프로젝트 내의 컴파일 단위의 모듈에서만 사용할 수 있다 모듈의 단위는 maven, Gradle 등에서 지정한 범위에 따른다.
  - 공개(public): 어디서나 사용할 수 있다. 공개가 기본이므로 지정하지 않으면 공개 지시자로 처리한다.

CHAPTER 05

## ■ 클래스 머리부 정의

코틀린 클래스는 기본으로 상속을 못하는 final과 외부에 공개되는 public으로 만들어진다. 그래서 반드시 상속이 필요한 경우 final을 open으로 제한을 풀어서 사용해야 한다.

- 클래스 정의 키워드(class): 클래스를 정의할 때 필수 예약어이다.
- 클래스 이름: class 예약어 다음에 클래스 이름을 작성한다.
  - 일반적으로 파스칼 케이스(Pascal Case)를 사용해서 첫 글자를 대문자로 쓴다.
- 주 생성자(primary constructor): 클래스 이름 옆에 생성자 키워드 constructor를 다음에 정의할 수 있다. 이 예약어는 생략할 수 있다.
  - 주 생성자의 접근지시자(private)를 지정할 경우에는 constructor를 생략할 수 없다.
  - 주 생성자 내부에 매개변수를 정의할 수 있고 매개변수 앞에 val이나 var를 붙이면 속성으로 정의한다.
- 클래스/인터페이스 상속
  - 기본 생성자 다음에 콜론(:)을 붙이고 그 다음에 클래스는 하나만 올 수 있지만, 인터페이스는 여러 개 작성할 수 있다.
  - 코틀린 클래스는 단일 상속이므로 클래스는 하나만 상속할 수 있다.

## ■ 클래스 몸체부 정의

- 초기화 블록
  - 주 생성자는 머리부에 정의되어 내부 로직을 넣을 수 없으므로 init이라는 초기화 블록을 제공한다. 주 생성자가 호출될 때 초기화 블록 내부의 코드가 실행된다.
  - 실행 순서는 위에서 아래로 차례로 실행되며 init 블록에서는 해당 블록보다 위에 선언된 멤버 변수, 그리고 생성자 변수만 사용할 수 있다.
- 보조 생성자(secondary constructor)
  - 본문에 constructor 이름으로 보조 생성자를 정의한다.
  - 보조 생성자는 함수의 오버로딩처럼 여러 개 정의할 수 있다.
  - 주 생성자와 같이 정의된 경우는 보조 생성자 중 하나는 반드시 주 생성자를 this로 호출해야 한다.
  - 보조 생성자가 여러 개 정의될 경우 다른 보조 생성자를 this로 호출할 수 있다.
  - 보조 생성자를 정의할 때는 주 생성자처럼 매개변수를 속성으로 지정할 수 없다.
- 멤버 변수(속성)
  - val 또는 var 키워드로 내부 변수 즉 속성을 선언한다.
  - 주 생성자일 경우만 매개변수로 선언 또는 속성 선언을 선택해서 할 수 있다. 매개변수에 var나

val을 붙이면 속성이다.

- 멤버 함수(메서드)
  - 클래스로 생성되는 객체의 행위를 하는 함수인 메서드를 정의한다.
  - 실제 객체가 생성되어도 객체 내부에는 메서드를 가질 수 없다.
  - 자바처럼 정적 메서드 즉 클래스로 직접 접근하는 메서드는 없다.
- 내부 클래스/내부 object 정의
  - 클래스 내부에 내포 클래스, 이너 클래스를 정의할 수 있다.
  - object 정의와 동반 객체 선언을 할 수 있다.

## 클래스 정의

클래스에 필요한 요소들을 작성해서 클래스 정의를 확인한다.

- □ clsss 예약어 다음에 클래스명을 정의하고 바로 다음에 주 생성자를 정의했다. 주 생성자는 constructor 예약어를 생략할 수 있다. 주 생성자 내에 속성을 하나 정의했다.
- □ 다른 클래스 상속은 콜론 다음에 표시한다. 최상위 클래스 Any를 상속했다. 상속한 클래스에 대한 위임호출을 표시해서 상속한 클래스가 항상 먼저 로딩되도록 처리한다.
- □ 초기화 블록(init)은 주 생성자가 실행될 때 같이 실행된다.
- □ 보조 생성자는 클래스 코드 블록 내에 constructor 예약어를 사용해서 정의한다. 부생성자에는 매개변수가 2개 있고 콜론 다음에 주 생성자 위임호출을 this로 처리하면서 주 생성자의 속성에 해당하는 매개변수를 전달했다. 주 생성자와 보조 생성자를 연결해서 속성 생성에 대한 순서를 명확히 맞추는 것이다.
- □ 메서드는 클래스 내부에 정의한 함수이므로 함수와 동일하게 정의한다. 차이점은 메서드는 객체를 this로 전달받아서 객체의 속성을 사용할 수 있다.
- □ 내포 클래스와 object 정의도 클래스 내부에 정의할 수 있다.

```
public class 클래스명 constructor(val 속성1:Int) : Any() {
    init {
        println(" 초기화 실행 ")
        //기본 생성자의 초기화 코드
    }

    var 속성2 : String = "초기화값"

    constructor(매개변수1: String, 매개변수2 : Int) : this(매개변수2) {
        var 속성3 : String  = 매개변수1
    }
```



CHAPTER 05

```
    fun 메소드1(): Unit {
        // 객체의 행위
    }

    class 내부클래스 {
        //클래스 로직
    }

    object 내부객체 {
        //객체 로직
    }
}
```

## ◤ 아무런 기능이 없는 클래스로 객체 만들기

아무런 기능이 없는 클래스는 class 예약어와 클래스 이름 또는 class 예약어와 클래스 이름에 빈 코드 블록으로 정의할 수 있다. 컴파일러가 아무런 생성자가 없어서 주 생성자를 자동으로 만들어 준다. 그래서 아무것도 하지 않지만, 객체는 생성할 수 있다.

아래 예제에서는 아무런 멤버가 없는 두 개의 클래스를 정의한다. 주 생성자와 몸체부에 코드가 없으므로 코드 블록을 생략할 수 있다.

- □ 속성과 메서드가 없는 두 개의 클래스를 정의한다.
- □ 두 클래스로 각각 객체를 생성한다.
- □ 이 객체의 클래스를 클래스 참조를 사용해서 확인한다. 클래스 참조는 객체 할당된 변수 이름과 두 개의 콜론 다음에 class를 작성해서 로딩된 클래스 정보를 가져온다.
- □ 일반적인 클래스 정보는 javaClass.kotlin으로 조회한다.

```
class Animal                      //아무런 기능이 없는 클래스 정의
class Klass {}

val a = Animal()                  //아무런 기능이 없지만 인스턴스 생성
val k = Klass()

println(a :: class)               //클래스 참조
println(k.javaClass.kotlin)       //클래스 정보 확인
```

```
class Line_335$Animal
class Line_335$Klass
```

## 생성자(constructor)로 객체 만들기

이제 객체에 속성을 추가하는 방법을 알아본다. 객체의 속성을 초기화하는 용도로 사용하는 것이 생성자이다. 코틀린은 주 생성자와 보조 생성자를 정의할 수 있다. 생성자의 호출은 클래스 이름 과 호출연산자로 실행된다. 여러 생성자가 정의된 경우는 호출연산자에 전달하는 인자를 확인해 서 맞는 생성자를 실행시켜준다.

### ▌ 주 생성자로 객체 생성

클래스의 주 생성자를 정의할 때 매개변수도 가능하고 직접 매개변수에 var/val를 붙여서 속성으로 정의할 수도 있다.

아래 예제에서 클래스는 주 생성자에 매개변수와 속성을 정의해서 처리한 것이다.

- □ Person 클래스의 주 생성자에 매개변수를 정의했고 클래스 코드 블록 내의 속성을 갱신한다.
- □ People 클래스는 주 생성자에 val/var를 붙여 속성으로 만들었다. 그래서 별도의 코드 블록이 없다.
- □ 이 두 클래스를 가지고 객체를 생성해서 속성을 확인한다.

```
class Person (name:String, age:Int) {        // 주 생성자의 매개변수 지정
    val name = name                          // 속성 정의와 매개변수로 초기화
    var age = age
}

class People(val name:String, val age:Int)   // 본문이 속성을 주 생성자에 표시

val c = Person("아프리카", 33)               // 객체 인스턴스 생성
val d = c                                    // 객체 인스턴스 연결: 동일한 객체

println(d.name)                              // 속성 출력
println(c.name)

val p = People("사우디", 33)                 // 객체 인스턴스 생성
println(p.name + " " + p.age)
```

```
아프리카
아프리카
사우디 33
```

## 초기화 블록 실행

주 생성자는 매개변수와 속성만 작성할 수 있다. 그래서 주 생성자의 추가적인 로직을 처리할 수 있는 초기화 블록이 필요하다. 다음 예제에서는 클래스를 생성하고 초기화 블록에서 속성값을 할당한다.

- □ 클래스의 주 생성자에서 매개변수만 받는다. 속성은 클래스 코드 블록 내에 정의되었다.
- □ 초기화 블록은 주 생성자가 호출된 다음에 호출되므로 그 내부에 속성을 현재 객체 this로 접근해서 속성에 인자로 전달된 값을 할당했다.
- □ 이 클래스로 객체를 생성해서 속성을 확인해본다.

```kotlin
class Init(name : String, age : Int) {
    var name : String = ""
    var age : Int = 0
    init {                                  //초기화 블록 정의
                                            //초기화 블록에서는 생성자의 매개변수 사용
        this.name = name                    //속성 이름 앞에 this로 현재 객체 표시
        this.age = age
        println(" 주생성자와 같이 실행 ")
    }
}

val i = Init("윤돌", 20)
println(i.name + " " + i.age)
```

```
주생성자와 같이 실행
윤돌 20
```

## 주 생성자나 보조 생성자가 없는 클래스 정의

주 생성자나 보조 생성자 없이 코드 블록에 속성값을 할당한 클래스는 객체를 만들어도 속성값은 항상 같다. 그래서 각 객체의 상태를 관리하려면 생성자를 작성해서 객체를 만들어야 한다.

```kotlin
class NoConstructor {
    val phoneNo : Int = 123             //내부 속성
    val name : String = "후순봇"
    var job : String = ""
    var etc : String = ""
    init {                              //초기화 블록은 객체 생성할 때마다 처리됨
        println("초기화 처리")
```

```
        }
    }


val pno = NoConstructor()                            // 객체 인스턴스 생성
println(pno.name + " " + pno.phoneNo)


val pno1 = NoConstructor()                           // 객체 인스턴스 생성
println(pno1.name + " " + pno1.phoneNo)
```

초기화 처리
후순봇 123
초기화 처리
후순봇 123

### ◢ 보조 생성자만 있는 클래스로 객체 생성

클래스를 정의할 때 주 생성자 없이 보조 생성자만 작성할 수 있다. 아래 예제는 보조 생성자 하나
만 있는 클래스이다.

- □ 보조 생성자를 하나만 작성하면 주 생성자가 없어서 별도의 위임호출은 필요 없다.
- □ 객체를 생성해서 처리하면 보조 생성자 내부에서 객체 속성에 인자를 할당해 객체의 상태를
  항상 다르게 만든다.

```
class User {
    var name=""                                      // 두 개의 속성 정의
    var age=0

                                                     // 보조 생성자 정의와 속성 초기화
    constructor(name : String,age :Int) {
        this.age=age
        this.name = name
    }
}

val p1 = User("이재명",33)                            // 보조생성자로 객체 인스턴스 생성
println(p1.name + " " + p1.age)


val p2 = User("노재명", 55)                           // 보조 생성자로 객체 인스턴스 생성
println(p2.name + " " + p2.age)
```

이재명 33
노재명 55

## ◤ 주 생성자와 보조 생성자 모두 정의

주 생성자와 보조 생성자를 모두 정의할 때는 보조 생성자가 주 생성자를 위임호출 해서 속성을 초기화한다. 주 생성자에서 처리하지 않은 것을 보조 생성자에서 초기화 처리한다. 아래 예제에서는 주 생성자와 보조 생성자를 모두 만들었다.

   □ 주 생성자는 클래스 머리부에 매개변수를 한 개 받도록 작성했다.
   □ 보조 생성자는 두 개의 매개변수를 작성했고 내부에서는 하나의 속성만 할당한다. 그래서 주 생성자를 위임호출해서 나머지 속성에 값이 할당되도록 인자를 전달한다.
   □ 작성된 클래스는 주 생성자를 호출해서 객체를 생성할 수 있고 보조 생성자를 호출해서 객체를 생성할 수 있다.

```
class Person(name: String){         //주 생성자는 매개변수로만 정의
    var name=""                     //두 개의 속성 정의
    var age=0

    init { this.name = name}        //주생성자의 속성 초기화
                                    //보조 생성자 정의와 속성 초기화
    constructor(age :Int,name : String)  : this(name){
        this.age=age
    }
}

val p1 = Person("이재명")           //주 생성자로 객체 인스턴스 생성
println(p1.name + " " + p1.age)

val p2 = Person("노재명", 55)       //보조 생성자로 객체 인스턴스 생성
println(p2.name + " " + p2.age)
```

이재명 0
노재명 55

## ◤ 주 생성자에만 속성 정의

클래스를 간략히 작성하려면 주 생성자에 매개변수를 var나 val를 붙여서 속성으로 지정한다. 다음 예제에서는 클래스의 속성이 모두 주 생성자에 정의됐다.

   □ 클래스 코드 블록 내에 속성을 정의하지 않고 주 생성자에 모든 속성을 정의할 수 있다. 메서드가 없으면 클래스의 코드 블록은 생략한다.
   □ 이 클래스로 객체를 생성해 객체 이름과 점연산자를 사용해 속성을 접근해서 속성의 상태를

확인한다.

```
class People(var name: String, var age : Int) //주 생성자만 정의

val p1 = People("은옥주", 54)                       //주 생성자로 객체 인스턴스 생성
println(p1.name + " " + p1.age)

val p2 = People("민은주", 26)                       //주 생성자로 객체 인스턴스 생성
println(p2.name + " " + p2.age)
```

은옥주 54
민은주 26


### ▨ 보조 생성자 오버로딩

클래스의 속성이 많아지면 객체를 생성할 때 다양한 보조 생성자가 필요하다. 보조 생성자도 함수
처럼 오버로딩(overloading) 즉 클래스 내부에서 동일한 보조 생성자를 매개변수가 다르게 재정의할
수 있다. 이때 주의할 점은 생성자에 대한 위임호출을 정의해야 한다는 것이다. 아래 예제에서 클
래스는 4개의 속성을 가진다. 2개는 주 생성자에 있고 2개는 코드 블록 내에 작성했다.

- □ 첫 번째 보조 생성자는 3개의 매개변수를 받고 1개의 속성을 추가로 갱신한다. 이때 주 생성
  자를 위임호출 처리한다.
- □ 두 번째 보조 생성자는 4개의 매개변수를 받는다. 그래서 1개의 속성을 할당한다. 나머지 3개
  는 보조 생성자를 호출해서 속성을 할당한다.
- □ 주 생성자와 보조 생성자가 this를 사용해서 위임호출이 연속으로 발생하는 것을 볼 수 있다.
  이처럼 주 생성자와 보조 생성자를 모두 정의하면 항상 생성자를 호출할 때 주 생성자까지 호
  출해서 전체 속성에 값을 갱신할 수 있어야 한다.
- □ 객체를 생성할 때마다 필요한 생성자를 호출해서 객체를 만들 수 있다.

```
class PhoneNote (val phoneNo : Int, val name : String) {
    var job : String = ""                               //추가 속성 정의
    var etc : String = ""
    init {      println("초기화 처리")}
                                          // 보조 생성자 오버로딩: 매개변수 다른 2개 정의
                                          // 보조 생성자 중 하나는 주 생성자 호출
    constructor(phoneNo : Int, name : String,
            job : String) : this(phoneNo, name) {
        this.job = job
    }                                     //두 번째 보조 생성자는 첫 번째 보조 생성자 호출
```

```
        constructor(phoneNo : Int, name : String,job : String,
                etc :String) : this(phoneNo, name,job) {
            this.etc = etc
        }
}

val pno1 = PhoneNote(1234,"우남영","디자이너","미인임") // 매개변수가 4개인 보조
println(pno1.name + " " + pno1.phoneNo)                    // 생성자 호출

val pno2 = PhoneNote(12345,"좌남영","프로그래머") // 매개변수가 3개인 보조 생성자 호출
println(pno2.name + " " + pno2.phoneNo)
```

초기화 처리
우남영 1234
초기화 처리
좌남영 12345

### ◤ 보조 생성자에 초깃값을 부여해서 오버로딩 해소

너무 많은 보조 생성자가 만들어지면 불편하므로 초깃값 등을 부여해서 보조 생성자 작성을 줄일
수 있다.

아래 예제의 클래스에는 4개의 속성이 있다. 2개는 주 생성자이고 2개는 클래스 몸체에 있다. 이
번에는 보조 생성자를 하나만 정의했다. 보조 생성자의 매개변수에 초깃값을 지정해서 매개변수
가 없을 때는 초깃값을 속성에 할당해서 항상 4개 속성을 모두 갱신하는 것을 알 수 있다.

```
class PhoneNote (val phoneNo : Int, val name : String) {

    var job : String = ""
    var etc : String = ""                          // 추가 속성 정의
    init {
        println("초기화 처리")
    }                             // 보조 생성자 오버로딩을 없애기 위해 초깃값 지정
                                     // 보조 생성자에서 주 생성자 호출
    constructor(phoneNo : Int, name : String, job : String,
                etc :String="") : this(phoneNo, name) {
        this.job = job
        this.etc = etc
    }
}

val pno1 = PhoneNote(1234,"소슬비","디자이너","미인임") // 매개변수가 4개인 보조
```

```
println(pno1.name + " " + pno1.phoneNo)                    //생성자 호출

val pno2 = PhoneNote(12345,"김유민","프로그래머") //매개변수가 4개인 보조 생성자 호출
println(pno2.name + " " + pno2.phoneNo)
```

```
초기화 처리
소슬비 1234
초기화 처리
김유민 12345
```

## 1.3 멤버 속성과 멤버 메서드 활용

클래스는 객체의 상태를 관리하는 속성(property)과 객체가 행위를 하는 메서드(method)를 가진다. 클래스로 객체를 생성할 때는 이 속성에 생성자에서 전달된 값을 할당한다.
객체가 생성된 이후 메서드를 사용해서 속성을 변경할 수 있다. 이제 속성과 메서드 등의 멤버를 어떻게 작성하는지 알아본다.

### 가시성 변경자(Visibility Modifiers)

클래스 내부에 있는 속성과 메서드가 다른 객체들이 참조할 수 있는지 확정하는 도구가 기사성 변경자이다. 보통 캡슐화해서 클래스를 만들고 속성에 대한 정보은닉(information hiding) 등을 처리한다. 이때 이 가시성 변경자를 속성이나 메서드 앞에 정의한다. 또한, 최상위 레벨 속성(전역변수)과 함수에도 이 가시성을 사용할 수 있다.

- public: 코틀린에서는 기본이 공개 가시성이라 어디에서든 사용할 수 있다.
- internal: 모듈 영역에서 모두 사용할 수 있다. 프로젝트를 만들어 컴파일할 때 모듈 영역이 결정되므로 실제 프로젝트 내부에서 참조할 수 있다.
- protected: 보호 가시성은 자기 클래스나 이를 상속한 클래스에서만 참조할 수 있다.
- private: 비공개 가시성으로 자기 클래스 내부에서만 참조할 수 있다.

### 패키지

패키지에는 최상위 레벨 함수(전역함수), 변수(전역변수), 클래스, 인터페이스 등을 정의할 수 있다. 이때는 클래스 상속에 필요한 가시성인 protected를 제외한다. 아래 예제는 최상위 레벨에 정의되

는 속성과 함수에 대한 가시성을 처리한 것이다.

- 주피터 노트북에서 패키지를 지정할 수 없어서 비공개 지시자는 사용할 수 없다.
- 함수를 정의할 때 가시성 변경자가 없으면 기본인 public이다. 필요하면 public을 지정할 수 있다. 모듈 내에서 참조할 수 있는 internal 가시성을 지정해본다.

```
// package foo                          // 주피터 노트북에서는 패키지 처리가 안 됨

// private fun foo()                    // 비공개 가시성 함수는 파일 내부에서만 호출
//    println("foo")                    // 주피터 노트북에서 예외 발생해서 공개로 표시
// }
                                        // protected는 최상위 레벨에서 정의 불가
fun bar() {                             // 공개 가시성 함수
    println("bar")
}

public var bar: Int = 5                 // 공개 가시성 프로퍼티는 어디에서나 다 가능
    private set                         // 단 갱신이 setter인 경우는 파일 내부에서만 가능

internal val baz = 6                    // 모듈 가시성 프로퍼티는 모듈 단위에서 접근 가능

bar()
println(bar)
println(bar)
```

```
bar
5
5
```

## ▌클래스 멤버 가시성

클래스 내부의 모든 멤버에 대해서도 4가지 가시성을 지정할 수 있다. 아래 예제에서는 클래스 내의 멤버인 속성과 메서드 내부 클래스에 대한 가시성을 지정했다.

- 슈퍼클래스를 지정하면 상속할 수 있으므로 open 해준다. 4개의 속성에 가시성 변경자를 다르게 지정했다. 하나의 메서드는 protected 가시성을 지정했다.
- 서브클래스에서 슈퍼클래스를 상속했다. protected, internal 가시성을 가진 속성을 재정의했다.
- 다른 클래스는 위에 정의된 클래스를 속성으로 받아서 처리한다. 상속관계가 아닌 internal과 public 가시성의 속성만 사용할 수 있다. 그래서 내부 메서드에 전달된 클래스의 속성을 2개

사용한다.

□ 클래스로 객체를 생성하고 메서드를 실행해서 속성을 출력한다.

```
open class Super {
    private val a = 1                //비공개 가시성 속성
    protected open val b = 2          //상속 가시성 속성
    internal open val c = 3           //모듈 가시성 속성
    val d = 4                         //공개 가시성 속성

    protected class Nested {          //상속 내부 클래스
        public val e: Int = 5
    }
}
class Subclass : Super() {
                                      //비공개 속성은 a는 사용할 수 없다.
    override val b = 5                //상속 속성 b 사용
    override val c = 7                //모듈 속성 c 사용
}
class Composituon(val o: Super) {

    fun display() {
        println(o.c)                  //모듈 가시성 사용 가능
        println(o.d)                  //공개 속성 사용 가능
    }

}

val s = Subclass()

val u = Composituon(s)
u.display()
```

7
4

## 주 생성자 가시성 처리

주 생성자에 비공개 가시성을 지정할 수 있다. 이러면 객체를 생성할 수 없지만, 동반 객체 내에 객체를 생성하는 메서드를 정의할 수 있다. 이런 이유는 내부 멤버는 비공개 멤버를 참조할 수 있기 때문이다.

다음 예제에서는 주 생성자 앞에 비공개 가시성을 붙였다. 이때 주의할 점은 반드시 주 생성자 constructor를 사용해야 한다. 그리고 이 클래스의 객체를 만드는 메서드를 동반 객체 내에 정의해서 객체를 생성한다.

클래스의 멤버인 foo 메서드는 동반 객체 내의 보호속성 bar를 반환하는 getBar 메서드를 실행해서 결과를 반환한다.

```kotlin
class C private constructor(val a: Int) {    //비공개 생성자
    companion object {

        private val bar = 100              // 컴패니언 객체 내의 비공개 속성
        fun create(x : Int) : C {          // 컴패니언 객체 내에서 생성자 메서드로 정의해서 처리
            return  C(x)
        }
        fun getBar() = bar                 // 공개 메서드로 조회
    }

    fun foo() = getBar()                   // 컴패니언 객체의 비공개 속성의 결과를 조회
}

val c = C.create(200)
println(c.foo())
```
100

## 메서드 참조(method reference)

메서드는 클래스 내부에 정의된 함수이다. 객체가 메서드를 호출하면 자동으로 자기 자신의 객체인 this를 받아서 바운드 되지만 객체를 생성하지않고 직접 클래스에서 함수를 호출하면 자기 자신의 객체인 this가 바운드 되지 않아서(언바운드 unbound) 직접 객체를 전달해야 한다. 어떻게 메서드를 참조하는지 알아본다.

### ◤ 메서드 참조 방식

함수 참조는 두 개의 콜론 다음에 함수 이름을 사용했지만 메서드 참조는 클래스, object 선언 등

에 지정해서 클래스 이름, 객체, **object** 등이 두 개의 콜론 앞에 오고 그다음에 메서드 이름을 사용한다. 다음 예제에서는 클래스와 동반 객체 내에 메서드를 정의했다. 리플렉션으로 메서드를 참조하는 것을 알아본다.

□ 메서드 참조: 참조연산자는 더블 콜론(::)이고 연산자 앞에 클래스나 객체, 연산자 뒤에 메서드 이름을 사용하면 로딩된 메서드의 레퍼런스를 가져온다.

□ 클래스와 동반 객체에 각각 메서드를 정의한다.

□ 클래스 이름과 객체로 메서드를 참조하면 클래스에서 참조된 메서드는 즉 객체가 없어서 언바운드 즉 사용할 때는 객체를 전달해서 바운드 처리를 해야 한다.

□ 동반 객체는 클래스가 아니므로 동반 객체 표기법 즉 소괄호 안에 클래스 이름을 사용하거나 동반 객체 이름을 사용한다.

□ 클래스 이름으로 참조한 것과 객체로 참조한 메서드를 실행하면 클래스 이름으로 참조한 경우는 인자로 객체를 전달해서 바운드 처리하고 실행한다.

```
class Klass {                              // 클래스 정의
    companion object {                     // 동반 객체 선언
        fun foo() {}                       // 동반 객체 내부 메서드
    }

    fun bar() {                            // 클래스 메서드
        println("bar 실행 ")
    }
}


println(Klass::bar)                        // 클래스의 unbound reference
println(Klass()::bar)                      // 클래스의 bound reference
println((Klass)::foo )                     // 동반 객체의 bound reference
println(Klass.Companion::foo)              // 동반 객체의 bound reference

(Klass::bar)(Klass())                      // 객체를 전달해서 바운드 필요
(Klass()::bar)()                           // 직접 객체가 메서드 실행
```

```
fun Line_233.Klass.bar(): kotlin.Unit
fun Line_233.Klass.bar(): kotlin.Unit
fun Line_233.Klass.Companion.foo(): kotlin.Unit
fun Line_233.Klass.Companion.foo(): kotlin.Unit
bar 실행
bar 실행
```

CHAPTER 05

## 참조를 사용해서 메서드를 함수의 인자로 전달

함수도 함수 참조를 통해 매개변수의 인자로 전달한다. 메서드도 메서드 참조를 통해 매개변수의 인자로 전달한다.

아래 예제에서는 object 표현식에 하나의 메서드를 작성했다. 그리고 함수를 하나 정의했다. 인자로 함수를 받고 내부에서 실행한다. 실제 이 함수를 호출할 때 object 선언의 메서드를 메서드 참조로 전달했다. 함수 참조와 동일하게 실행되는 것을 알 수 있다.

```kotlin
object O {
    fun foo(x:String) {                              //객체 내의 메서드
        println("실행 $x")
    }
}

fun consume(x : String,
            f: (String) -> Unit) {f(x)}    //함수를 전달받아 내부에서 실행

println(O::foo)                                      // object 내부의 메서드 참조
consume("함수",O::foo)                                // object 내부의 메서드를 함수 인자로 전달
```

```
fun Line_1.0.foo(kotlin.String): kotlin.Unit
실행 함수
```

# 02 상속 알아보기

여러 개의 클래스를 만들다 보면 공통적인 기능을 하나의 클래스로 묶을 수 있다. 이런 공통 클래스를 슈퍼클래스로 지정해서 사용하는 것을 상속이라고 한다.

상속 대상이 되는 클래스를 슈퍼클래스 또는 부모 클래스라고 하고, 이를 상속한 클래스를 서브클래스 또는 자식 클래스라고 한다. 코틀린도 단일 상속이라서 클래스는 하나의 부모 클래스만 가질 수 있으므로 상속에 제약이 많다.

## 코틀린 클래스의 특징

☑ 모든 클래스는 기본 final로 지정되어있다. 이는 기본적으로 상속이 불가능하다는 것을 의미한다.

☑ 상속이 필요한 경우는 항상 클래스를 open 즉 상속할 수 있게 만들어야 한다.

☑ 클래스만 open 하는 것이 아니라 내부의 속성이나 메서드도 기본이 final이라 서브클래스에서 재정의하려면 open 지시자를 붙여줘야 한다.

## 상속

클래스의 계층구조를 만드는 상속관계는 아주 중요하다. 이제 클래스들을 가지고 상속을 어떻게 처리하는지 알아본다.

### ◤ 상속관계

클래스의 관계를 만드는 2가지 방법에는 상속관계와 연관관계가 있다. 그중에 상속관계를 알아본다. 보통 인터페이스는 구현관계이지만 상속관계와 같으므로 상속관계에서 같이 설명한다.

- 클래스 관계
  - 상속관계(is-a): 상속을 하면 실제 슈퍼클래스와 서브클래스가 하나로 묶여서 사용된다. 클래스 상속관계에 상속하는 클래스를 표시한다.
  - 연관관계(has- a): 클래스를 사용하는 관계. 클래스 내부에 다른 클래스를 속성으로 처리한다.
  - 구현관계(implements): 인터페이스의 추상 메서드나 추상 속성은 실제 구현 클래스에서 모두 구현해야 한다. 이 인터페이스도 자료형이라서 클래스의 상속관계와 동일하게 처리된다.

아래 예제에서는 상속관계를 작성했다.
  - □ Super 클래스는 상속할 수 있게 open한다. 이 클래스의 상위 클래스는 Any이므로 toString 메서드를 override 했다. 그리고 내부에 두 메서드를 작성했다. info 메서드는 open 해서 재정의할 수 있도록 처리했다.
  - □ Sub 클래스는 Super 클래스를 상속한다. 생성자가 없는 클래스를 상속할 때는 상속하는 클래스를 표시할 때 위임호출까지 같이 호출한다. 이제 슈퍼클래스 내의 것을 자기 클래스에 있는 것처럼 다 사용할 수 있다. 하지만 부모 클래스와 다른 기능을 하려면 자식 클래스에서 재정의할 수 있다. 부모 클래스에서 open과 override된 두 메서드를 자식 클래스에서 override 처리했다. 더 하위 클래스에서 재정의한 메서드를 사용하지 못하게 하려면 final을 명기해야 한다.
  - □ 이제 슈퍼클래스, 서브클래스의 객체를 만들어서 메서드를 실행한다.

```kotlin
open class Super {                          // 슈퍼클래스, 베이스 클래스
    override fun toString() =               // 문자열 출력 메서드 재정의
        "Super(id=${this.hashCode()})"
    open fun info() =
        "슈퍼 클래스 정보 확인 "
    fun getSuper() =                        // 재정의 불가한 메서드
        "슈퍼 클래스의 메소드"
}

class Sub : Super() {                       // 서브클래스, 파생클래스
    override fun toString() =               // 문자열 출력 메서드 재정의
        "Sub(id=${this.hashCode()})"
    override fun info() =
        "서브 클래스 정보 확인"
}

val sup = Super()                           // 슈퍼클래스 객체 생성
println(sup)
println(sup.info())
```

```
val sub = Sub()                                    // 서브클래스 객체 생성
println(sub)
println(sub.info())
println(sub.getSuper())
```

```
Super(id=993419488)
슈퍼 클래스 정보 확인
Sub(id=1579495040)
서브 클래스 정보 확인
슈퍼 클래스의 메소드
```

## ◤ 상속관계 구조화

클래스 간의 상속관계에 대한 계층이 많아질 수 있다. 보통 세 단계 이상 상속하면 사람이 이해하기가 어려우므로 세 단계 정도만 상속하는 것이 좋다. 아래 예제는 세 단계로 클래스 상속관계를 만들어본 것이다.

- □ 최상위 슈퍼클래스 Person을 만든다. 하나의 속성 name과 메서드 info를 만든다. 상속할 수 있게 open을 붙이고 메서드도 재정의할 수 있도록 open을 붙인다. 최상위 클래스도 Any를 상속하지만, 별도의 표시가 필요 없다.
- □ 슈퍼클래스 Man을 정의한다. 이 클래스의 생성자에 name은 매개변수, age는 속성으로 작성한다. 그리고 Person 클래스를 상속해서 위임호출을 처리하면서 매개변수를 전달해서 속성을 초기화한다. 그다음 상위 클래스에서 open한 메서드를 override 한다.
- □ 가장 하위 클래스인 Student를 정의한다. 더 이상 상속이 불가능하므로 아무것도 붙이지 않는다. 그러면 자동으로 final 클래스가 된다. 생성자에는 school 속성을 정의하고 상위에서 지정된 속성 2개를 매개변수로 받는다. Man 클래스를 상속해서 위임호출에 2개의 매개변수를 전달해서 속성들을 초기화 처리한다.
- □ 메서드를 재정의한다. Student 클래스를 문자열로 출력할 경우 클래스의 속성을 출력하기 위해 Any 클래스의 toString만 재정의했다.
- □ 이제 Student 클래스로 객체를 만들어서 info 메서드를 실행한다.

```
open class Person(val name:String) {               // 1레벨 슈퍼클래스
    open fun info() = "이름 = $name "
}
open class Man(name:String, val age:Int) :         // 2레벨 슈퍼클래스
                            Person(name) {
    override fun info() = "이름 = $name 나이 = $age"
```

```
}

class Student(val school:String,                    //3레벨 슈퍼클래스
            name:String, age:Int) : Man(name,age) {
    override fun toString() =
        "Student(school=$school , name=$name, age=$age)"
}

val st = Student("초등학교","달님",11)
println(st)
println(st.info())                              // 상위의 메서드를 찾고 실행
```

```
Student(school=초등학교 , name=달님, age=11)
이름 = 달님 나이 = 11
```

### ▌상속관계에 따른 제약

상위 클래스 내의 속성과 메서드가 모두 open되면 하위 클래스는 모든 것을 재정의해야 한다. 그래서 하위 클래스에 필요한 것만 재정의할 수 있도록 지시자로 제한을 둔다.

- open, override 지시자는 하위 클래스에서 재정의할 수 있다.
- 상속을 못 하게 제약하려면 override 앞에 final을 추가해야 한다.

아래 예제는 3단계 상속을 처리한 것이다.

- □ Person 클래스에 3개의 메서드를 정의한다. 메서드 sayHello는 아무런 지시자가 없는final이라 하위 클래스에서 재정의할 수 없다. 메서드 sayBye는 open이고, 메서드 toString은 override라서 하위 클래스에서 재정의할 수 있다.
- □ Man 클래스는 Person 클래스를 상속해서 부모 클래스에 있는 sayBye, toString을 재정의했다. 이 중에 sayBye 메서드는 final을 붙여서 하위 클래스에서 재정의를 금지했다.
- □ Student 클래스에서는 toString 메서드만 재정의했다.
- □ 3개의 클래스가 모두 추상 클래스가 아니므로 각각 객체를 생성할 수 있다. 각각의 객체에서 활용이 가능한 메서드로 객체의 상태를 확인한다.

```
open class Person(val name:String) {                // 슈퍼클래스
    fun sayHello() = "안녕하세요"                     // 재정의 불가
    open fun sayBye() = "안녕히계세요"                 // 하위클래스에서 재정의 가능
    override fun toString() =                        // 상위 클래스 메서드 재정의
        "Person(name=$name)"
}
```

```
open class Man(name:String, val age:Int) :
                                Person(name) {
    final override fun sayBye() = "안녕히계세요 + $name "//하위 재정의 금지
    override fun toString() =                    //상위 클래스 메서드 재정의
        "Man(name=$name, age=$age)"
}
class Student(val school:String,
            name:String, age:Int) : Man(name,age) {
    override fun toString() =                    //상위 클래스 메서드 재정의
        "Student(school=$school , name=$name, age=$age)"
}

val pn = Person("더님")                          //슈퍼클래스 1레벨 객체 생성
println(pn)
println(pn.sayBye())

val mn = Man("너님",33)                          //슈퍼클래스 2레벨 객체 생성
println(mn)
println(mn.sayBye())

val st = Student("초등학교","달님",11)           //서브클래스 객체 생성
println(st)
println(st.sayBye())
```

Person(name=더님)
안녕히계세요
Man(name=너님 , age=33)
안녕히계세요 + 너님
Student(school=초등학교 , name=달님, age=11)
안녕히계세요 + 달님

## 상속에 따른 생성자 호출

상속관계일 때 슈퍼클래스의 멤버를 서브클래스에서 사용한다. 이런 이유로 슈퍼클래스의 속성을 먼저 처리해야 한다. 생성자 호출 순서도 부모 클래스의 생성자가 호출되고 그다음에 자식 클래스의 생성자가 호출되어야 한다. 그래서 생성자를 정의할 때 이런 연결을 명확히 지정해야 한다.

### ◣ 생성자 간의 연결

슈퍼클래스와 서브클래스를 작성해서 생성자의 호출을 알아본다. 아래 예제는 두 클래스를 작성하고 주 생성자, 보조 생성자, 슈퍼클래스 위임호출을 확인한 것이다.

주 생성자만 있는 슈퍼클래스를 정의하고 서브클래스도 정의한다. 서브클래스의 주 생성자와 보조 생성자가 정의되면 머리부에 주 생성자와 슈퍼클래스 위임호출이 있어서 부생성자는 주 생성자를 반드시 위임호출 처리를 해야 한다.

생성자의 실행순서는 슈퍼클래스의 생성자, 서브클래스의 주 생성자, 서브클래스의 보조 생성자 순으로 처리된다.

```kotlin
open class Animal(val species : String)                    //슈퍼클래스 주 생성자

class Pet(species: String,                                 //서브클래스 주 생성자
          val subSpecies: String) : Animal(species) {      //슈퍼클래스 위임 호출

    constructor (species: String,                          //서브클래스 부 생성자
                 subSpecies : String,
                 age:Int) : this(species,subSpecies)       //서브클래스 주 생성자
}


val pet = Pet("개","푸들",4)                                //객체 생성

println(" 종 : ${pet.species} 세부종 : ${pet.subSpecies}" ) //속성 출력
```

  종 : 개 세부종 : 푸들

### ◣ 생성자 간의 보조 생성자로 연결

이번에는 슈퍼클래스와 서브클래스에 보조 생성자만 구성했다. 슈퍼클래스의 위임호출은 보조 생성자에서 직접 슈퍼클래스의 보조 생성자를 호출해야 한다. 자기 클래스에서는 this로 생성자의 위임호출을 처리했다. 상속관계에서는 super로 생성자를 위임호출을 수행한다.

아래 예제는 두 클래스를 작성하고 보조 생성자, 보조 생성자 위임호출, 슈퍼클래스 위임호출에 대한 처리를 확인한 것이다.

□ 슈퍼클래스에 두 개의 속성이 있다. 두 개의 보조 생성자를 작성해서 속성을 초기화한다. 첫 번째 보조 생성자는 하나의 속성을 초기화한다. 두 번째 보조 생성자는 두 개의 매개변수를 받고 하나는 보조 생성자 위임호출로 속성을 초기화하고 다른 하나는 내부에서 초기화한다.

□ 서브클래스는 하나의 속성을 가진다. 슈퍼클래스를 상속해서 총 세 개의 속성을 가진다. 두

개의 매개변수를 가진 보조 생성자를 작성할 때 슈퍼클래스의 생성자를 super로 위임호출을
했고 세 개의 매개변수를 가진 보조 생성자도 super로 위임호출해서 처리했다.

☐ 이 서브클래스로 2개의 속성과 3개의 속성을 가진 객체를 생성해서 만들어진 객체의 속성을
출력한다.

```
open class Person {
    val name : String
    var gender : String = "여성"
    constructor(name: String) {              //첫 번째 보조 생성자
        this.name = name
        println("슈퍼클래스 보조생성자 1 실행 ")
    }
    constructor(name: String, gender : String) :
                            this(name) {   //기존 보조 생성자를 위임 호출
        this.gender = gender
        println("슈퍼클래스 보조생성자 2 실행 ")
    }
}

class Student: Person {
    var age : Int = 0
    constructor(name: String, age :Int):
                        super(name) {   //슈퍼클래스 생성자를 위임 호출
        this.age = age
        println("서브클래스 보조생성자 1 실행 ")
    }
    constructor(name: String, gender: String , age:Int):
                        super(name, gender) { //슈퍼클래스 생성자를
        this.age = age                        //위임 호출
        println("서브클래스 보조생성자 2 실행 ")
    }
}
println(" 생성자 호출 순서 1 : ")
val s1 = Student("최혜원", 45)

println(" 생성자 호출 순서 2 : ")
val s2 = Student("황후순","남성",45 )
```

  생성자 호출 순서 1 :
슈퍼클래스 보조생성자 1 실행
서브클래스 보조생성자 1 실행
 생성자 호출 순서 2 :
슈퍼클래스 보조생성자 1 실행
슈퍼클래스 보조생성자 2 실행
서브클래스 보조생성자 2 실

# 03 다양한 클래스 알아보기

클래스가 객체를 만들 때 사용하는 속성과 메서드를 알아봤다. 클래스를 정의할 때 내부에 정의된 클래스나 object 선언 등을 추가로 만들 수 있다. 이런 내포 클래스, 이너 클래스와 object에 대한 사용방법을 알아본다.

## 내포 클래스, 이너 클래스, 지역 클래스

클래스 내부에도 특정 기능을 처리하는 클래스를 정의할 수 있다. 주로 외부와 내부 클래스가 별도의 기능을 처리하는 경우도 있고 외부와 내부 클래스가 연관된 처리를 하는 경우도 있다. 첫 번째 클래스는 내포 클래스(Nested class)라고 하고, 두 번째 클래스를 이너 클래스(Inner class)라고 한다. 함수 내부에도 클래스를 선언하고 사용할 수 있다. 이런 클래스를 지역 클래스(Local class)라고 한다. 이 세 개의 클래스가 어떻게 쓰이는지 알아보자.

### ◀ 클래스를 정의하는 곳

- 패키지 단위: 최상위 레벨의 클래스를 정의한다. 일반적인 클래스 정의이다.
- 클래스 단위: 내포 클래스(Nested class)와 이너 클래스(Inner class)를 정의한다. 특정 클래스에 한정해서 사용할 때 정의한다. 이때 밖에 정의된 클래스를 외부 클래스(Outer class)라고 한다. 내포 클래스는 실제 아웃 클래스와 밀접한 관계가 없다.
- 함수 단위: 지역 클래스(Local class)는 함수 안에 정의한다. 함수 내부는 외부에서 접근할 수 없는 지역 영역이라 클래스도 지역 영역에서만 사용할 수 있다. 그래서 특별하게 가시성을 안 붙여서 지역에서만 사용할 수 있다.

### ◀ 내포 클래스와 이너 클래스의 차이점

- 내포 클래스는 외부 클래스의 이름으로 접근해서 객체를 생성할 수 있지만, 이너 클래스는 멤버처럼 객체로 접근해서 객체를 생성한다.

- 내포 클래스는 외부 클래스와 별개의 클래스라 외부 클래스의 속성을 참조할 수 없지만, 이너 클래스는 외부 클래스의 속성을 참조할 수 있다.

### ▶ 내포 클래스(Nested class)

특정 클래스를 클래스 내부에 정의하는 내포 클래스를 사용하는 방법을 알아본다. 아래 예제는 내포 클래스를 정의한 것이다.

- □ 클래스 내부에 클래스를 정의한다. 아무런 지시자도 추가하지 않고 정의한다. 클래스 내부에 정의되었지만, 별도 클래스이다.
- □ 내포 클래스를 외부에서 사용할 때는 외부 클래스 이름으로 접근해서 사용한다. 이 내포 클래스는 자신을 정의한 외부 클래스 내의 속성 등에 직접 접근할 수 없다.
- □ 내포 클래스의 객체를 생성할 때는 외부 클래스 이름으로 접근해서 내포 클래스 생성자를 호출해 객체를 만든다. 그런 다음 내부에 있는 메서드를 호출해서 처리한다.

```
class Outer {
    private val bar: Int = 1              // 외부 클래스의 비공개 속성

    class Nested {
        private val nestVar = 100         // 내포된 클래스
        fun foo() = 999                   // 내포된 클래스의 메서드에서 외부 클래스 멤버

        // fun foo() = this@Outer.bar     // 외부 클래스의 멤버 참조 시 예외 발생
    }
}

val demo = Outer.Nested()                 // 내포된 객체 생성은 외부 클래스로 접근해서 생성

println(demo.foo())                       // 내포된 객체의 메서드 실행

// Outer.Nested().nestVar                 // 내포 클래스의 비공개 속성 접근 시 예외 발생
```

999

### ▶ 이너 클래스(Inner class)

클래스 내부에 클래스를 정의할 때 inner 예약어를 붙여서 이너 클래스를 정의할 수 있다. 이 이너 클래스를 어떻게 사용하는지 알아본다. 아래 예제에서는 이너 클래스는 외부 클래스의 멤버처럼 사용되므로 외부 클래스의 비공개 속성도 사용할 수 있다.

□ 이너 클래스를 정의할 때는 inner를 클래스 앞에 붙인다.

□ 이너 클래스의 객체는 this이고 외부 클래스의 객체는 this@외부 클래스 이름으로 사용한다.
   그래서 이너 클래스 내부에서 외부 클래스의 속성에 접근할 수 있다.

□ 외부 클래스에서 이너 클래스를 사용하려면 객체를 생성해서 사용한다.

```kotlin
class Outer {
    private val bar: Int = 1              // 외부 클래스의 비공개 속성
    inner class Inner {                   // 내포된 클래스
        private val bar = 100             // 동일한 이름의 속성을 가지고 있음
        fun foo() = this@Outer.bar        // 내포된 클래스의 메서드 외부 비공개 속성 접근
        fun fbar() = bar                  // 비공개 속성에 접근할 수 있는 메서드 제공
    }

    fun getBar()= println(Inner().fbar())
}

val demo = Outer().Inner().foo()          // 이너 클래스가 멤버 클래스라서 객체로 접근
                                          // 외부 클래스의 this@Outer로 비공개 속성 접근

println(demo)
Outer().getBar()
```

```
1
100
```

## ◤ 지역 클래스(Local class)

함수의 기능이 복잡해지면 여러 개의 지역함수만으로 처리가 곤란해질 수 있다. 이때 지역클래스를 정의해서 사용할 수 있다. 실제 이런 방식으로 구현해서 사용하지는 않지만 어떻게 정의해서 처리하는지 알아본다. 아래 예제에서는 지역 클래스를 정의하고 사용한다.

□ 함수를 정의한다. 함수 내부에 두 개의 클래스를 정의한다. 지역 클래스도 상속관계를 처리할 수 있어서 하나는 슈퍼클래스 다른 하나는 서브클래스로 정의했다.

□ 지역 클래스의 객체를 생성한 후에 내부의 메서드를 사용했다. 이 함수는 실제 반환처리를 하지 않아서 내부 클래스의 객체를 만들어서 메서드를 사용하는 정도만 알아본 것이다.

```kotlin
fun localClasses() {
  open class Amphibian {                  // 함수 내부에 지역 베이스 클래스 정의
    open fun foo() = "foo"
  }
  class Frog : Amphibian() {              // 상속받아서 지역 클래스 정의
    override fun foo() = "bar"
```

```
    }
    val amphibian: Amphibian = Frog()        //객체 생성

    println(amphibian.foo())                 //메서드 호출
}

localClasses()
```

bar

## 지역 클래스의 객체 반환

특정 인터페이스를 상속한 팩토리 함수(다른 객체를 생성하는 함수)를 만들 경우 지역 클래스를 정의해서 사용할 수 있다. 아래 예제에서 지역 클래스를 외부에서 사용하기 위한 방법을 알아봤다.

- 지역 클래스를 정의할 때 함수 밖에 선언된 인터페이스를 상속한다. 그러면 함수 밖에서도 이 내부 클래스의 객체를 반환해서 받을 수 있다.
- 함수를 정의할 때 반환 자료형을 인터페이스로 정의했다. 이 함수의 내부에 지역 클래스를 정의하고 반환값으로 처리했다.
- 객체를 만들어서 반환값으로 지역 클래스의 객체를 반환했다. 그런 다음에 반환된 객체의 메서드를 실행했다.
- 보통 함수로 팩토리 즉 객체를 생성할 때 이런 패턴을 많이 사용한다.

```
interface Amphibian {                        //인터페이스 정의
    fun foo() : Unit
}

fun createAmphibian(): Amphibian {           //인터페이스로 반환

  class Frog : Amphibian {                    //지역클래스를 인터페이스 구현을 지정
      override fun foo() {                     //메소드 재정의
          println("foo ")
      }
  }

  return Frog()                               //지역클래스의 객체 반환
}

val amphibian = createAmphibian()            //내부 클래스의 객체 생성
amphibian.foo()                              //내부 클래스의 메서드 실행
```

```
println(amphibian.javaClass.kotlin)
```

```
foo
class Line_3$createAmphibian$Frog
```

## 메서드에서 전역변수 참조

메서드는 객체의 속성을 주로 처리하지만, 함수처럼 전역변수로 참조해서 사용할 수 있다.

### ◤ 메서드 내부에서 전역변수 참조

함수의 변수 스코프는 지역→전역→빌트인 순으로 처리한다. 메서드도 함수이므로 클래스에 정의되어도 함수의 특징을 그대로 따른다. 아래 예제는 메서드에서 전역변수를 참조한 것이다.

- □ 전역변수를 정의했고 메서드 하나를 가진 클래스를 정의했다. 이 메서드는 전역변수를 반환한다.
- □ 객체를 생성해서 메서드를 실행하면 이 객체가 관리하는 속성에 해당하는 변수가 없어서 바로 전역영역의 변수를 참조해서 결과를 반환한다.
- □ 메서드도 객체의 속성이 없으면 함수처럼 전역변수를 참조해서 처리하는 것을 알 수 있다.

```
val globalVar = 999                 //전역 할당


class A {                           //클래스 몸체 내에서 전역 참조 불가
    fun methods() :Int {
        return globalVar            //전역 참조
    }
}

val a = A()

println(a.methods())
```

```
999
```

### ◤ 메서드 내부에서 전역변수 갱신

메서드에서 전역변수를 참조할 수 있었다. 전역변수를 변경하면 어떻게 변하는지 알아본다. 아래
예제에서는 메서드에서 전역변수를 변경하고 이를 반환했다.

- □ 클래스의 메서드에 전역변수를 갱신하고 반환했다.
- □ 객체를 생성하고 메서드를 실행해 전역변수를 변경하고 반환값을 출력한다.
- □ 실제 전역변수도 변경 여부를 확인하면 메서드 내부에서 변경된 값과 동일하다.

```
var ar : Int = 999                      //전역 할당

class AB {
    fun methodsA(a:Int) :Int {          //메서드
        ar = ar + a                     //전역 갱신
        return ar                       //전역 참조
    }
}

println(AB().methodsA(10))              //전역 갱신 결과
println(ar)
```

```
1009
1009
```

### ◤ 이너 클래스의 메서드에서 전역 참조

일반적인 클래스의 메서드에서 자신이 만들어진 패키지 내의 최상위 레벨의 변수 참조가 가능했
다. 그러면 클래스 내부에 정의된 이너 클래스의 메서드도 전역변수를 참조할 수 있는지 알아본
다. 아래 예제는 이너 클래스의 메서드에서 전역변수를 갱신하고 변경된 것을 확인한 것이다.

- □ 외부 클래스와 이너 클래스를 정의했다. 이너 클래스의 메서드에서 전역변수를 갱신했다.
- □ 외부 클래스를 객체로 만들고 내부 클래스 객체를 생성한 다음 메서드를 실행한다. 그 결괏값
  과 전역변수의 값을 확인하면 변경되어 동일한 것을 알 수 있다.

```
var gar : Int = 999                     //전역 할당

class AB {
    inner class A {                     //내부 클래스
        fun methodsA(a:Int) :Int {      //내부 클래스의 메서드
            gar = gar + a               //전역 갱신
            return gar                  //전역 참조
```

CHAPTER 05

```
        }
      }
}
println(AB().A().methodsA(10))          //전역 갱신 결과
println(gar)
```

1009
1009

## 외부 클래스의 상속관계를 이너 클래스에서 처리

상속관계를 가지는 외부 클래스를 정의하면 이너 클래스에서 속성을 참조할 때 상속관계도 지정해야 한다. 어떻게 지정해서 처리하는지 알아본다.

### ◀ 이너 클래스에서 this와 super 표기법

- this: 이너 클래스의 객체는 항상 this로 참조한다.
- this@외부 클래스: 이너 클래스에서 외부 클래스의 속성은 외부 클래스를 @ 다음에 표기해야 참조할 수 있다.
- super@외부 클래스: 외부 클래스의 상속관계는 this 대신 super를 사용한다

### ◀ 상속관계 처리 확인

상속관계를 가진 외부 클래스를 이너 클래스에서 사용할 때는 this와 super로 접근해서 사용한다. 아래 예제는 외부 클래스를 상속관계로 구성하고 이를 이너 클래스 내에서 참조한 것이다.

- 슈퍼클래스와 서브클래스를 정의한다. 이 서브클래스가 외부 클래스가 되고 그 내부에 이너 클래스를 정의한다.
- 슈퍼클래스에는 속성과 메서드가 하나씩 있다. 둘 다 open 되어 서브클래스에서 재정의한다.
- 이너 클래스에 하나의 속성과 두 개의 메서드를 정의한다. 상속관계를 확인하기 위해 test 메서드를 만들어서 그 내부에서 외부 클래스의 객체를 생성해서 this@, super@ 표기로 외부

클래스의 상속되는 멤버를 확인한다.

```
open class Base {
    open val attr : Int = 1
    open fun method() =
            println ( " 베이스 클래스 f()" )
}
class Derived : Base() {
    override val attr : Int = super.attr + 1    //상속에 따른 재정의: 베이스 속성을 super로 접근
    override fun method() =                      //상속에 따른 재정의
            println ( " 파생 클래스 f()" )

    inner class Inner {
        val attr = 999
        fun method() =
            println ( " 이너클래스 f()" )
        fun test() {
            this.method()                              // 이너 클래스의 메서드 참조
            Derived().method()                         // 외부 클래스의 메서드 참조
            super@Derived.method()                     // 슈퍼클래스의 매서드 참조
            println(" 이너 클래스 this.attr : ${this.attr}")  // 이너클래스의 속성 참조
            println(" 외부 클래스 this@Derived.x : ${this@Derived.attr}")// 외부클래스의 속성참조
            println(" 베이스클래스 super@Derived.x :${super@Derived.attr}")// 슈퍼클래스의
        }                                                              // 속성 참조
    }
}

val c1 = Derived()
c1.Inner().test()                                  // 이너 클래스 Inside의 메서드 test() 실행
```

```
이너클래스 f()
파생 클래스 f()
베이스 클래스 f()
이너 클래스 this.attr : 999
외부 클래스 this@Derived.x : 2
베이스클래스 super@Derived.x :1
```

# 04 object 알아보기

코틀린에 class 예약어 외에 object 예약어가 추가되었다. 그래서 최상위 클래스도 object가 아닌 Any이다. 이 object 예약어는 클래스 정의와 하나의 객체 생성을 동시에 한다. 그래서 object 예약어를 사용하면 하나의 객체만 만들어진다. 이런 행위를 하는 패턴을 싱글턴 객체(Singleton object) 패턴이라고 한다.

object 예약어는 3가지 경우에 사용된다. 첫 번째는 object 표현식으로 다른 이름은 익명 클래스로 특정 클래스 없이 객체를 생성한다. 두 번째는 object 선언으로 하나의 객체만 만들어서 사용한다. 마지막으로 동반 객체(companion object) 즉 클래스에 정의해서 클래스와 같이 동반해서 사용할 수 있다.

## object 표현식(expression)

익명의 클래스로 익명의 객체를 만들 필요가 있다. 이때 object 표현식으로 하나의 객체를 만든다.

### ◤ object 표현식으로 객체 만들어 사용하기

일회성 객체를 만들어서 사용하는 경우를 알아보자.

- 최상위 변수에 바로 객체 할당
- 함수 내부 또는 메서드 내부에서 지역변수에 객체 할당
- 함수의 매개변수에 객체 할당
- 내부함수의 반환값으로 정의해서 외부함수의 지역변수를 내부 메서드에서 참조

### ◤ 지역변수에 익명 클래스 생성

함수나 메서드 등에 일회성 객체가 필요한 경우는 내부에 정의해서 바로 사용한다.
아래 예제는 함수의 지역변수를 묶어서 처리하는 경우이다.

□ 함수 내부에 여러 개의 변수를 하나의 목적으로 사용할 때 object 표현식에 묶어서 같이 사용한다.

□ 익명 클래스의 객체이지만 변수에 할당되어서 다른 객체와 동일하게 속성을 갱신하는 방식으로 처리할 수 있다.

```kotlin
fun getLength() : Double {
                                        // 객체 표현식에 속성과 메서드 정의
    val point = object {
        val x : Double = 2.0            // 프로퍼티 정의
        val y : Double = 3.0
                                        // 메서드 재정의
        override fun toString() = "Piont($x, $y)"
    }

    println(point)
                                        // 벡터의 거리 계산
    return Math.sqrt(Math.pow(point.x, 2.0) + Math.pow(point.y, 2.0))
}

println(getLength())
```

Point(2.0, 3.0)
3.605551275463989

### ◤ 함수의 매개변수에 익명 객체 전달

함수의 인자를 전달할 때 익명 객체를 바로 정의해서 전달한다. 아래 예제는 매개변수의 자료형에 맞게 object 표현식으로 객체를 만들어 처리한 것이다.

□ 두 개의 추상 속성을 가지는 인터페이스를 정의한다.

□ 함수를 정의할 때 하나의 매개변수를 처리한다. 이 매개변수의 자료형은 인터페이스이다. 또한, 이 함수의 반환 자료형도 인터페이스이다.

□ 이 함수는 매개변수를 전달받아서 바로 반환을 처리한다.

□ 함수를 호출할 때 object 표현식을 작성한다. 이 object 표현식은 바로 객체를 만든다. 이때 위에 정의한 인터페이스를 상속한다. 그래서 이 인터페이스의 추상 속성을 재정의했다.

□ 함수가 실행 결과를 변수에 할당하고 이 변수에 두 개의 속성을 조회해서 출력한다.

```
interface Personnel {                          // 자료형으로 사용할 인터페이스 정의
    val name : String
    val age  : Int
}

fun getObject(p:Personnel) : Personnel {   // 함수 매개변수와 반환값을 인터페이스로 자료형 지정
    return p
}

val p = getObject(object : Personnel {   // 인자로 object 표현식으로 생성된 객체 전달
    override val name = "달문"              // 인터페이스 내의 추상 속성을 구현
    override val age =55
    }
)

println("객체 반환 이름= ${p.name} 나이 =${p.age}" )
```

객체 반환 이름= 달문 나이 =55


## ■ 메서드의 반환값 사용

함수의 반환을 익명 객체를 바로 만들어서 처리한다.

아래 예제는 object 표현식으로 바로 객체를 만들어서 반환 처리한 것이다.

　□ 보통 object 표현식은 인터페이스를 사용해서 자료형을 정의한다.

　□ 클래스를 정의하고 비공개 메서드를 정의했다. 이 메서드의 반환은 object 표현식으로 만든
　　객체이다.

　□ 다른 메서드에서 이 비공개 메서드를 실행해서 출력한다.

　□ 이제 객체를 만들어서 공개 메서드를 실행한다.

```
interface StrType                                  // 자료형으로 사용할 인터페이스 정의

class C {

    private fun getObject() = object : StrType {   // 객체 표현식으로 반환값
        val x: String = "내부 속성의 값"
    }

    fun printX() {
        println(getObject().x)              // 객체 표현식 내의 속성값 출력
```

```
        }
    }

val cc = C()                           // 객체를 만들어서 출력하면 익명 객체의 속성을 출력
cc.printX()
```

내부 속성의 값

## ■ 클래스와 인터페이스를 상속하는 object 표현식 처리

익명 객체를 만들어서 사용할 때 인터페이스나 클래스를 상속하면 변수 등에 할당해 사용할 수 있
다. 아래 예제는 클래스와 인터페이스를 같이 상속하는 **object** 표현식을 작성하는 것이다.

- □ 슈퍼클래스는 하나 속성과 하나의 메서드를 정의한다. 인터페이스도 하나의 메서드를 정의
  한다.
- □ 변수에 인터페이스로 자료형을 지정하고 클래스와 인터페이스를 상속했지만, 인터페이스의
  추상 메서드는 구현했고 클래스의 속성만 재정의했다.
- □ 변수에 클래스로 자료형을 정의하고 클래스와 인터페이스를 상속하고 클래스에 있는 속성과
  메서드는 재정의했고 인터페이스에 있는 추상 메서드도 구현했다.
- □ 이제 객체의 메서드를 실행한다.

```kotlin
open class A(x: Int) {                         // 클래스 정의 상속 가능하도록 open
    open val y: Int = x
    open fun display() = y
}

interface Add {                                // 인터페이스 정의
    fun add(x:Int, z:Int) : Int
}

val a :Add = object: A(10),Add {               // 클래스와 인터페이스 상속하고 객체 변수에 할당
    override val y = super.y
    override fun add(x:Int, z:Int) = x+z
}

val b : A = object: A(10),Add {                // 클래스와 인터페이스 상속하고 객체 변수에 할당
    override val y = super.y                   // 상속한 클래스를 super로 접근
    override fun add(x:Int, z:Int) = x+z
    override fun display() = y + add(55, 77)   // 클래스의 메서드 오버라이드 할 때 add 메서드 사용
}
```

```
println("Add 인터페이서 처리 " + a.add(100,200))//a.y는 Add인터페이스에서 접근 금지
println("A 클래스 처리 " +b.y)                            //b.add는 A 클래스에서 접근 금지

println("클래스의 메소드 호출 " + b.display())//인터페이스에 정의된 메서드가 실행되는 결과를 처리
```

```
Add 인터페이서 처리 300
A 클래스 처리 10
클래스의 메소드 호출 142
```

## 외부함수의 변수에 접근해서 사용

익명 객체 내부의 메서드에서 외부 함수의 지역변수를 참조해서 사용한다. 아래 예제에서는 내부
함수를 object 표현식으로 사용할 수 있다.

- 인터페이스를 하나 지정한다.
- 외부함수를 정의한다. 내부함수를 정의하고 이 내부함수의 object 표현식은 인터페이스를 상
  속해서 추상 메서드를 구현한다. 이때 외부함수의 지역변수를 갱신한다.
- 이 내부함수를 외부함수 내부에서 호출해서 실행한다.

```
interface Countable {                          //인터페이스 정의
    fun count() : Unit
}

fun count() {
    var x = 0

    fun innerCount() = object : Countable {    //인터페이스 구현한 객체 표현식 정의
        override fun count() = println(++x)     //외부함수의 변수 접근과 갱신
    }

    innerCount().count()                       //내부함수 실행하고 객체 표현식 내의 메서드 실행

}

count()
```

1

## object 정의

앞에서 object 표현식은 익명 객체를 만드는 경우이지만 object 정의는 하나의 싱글턴 패턴을 만드는 방법이다.

### ▌ object 정의하는 규칙

object 정의에 필요한 사항은 다음과 같다.

- class 예약어 대신 object 예약어를 사용하여 object 이름을 정의한다.
- 클래스와 객체 생성이 정의에서 만들어져서 별도의 생성자가 필요 없다.
- object 정의 내부에 상수인 const val 가능하다.
- object 정의를 처음으로 사용할 때 메모리에 로딩된다.
- object 정의의 이름으로 코드 블록에 정의된 속성이나 메서드를 사용할 수 있다.
- 클래스 정의도 있어서 클래스 상속과 인터페이스 구현이 가능하다.
- 내부에 객체와 클래스를 정의할 수 있다.

### ▌ object 정의와 사용

하나의 객체로만 처리하는 object 정의를 알아보자.

- □ object 정의는 주 생성자만 없을 뿐 클래스 정의와 거의 같다. 내부에 비공개 속성에 대한 2개의 메서드를 정의한다.
- □ object 정의를 사용할 때는 별도의 객체를 생성하지 않고 정의한 이름으로 직접 내부 속성과 메서드를 접근해서 사용한다.
- □ object 정의 이름으로 두 개의 메서드를 다 호출한다. 내부의 비공개 속성을 갱신하고 출력한다.

```
object Counter {
    private var count: Int = 0        //비공개 속성 정의

    fun currentCount() = count        //비공개 속성 조회
```

```
    fun increment() = ++count          //비공개 속성 갱신
}
Counter.increment()
println(Counter.currentCount())
```

```
1
```

## 클래스 상속

object 정의도 클래스 정의와 마찬가지로 다른 클래스를 상속해서 구현할 수 있다. 아래 예제에서는 슈퍼클래스를 정의하고 object 정의에서 상속한다.

- □ 슈퍼클래스를 정의한다.
- □ object 정의에 클래스를 상속한다. 슈퍼클래스의 위임호출을 할 때는 생성자가 없어서 실제 값을 전달한다.
- □ object 내부에 상속한 속성을 재정의할 수 있고 메서드로 정의할 수도 있다. 한 번만 객체가 만들어져서 실제 생성할 때 객체가 유일한 객체라는 것을 잘 알고 있어야 한다.
- □ 이 객체의 이름이 해당 싱글턴 객체가 할당된 이름이다. 그래서 object 선언 이름으로 4개의 메서드를 호출해서 실행한다.

```
open class Value(open val x:Int, open val y:Int) //베이스 클래스 정의 open

object Operation : Value(100,200) {              // 객체에서 베이스 클래스 상속
    override val x = super.x                      // 속성을 오버라이딩 처리
    override val y = super.y

    fun add() = x + y                            // 사칙연산 메서드 처리
    fun sub() = x - y
    fun mul() = x * y
    fun div() = x / y
}

println(Operation.add())
println(Operation.sub())
println(Operation.mul())
println(Operation.div())
```

```
300
-100
20000
0
```

## ▌ object 정의에서 인터페이스 구현

object 정의도 클래스처럼 인터페이스의 추상 메서드를 구현할 수 있다. 아래 예제는 3개의 추상 메서드를 가진 인터페이스를 구현한다.

- □ 인터페이스를 정의한다.
- □ object 정의에 인터페이스를 상속받는다. 추상 메서드를 모두 구현한다.
- □ object 정의의 이름으로 메서드를 호출해서 실행한다.

```kotlin
interface Actionable {                              //인터페이스 정의
    fun eat(): Unit
    fun talk() : Unit
    fun pray() : Unit
}

object Action : Actionable {                        //인터페이스 구현
    override fun eat() = println("음식먹기.")
    override fun talk() = println("대화하기.")
    override fun pray() = println("기도하기.")
}

Action.eat()
Action.talk()
Action.pray()
```

```
음식먹기.
대화하기.
기도하기.
```

## ▌ 클래스 내부에 object 정의 사용

클래스 내부에 object 정의를 지정해서 사용할 수 있다. 뒤에서 배울 동반객체와는 다르게 사용한다. 아래 예제는 클래스 내부에 내부 object 정의를 작성한 것이다.

- □ 외부 클래스를 정의한다.
- □ 그 외부 클래스 내부에 object 정의와 내부 메서드를 작성한다.
- □ 이 object 정의 내에는 외부 클래스의 객체를 생성하고 외부 클래스의 객체를 전달받아서 조회한다.
- □ 내부 object 정의는 외부 클래스와 아무런 연관이 없어서 이 객체를 부를 때도 클래스 이름으로 직접 접근해서 object 이름에 접근하여 메서드를 실행한다. 실제 object 정의 대신에 다음

에 배울 동반 객체를 사용하면 클래스와 동반 객체를 같은 이름으로 처리할 수도 있다.

```
class Person(val name : String, val age :Int ) {

    object Inner {
        fun foo() = "bar "                          // 내포된 object 메서드
        fun getPerson(p: Person) = p.info()         // 내포된 object에서 외부 클래스의 객체를
        fun create(name:String, age:Int) =          // 전달받아 처리
                        Person(name, age)            // 외부 클래스의 객체 생성
    }

    fun info() = "이름 = $name 나이 = $age"           // 객체의 속성 출력
}

println(Person.Inner.foo())                          // 클래스의 이름만으로 내포 객체 접근
val p = Person.Inner.create("남궁성", 50)
println(p.info())
println(Person.Inner.getPerson(p))
```

```
bar
이름 = 남궁성 나이 = 50
이름 = 남궁성 나이 = 5
```

## 동반 객체(companion object) 처리

클래스 내부에 object 정의는 실제 클래스와 상관없이 작동하는 객체를 만든 것이다. 하지만 클래스와 상호작용을 하는 동반 객체도 정의할 수 있다. 이제 동반 객체가 어떻게 작동하는지 알아보자.

### ◤ object 정의와 동반 object 비교

클래스 내부에 작성된 object 정의와 동반 객체는 object 예약어를 동일하게 사용하지만, 동반 객체에는 companion 지시자가 object 예약어 앞에 붙는다. 아래 예제는 두 개의 클래스 내부에 object 정의와 동반 object를 각각 정의한 것이다.

☐ 첫 번째 클래스는 내부에 object를 정의했다. 이 object 정의에는 상수와 메서드를 하나씩 작성한다.

□ 두 번째 클래스는 동반 객체를 정의한다. 이 동반 객체에도 역시 상수 하나와 메서드 하나를 정의했다.

□ object 정의는 클래스이름.객체이름.메서드를 호출하지만, 동반 객체는 클래스이름.메서드이름으로 더 간단히 메서드를 호출한다.

□ 그런 이유는 클래스와 동반 객체는 하나처럼 움직이도록 구성되었다. 그래서 클래스에 동반 객체를 정의하면 다양한 기능을 클래스 이름으로 처리할 수 있다.

□ 클래스로 여러 객체를 만든다. 클래스 내부의 동반객체는 하나만 만들어진다. 그래서 클래스의 여러 객체에서 동반객체는 공유해서 사용한다. 이는 다른 프로그램 언어의 정적 상태와 동일하다.

```kotlin
class ObjectClass {
    object ObjectTest {                                    //싱글턴 객체 생성
        const val CONST_STRING = "1"                       //상수 정의
        fun test() { println(" object 선언 : $CONST_STRING")}
    }
}

class CompanionClass {
    companion object {                                     //동반객체 정의
        const val CONST_TEST = 2                           //상수 정의
        fun test() { println(" 동반 객체 선언: $CONST_TEST ") }
    }
}

CompanionClass.test()
ObjectClass.ObjectTest.test()
```

```
동반 객체 선언: 2
object 선언 : 1
```

## ■ 동반 object 로 외부 클래스 객체 생성

클래스의 비공개를 동반객체에서 참조할 수 있다. 어떻게 참조해서 실행하는지 알아보자.

□ 클래스를 정의할 때 주 생성자를 비공개로 처리한다. 이렇게 지시자를 처리할 때는 주 생성자도 constructor 예약어를 생략할 수 없다.

□ 클래스의 주 생성자가 비공개라서 외부에서 직접 객체를 생성할 수 없다. 대신 동반 객체의 메서드를 만들어 이 생성자를 직접 호출해서 객체를 생성한다.

□ 클래스로 객체를 만들 때 동반 객체 내의 생성 메서드를 호출해서 처리한다. 이런 패턴도 메

서드를 이용한 생성자 패턴이다.

```kotlin
class Person private constructor(val name : String) { //클래스의 생성자 보호
    var age :Int = 0                                  // private로 지정하면 접근 금지
    companion object {
        fun create( name:String, age : Int) : Person { //팩토리 함수 작성
            val result = Person(name)
            result.age = age
            return result                             //클래스로 객체 생성
        }
    }
}

val p = Person.create("황후순", 44)
println("이름= ${p.name} 나이= ${p.age} ")
```

이름= 황후순 나이= 44

## ◀ 클래스에서 동반 객체의 속성 참조

클래스 내의 메서드에서 동반 객체 내의 속성을 참조할 수 있다. 아래 예제는 클래스 내에 동반 객체를 만들고 클래스의 메서드에서 동반 객체 내의 속성을 참조한 것이다.

▫ 클래스 내에 동반 객체와 메서드를 작성한다. 이 메서드는 동반 객체 내의 속성을 참조해서 출력한나.

▫ 클래스 객체를 만들어서 메서드를 호출하면 동반 객체 내의 속성을 참조해서 출력하는 것을 확인한다.

```kotlin
class OuterClass {
    companion object {
        private val private_str = "동반객체의 비공개속성" //동반객체 보호속성

        val public_str = "동반객체의 공개속성"
    }

    fun getSecretValue() = private_str +              //클래스의 메서드에서 동반 객체 속성 접근
                      " " + public_str
}

println(OuterClass.public_str)
println(OuterClass().getSecretValue())
```

동반객체의 공개속성
동반객체의 비공개속성 동반객체의 공개속성

### ▣ 내포 클래스에서 동반 객체 참조

외부 클래스에 내포된 클래스의 메서드에서도 동일하게 동반 객체의 멤버를 접근해서 처리할 수 있다. 아래 예제는 클래스 내부에 내포 클래스와 동반 객체를 작성해서 동반 객체의 속성과 메서드를 참조한 것이다.

- □ 외부 클래스에 내포 클래스와 동반 객체를 정의한다.
- □ 동반 객체에는 상수 하나, 속성 하나, 메서드 하나가 정의되었다.
- □ 내포 클래스의 메서드에서 동반 객체에 정의된 속성, 메서드를 호출해서 처리한다.
- □ 내포 클래스의 객체를 만들어서 두 개의 메서드를 실행한다. 하나는 동반 객체의 정보를 참조해서 처리하고, 다른 하나는 외부 클래스의 객체 생성해서 처리한다.
- □ 동반 객체와 내포 클래스를 같이 작성해서 사용할 때 동반 객체의 다양한 정보를 내포 클래스가 사용할 수 있어 다양한 처리 기능을 만들 수 있다.

```kotlin
class OuterClass(val name: String) {
    class NestedClass(val man: String) {               //내포된 클래스
        fun getCompInfo() =
    "$man - 동반객체멤버 : $con $attr - ${getDate()}"

        fun getOutInst() : String {
            val out = OuterClass("황후순")              //외부 클래스의 객체 생성
            return "$man - 외부객체멤버 : ${out.name} "
        }
    }

    companion object {                                 //동반 객체 정의
        const val con = "동반객체 상수"
        val attr = "동반객체 속성"
        fun getDate(): String {
            return "2022-04-10"
        }
    }
}

println(OuterClass.NestedClass("내포클래스의 객체").getCompInfo())
println(OuterClass.NestedClass("내포클래스의 객체").getOutInst())
```

```
내포클래스의 객체 - 동반객체멤버 : 동반객체 상수 동반객체 속성 - 2022-04-10
내포클래스의 객체 - 외부객체멤버 : 황후순
```

### 이너 클래스에서 동반 객체 참조

외부 클래스에 이너 클래스의 메서드에서 동반 객체의 멤버를 접근해서 처리할 수 있다.
다음 예제는 내포 클래스처럼 이너 클래스도 동반 객체 내의 속성과 메서드를 호출해서 사용한 것
이다. 이너 클래스는 외부 클래스의 정보도 참조할 수 있다.

```kotlin
class OuterClass(val name: String, val age :Int) {
    inner class InnerClass(val man: String) {          //이너클래스
        fun getCompInfo()  =
                "$man - 동반객체멤버 : $con $attr - ${getDate()}"

        fun getOutInst() =
                "$man - 외부객체멤버 : $name $age "
    }

    companion object {                                  //동반 객체 정의
        const val con = "동반객체 상수"
        val attr = "동반객체 속성"
        fun getDate(): String {

            return "2022-04-10"
        }
    }
}

println(OuterClass("손영연",33).InnerClass("이너클래스의 객체").getCompInfo())
println(OuterClass("손영연",33).InnerClass("이너클래스의 객체").getOutInst())
```

이너클래스의 객체 - 동반객체멤버 : 동반객체 상수 동반객체 속성 - 2022-04-10
이너클래스의 객체 - 외부객체멤버 : 손영연 33

# 05 확장 알아보기

클래스의 기능을 추가하려면 기존 클래스를 수정해야 한다. 그래서 코틀린 언어는 클래스를 직접 수정하지 않고 클래스에 기능을 추가하는 방법을 별도로 제공한다. 이를 확장(extension)이라고 한다.

확장은 속성과 메서드를 모두 클래스에 정의해서 클래스의 멤버처럼 사용할 수 있지만 단점도 있다. 확장 속성을 사용할 경우 내부적으로는 백킹 필드(field)를 사용하지 못하고 확장 메서드는 클래스에 정의된 비공개 속성을 사용할 수 없다. 또한, 확장은 클래스 멤버가 아니므로 확장을 선언한 패키지나 클래스도 함께 import 해야 사용할 수 있다.

## 일반 속성(property)과 확장 속성(extension property)

코틀린의 속성은 기본 백킹필드인 field를 제공하고 getter/setter 메서드를 제공한다. 코틀린 언어는 이름으로 접근하면 조회일 때는 게터 메서드, 갱신일 때는 세터 메서드로 변환해서 처리한다. 그러면 일반 속성과 확장 속성의 어떤 처리가 다른지 알아본다.

### ◤ 속성(Property) 정의와 특징

- 속성을 정의할 수 있는 곳: 최상위 레벨(전역변수), 클래스, 객체, 인터페이스, 추상 클래스 등이다.
- 속성 정의의 예약어 차이: 변경할 수 없는 속성을 val로 정의할 때는 get 메서드가 만들어진다. 변경할 수 있는 속성을 var로 정의할 경우는 get과 set 메서드가 만들어진다. 확장 속성일 때 이 두 가지는 직접 정의해서 처리한다.
- 속성의 특징: 속성에는 정보를 관리하는 영역인 field가 있다. 이 필드를 배킹필드(backing field)라고 한다. 확장 속성도 이 필드가 없지만 앞으로 배울 인터페이스(Interface)도 이 필드가 없다. 그래서 배킹필드 대신 실제 값을 처리하도록 구현할 필요가 있다.

클래스나 object 외부에 정의되는 것이 확장 속성이다. 그래서 확장 속성에는 배킹필드를 제공하지 않는다. 그래서 확장 속성의 값을 게터 메서드 내부에 별도로 값을 반환하도록 작성해야 한다.

### ◤ 최상위 속성

패키지 즉 파일에 전역변수로 정의한 속성은 실제 클래스나 object 등에 포함되지 않는다.
아래 예제는 최상위 속성을 정의한 것이다.
  □ 두 개의 전역변수인 최상위 속성을 정의한다. 최상위 속성은 field를 사용할 수 있어서 게터
    와 세터를 정의할 때 실제 값을 보관하는 필드를 사용해서 처리한다.
  □ 이 속성을 사용해서 값을 참조하거나 갱신하면 실제 게터와 세터가 실행된다.

```
val person : Int = 0
    get() :Int {                  // getter 메서드
        return field              // 속성의 배킹 필드
    }

var man : Int = 0
    get() = field                 // getter 메서드
    set(value) {                  // getter 메서드, 매개변수 value
        field = value             // 속성의 배킹 필드에 갱신
    }

println(person)
man = 100
println(man)
```

0
100

다음 예제는 최상위 속성의 field 값을 사용하지 않고도 getter 메서드에서 특정 값을 반환할 수
있다.
  □ 두 개의 최상위 속성을 정의한다. 이번에는 게터와 세터의 처리를 변경한다.
  □ 먼저 weight 속성은 field를 사용하지 않고 계산된 값을 처리한다. 두 번째 속성은 게터는 필
    드의 값에 2를 곱했지만, 세터는 갱신하는 값을 그대로 field에 갱신했다.
  □ 이 두 속성을 참조하거나 갱신해서 다시 참조하면 field에 저장된 값이 아닌 계산된 결과를 출
    력한다. 이처럼 게터와 세터를 변경해서 원하는 결과를 처리할 수 있다.

```
val weight : Int
    get() :Int {                          // getter 메서드
        return 100 * 2                    // 배킹 필드 없이 계산식으로 처리
    }

var height : Int = 100                    // 초기화 반드시 필요
    get() = field * 2
    set(value) { field = value }

println(weight)                           // 항상 동일 값 처리
println(weight)

println(height)                           // 변경 가능
height = 300
println(height)
```

```
200
200
200
600
```

## ◤ 변경할 수 있는 속성을 변경하지 못하게 처리

속성을 정의할 때 setter를 private로 처리하면 값을 변경할 수 없다. 아래 예제에서는 최상위 속성을 정의하고, 세터를 비공개 속성으로 정의해서 외부에서의 변경을 막았지만, 실제 변경된다. 그래서 클래스에 속성을 정의하고 setter를 private로 처리한 경우에는 갱신이 되는지 확인한다.

□ 최상위 속성의 세터를 비공개로 처리한다. 이 속성의 갱신은 최상위 변수에 직접 갱신을 통해 처리하지만, 세터를 비공개 처리해서 이 속성에 값을 할당할 수 없도록 만들었는데 실제 최상위 레벨에서는 비공개 세터가 작동되지 않는다.

□ 클래스 내에 변경할 수 있는 속성을 정의하고 세터를 비공개 처리했다. 객체를 생성해서 속성을 갱신하면 비공개 세터를 처리했다고 예외를 발생시킨다. 실제 이 속성의 변경은 내부에 정의된 다른 메서드에서만 비공개 세터를 호출해서 처리할 수 있다.

```
var privateW : Int = 100                  // 초기화 반드시 필요
    get() = field * 2
    private set                           // 최상위 레벨 속성에서는 비공개가 작동하지 않음

println(privateW)
```

```
privateW = 300
println(privateW)


class Weight(weight : Int) {
    var privateW : Int = weight
        private set                    // 클래스 속성에서는 비공개 처리

    fun setW(value:Int) {              // 별도의 메서드로 갱신 처리
        privateW = value
    }

}

val w = Weight(100)
println(w.privateW)
// w.privateW = 333                    // 클래스 밖에서 접근 불가
w.setW(333)                            // 메서드를 호출해서 값을 변경
println(w.privateW)
```

```
200
600
100
333
```

### ◤ 속성 확장 규칙

확장 속성을 정의하려면 어떤 클래스에 확장할 지를 리시버 클래스를 지정해야 한다. 이제 확장
규칙을 알아본다.

- 확장을 지정할 때는 어느 클래스인지 먼저 정의하고 점연산자 다음에 속성 이름을 지정한다.
- 확장할 때 가장 중요한 것은 어느 클래스에 확정할지 결정하는 것이다. 그래야 이 클래스의 객체를 전달받
  아서 처리할 수 있다. 이런 객체를 리시버라고 하며, 클래스를 리시버(receiver) 클래스라고 한다.
- 간단히 말해서 속성 앞에 접두사인 리시버 클래스를 지정해야 확장이라는 것을 알 수 있다.
- 속성과 확장 속성이 같은 이름일 때는 속성이 먼저 조회되므로 확장 속성은 사용할 수 없다. 확장 속성을
  사용하려면 기존 속성을 비공개 처리하면 확장 속성만 외부에서 사용할 수 있다.


### ◤ 모든 클래스의 속성 확장

최상위 클래스 Any를 리시버 클래스로 사용해서 확장 속성을 지정하면 하위 모든 클래스는 이 확

장 속성을 사용할 수 있다. 아래 예제는 리시버 클래스가 Any이고 이 클래스에 속성을 확장한다.

□ 리시버 클래스가 Any인 확장 속성을 정의한다. 확장 속성의 자료형은 널이 가능한 문자열
   이다.
□ 확장 속성에는 field가 없어서 초깃값을 get 메서드에 정의한다.
□ 아무것도 없는 클래스를 하나 만든다. 상속을 아무것도 안 했지만, 기본 Any가 상속되어 이
   확장 속성을 사용할 수 있다.
□ 정수와 문자열도 내장 클래스지만 기본 Any를 상속해서 이 속성을 사용한다. 방금 만든 클래
   스로 객체를 생성해서 확장 속성을 사용한다.

```kotlin
val Any.classTag: String?
    get() = this::class                     //클래스 참조
            .java.kotlin.simpleName         // 클래스 내부의 문자열 이름

class Person                                //임의의 클래스 지정

println((100).classTag)
println("문자열".classTag)
println(Person().classTag)
```
```
Int
String
Person
```

## ◼ 일반 클래스 속성 확장

객체지향은 변경보다 추가를 더 선호한다. 그래서 속성을 추가할 때 확장 속성을 사용해서 클래스
의 기능을 확장하는 것이다.

아래 예제는 클래스를 선언한 후에 속성을 확장 속성으로 추가해서 사용한 것이다.

□ 온도를 처리하는 클래스를 선언했다.
□ 이 클래스로 객체를 생성해서 변수에 저장했다.
□ 섭씨온도를 화씨온도로 변환하는 속성을 확장 속성으로 정의한다. 게터에는 화씨온도를 산정
   하고 세터는 섭씨온도를 갱신 처리한다.
□ 화씨온도는 일반적인 속성과 달리 세터에서 다른 속성을 갱신하고 게터는 섭씨온도를 화씨온
   도로 변환 처리했다. 이처럼 확장 속성은 계산처리가 가능하게 작성해서 많이 사용한다.

```
class Temperature(var 섭씨온도: Float)

val a = Temperature(100.1f)

var Temperature.화씨온도: Float              //화씨온도 계산 속성 추가
    get() = (섭씨온도 * 9 / 5) + 32        //계산산식을 직접 처리
    set(value) {                          //계산된 값을 기존 속성에 갱신
        섭씨온도 = (value - 32) * 5 / 9
    }

println("화씨온도 : " + a.화씨온도)
println("섭씨온도 : " + a.섭씨온도)

a.화씨온도 = 30.2f
println("화씨온도 : " + a.화씨온도)
println("섭씨온도 : " + a.섭씨온도)
```

```
화씨온도 : 212.18
섭씨온도 : 100.1
화씨온도 : 30.2
섭씨온도 : -0.9999996
```

## ◤ object나 동반 객체에도 확장 가능

클래스 이외에서 내부 속성을 관리하는 곳인 object 정의나 동반 객체 등에도 확장 속성을 추가할
수 있다. 아래 예제는 다양한 확장 속성을 보여준다.

- □ 아무런 속성이 없는 object 정의를 작성한다. 내부에는 아무런 속성이 없다. 이 object 정의의
  이름을 리시버로 사용해서 속성을 추가한다. 초깃값을 게터로 지정했다.
- □ 클래스를 정의할 때 내부에 아무것도 안 하는 동반 객체를 정의했다. 클래스의 이름을 사용하
  면 클래스 확장 속성을 추가한다. 클래스 이름에 동반 객체 이름을 부여해서 확장 속성을 만
  들면 동반 객체에서 사용되는 속성이 추가된다.
- □ 클래스의 이름으로 속성에 접근하면 동반 객체의 확장 속성을 처리하고, 클래스로 객체를 생
  성해서 속성에 접근하면 클래스의 확장 속성을 처리한다.

```
object A                                  //object 속성 확장

val A.extVal : String
    get() = "object 확장속성"             //backing field 없어 초깃값 설정
```

```
println(A.extVal)

class AA {                              // 클래스
    companion object {                  // 동반 객체
    }
}

val AA.extVal : String                  // 객체 속성 추가
    get() = "객체 확장속성"              // backing field 없어 초깃값 설정

val AA.Companion.extVal : String        // 컴패니언 객체 속성 추가
    get() = "컴패니언 객체 확장속성"     // backing field 없어 초깃값 설정

println(AA.extVal)
println(AA().extVal)
```

object 확장속성
컴패니언 객체 확장속성
객체 확장속성

## 확장함수

확장 속성처럼 메서드도 클래스나 object에 추가할 수 있다. 확장함수가 호출되면 이 리시버의 객체 즉 현재 객체를 받아서 객체가 접근이 가능한 속성이나 메서드를 사용할 수 있다. 주의할 점은 확장함수도 외부함수이므로 비공개 속성이나 메서드는 접근할 수 없다. 접근이 필요하면 클래스 내에 별도의 메서드를 정의해서 비공개 속성이나 메서드를 호출해줘야 확장함수에서 이 메서드를 호출해서 비공개 속성과 메서드에 접근할 수 있다.

### ◤ 확장함수 정의와 호출 규칙

- 확장함수 정의: 함수 이름 앞에 리시버 클래스를 접두사로 붙여서 정의한다.
- 확장함수 호출: 리시버 클래스 대신 리시버 객체를 지정하고 확장함수를 메서드로 호출해서 실행한다.

CHAPTER 05

### ◤ 내장 클래스의 확장함수 정의

내장 클래스 Int, String에 두 개의 값을 바꾸는 확장함수를 정의한다.

- □ 두 값의 위치를 변경해서 튜플로 반환하는 확장함수를 Int, String 클래스에 정의했다.
- □ 리시버 클래스 대신 객체를 지정하고 확장함수를 메서드와 동일하게 호출해서 실행한다.
- □ 확장함수가 실행되는 것은 메서드와 동일한 구조이다.

```kotlin
fun Int.swap(other: Int):Pair<Int,Int> {        // Pair 클래스는 2개의 원소를 가진 튜플
    var (first, second) = other to this          // 튜플 구조분해로 변수 교환
    return first to second                        // to 메서드 2개의 원소를 튜플
}

fun String.swap(other: String):Pair<String,String> { // Pair 클래스는 2개의 원소를 가진 튜플
    var (first, second) = other to this          // 튜플 구조분해로 변수 교환
    return first to second                        // to 메서드 2개의 원소를 튜플
}


println((100).swap(200))
println(("1차").swap("2차"))
```

```
(200, 100)
(2차, 1차)
```

### ◤ 최상위 클래스의 확장함수 정의

최상위 클래스 Any에 확장함수를 정의하면 이를 상속한 하위 클래스는 모두 이 확장함수를 사용할 수 있다. 아래 예제는 Any 클래스에 클래스의 멤버를 조회하는 dir을 확장함수로 지정한 것이다.

- □ 특정 클래스의 멤버를 확인하기 위해 dir 함수를 지정한다. 이 함수를 어떤 클래스에서나 사용하기 위해 Any 클래스의 확장함수로 만들었다.
- □ 정수와 문자열, 리스트 객체의 멤버 개수를 확인한다.
- □ 아무런 기능이 없는 Person 클래스를 정의하고 멤버 개수를 확인한다. 아무것도 없지만, Any 클래스에서 상속한 3개의 메서드가 있어서 멤버가 있다고 출력한다.

```kotlin
fun Any.dir() : Set<String> {
    val a = this.javaClass.kotlin        // 내부 클래스 참조
        // println(a.simpleName)
```

```
    var ll = mutableListOf<String>()          // 가변 빈 리스트 생성
    for (i in a.members) {                     // 클래스 내의 멤버 조회
        ll.add(i.name)
    }
    return ll.toSet()                          // 동일한 이름 제거
}

val intM = (100).dir()
println(intM.count())                          // 집합에 들어온 멤버의 개수

println(("str".dir().count()))                 // 문자열 내부의 멤버 개수
println((listOf(1,2,3).dir().count()))         // 리스트 내부의 멤버 개수

class Person
println(Person().dir().count())                // 사용자 정의 내부의 멤버 개수
```

```
28
10
33
3
```

## ◤ 사용자 클래스의 확장함수 정의

사용자 클래스에도 확장함수를 지정할 수 있다. 아래 예제는 속성만 있는 클래스의 메서드를 확장
함수로 등록했다.

□ 두 개의 속성만 있는 클래스를 정의한다.

□ 확장함수로 이 클래스의 속성을 조회한다. 확장함수도 리시버로 객체를 받아서 this 표기로
  속성을 참조할 수 있다.

□ 객체를 만든 후에 이 확장함수를 사용해서 속성을 조회한다.

□ 클래스 정의 후에 객체가 만들어지면 이 객체로 클래스의 속성을 참조할 수 있다. 클래스의
  속성에 get 메서드가 있는지 확인한다.

```
class Person(val firstName : String,           // 두 개의 속성을 가지는 클래스
             val lastName : String)

val p = Person("달", "문")

fun Person.getName() = this.firstName +         // 두 개의 속성을 조회하는 확장함수
                       this.lastName

println(p.getName())
```

```
println(p::firstName.name)        //속성 참조 후 속성명 조회
println(p::firstName.get())       //속성 참조 후 속성값 조회
```

달문
firstName
달

## ◤ 사용자 클래스의 널러블 확장함수 정의

코틀린은 모든 클래스를 널러블 클래스로 전환할 수 있다. 따라서 리시버 클래스를 널러블로 수정해서 정의할 수 있다. 아래 예제는 클래스를 널러블 클래스로 받아서 확장함수를 추가했다.

- □ 두 개의 속성을 가진 클래스를 정의한다.
- □ 이 클래스를 널러블 처리해서 리시버로 만들고 확장함수를 추가한다. 이 확장함수 내부에 널을 처리할 수 있는 코드를 추가한다.
- □ 널이 전달되면 널을 반환하지만, 객체가 들어오면 속성을 연결해서 반환한다.
- □ 이 확장함수가 널도 반환하므로 반환 자료형도 널러블 문자열로 처리하는 것을 알 수 있다.

```
class Person1(val firstName : String,
              val lastName : String)

fun Person1?.getFullname() : String? {   //널러블 자료형에 확장하기
    if (this == null) { return null }     //널 체크 처리
    else {                                //널이 아닐 경우만 속성 반환
        return this.firstName +
                this.lastName
    }
}

var p1 = null                            //널을 정의
println(p1.getFullname())                //널로 확장함수 호출하면 널로 반환
```

null

## ◤ object 정의에 확장함수 추가

확장 속성처럼 확장함수도 object 정의에 추가할 수 있다. 아래 예제는 아무것도 없는 object 정의를 작성하고 확장함수를 추가했다.

- □ 아무런 기능이 없는 object 정의를 작성했다.
- □ 이 object 정의에 두 인자를 받는 확장함수를 추가했다. 이 확장함수는 두 인자의 순서를 변

환한다. 반환 자료형은 2개의 원소를 하나로 묶은 튜플이다.

```
object A

fun A.swap(one :Int,                                    //두 수 교환 확장함수
           other:Int) : Pair<Int, Int> {               //반환은 튜플
    val (second, first) = one to other                  //튜플을 만들어서 구조분해
    return first to second
}

println(A.swap(100,200))
```

(200, 100)

## 동반 객체의 확장함수 정의

클래스 내부의 동반 객체의 기능을 확장함수로 추가할 수 있다. 아래의 예제는 동반 객체에 필요
한 메서드를 확장함수로 추가했다.

- 클래스를 정의할 때 비공개 주 생성자를 정의했다.
- 클래스 내부의 동반 객체에서 이 클래스의 객체를 생성하는 메서드를 정의했다.
- 이 동반 객체에 새로운 객체 생성 함수를 확장함수로 추가했다. 이 확장함수는 동반 객체 내
  부의 메서드를 사용해서 객체를 생성한다.
- 동반 객체는 클래스 이름으로 메서드나 확장함수를 호출해서 객체를 생성한다.

```
class AA private constructor(val name:String){ //접근 불가 생성자 정의
    companion object {
        fun create(name : String) : AA {        //컴패니언 객체에서 객체 생성
            return AA(name)
        }
    }
}

fun AA.Companion.create2(name:String ) : AA {   //객체 생성 확장 함수
    return this.create(name)                    //접근 불가 생성자 호출 대신
}                                               //컴패니언 내의 생성자 메서드 호출

val aa = AA.create("dahlmoon")
println(aa.name)

val aa2 = AA.create2("dollmoon")
```

```
println(aa2.name)
```

dahlmoon
dollmoon

## 확장함수 내부에서 객체를 처리할 때 리시버 객체 처리 방식

확장 속성이나 확장함수는 리시버 객체인 this를 받아서 객체 멤버를 사용한다. 확장함수 내부에 다른 객체를 만들어서 처리할 경우 현재 객체와 확장함수의 리시버 객체를 참조하는 방식에 차이가 발생한다. 아래 예제에서는 확장함수 내에 object 표현식으로 객체를 속성에 정의하고 이 객체의 메서드로 확장함수의 기능을 처리했다.

- 문자열을 자르는 확장함수를 정의하고 문자열을 직접 잘라본다.
- 인터페이스를 정의한다.
- 확장함수를 작성한다. 내부에 object 표현식을 작성해서 하나의 객체를 만든다. 이 객체는 인터페이스를 상속해서 구현한 메서드를 가진다.
- 이 확장함수는 리시버 객체와 object 표현식이 객체를 조회할 때 this만 사용할 수는 없다. 그래서 확장함수의 리시버 객체를 참조하기 위해 this@확장함수명을 사용해서 처리한다.
- 문자열로 확장함수를 실행한다. 일반적인 확장함수처럼 아무런 문제 없이 처리된다.

```
fun String.truncator1(max:Int):String {            // 문자열 자르기 확장함수 작성
    if (length <= max) return this                 // 길이가 작으면 확장함수의 리시버 객체 처리
    else return this.substring(0,max)              // 길이가 크면 문자열 자르기
}

println("문자열짜르기".truncator1(4))              // 문자열 자르기 처리

interface Actable {                                // 인터페이스 작성
    fun action(max:Int) : String                  // 추상 메서드 작성
}

fun String.truncator2(max:Int):String {                    // 확장함수 정의
    val aaa = object : Actable {                            // object 표현식으로 객체 생성
        override fun action(max:Int) : String {  // object 객체가 this
            if (length <= max) return this@truncator2 // 외부의 객체참조 this@리시버함수명
            else return this@truncator2.substring(0,max)// 외부의 객체 참조
        }
    }
    return aaa.action(max)                         // object 표현식의 메서드 실행
}
```

```
println("문자열짜르기".truncator2(5))        //문자열 자르기 실행
```

문자열짜
문자열짜르

문자열 확장함수에 object 표현식으로 객체를 반환하도록 작성한다. 이 확장함수를 실행한 결과를
변수에 저장해서 내부의 메서드를 실행한다.

□ 인터페이스에 추상 속성과 추상 메서드를 하나씩 정의했다.

□ 확장함수를 정의한다. 반환값으로 object 표현식으로 객체를 만든다. 확장함수의 리시버 객
  체는 this@확장함수명으로 참조한다.

□ 이 객체는 인터페이스를 상속해서 속성과 메서드를 모두 구현했다.

□ 이 확장함수를 실행하면 객체가 반환된다. 이 객체의 속성과 메서드를 호출해서 처리결과를
  본다.

```
interface This {                              //인터페이스 작성
    val truncated :String                     //추상 속성 정의
    fun getStr() : String                     //추상 메서드 정의
}


fun String.truncator(max:Int) = object : This {

    override val truncated
        get() = if (length <= max) this@truncator
                else this@truncator.substring(0,max)

    override fun getStr() = this@truncator      //문자열 값 보관
}

val trunc = "문자열 처리".truncator(4)          //문자열 확장함수 처리

println(trunc.truncated)                        //문자열의 object 표현식의 속성 참조
println(trunc.getStr())                         //메서드 처리
```

문자열
문자열 처리

### ◤ 클래스 내부에 확장함수 정의

클래스 내부에 확장함수를 작성해서 이 확장함수의 사용 범위를 제한한다. 아래 예제에서는 하나의 클래스 내에 확장함수를 정의하고 메서드에서 이 확장함수를 사용한다.

- □ 클래스를 정의한다. 내부에 확장함수와 메서드를 작성한다.
- □ 확장함수는 문자열을 특정 값에 맞춰 반복해서 반환한다. 이 확장함수의 사용 범위가 클래스 내부에서 추가적인 메서드를 작성해서 이 확장함수를 랩핑 처리한다.
- □ 실제 클래스 내부의 확장함수는 메서드로 사용하는 것을 알 수 있다.

```kotlin
class Extension(var name:String, val n : Int) {      // 클래스 정의
    fun String.product(x:Int) = this.repeat(x)        // 문자열 확장함수 정의

    fun query() = name.product(n)                     // 확장함수를 랩핑한 메서드 정의
}

val e = Extension("Hello", 3)                         // 객체 생성

println(e.query())                                    // 문자열 반복 처리

// println("world".product(3))                        // 클래스 외부에서 확장함수 사용 불가
```

```
HelloHelloHello
```

## 멤버와 확장의 주의할 사항

확장 속성이나 확장 함수는 클래스의 멤버가 아니다. 그래서 클래스의 멤버와 이름이 충돌 날 경우에 멤버가 항상 우선이다. 단, 멤버가 비공개일 경우만 확장이 우선 사용된다.

### ◤ 멤버와 확장 충돌 시 처리 기준: 상속 포함

확장함수와 멤버 메서드의 이름이 충돌할 경우에는 항상 멤버가 우선한다. 아래 예제는 클래스 상속관계와 확장함수의 충돌에 대한 처리이다.

- □ 슈퍼클래스와 서브클래스를 작성한다.
- □ 서브클래스를 사용해서 확장함수를 정의한다. 이 확장함수와 동일한 메서드는 슈퍼클래스 내에 있다.

□ 객체를 만들어서 확장함수를 호출하면 처리가 안 된다. 슈퍼클래스에 같은 이름의 메서드가 있어서 이 메서드를 호출해서 실행한다.

```
open class Person(val name:String, var age : Int) {//베이스 클래스 정의
    open fun say() = " super 정의 hello "            //재정의 가능한 메서드 정의

    fun eat() = " super eat "
}

class Student(name:String, age:Int,                  //파생 클래스 정의
            val school : String) : Person(name,age) {
    override fun say() = " sub 재정의 hello"          //재정의한 메서드 정의
}

fun Student.eat() = " sub 확장 hello"                 //확장함수 정의

val p :Person = Student("학생", 13, "코틀린중학교")   //Person 클래스 변수

println(p.say())                                      //상속관계에 따른 멤버 메서드 처리
println(p.eat())                                      //확장함수가 아닌 Person 클래스
                                                      //메서드 처리
```

```
sub 재정의 hello
super eat
```

## ▌멤버와 확장 충돌 시 처리 기준: 속성과 메서드

클래스의 속성이나 메서드 중에 private 지시자를 지정하면 클래스 내부에서만 사용할 수 있다. 외부에 정의된 확장함수를 사용하면 비공개 멤버는 클래스 외부에서 사용할 수 없어서 충돌이 생기지 않는다. 아래 예제에서는 클래스를 정의하고 확장함수도 같이 정의해서 충돌 여부를 확인한다.

□ 클래스 속성이 2개, 메서드가 3개인 클래스를 정의한다.
□ 확장함수를 클래스 안에 있는 메서드와 같은 이름으로 작성했다.
□ 확장 속성도 클래스 안에 있는 메서드와 같은 이름으로 작성했다.
□ 이 클래스로 객체를 생성한 후에 확장 속성과 확장함수를 실행한다. 메서드 중의 하나가 비공개 속성으로 지정되어 이에 해당하는 확장함수만 제대로 실행된 것을 알 수 있다.
□ 항상 클래스 내의 멤버가 우선하여 처리하므로 확장함수나 확장 속성을 사용할 때는 같은 이름을 사용하지 않는 것이 좋다.

CHAPTER 05

```kotlin
class Integer(val x :Int) {
    val value :Int = x                              // 속성 정의
        get() {                                     // 속성 게터 정의
            println("클래스 멤버 속성")
            return field
        }
    private fun display() = x.toString()            // 비공개 메서드 정의
    fun plus(other : Integer) : Integer {           // 클래스 내부 메서드 정의
        println("클래스 멤버 메소드")
        return Integer(this.x + other.x)
    }
    override fun toString() ="Integer(value= $x)"   // 재정의 메서드
}
fun Integer.plus(other : Integer) : Integer {       // 클래스 내부 멤버와 이름 충돌
        println("확장 함수 ")                        // 절대 호출되지 않는다.
        return Integer(this.x + other.x)
}
fun Integer.display() : String {                    // 멤버와 이름이 충돌되지만
    println("확장 함수 ")                            // private 때문에 외부에서 호출 가능
    return this.x.toString()
}
val Integer.value : Int                             // 클래스 속성과 이름 충돌
    get() {                                         // 확장 속성은 배킹 필드가 없음
        println("확장 속성")
        return 100                                  // 항상 초기화 값을 처리
    }

val inte = Integer(100)                             // 객체 생성

println(inte.plus(Integer(300)))                    // 클래스 메서드 호출
println(inte.value)                                 // 클래스 속성 호출
println(inte.display())                             // 확장함수 호출
```

클래스 멤버 메소드
Integer(value= 400)
클래스 멤버 속성
100
확장함수
100

## 클래스와 확장함수 활용

클래스를 정의해서 사용하는 것은 편리하지만 클래스의 기능을 변경해서 매번 컴파일하고 배포하는 것은 어렵다. 수정한 클래스를 상속한 것이 있으면 해당하는 곳을 모두 수정해야 하기 때문이다. 하지만 확장함수는 필요한 경우에 작성해서 사용하면 되므로 편리하다. 대신 확장함수가 많아지면 관리 문제는 그대로 남는다.

이제 클래스와 확장함수를 다 사용해서 간단하게 은행 업무를 처리해본다.

### ◤ 클래스 구현 방식

- 여러 클래스에 처리하는 메서드를 인터페이스로 지정한다.
- 클래스는 단일 책임성 원칙(Single Responsibility principles)에 따라 분리한다.
- 기능의 확장은 추가 기능에는 열려 있고 변경에는 닫혀 있는 오픈-클로즈의 원칙(Open Closed principles)에 따라 확장함수를 사용한다.
- 기능을 처리하는 경우 클래스 위임으로 권한을 위임한다.

### ◤ 인터페이스 정의

특정 기능을 대표하는 메서드를 추상 메서드로 만들어 기능의 특정화가 필요할 때 인터페이스를 작성한다. 이 인터페이스를 상속하는 클래스에서 모든 추상 메서드를 구현해야 한다.

- 잔액관리를 위해 입금, 출금 그리고 잔액 상태를 조회하는 메서드들을 인터페이스에 정의한다. 대신 시그니처까지만 정의해서 추상 메서드를 작성한다.
- 실제 구현은 상속한 클래스에 구현된다.

```
interface Balanceable {                 //잔액을 처리하는 인터페이스 정의
    fun credit(amount : Int)            //입금 추상 메서드
    fun debit(amount : Int)             //출금 추상 메서드
    fun query() : String                //잔액 상태 조회 추상 메서드
    fun getBal() : Double               //잔액 조회 추상 메서드
}
```

## ◣ 클래스의 단일 책임으로 분리

은행 업무를 처리할 때는 계약, 입출금 등이 세부적으로 분리되어 각각의 책임을 관리한다. 이런 기준에 따라 클래스를 계약관리(Agreement), 잔액관리(Balance), 계약과 잔액을 연결해주는 관리(AgreementManager)로 분리했다.

- □ 잔액관리 Balance, 계약관리 Agreement, 잔액 및 계약관리 AgreementManager 클래스를 작성한다.
- □ 잔액관리는 인터페이스를 상속해서 인터페이스 내의 추상 메서드를 모두 구현했다.
- □ 계약관리는 간단하게 속성만 관리하는 것으로 축소했다.
- □ 잔액 및 계약관리는 잔액관리를 속성으로 관리한다. 아직 배우지 않았지만, 클래스 간의 구성을 위한 기법인 위임을 사용했다. 잔액관리 클래스의 메서드를 모두 사용해서 처리한다는 의미이다.
- □ 이자계산은 클래스에 반영하지 못해서 확장함수로 추가했다.

```kotlin
class Balance(val accNo : String,                    //잔액관리 클래스
              var balance : Double) : Balanceable {//인터페이스 상속과 구현
    override fun credit(amount : Int) {              //입금 추상 메서드 구현
        balance += amount.toDouble()
    }
    override fun debit(amount : Int) {               //출금 추상 메서드 구현
        if (balance < amount) {                      //잔액 체크
            println("잔액이 부족합니다! $balance 이하로 출금해주세요.")
        } else {
            balance -= amount.toDouble()
        }
    }
    override fun query() : String{                   //잔액 상태 추상 메서드 구현
        return "AccoNo= $accNo, Balance= $balance"
    }.
    override fun getBal() = balance                  //잔액 조회 추상 메서드 구현
}

class Agreement(val accNo :String,                   //계약관리 클래스
                val productNo: String,
                var rate : Double)

class AgreementManager(val accNo :String,            //계약과 잔액 관리 클래스 구현
                val balance : Balanceable) :
                        Balanceable by balance {

}
```

```
// 기능 추가: Open Closed Principles
fun AgreementManager.calBenifit(rate : Double) { // 이자 계산 후 입금 처리는 확장함수로 구현
    val benifit = balance.getBal() * rate /365    // 연이자로 계산
    balance.credit(benifit.toInt())               // 입금 처리
}
```

## ◤ 계좌 및 잔액 생성 그다음에 입출금 처리

실제 만들어진 클래스로 계약 객체를 만들고 잔액을 처리한 후에 입출금을 처리한다.

□ 실제 계좌번호가 가장 먼저 생성되어야 한다.

□ 그다음에 잔액에 대한 관리가 만들어진다.

□ 입출금을 연계하기 위해 계약과 잔액을 모두 관리하는 중간 서비스 객체가 필요하다.

□ 실제 계약과 잔액관리 객체가 입출금을 관리하지 않고 입출금을 관리하는 객체에 모든 일을 위임 처리한다. 그래서 입출금 객체에 있는 메서드 이름으로 입출금을 처리한다.

□ 이자계산이 필요한 경우는 확장함수를 사용해서 처리한다.

□ 잔액 등의 조회는 클래스에 작성된 메서드를 호출해서 확인한다.

```
val agree = Agreement("1", "1", 0.05)          // 계약관리 객체 생성

val agree_bal: Balanceable =                    // 상위 인터페이스 자료형에 할당
            Balance(agree.accNo, 0.0)           // 잔액관리 객체 생성
val agreeMG   : AgreementManager =              // 확장함수 사용을 위해 자기 자료형에 할당
            AgreementManager(agree.accNo,agree_bal) // 계약 잔액 매니저
                                                // 관리 객체 생성

agreeMG.credit(10000)                           // 입금 처리
println(agreeMG.query())                        // 잔액 조회

agreeMG.calBenifit(agree.rate)                  // 이자 계산과 입금
println(agreeMG.query())                        // 잔액 조회

agreeMG.debit(15000)                            // 출금 처리: 잔액 초과
agreeMG.debit(5000)                             // 일부 출금
println(agreeMG.query())                        // 잔액 조회
```

```
AccoNo= 1, Balance= 10000.0
AccoNo= 1, Balance= 10001.0
잔액이 부족합니다! 10001.0 이하로 출금해주세요.
AccoNo= 1, Balance= 5001.0
```

# Kotlin

## 내장 자료형 알아보기

자료형(data type)과 클래스는 유사하지만 같은 개념은 아니다. 보통 클래스도 자료형이지만 인터페이스도 자료형이다. 그래서 더 상위 개념으로 자료형을 사용한다.

내장 자료형(built-in data type)은 보통 프로그램 언어에 내장된 클래스이다. 최상위 클래스인 Any, 최하위 클래스인 Nothing, 함수의 반환 자료형으로 사용하는 Unit 등이 있다. 그 외에 날짜와 관련한 자료형 등 다양한 자료형이 있다.

변수에 객체를 할당하면 변수에 자료형이 지정된다. 코틀린은 타입을 추론해서 자료형을 지정하고, 특정 자료형에서 처리하지 못할 때 자료형을 변환한다.

고틀린은 스마트 캐스팅이나 명시적 캐스팅을 모두 지원하고 모든 자료형은 널러블 자료형으로 확장할 수 있다. 이번 장에서는 다양한 자료형을 알아본다.

1. 내장 자료형 알아보기
2. 자료형 처리 알아보기
3. 범위 알아보기
4. 날짜(Date) 알아보기

# 01 내장 자료형 알아보기

클래스를 만들 때는 항상 기본적인 최상위 클래스가 필요하다. 코틀린에서는 최상위 클래스로 Any 클래스를 제공한다. 이렇게 코틀린이 기본으로 제공하는 클래스를 내장 자료형이라고 한다. 숫자 체계를 처리하는 자료형은 숫자를 대표하는 Number 클래스, 문자와 문자열 클래스, 그리고 함수의 반환값을 처리하는 Unit 클래스, 예외를 발생할 때 사용하는 Nothing 클래스 등이 있다. 또한 여러 원소를 가지는 대표적인 클래스인 Array도 있다. 이러한 클래스들이 어떻게 사용되는지 알아본다.

## 숫자 클래스

프로그램을 작성할 때 대부분 숫자는 100, 3.14 등 직접 숫자를 쓰는 리터럴 표기법으로 작성한다. 실제 이는 객체를 생성자로 만들어서 처리하는 것과 동일하다. 하지만 변수, 매개변수, 함수반환자 료형에는 명확히 정수(Int, Long), 실수(Float, Double) 등 클래스를 표시해야 한다. 그러나 코틀린에 서는 타입 추론을 지원하기 때문에 별도의 자료형 표시가 없어도 아무런 문제가 없다.

지금까지 배운 숫자 자료형도 수학의 수 체계에 따른 상위 클래스가 존재한다. 그래서 코틀린에서 도 이런 숫자 클래스의 상위 클래스를 Number로 정의했다. 이런 상위 클래스로 변수나 함수 반환 값 지정하면 서브클래스의 객체를 할당할 수 있다. 상위 클래스에 확장함수를 추가하면 서브클래 스의 객체에서 이 확장함수를 자기 메서드처럼 사용할 수 있다.

### ◤ 숫자 자료형의 최댓값과 최솟값

숫자 자료형의 크기는 1바이트부터 8바이트까지 다룬다. 정수 처리할 때 가장 작은 byte 클래스는 숫자를 1바이트로 처리한다. 그다음 Short 클래스는 2바이트, Int 클래스와 Float 클래스는 4바이 트로 처리한다. 가장 큰 Long과 Doubble 클래스는 8바이트로 처리한다.

아래 예제에서는 이런 클래스들이 숫자를 처리하는 최댓값과 최솟값을 확인한다.

□ 숫자 클래스의 최댓값은 MAX_VALUE, 최솟값은 MIN_VALUE이다.
□ 이를 확인하면 숫자 클래스의 최댓값과 최솟값을 확인할 수 있다.

CHAPTER 06

□ 실수는 부동소수점이라 같은 길이라도 더 큰 값과 더 작은 값을 가지는 것을 알 수 있다.

```
println("Byte   min = ${Byte.MIN_VALUE}")
println("Byte   max = ${Byte.MAX_VALUE}")
println("Short  min = ${Short.MIN_VALUE}")
println("Short  max = ${Short.MAX_VALUE}")
println("Int    min = ${Int.MIN_VALUE} ")
println("Int    max = ${Int.MAX_VALUE}")
println("Long   min = ${Long.MIN_VALUE}")
println("Long   max = ${Long.MAX_VALUE}")
println("Float  min = ${Float.MIN_VALUE}")
println("Float  max = ${Float.MAX_VALUE}")
println("Double min = ${Double.MIN_VALUE}")
println("Double max = ${Double.MAX_VALUE}")
```

```
Byte   min = -128
Byte   max = 127
Short  min = -32768
Short  max = 32767
Int    min = -2147483648
Int    max = 2147483647
Long   min = -9223372036854775808
Long   max = 9223372036854775807
Float  min = 1.4E-45
Float  max = 3.4028235E38
Double min = 4.9E-324
Double max = 1.7976931348623157E308
```

## ◼ 숫자 클래스 멤버 알아보기

숫자도 실제 객체라서 클래스 내부에 속성과 메서드가 정의된다. 숫자 객체들이 사용할 수 있는
속성과 메서드를 멤버(member)라고 한다.

- □ 상위 클래스 Number에 확장함수로 dir를 작성했다. 이 확장함수는 리플렉션을 사용해서 클
  래스 멤버를 조회해서 유일한 값만 가지는 집합 객체로 처리했다. 이때 멤버들이 이름만 처리
  해서 집합의 원소는 문자열이란 것을 알 수 있다.
- □ 멤버를 가져오려면 리플렉션을 사용해야 한다. 리플렉션의 KClass 클래스 내의 members 속
  성에 있는 정보를 가져오면 속성과 메서드들이다.
- □ 멤버의 이름을 저장할 변경 가능한 빈 리스트를 생성한다. 멤버의 이름만 이 리스트의 원소로
  순환문을 사용해서 저장한다.

□ 메서드 오버로드나 연산자 오버로드 등으로 같은 이름의 메서드들이 많아서 변경 가능한 리스트를 집합으로 변환한다. 같은 이름 중에 하나만 남고 나머지는 다 삭제되어 이 결과를 반환한다.

□ Boolean 클래스는 숫자로 변환되지 않으므로 추가로 동일한 dir 확장함수를 정의했다.

```kotlin
fun Number.dir() : Set<String> {          // 숫자 최상위 클래스의 확장함수
    val a = this.javaClass.kotlin          // 코틀린 클래스 정보 확인
    println(a.simpleName)
    var ll = mutableListOf<String>()       // 변경 가능 리터럴 생성: 저장용
    for (i in a.members) {
        ll.add(i.name)                     // 멤버 이름을 하나씩 저장
    }
    return ll.toSet()
}

fun Boolean.dir() : Set<String> {          // 불리언 클래스의 확장함수
    val a = this.javaClass.kotlin          // 코틀린 클래스 정보 확인
    println(a.simpleName)
    var ll = mutableListOf<String>()       // 변경 가능 리터럴 생성: 저장용
    for (i in a.members) {
        ll.add(i.name)                     // 멤버 이름을 하나씩 저장
    }
    return ll.toSet()
}
```

앞에서 정의한 확장함수를 사용해서 실제 멤버를 출력한다.

□ 정수 100은 정수 객체라 dir 확장함수로 클래스 내의 멤버를 가져온다. 그리고 순환문을 사용해서 출력한다.

□ 논리값 true도 객체이다. 확장함수로 클래스 내의 멤버를 가져온다. 순환문으로 멤버를 출력한다.

□ 출력된 결과를 보면 연산자와 변환 클래스 등이 있는 것을 알 수 있다.

```kotlin
println("*** Integer class ***")
val intDir =(100).dir()                     // 정수 클래스의 멤버 조회

var count =1
for (i in intDir) {                         // 순환문으로 멤버 출력
    if (count % 6 ==0) println()
    else print(i+ ", ")
```

```
        count++
    }

println()
println("*** Bool class ***")
val boolDir =(true).dir()              //부울 클래스의 멤버 조회

var count1 =1
for (i in boolDir) {                   //순환문으로 멤버 출력
    if (count1 % 6 ==0) println()
    else print(i+ ", ")
    count1++
}
```

```
*** Integer class ***
Int
and, compareTo, dec, div, inc,
minus, or, plus, rangeTo, rem,
shr, times, toByte, toChar, toDouble,
toInt, toLong, toShort, unaryMinus, unaryPlus,
xor, equals, hashCode, toString,
*** Bool class ***
Boolean
and, compareTo, not, or, xor,
hashCode, toString,
```

### ◤ 숫자 객체에 대한 처리

프로그램 언어는 보통 수 체계에 맞춰 자동으로 자료형이 변환된다. 하지만 코틀린에서는 수 체계에 따른 자동 변환을 제공하지 않고 명확히 메서드를 사용해서 다른 숫자로 자료형을 변환한다. 아래 예제에서는 특정 숫자를 받아서 자료형을 변환한다.

□ 표준입력으로 숫자와 자료형을 받고 이를 문자열로 분리하면 숫자와 자료형이 문자열로 분리된다.

□ 문자열로 들어온 것을 when에서 매칭시켜 숫자를 해당하는 자료형으로 변환한다.

□ 변환된 자료형 즉 클래스인지 다시 점검해서 해당 클래스를 문자열로 출력한다.

```
val r = readLine()!!.split(" ")          //표준입력(키보드)을 받아서 빈칸을 기준으로 분리
println(r)

val a = r[0]                              //리스트의 첫 번째 원소
val type = r[1]                           //리스트의 두 번째 원소

val x = when(type) {                      //다른 숫자형으로 변환
    "Int" -> a.toInt()
    "Long" -> a.toLong()
    "Float" -> a.toFloat()
    "Double" -> a.toDouble()
    else -> println(" not number ")
}

when(x) {                                 //문자열로 출력 처리
    is Int -> println(" Int ")
    is Long -> println(" Long ")
    is Float -> println(" Float ")
    is Double -> println(" Double ")

    else -> println(" not number ")
}
```

```
stdin:100 Int
[100, Int]
 Int
```

아래 예제에서는 클래스에서 객체를 생성하고 그 생성관계를 확인한다. 보통 클래스에서 객체를 생성하는 것을 instantiation 즉 인스턴스화한다고 한다.

□ 아래 예제는 Number 클래스에 확장함수로 isInstanceOf 함수를 만들어 해당 클래스에 속하면 객체이고 아니면 객체가 아니라는 것을 반환한다. 즉 그 클래스의 객체 여부를 확인하는 함수이다.

□ 정수를 가지고 객체 여부를 확인한다.

□ 이 리플렉션 KClass 내부에 isInstance라는 함수가 있어 객체 여부를 확인할 수 있다.

```
import kotlin.reflect.KClass                    //리플렉션의 KClass 사용

fun<T> Number.isIntanceOf(compared: T): Boolean {    //정수 인스턴스 체크 확장함수
    return when(compared) {
        this.javaClass.kotlin, Number::class -> true
```

```
        else  -> false
    }
}

println(Int::class)
println((100).isIntanceOf(Number::class)) // 정수 객체는 넘버 클래스의 인스턴스
println((100).isIntanceOf(Int::class))    // 정수 객체는 정수 클래스의 인스턴스
println((100)::class.isInstance(100))     // 클래스를 가지고 인자로 객체를 받아서 인스턴스 여부 확인
```

```
class kotlin.Int
true
true
true
```

### 클래스 상속관계 확인

슈퍼클래스와 서브클래스 관계는 상속(Inheritance) 관계이다. 아래 예제에서는 클래스에서 상속한 모든 클래스를 확인한다.

□ 리플렉션 KClass 내에 상속한 클래스의 정보를 관리하는 supertypes가 있다.

□ 이 속성을 확인해서 상속한 클래스와 인터페이스를 출력한다.

```
import kotlin.reflect.KClass

println(((100)::class).supertypes)    // 정수의 상위 클래스
println(((100.1)::class).supertypes)  // 실수의 상위 클래스
println((Number::class).supertypes)   // 숫자의 상위 클래스
```

```
[kotlin.Number, kotlin.Comparable<kotlin.Int>, java.io.Serializable]
[kotlin.Number, kotlin.Comparable<kotlin.Double>, java.io.Serializable]
[kotlin.Any, java.io.Serializable]
```

### 객체와 클래스 관계 확인

객체와 클래스의 관계, 클래스와 클래스의 관계를 모두 알아보겠다. 아래 예제에서는 앞에서 배운 상속관계와 생성관계를 모두 확인한다.

□ 상속관계를 isSubclassOf 함수로 확인할 수 있다. 앞에도 클래스, 뒤에도 클래스를 인자로 전달해서 확인한다.

□ Byte, Short 클래스가 Number 클래스를 상속했는지 확인한다.

```
import kotlin.reflect.full.isSubclassOf

val b = (100).toByte()                           //바이트 자료형으로 변환
println(b::class.supertypes)                     //상위 클래스 가져오기
println(b::class)                                //현재 객체의 클래스 참조
println((b::class).isInstance(b))                //클래스의 인스턴스 관계 확인
println((b::class).isSubclassOf(Number::class))  //상속관계 확인

val s = (100).toShort()                          //short 자료형 변환
println(s::class)                                //클래스 확인
println(s.isIntanceOf(s::class))                 //확장함수로 인스턴스 여부 확인
println((s::class).isSubclassOf(Number::class))  //서브클래스 확인
```

```
[kotlin.Number, kotlin.Comparable<kotlin.Byte>, java.io.Serializable]
class kotlin.Byte
true
true
class kotlin.Short
true
true
```

□ Float, Double 클래스가 Number 클래스를 상속했는지 확인한다.

```
val f = (100).toFloat()                          //Float 자료형 반환

println(f::class)                                //클래스 확인
println(f.isIntanceOf(f::class))                 //인스턴스 여부 확인
println((f::class).isSubclassOf(Number::class))  //서브클래스 여부 확인

val d = (100).toDouble()                         //Double 자료형 변환

println(d::class)                                //클래스 확인
println(d.isIntanceOf(d::class))                 //인스턴스 여부 확인
println((d::class).isSubclassOf(Number::class))  //서브클래스 여부 확인
```

```
class kotlin.Float
true
true
class kotlin.Double
true
true
```

NaN(not a number)

실수는 숫자를 정확히 모를 때는 무한대(INFINITY)를 사용하고, 숫자가 아닌 경우에는 NaN을 사용한다. 아래 예제는 무한대와 숫자가 아닌 것을 연산 처리한다.

　□ NaN은 계산도 비교도 안 된다. 어떤 숫자와 계산해도 항상 NaN이다.

　□ 또한 자기 자신과도 비교할 수 없다.

```
println(Double.NaN + 100.0)                          // NaN과의 연산은 항상 NaN
println(Double.NaN + Double.POSITIVE_INFINITY)

println(Double.NaN == Double.NaN)                    // NaN은 비교할 수 없다.
println(Double.NaN < Double.POSITIVE_INFINITY)
println(Double.NaN > Double.POSITIVE_INFINITY)
```

```
NaN
NaN
false
false
false
```

## 1.2 문자와 문자열 자료형

앞에서 문자열 템플릿을 처리하는 방법은 알아봤다. 이번에는 문자열 클래스에서 제공하는 메서드들도 알아본다.

문자열은 기본으로 변경할 수 없는 객체이다. 즉 내부 원소를 추가하거나 변경할 수 없다. 그렇지만 제공하는 메서드는 기존 문자열을 변경해서 새로운 문자열을 만들어준다. 문자열을 변경하려면 변경 가능한 StringBuilder 클래스를 사용해야 한다. 이 두 개의 클래스가 어떻게 처리되는지 알아본다.

 문자와 문자열

코틀린은 문자 클래스인 Char, 문자열 클래스인 String을 제공한다. 문자열의 원소는 문자 클래스의 객체이다. 아래 예제는 문자, 문자열, StringBuilder에 대한 간단한 설명이다.

□ 문자와 문자열 클래스도 리플렉션 클래스로 참조한 후에 isInstance 메서드를 사용해서 객체를 확인한다. 일반적으로 문자는 작은따옴표의 문자를 객체로 처리한다. 문자열은 큰따옴표에 여러 문자를 객체로 처리한다.

□ 문자열 내에 특정 문자가 포함되었는지 in 연산자로 확인할 수 있다.

□ Stringbuilder 클래스로 변경 가능한 객체를 만들고 문자의 포함 여부와 동일한 문자열인지 확인한다. 문자열과 StringBuilder는 다른 클래스이므로 문자열로 변환해서 문자열을 비교했다.

```
println(Char::class.isInstance('강'))          //문자 인스턴스 확인

println(String::class.isInstance("강아지"))   //문자열 인스턴스 확인

println('강' in "강아지")                      //문자열 내부의 하나의 원소는 문자

val sb = StringBuilder("강아지")               //변경 가능한 문자열 생성
println(sb::class)
println('강' in sb)                            //문자와 문자열 포함관계 확인
println("강아지" == sb.toString())             //문자열과 연산하려면 문자열로 변환 필요
```

```
true
true
true
class java.lang.StringBuilder
true
true
```

## ◤ 문자열 메서드로 내부 조회

문자열은 문자를 원소로 갖으므로 내부의 원소를 조회할 수 있다. 보통 대괄호 연산자를 사용해 인덱스 검색을 할 수 있다. 보통 인덱스 시작은 0부터 시작하므로 마지막 인덱스는 문자열 길이에서 1을 빼야 한다.

- 문자열 검색 속성과 메서드
  - 인덱스 검색 연산자: 대괄호([ ]) 기호를 사용하고 인자는 인덱스인 정수를 전달한다. 검색되는 결과는 문자열 내의 인덱스 위치의 원소인 문자가 검색된다.
  - 메서드 get: 대괄호 연산자에 해당하는 메서드가 get이다. 이 메서드에 인덱스를 전달해서 검색한다.
  - 메서드 first/last: 문자열의 첫 번째 원소와 마지막 원솟값 조회할 때 사용한다.

- 속성 lastIndex: 문자열의 마지막 인덱스를 가진 속성이다. 조회하면 문자열의 마지막 인덱스를 제공한다.
- 속성 length: 문자열 원소의 개수를 조회하는 속성이다.
- 메서드 getOrElse: 인덱스 범위를 넘으면 예외를 발생하므로 범위를 초과했을 때 람다표현식을 실행해서 초깃값을 제공한다.
- 메서드 getOrNull: 없는 인덱스를 조회하면 예외가 아닌 널을 반환한다. 널이 반환되므로 변수에 할당하려면 널러블 자료형으로 지정해야 한다.

아래 예제에서는 문자열로 위의 속성과 메서드를 조회해본다.

□ 문자열을 리터럴 표기법으로 만들어서 변수에 할당한다.

□ 위에 설명한 인덱스 검색을 사용해서 원소를 조회한다.

□ 람다표현식을 정의할 때는 실제 람다표현식이 실행된 결과가 값으로 저장되도록 작성한다.

```kotlin
val myString = "문자열 인덱스 조회"                          //문자열 객체
val item = myString[2]                                    // 하나의 원소를 읽는다.
println(myString.first())                                 //첫 번째
println(myString.last())                                  //마지막

println(myString[0])
println(myString[myString.length-1])                      //인덱스는 0부터 length-1
println(myString[myString.lastIndex])                     //마지막 인덱스 처리

println(myString.get(2))                                  //문자열 검색
println(myString.getOrElse(myString.length, {'0'}))       //범위를 벗어날 경우 초깃값 처리
println(myString.getOrNull(myString.length))              //범위를 벗어날 경우 null
```

```
문
회
문
회
회
열
0
null
```

## ◤ 빈 문자열 처리

여러 원소를 가진 클래스들을 처리할 때 아무것도 없는 객체도 명확히 알아야 한다. 빈 문자열은 기본으로 큰따옴표에 아무런 값도 없다. 또한, 이스케이프 문자는 일반적으로 사용하는 문자가 아

니다.

- 빈 문자열 처리 메서드
  - 메서드 isEmpty: 빈 문자열 체크, 이스케이프 문자도 문자로 인식한다.
  - 메서드 isBlank: 빈 문자열 체크, 이스케이프 문자는 문자로 인식하지 않는다.
  - 메서드 trimEnd: 마지막 공백만 제거한다.
  - 메서드 trimStart: 처음 공백만 제거한다.
  - 메서드 trim: 공백과 이스케이프 문자를 모두 제거한다.

아래 예제에서는 빈 문자열과 이스케이프 문자의 삭제 여부를 확인했다.

- 문자열에 이스케이프 문자인 탭을 정의해서 위에서 설명한 대로 처리되는지 확인한다.
- 문자열 내에 빈 문자와 이스케이프 문자인 탭을 넣고 길이를 확인하면 모두 계산한다.
- 이 문자열을 트림해서 빈 문자열 제거하면 trim 메서드만 빈 문자와 이스케이프 문자를 모두 제거한다.

```
val s1 = "\t"

if (s1.isEmpty()) println("문자열 내에 문자가 없음 ") //이스케이프문자를문자로봄
else println("이스케이프가 문자열에 있음")

if (s1.isBlank()) println("빈 문자열 ")              //이스케이프는 문자로 안 봄
else  println("빈 문자열이 아님")

val s2 = " Eagle\t"
println("문자 개수는 ${s2.length}")                 // 공백, 이스케이프 포함 7개 문자

val s3 = s2.trimEnd()
println("문자 개수는 ${s3.length}")                 // 공백만 제거

val s4 = s2.trimStart()
println("문자 개수는 ${s4.length}")                 // 공백만 제거

val s5 = s2.trim()
println("문자 개수는 ${s5.length}")                 // 공백과 이스케이프 문자 제거
```

이스케이프가 문자열에 있음
빈 문자열
문자 개수는 7
문자 개수는 6
문자 개수는 6
문자 개수는 5

## 문자열 비교와 대소문자 등의 메서드

문자열 비교, 문자열 대소문자 변경, 문자열 결합, 문자열로 튜플 만들기 등의 메서드를 확인한다.

- 문자열 대소문자 변경 메서드
  - 메서드 replaceFirstChar: 문자열의 첫 글자를 대문자/소문자로 변경. 메서드 capitalize, decapitalize 대신 사용.
  - 메서드 uppercase/lowercase: 문자열을 대문자/소문자로 변경. 메서드 toUpperCase/toLowerCase 대신 사용.
  - 연산자 +: 문자열을 결합
  - 메서드 to: 두 문자열로 튜플을 구성.

아래 예제는 문자열의 첫 글자를 대문자나 소문자로 처리하거나 전체를 대문자 또는 소문자로 처리한다.

- □ 영어 알파벳은 대소문자를 구분한다. 실제 문자 코드에서 대문자와 소문자는 다른 숫자로 정의되므로 다른 글자이다.
- □ 영어 대소문자를 구분하지 않고 비교하는 compareTo 메서드는 동일한 알파벳을 확인한다.
- □ 영어 알파벳 대소문자를 변환하는 메서드를 제공한다. 한글로 작성할 경우는 대소문자 구분이 없다.
- □ 문자열도 연산자를 사용할 수 있다. + 연산은 두 문자열을 결합한 새로운 문자열을 만든다.
- □ 두 문자열을 튜플로 만들려면 to 메서드를 사용한다.

```kotlin
val s1 = "Eagle"
val s2 = "eagle"

if (s1 == s2) println("동일한 문자열")          //객체 간 비교
else  println("대소문자 구분 처리")

val res = s1.compareTo(s2, true)              //대소문자 구분 안 함
if (res == 0) println("동일한 문자열")
else println("대소문자 구분 처리")

val s3 = "young eagle"
println(s3.replaceFirstChar({ it.uppercase() }))        //첫 번째 문자를 대문자
println("Hornet".replaceFirstChar({ it.lowercase() })) //대문자를 소문자

println(s3.uppercase())                        //전체를 대문자
println(s3.lowercase())                        //전체를 소문자
```

```
val splus = "문자열 붙이기" + "더하기"                    //문자열 연결
println(splus)

val sto = "튜플" to "만들기"                             //튜플만들기
println(sto)
```

```
대소문자 구분 처리
동일한 문자열
Young eagle
hornet
YOUNG EAGLE
young eagle
문자열 붙이기더하기
(튜플, 만들기)
```

## ◤ 문자 필터링 처리

문자열도 여러 원소를 가지므로 filter 등 내부 순환을 제공한다.

- 문자열 매치 메서드
  - 메서드 filter: 내부순환을 돌면서 람다표현식이 실행한 결과가 참인 경우만 추출.

아래 예제에서는 문자를 추출하는 함수를 정의한다.

- □ 문자열의 원소는 문자이므로 문자열을 순환하면 실제 원소인 문자를 처리한다. 그래서 문자 클래스의 확장함수를 정의한다. 이 확장함수는 문자 중에 모음만 추출한다.
- □ 문자열을 만든 후 이 문자열에서 모음만 추출한다. 이때 filter 메서드를 사용한다. 이 메서드 는 람다표현식을 받고 이 람다표현식이 실행 결과가 참인 경우만 추출한다.
- □ 실행한 결과를 확인하면 모음만 추출된 것을 확인할 수 있다.

```
fun Char.isEnglishVowel(): Boolean =
    this.lowercase() == 'a'.toString()         //문자열과 문자열 비교
    || this.lowercase() == 'e'.toString()
    || this.lowercase() == 'i'.toString()
    || this.lowercase() == 'o'.toString()
    || this.lowercase() == 'u'.toString()


val s = "Today is a sunny day."
val res = s.filter { e -> e.isEnglishVowel()}  //문자열 필터 해서 문자만 추출
println("result = ${res}")
```

```
println("모음 확인하기 : ${res.length} vowels")

var res1:String = ""                               //filter를 순환문으로 처리
for (i in s) {
    if (i.isEnglishVowel()) {
        res1 = res1 + i.toString()
    }
}
println("result = ${res1}")
println("모음 확인하기 : ${res1?.length} vowels")
```

```
result = oaiaua
모음 확인하기 : 6 vowels
result = oaiaua
모음 확인하기 : 6 vowels
```

## ◤ 리스트 등의 문자열 찾기

문자열 내의 원소와 동일한 패턴을 매칭하는 경우 다음 조건에 해당하는 것을 처리할 때 사용한다.

- 문자열 매치 메서드
  - 메서드 startsWith/endsWith: 첫 글자와 마지막 글자를 패턴 매칭한다.
  - 메서드 find/findLast: 특정 문자들이 같은 경우를 매칭한다.

아래 예제에서는 문자열 리스트를 만들어 특정 문자의 포함 여부를 filter 메서드를 사용해서 추출한다.

- □ 문자열 리스트를 만든다.
- □ 리스트의 원소 중에 첫 문자와 마지막 문자에 포함 여부를 확인하고 참이면 추출해서 리스트로 반환한다.
- □ 변경 가능한 문자열 리스트를 만든다.
- □ 문자열들에 앞에서 특정 문자열 매칭을 find로 하고, 마지막 문자열부터 매칭은 findLast 메서드로 처리한다.

```
val words = listOf("tank", "boy", "tourist", "ten",
            "pen", "car", "marble", "sonnet", "pleasant",
            "ink", "atom")

val res1 = words.filter { e -> e.startsWith("b") }
```

```
println("첫문자가 같은 것 = $res1")

val res2 = words.filter { e -> e.endsWith("t") }
println("마지막 문자가 같은 것  = $res2")


val ml = mutableListOf("abc", "sort","book",
                        "book4", "roll", "book2", "book3")

val res3 = ml.find { it.startsWith("bo") }         //리스트의 find로 순환 검색
println("bo로 시작하는 문자열?(앞부터 검색) $res3")

val res4 = ml.findLast { it.endsWith("ok") }       //리스트의 findLast로 역순환 검색
println("ok로 끝나는 문자열?(뒤부터 검색) $res4")
```

```
첫문자가 같은 것 = [boy]
마지막 문자가 같은 것  = [tourist, sonnet, pleasant]
bo로 시작하는 문자열?(앞부터 검색) book
ok로 끝나는 문자열?(뒤부터 검색) book
```

## ◤ 문자열 분해와 결합 등

문자열 비교, 문자열 대소문자 변경, 문자열 결합, 문자열로 튜플 만들기 등의 메서드를 확인한다.

- 문자열 주요 메서드
  - 메서드 replace: 매칭되는 문자를 변경해서 새로운 문자열을 반환한다.
  - 메서드 contains: 매칭되는 문자열 포함 여부를 확인한다.
  - 메서드 split: 매칭되는 문자열을 기준으로 분리하여 리스트로 반환한다.
  - 메서드 join: 리스트 내의 문자열을 특정 문자 기준으로 결합한다.
  - 메서드 subsequence/substring/slice: 부분 문자열을 만들어 새로운 문자열 객체로 반환한다.

아래 예제는 위 메서드들을 처리한 결과이다.

- □ 문자열을 만들고 이 문자열에 있는 단어를 replace 메서드로 변경한다.
- □ 특정 문자열의 매칭 여부는 contains 메서드로 확인한다.
- □ 문자열 분리는 split 메서드로 처리한다.
- □ 리스트로 분리된 문자열을 다시 joinToString 메서드로 결합한다.
- □ 부분 문자열을 만든다. 부분 문자열을 만들 때 두 개의 인자를 받아 처리할 수 있지만, 범위를 받아 부분 문자열을 만들 수도 있다.

```
val s1 = "Today is a sunny day."
val w = s1.replace("sunny", "rainy")        // 문자열 변경
println(w)


val s2 = "Today is a sunny day."
println(s2.contains("Today"))               // 포함 관계

val word = "독수리,매,올빼미,까치"
val birds = word.split(",")                 // 문자열을 분리
println(birds)
val joins = birds.joinToString(",")         // 문자열로 결합
println(joins)                              // 조인된 결과 출력

val sss = "문자열을 처리하다"
println(sss.subSequence(2,3))               // 서브문자열 처리
println(sss.substring(2,3))
println(sss.substring(2..3))
println(sss.slice(2..3))
```

```
Today is a rainy day.
true
[독수리, 매, 올빼미, 까치]
독수리,매,올빼미,까치
열
열
열을
열을
```

## ◢ 변경 가능한 문자열 StringBuiler 처리

변경할 수 있는 문자열을 만들어 사용하려면 문자열 클래스가 아닌 다른 클래스로 처리해야 한다.

- StirngBuilder의 주요 메서드
  - 메서드 append: 마지막 인덱스 뒤에 추가
  - 메서드 insert: 특정 인덱스 위치에 추가
  - 메서드 deleteCharAt: 특정 인덱스 위치의 문자 삭제
  - 메서드 delete: 시작과 종료 인덱스 사이의 문자 삭제
  - 메서드 clear: 전체 삭제
  - 메서드 setCharAt: 특정 위치의 문자 변경

- 메서드 capacity: 현재 사용 가능한 사이즈 정보

아래 예제에서는 **StringBuilder** 객체를 생성하고 원소를 추가하거나 삭제한다.

```
var str = StringBuilder()                              //아무것도 없는 객체 생성
println("1. 문자열 : $str")                             //아무것도 없어 빈 문자열 출력
println(" 길이= ${str.length} 용량=${str.capacity()}") //현재 사용한 용량 확인
str.append(5)                                           //정수 추가
str.append("강아지")                                     //문자열 추가
str.append('가')                                        //문자 추가
str.append(true)                                        //Boolean 추가
println("2. 문자열 : $str ")                            //전체 출력
println(" 길이= ${str.length} 용량= ${str.capacity()}")
str.insert(0,5431)                                      //특정 인덱스 지정 후 정수 추가
str.insert(0,"문자열빌더")                               //특정 인덱스 지정 후 문자열 추가
println("3. 문자열 : $str ")
println(" 길이= ${str.length} 용량= ${str.capacity()}")
str.deleteCharAt(0)                                     //인덱스를 원소로 전달
str.delete(0, 1)                                        //특정 인덱스를 지정해서 삭제
println("4. 문자열 : $str")
println(" 길이= ${str.length} 용량= ${str.capacity()}")
str.clear()
println("5. 문자열 : $str")
println(" 길이= ${str.length} 용량= ${str.capacity()}")
str.clear()                                             //전체 삭제
str.append("아버지는")                                   //문자열 다시 추가
println(str)
str.setCharAt(3,'가')                                   //문자 하나만 변경
println(str)
```

```
1. 문자열 :
 길이= 0 용량=16
2. 문자열 : 5강아지가true
 길이= 9 용량= 16
3. 문자열 : 문자열빌더54315강아지가true
 길이= 18 용량= 34
4. 문자열 : 열빌더54315강아지가true
 길이= 16 용량= 34
5. 문자열 :
 길이= 0 용량= 34
아버지는
아버지가
```

## **1.3**

## Any, Unit, Nothing 클래스

코틀린 클래스의 최상위 클래스와 최하위 클래스를 알아보고 함수반환값 없이 처리되는 자료형도 알아본다.

### ◤ Any 클래스: 공통 메서드 작성

클래스를 정의할 때 아무것도 상속하지 않아도 Any 클래스는 자동으로 상속한다. 모든 클래스는 기본으로 최상위 클래스 Any가 필요하기 때문이다. 그래서 이 클래스에 확장함수를 지정하면 공통 메서드로 사용된다.

아래 예제에서는 확장함수로 dir을 선언했다. Any 클래스 내부에 있는 멤버를 확인한다.

- □ 최상위 클래스 Any의 확장함수로 dir을 정의한다. 이제 어떤 클래스의 멤버도 dir 함수로 조회할 수 있다.
- □ 먼저 Any 클래스 객체의 멤버를 dir 확장함수로 조회하면 3개의 메서드만 가지고 있다.
- □ 문자 클래스의 멤버도 확인해 보면 최상위 클래스가 가진 3개의 메서드가 있는 것을 확인할 수 있다. 최상위 클래스의 메서드를 모든 클래스에서 사용하므로 기본인 공통 메서드라는 것을 알 수 있다.

```kotlin
fun Any.dir() : Set<String> {
    val a = this.javaClass.kotlin          // 현재 객체의 클래스 저장
    println(a.simpleName)
    var ll = mutableListOf<String>()
    for (i in a.members) {                  // 클래스의 멤버 순회
        ll.add(i.name)                      // 이름을 리스트에 저장
    }
    return ll.toSet()                       // 오버로딩된 메서드 제거
}

println(Any().dir())                        // Any 클래스 멤버만 출력
var count = 0
for (i in 'a'.dir()) {                      // 문자에 대한 멤버 출력
    print(i +", ")
    count++
    if (count % 5 == 0) println()
}
```

```
Any
[equals, hashCode, toString]
Char
compareTo, dec, inc, minus, plus,
rangeTo, toByte, toChar, toDouble, toFloat,
toInt, toLong, toShort, equals, hashCode,
toString,
```

## ▌ Any 클래스의 메서드 오버라이딩 처리

Any 클래스에서 제공하는 **toString**, **hashCode** 메서드는 하위 클래스에서 재정의해 사용할 수 있다. 보통 최상위 클래스에 정의된 메서드는 공통 메서드이다.

아래 예제에서는 일반 클래스에서 공통 메서드를 재정의한다.

- □ 클래스를 하나 정의한다. 아무런 상속을 표시하지 않았지만, 기본으로 **Any**를 상속한다.
- □ 그래서 클래스 내부에 **toString**과 **hashCode**를 재정의(override)한다.
- □ 하위 클래스에서 상위 클래스를 참조할 때는 **super** 예약어를 사용한다. 그래서 super.hash-Code 메서드를 참조해서 반환 처리했다.
- □ 이 클래스의 객체를 **Any** 자료형을 가지는 변수에 할당하고 메서드를 실행한다.
- □ 리플렉션의 메서드와 속성을 사용해서 상속관계와 상속한 클래스를 출력한다.

```kotlin
//import kotlin.reflect.full.isSubclassOf 슈퍼클래스/서브클래스 관계 함수

class A {                                       //클래스 생성
    override fun toString() = "재정의 : A()"    //상위 클래스 메서드 재정의
    override fun hashCode():Int {
        println("### hashoCode 재정의  ###")
        return super.hashCode()
    }
}

val a : Any = A()                               //최상위 클래스 자료형에 객체 전달

println(a.toString())                           //재정의한 메서드 출력
println(a.hashCode())
println(a.equals(a))                            //두 객체 비교

println((A::class).isSubclassOf(Any::class))   //슈퍼클래스와 서브클래스 관계 확인
println((A::class).supertypes)                  //상속 표시를 안해도 기본 최상위 클래스 상속
```

재정의 : A()

```
### hashoCode 재정의   ###
1232570809
true
true
[kotlin.Any]
```

## Unit 클래스

함수는 항상 반환값을 처리한다. 보통 반환값이 없다는 것은 Unit의 객체를 반환하는 것이다. 그래서 반환값이 없을 때는 Unit을 반환자료형으로 지정하는 것이다. println 함수도 출력 이후에 Unit 클래스의 객체를 반환한다. 이처럼 아무것도 하지 않지만, 항상 값을 반환하는 것을 알 수 있다.

아래 예제는 Unit 클래스와 Any 클래스를 상속해서 만들어진 것을 알 수 있다.

- 위에서 정의한 dir 확장함수로 Unit 클래스의 멤버를 확인하면 Any와 같다. 기본으로 Any를 상속해서 만들어진 클래스라는 것을 알 수 있다. 그래서 Unit도 클래스라는 것을 명확히 알 수 있다.
- 함수의 매개변수는 Any 자료형이라 아무런 객체도 다 받을 수 있다. 내부의 코드는 객체와 객체의 자료형을 문자열로 출력한다.
- 각각의 기본 자료형을 넣고 출력을 하면 각각의 클래스에 대한 정보를 출력하는 것을 볼 수 있다.

```
println((Unit::class).isSubclassOf(Any::class))   // 서브클래스 여부 확인
println(Unit.dir())                               // 공통 메서드 dir 실행
println((Unit::class).supertypes)                 // 상위 클래스 확인

fun func(a : Any ): Unit{                          // 반환값이 Unit
    println(a.toString() +
            " => " + a.javaClass.kotlin)
}
println("#### 각 자료형의 클래스 확인 #####")
func(100)
func(100L)
func(100.0)
func(100.0f)
func('c')
func(false)
func("문자열")
func(Exception("예외"))
```

```
true
Unit
[toString, equals, hashCode]
[kotlin.Any]
#### 각 자료형의 클래스 확인 #####
100 => class kotlin.Int
100 => class kotlin.Long
100.0 => class kotlin.Double
100.0 => class kotlin.Float
c => class kotlin.Char
false => class kotlin.Boolean
문자열 => class kotlin.String
java.lang.Exception: 예외 => class java.lang.Exception
```

### ◣ Nothing 클래스

함수를 반환할 때 아무것도 없다는 것을 표시하는 클래스가 Nothing이다. 보통 예외 등을 처리할 때 이 클래스의 객체가 발생한 것으로 여긴다. 아래 예제를 보면 이 클래스도 Any 클래스를 상속해서 구현한 것을 알 수 있다.

□ 이 Nothing 클래스도 Any 클래스를 상속해서 만들어졌다.

□ 함수에 Nothing 자료형을 지정하고 예외를 발생시킨다. 실제 예외는 함수 처리를 중단하고 함수를 호출한 곳으로 전달된다. 그래서 이 함수를 호출한 곳에 **try catch**를 사용해서 예외를 잡고 예외의 메시지를 출력한다.

□ 이처럼 Nothing은 아무런 값이 없지만, 예외를 발생할 때 사용할 수 있다.

```kotlin
println((Nothing::class).isSubclassOf(Any::class))     //상속관계
println((Nothing::class).isSubclassOf(Int::class))     //상속관계

println((Nothing::class).supertypes)                   //상위 클래스 확인

fun except() : Nothing {                               //반환값이 없다.
    throw Exception(" 예외 ")                           //예외 발생
}

try {                                                  //예외 처리
    except()
}catch (e : Exception) {                               //예외 잡기
    println(e.message)
}
```

```
true
false
[kotlin.Any]
 예외
```

## 배열

여러 원소를 관리하는 클래스를 컬렉션(collection)이라고 한다. 보통 컬렉션 클래스는 내부의 원소를 다양하게 받을 수 있어 제네릭 클래스로 정의한다. 이런 컬렉션 중에 순차적으로 원소를 관리하는 배열을 알아본다. 배열의 특징은 모든 원소는 하나의 자료형의 객체이고 고정 길이만 만들수 있다. 배열은 변경 가능한 객체이므로 내부 원소를 추가, 삭제, 원소의 값을 변경할 수 있다.

### ◤ 배열 클래스의 멤버 확인

배열 클래스에 어떤 멤버들이 있는지 확인한다. 아래 예제에서는 배열을 arrayOf 함수로 만들고 배열 내의 멤버를 dir 함수로 확인한다.

```kotlin
fun Any.dir() : Set<String> {
    val a = this.javaClass.kotlin
    println(a.simpleName)
    var ll = mutableListOf<String>()
    for (i in a.members) {
        ll.add(i.name)
    }
    return ll.toSet()
}

val arInt = arrayOf(1,2,3,4)        //내부 배열 메서드 확인
println(arInt.dir())
```

```
Array
[size, clone, get, iterator, set, equals, hashCode, toString]
```

## ◤ 배열 생성과 주요 메서드 처리

배열은 보통 arrayOf 함수로 만든다. 주요 속성과 메서드는 다음과 같다.

- 주요 속성과 메서드
  - 속성 size: 배열의 크기 즉 원소 개수를 확인하는 속성이다.
  - 메서드 sum/average/count: 배열 원소의 합, 평균, 개수를 조회하는 메서드이다.
  - 메서드 maxOfNull, MinOfNull: 최댓값, 최솟값을 조회하는 메서드이다.
  - 메서드 contentToString: 배열을 출력하는 메서드이다.

아래 예제에서는 정수와 문자열을 가진 배열을 두 개 생성한다. 그리고 이 배열의 메서드를 처리해본다.

- arrayOf 함수로 두 개의 배열을 만든다. 하나는 정수, 다른 하나는 문자열 자료형을 가진 배열이다.
- 위의 속성과 메서드로 배열을 조회하거나 연산을 처리한다.

```
import java.util.Arrays                          // 자바의 배열 클래스

val arInt = arrayOf(1,2,3,4)
val arStr = arrayOf("코틀린","자마")

println(arInt)                                   // 배열 출력하는 방식
println(arInt.contentToString() + " " + arInt.javaClass.kotlin)
println(Arrays.toString(arStr) + " " + arInt.javaClass.kotlin)

println("배열의 크기    = " + arInt.size)
println("배열의 원소의 합= " + arInt.sum())
println("배열의 최대값   = " + arInt.maxOrNull())
println("배열의 최소값   = " + arInt.minOrNull())
println("배열의 평균    = " + arInt.average())
println("배열의 개수    = " + arInt.count())

println("배열의 크기    = " + arStr.size)
println("배열의 최대값   = " + arStr.maxOrNull())
println("배열의 최소값   = " + arStr.minOrNull())
println("배열의 개수    = " + arStr.count())
```

```
[Ljava.lang.Integer;@6da62e6f
[1, 2, 3, 4] class kotlin.Array
[코틀린, 자마] class kotlin.Array
배열의 크기    = 4
```

```
배열의 원소의 합= 10
배열의 최대값  = 4
배열의 최소값  = 1
배열의 평균    = 2.5
배열의 개수    = 4
배열의 크기    = 2
배열의 최대값  = 코틀린
배열의 최소값  = 자마
배열의 개수    = 2
```

### ▮ 배열의 원소 출력

배열의 원소를 처리할 때는 순환문이나 내부 순환 메서드를 사용한다.

- 반복자 주요 메서드
  - 메서드 hasNext: 반복자 내 원소의 존재 여부 확인
  - 메서드 next: 반복자의 원소를 하나씩 조회

아래 예제는 배열을 순환해서 원소를 처리한다.
- 배열의 원소를 출력하기 위해 for 순환문을 사용한다. 내부적으로 반복자를 생성해서 원소를 출력한다.
- 다른 순환문인 while은 조건식에 따라 반복을 처리해야 한다. 그래서 반복자를 iterator 메서드를 사용해서 생성하고 이 반복자 내부의 hasnext 메서드로 원소 존재 여부를 확인하여 next 메서드로 원소를 하나씩 읽는다.
- 반복자의 특징은 한번 다 사용하면 처리할 원소가 없어서 다시 사용하려면 반복자를 새로 생성해야 한다.

```kotlin
for (i in arInt) {                      // for 문에서는 자동으로 반복자 처리
    print(i.toString()+", ")
}
println()

val x = arStr.indices.iterator()        // 반복자로 변환
while (x.hasNext()) {                    // 원소가 있는지 확인
    println(arStr.get(x.next()))
}

arStr.forEach { println(it)}             // 내부 반복자로 처리
```

```
arStr.forEachIndexed {                    //내부 반복자에서 인덱스와 값을 반환 처리
    i,e -> println("arr[$i] -> $e") }
```

```
1, 2, 3, 4,
코틀린
자마
코틀린
자마
arr[0] -> 코틀린
arr[1] -> 자마
```

## ◤ 다양한 자료형으로 배열 만들기

다양한 자료형으로 배열을 만들 수 있다. JVM에서 숫자 자료형은 대부분 객체가 아닌 C언어의 자료형과 동일하기 때문이다. 이런 자료형을 프리미티브(primitive) 즉 원시 자료형이라고 한다. 코틀린에서는 이런 자료형의 배열을 바로 만들 수 있도록 다양한 배열 함수를 제공한다.

아래 예제에서는 문자, 정수(byte, short, int, long), 불리언 등 다양한 자료형으로 배열을 만들고 배열의 자료형을 확인했다.

　□ 자료형별 배열 함수와 자료형별 배열 클래스를 제공하는 이유는 JVM에서 처리되는 프리미티브 자료형을 사용하기 때문이다.

　□ 배열의 전체 원소를 출력할 때는 contentToString 메서드로 출력한다.

```
println(charArrayOf('a','b','c').contentToString())       //문자
println(charArrayOf('a','b','c')::class)
println(intArrayOf(1,2,3,4).contentToString())            //정수
println(intArrayOf(1,2,3,4)::class)
println(longArrayOf(1,3,3,4).contentToString())           //정수
println(longArrayOf(1,3,3,4)::class)
println(shortArrayOf(1,2,3,4).contentToString())          //정수
println(shortArrayOf(1,2,3,4)::class)
println(byteArrayOf(1,2,3,4).contentToString())           //정수
println(byteArrayOf(1,2,3,4)::class)
println(booleanArrayOf(true, false).contentToString())    //부울
println(booleanArrayOf(true, false)::class)
```

```
[a, b, c]
class kotlin.CharArray
[1, 2, 3, 4]
class kotlin.IntArray
```

```
[1, 3, 3, 4]
class kotlin.LongArray
[1, 2, 3, 4]
class kotlin.ShortArray
[1, 2, 3, 4]
class kotlin.ByteArray
[true, false]
class kotlin.BooleanArray
```

## ▚ 배열 원소의 검색과 갱신

배열 내의 원소를 검색하거나 그 원소의 값을 갱신하는 방법을 알아본다.

□ 배열의 원소별 조회는 기본으로 대괄호 연산자를 사용한다.

□ 이 연산자에 해당하는 메서드는 get이다.

□ 인덱스 범위를 벗어나면 예외를 발생한다. 특정 초깃값을 람다표현식으로 지정하는 메서드는 getOrElse이다.

□ 갱신할 때는 대괄호에 대입연산자(=) 다음에 맞는 자료형의 값을 넣는다. 이에 해당하는 메서드는 set이다.

□ 배열을 복사할 때는 copyOf 메서드를 사용한다.

```
val car = charArrayOf('a','b','c')

println(car[0])                     //연산자로 검색
println(car.get(0))                 //메서드로 검색
println(car.getOrElse(0, {' '}))    //인덱스가 없으면 초깃값 처리

val car1 = car.copyOf()             //다른 배열로 복사
car1[1] = 'z'                       //연산자로 갱신
car1.set(2,'x')                     //메서드로 갱신

println(car.contentToString())      //기존 배열
println(car1.contentToString())     //변경된 배열
```

```
a
a
a
[a, b, c]
[a, z, x]
```

## ◤ 배열 추가, 부분 배열, 기타 조회와 포함 여부

배열의 원소 추가와 부분 배열 등을 만드는 메서드를 확인한다.

- □ 보통 배열의 원소를 추가할 때는 + 연산자와 plus 메서드를 사용한다.
- □ 부분 배열을 뽑아낼 때는 sliceArray 메서드를 사용한다.
- □ 문자열과 동일하게 배열의 첫 원소와 마지막 원소는 first, last 메서드로 조회한다.
- □ 특정 원소의 값으로 현재 인덱스를 확인할 때는 indexOf 메서드를 사용한다.
- □ 포함관계는 in 연산자나 contains 메서드를 사용한다.

```
val car = charArrayOf('a','b','c')
val car1 = car.plus('d')                  //원소 추가
val car2 = car + 'd'                       //연산자로 추가
println(car1.contentToString())
println(car2.contentToString())

val car3 = car1.sliceArray(0..1)          //부분 배열 생성
println(car3.contentToString())

println(car1.first())                      //첫 번째 원소
println(car1.last())                       //마지막 원소
println(car1.indexOf('c'))                 //원소의 인덱스 번호
println(car1.contains('c'))                //포함 여부 확인
println('d' in car1)                       //포함 연산자 처리
```

```
[a, b, c, d]
[a, b, c, d]
[a, b]
a
d
2
true
true
```

## ◤ 배열의 정렬과 역 정렬

배열은 인덱스 순서대로 값을 저장한다. 이제는 값을 기준으로 정렬을 하는 방법을 알아보자.

- □ 배열을 정렬하여 내부 원소의 위치를 바꿀 때는 sort나 reverse 메서드를 사용한다.
- □ 배열의 원소를 정렬하지만 새로운 배열을 만들 때는 sorted, reversed, sortedDescending 메서드를 사용한다.

```
val arr4 = arrayOf(3,4,2,7,8,1)          // 배열 객체 생성
val arr5 = arr4.copyOf()                 // 복사하기

arr4.sort()                              // 내부 변경 정렬
println(arr4.contentToString())
arr4.reverse()                           // 내부 변경 역정렬

println(arr4.contentToString())

val arr6 = arr5.sorted()                 // 새로운 배열 생성 정렬
println(arr6)
val arr7 = arr5.sortedDescending()       // 새로운 배열 생성 정렬
println(arr7)
val arr8 = arr5.reversed()               // 새로운 역배열 생성 정렬
println(arr8)
println(arr8.javaClass)                  // ArrayListf로 변환
```

```
[1, 2, 3, 4, 7, 8]
[8, 7, 4, 3, 2, 1]
[1, 2, 3, 4, 7, 8]
[8, 7, 4, 3, 2, 1]
[1, 8, 7, 2, 4, 3]
class java.util.ArrayList
```

### ◤ 배열 클래스로 배열 객체 생성 방법

보통 객체를 생성하는 팩토리 함수를 많이 사용한다. 배열을 생성하는 다양한 팩토리 함수를 알아
보자.

아래 예제는 Array 클래스로 객체를 생성하는 방법이다.

- □ 배열의 대표 클래스는 Array이다. 첫 번째 인자는 배열의 크기이다. 두 번째 인자는 람다표현
  식으로 배열의 초깃값을 처리한다.
- □ 이때 it은 배열 크기의 인덱스 번호이다. 이를 계산식으로 처리하면 인덱스값을 연산한 값을
  배열의 원솟값으로 만든다.
- □ 널 값만 가진 배열은 arrayOFNulls 함수로 만든다.

```
val arr = Array(5) {it * it}              // 클래스로 배열 생성
println(arr.contentToString())

val arrInt = IntArray(5) {it *5}          // 특정 자료형에 맞도록 배열 생성
println(arrInt.contentToString())

val arrDouble = DoubleArray(5) {it *5.0}  // 특정 자료형에 맞도록 배열 생성
println(arrDouble.contentToString())

val arrNull = arrayOfNulls<Int>(5)        // 널값을 가지는 배열 생성
println(arrNull.contentToString())
```

```
[0, 1, 4, 9, 16]
[0, 5, 10, 15, 20]
[0.0, 5.0, 10.0, 15.0, 20.0]
[null, null, null, null, null]
```

CHAPTER 06

# 02 자료형 처리 알아보기

클래스는 객체를 생성하는 도구이면서 변수나 함수의 반환처리를 하는 자료형으로 사용된다. 인터페이스 등은 객체를 생성할 수 없지만, 변수나 함수반환 자료형으로 사용할 수 있다. 또한, 코틀린의 모든 자료형은 널도 처리할 수 있는 자료형으로 변환할 수 있다.
이제 자료형(Data Type)을 어떻게 사용하는지 알아보자.

## 널러블 여부

보통 변수에 객체가 할당되지 않거나 null이 할당된 경우에 메서드나 연산자 등을 사용하면 널 포인터 예외가 발생한다. 이를 방지하려면 항상 널을 체크한 후에 연산자나 메서드 처리를 수행한다. 코틀린은 이를 처리할 수 있도록 널러블 자료형과 널을 처리하는 다양한 연산자를 제공한다.

### ◼ 널러블 자료형 처리 규칙

- 기존 자료형에 물음표(?)를 붙이면 널을 처리할 수 있는 자료형이 만들어진다.
- 널러블 자료형은 항상 널이 불가능한 자료형보다 상위 자료형이다. 그래서 널이 불가능한 자료형의 변수를 널러블 자료형의 변수에 할당할 수 있다. 반대로의 할당은 불가능하다.
- 널에 대한 체크는 컴파일 타임에 확정하지만, 실제 실행할 때는 처리하지 않는다. 그래서 널에 대한 처리는 전부 컴파일 처리할 때 예외를 발생시킨다.
- 안전 연산자(?.): 널 값이 들어오면 널로 처리하고 널 값이 아니면 뒤에 오는 속성이나 메서드를 실행한다.
- 엘비스 연산자(Elvis ?:): 널 값이면 다음에 들어오는 값으로 변환한다. 안전 연산자와 엘비스 연산자를 같이 사용하면 조건문을 사용하는 것보다 편리하다.
- 널 단언 연산자(!!): 널 값이 안 들어온다고 확신할 경우만 사용한다. 널 값이 들어오면 예외를 발생시킨다.

### ◼ 널러블 자료형 지정

변수나 함수 반환을 처리할 때 널이 가능한 자료형인 널러블 자료형(nullable data type)으로 변환해서

널이 들어오는 것을 명기할 수 있다. 아래 예제는 최상위 클래스인 Any에 물음표를 붙여서 널이
가능한 자료형인 Any?를 만든 것이다.

- □ 변수를 선언할 때 변수명 다음에 콜론을 붙이고 그다음에 자료형을 붙여서 이 변수가 처리할
  수 있는 자료형을 지정한다. 이 자료형의 하위 자료형에 대한 객체를 변수에 값으로 할당할
  수 있다. 코틀린에서는 모든 것이 객체로 만들어져 있어서 실제 객체의 레퍼런스가 변수에 할
  당된다.
- □ 3개의 변수를 Any와 Any?로 정의했다. 그중에 첫 번째 변수는 Any?라서 값을 null로 할당
  했고 나머지 2개는 Any의 객체를 할당했다.
- □ 문자열을 자료형으로 할당한 변수에도 String과 String?를 지정했다. 널러블이 가능한 변수에
  는 null을 할당했다.
- □ Any?로 정의한 변수에는 하위 클래스인 Any의 객체를 모두 할당할 수 있다. 이와 반대로는
  할당할 수 없다.
- □ 클래스 참조로 로딩된 자료형 즉 클래스를 확인하면 둘 다 널을 사용할 수 없는 클래스라는
  것을 알 수 있다. 그래서 실행할 때는 널에 대해 처리하지 않는 것을 알 수 있다.

```kotlin
import kotlin.reflect.full.isSubclassOf

val a1 : Any? = null                                  // 널러블 타입 지정
val a2 : Any  = Any()                                 // Any 타입 지정
val a3 : Any? = Any()

var s1 : String? = null
var s2 : String  = "문자열"

// s2 = s1                                             // 상위 타입에 하위 타입 처리 불가
s1 = s2                                               // 상위 타입에 하위 타입 할당 가능
println(s1)
s2 = s1 as String                                     // 명확한 타입으로 저장
println(s2)

var s3 : String = "문자열"
var s4 : String? = "문자열2"
                                                      // 널러블 문자열이 일반 문자열의 상위
println((s3::class))
println((s4!!::class))
println((s3::class).isSubclassOf(s4!!::class))
println((s4!!::class).isSubclassOf(s3::class))
```

문자열
문자열

```
class kotlin.String
class kotlin.String
true
true
```

## ▌ 널러블 자료형 점검한 후에 처리

변수에 널러블 자료형이 할당되면 널 값이 들어올 수 있다는 것을 알 수 있다. 들어온 널 값을 예외 없이 처리하려면 널 값을 체크한 다음에 널 값이 아닌 경우만 메서드나 속성 등을 처리한다. 아래 예제에서는 변수에 널 값 여부를 비교해서 널이 아니면 실제 속성을 처리한다.

- ▢ 널러블 문자열을 변수에 할당한다. 하나는 문자열을 할당하고 다른 하나는 null을 할당한다.
- ▢ 널 값 체크는 같은지(==) 아니면 같지 않은 지(!=)로 null을 체크한다.
- ▢ 널 값이 아니면 실제 속성을 처리한다.

```
val b: String? = "Kotlin"                              //널 가능 문자열에 문자열 할당
if (b != null) println(" 문자열 처리 ${b.length}")    //널 여부 체크한 후에는 스마트
else println(" 널값 ")                                 //캐스팅 되어 문자열 처리

val c: String? = null                                  //널 가능 문자열에 널 할당
if (c == null) println(" 널값 ")                       //널이라 널일 경우 출력
else println(" 문자열 처리 ${c.length}")
```

```
문자열 처리 6
널값
```

## ▌ 널러블 연산자로 처리

안전 연산자(?.)를 사용하면 널 값이면 null로 처리하고 널 값이 아니면 그다음에 오는 속성이나 메서드를 실행한다. 아래 예제는 확장함수를 널러블 자료형에 정의한 것이다. 확장함수도 제네릭으로 정의할 수 있다. 아직 제네릭 처리는 배우지 않았지만 먼저 알아본다.

- ▢ 꺾쇠괄호에 문자로 제네릭 자료형을 지정한다. 이 자료형에 제한으로 Any로 지정해서 이 확장함수는 코틀린 클래스에서 다 사용할 수 있다.
- ▢ 확장함수를 지정할 때는 클래스를 지정해야 한다. 타입 매개변수 T로 지정해서 이를 클래스로 보고 확장함수를 지정한다. 이 매개변수 T 다음에 물음표를 붙여서 널러블 자료형이라고 명시했다.
- ▢ 이제 확장함수 이름을 mapCheck로 지정했다. 이 확장함수 매개변수 f는 함수 자료형이 들어

왔다. 함수 자료형은 매개변수를 괄호 안에 표시하고 반환 자료형은 -> 다음에 붙인다.

- 이 확장함수의 반환 자료형은 T?로 지정해서 널러블 자료형을 반환한다.
- 널러블 변수를 지정해서 null을 할당하고 100을 할당한다. 정수를 지정할 때는 자료형을 작성하지 않아서 코틀린 내부에서 할당된 값을 보고 정수로 자료형을 확정한다. 이처럼 명확한 값이 들어오면 타입을 자동으로 처리하는 것을 타입추론이라고 한다.
- 이 두 변수를 가지고 확장함수를 실행한다. 널러블 변수에는 값으로 널이 들어올 수 있어서 안전 연산자를 사용해서 널이면 확장함수를 실행하지 않는다. 정수일 경우는 널러블 자료형이 아니라서 사용하지 않는다.
- 확장함수의 인자가 함수라 람다표현식을 전달했다. 확장함수의 인자가 함수 하나라서 이 확장함수를 호출할 때 괄호가 생략되어 람다표현식만 작성한 것이다.

```
fun <T:Any> T?.mapCheck( f:(T)-> T): T? =      //널러블 처리
    when ( this ) {
        null -> null                            //널값
        else -> f ( this )                      //원래 타입을 처리
    }

val nl : Any? = null                            //널러블 타입을 지정하면 null 할당 가능
val nl2  = 100                                  //정수를 입력하면 널을 처리할 수 없다.

println(nl?.mapCheck({it}))                     // 이 함수를 처리하면 널도 처리 가능
println(nl2.mapCheck({it*3}))                   // 정상값도 처리 가능
```

```
null
300
```

## ◤ 널러블 처리 연산자 자세히 알아보기

앞에서 널러블 연산자를 알아봤다. 널러블 연산자에 관해 더 자세히 알아본다.

- 단언 연산자(!!): 널이 들어오면 안 되는 곳에 연산자 처리 전에 지정한다. 널이 발생하면 예외를 발생시킨다.
- 안전 연산자(?.): 널이 들어오면 그다음 메서드를 처리하지 않는다. 실제 객체가 들어올 경우는 안전하게 메서드를 실행한다.
- 엘비스 연산자(?:): 안전처리 연산자와 같이 사용해서 널이 발생한 경우 별도의 값으로 대체할 수 있다

아래 예제에서는 단언 처리를 할 경우 예외를 발생시키므로 예외 처리를 추가해서 처리한다.

- 단언 연산자는 널이 처리되지 않을 때 확실하게 널이 아니라는 것을 알려주는 역할을 한다.

□ 단언 연산자를 널러블 자료형과 같이 사용하면 널 포인터 예외가 발생한다.

□ 안전 연산자는 조건문을 사용할 때보다 편리하므로 널러블 자료형과 같이 사용한다.

□ 널 값을 반환하는 것보다 정상적인 값을 처리하려면 엘비스 연산자도 같이 사용한다. 그러면 널 값이 변환되어 반환되므로 널을 다시 처리하는 것을 생략할 수 있다.

```kotlin
val ss = "100"                                  // 문자열 처리
println(ss!!.length)                            // 단언은 문자열이 아닌 경우만 발생

val ss1 : String? = null
try {
    ss1!!.length                                // 널이 아니어야 하는데 널이 들어오면 예외
} catch (e : Exception) {
    println("예외 처리 : ${e.message}")
}


val d : String? = "문자열 "
println(d?.length)                              // 타입안전 연산자는 널인 경우는 널 처리

val e : String? = null
println(e?.length)


val f : String? = null
println(e?.length ?: 0)        // 엘비스 연산은 세이브 콜 처리한 경우에도 널이면 디폴트 값 처리

var g = if (f != null) f?.length else 0    // 널인 경우 널값을 대신 초깃값으로 처리
println(g)
```

```
3
예외 처리 : null
4
null
0
0
```

### ◤ 내장 클래스의 널을 처리하는 메서드

문자열이나 리스트 등은 널러블로 사용할 경우 내부적으로 널 값을 처리를 하는 메서드가 있다. 제공되는 메서드들이 어떻게 널을 처리하는지 알아본다. 아래 예제는 널을 처리하는 내장 클래스의 메서드를 알아본 것이다.

- 변수에 널러블 자료형을 지정하고 null을 할당한다. 안전 연산자를 사용해서 내부 문자열을 조회한다. 널 값이 들어와서 메서드는 처리가 안 되고 널 값이 반환된다.
- 널 값이 원소로 들어간 리스트를 만든다. 그리고 filterNotNull 메서드로 널 값을 제외한 리스트의 원소를 추출한다.
- 문자열에 널 값과 빈 문자열에 대한 메서드를 처리한다. 널 값과 빈 문자열은 동일하게 처리되는 것을 알 수 있다. 그리고 이스케이프 문자가 들어오면 빈 문자열로 인식한다.

```kotlin
val ff :String? = null
println(ff?.getOrNull(0))

val nullableList: List<Int?> = listOf(1, 2, null, 4)   //리스트 내의 널값 원소
println(nullableList.filterNotNull())                   //리스트 내에서 널 제거

val s1: String? = null                                  //문자열의 값이 널
println(s1.isNullOrEmpty() == true)
println(s1.isNullOrBlank() == true)

val s2 = ""                                             //빈 문자열
println(s2.isNullOrEmpty() == true)
println(s2.isNullOrBlank() == true)

val s3: String = " \t\n"                                //이스케이프 문자열
println(s3.isNullOrEmpty() == false)
println(s3.isNullOrBlank() == true)
```

```
null
[1, 2, 4]
true
true
true
true
true
true
```

## 타입변환

특정 자료형 범위 내에서는 자료형을 변환할 수 있다. 이를 타입변환(type conversion)이라고 한다. 타입변환도 상속관계가 없을 때는 특정 변환 함수나 클래스를 만들어 변환 처리해야 한다.

## ◢ 타입 체크 및 변환 연산자

자료형에 대한 타입을 연산자로 확인한 후에는 타입이 자동으로 변환한다. 이것을 스마트 캐스팅 (smart casting)이라고 한다.

- 타입을 확인하는 연산자(is/!is): 상속관계에 해당하는 타입일 때만 is, !is로 점검할 수 있다.
- 타입을 변환하는 연산자(as/as?): 타입을 변환할 때도 상속관계 내에서 가능하고 불가능할 경우는 as?로 처리하면 null이 반환된다.

## ◢ 타입 체크

일반적으로 자료형도 조건문으로 확인할 수 있다. 아래 예제는 함수를 정의해서 is와 !is 연산자로 문자열과 정수에 대한 타입을 확인한 것이다.

```kotlin
fun checkDataType(value : Any){           //문자열과 정수 타입을 점검하는 함수 선언
    if(value is String){
        println("$value 은/는 문자열 ")
    }
    if(value !is String){
        println("$value 은/는 문자열이 아님")
    }
    if(value is Int){
        println("$value 은/는 정수")
    }
    if(value !is Int){
        println("$value 은/는 정수가 아님")
    }
}

checkDataType(100)
checkDataType("문자열")
```

```
100 은/는 문자열이 아님
100 은/는 정수
문자열 은/는 문자열
문자열 은/는 정수가 아님
```

## ◢ 다양한 조건에 대한 타입 체크

여러 조건식에서 타입을 체크할 수 있다. 특히 다양한 자료형을 체크할 때는 when 조건으로 처리하는 것이 좋다. 아래 예제는 if와 when으로 타입 체크를 처리한 것이다.

□ 변수의 자료형은 Any이고 정수를 할당했다. 이 변수의 정확한 자료형을 알기 위해 if 문으로 타입을 체크한다.

□ 다른 변수를 정의한 후에 when 조건으로 자료형을 점검한다. if 조건보다 더 다양한 조건을 체크할 수 있다. 다양한 조건을 처리할 때는 if보다 when을 사용하는 것이 편리하다.

```kotlin
val num : Any =256
if(num is Int){                              //num이 Int형일 때
    println(num)                             //256
    println(num.javaClass.kotlin)            //Int
} else{
    println("not Int")
}

val x :Any = 100
when (x) {
    is Int -> print(x + 1)
    is String -> print(x.length + 1)
    else -> print(" no ")
}
```

```
256
class kotlin.Int
101
```

### ◤ 상속관계를 벗어난 타입 체크

상속관계를 벗어난 경우는 연산자로 타입변환을 할 수 없다. 별도의 메서드 등을 작성해서 타입을 변환한다. 아래 예제는 특정 값을 할당하고 다른 자료형으로 타입을 변환할 때 어떤 문제가 발생하는지 알아본 것이다.

□ 숫자 자료형 변수를 할당한다. 이를 문자열로 타입을 체크하면 예외를 발생시킨다. 하지만 상속관계가 있는 다른 숫자 자료형으로 처리하면 정상적으로 처리한다.

□ 최상위 클래스를 자료형으로 처리하면 이 클래스를 상속한 모든 클래스로 타입 체크를 할 수 있어서 예외가 발생하지 않는다.

```kotlin
val a : Number = 100

//println(a is String)          숫자와 문자열의 싱속관계가 아니라 처리할 수 없다.
//println(a !is String)

println(a !is Long)             // 숫자 자료형을 상속한 경우만 가능
```

```
val b : Any  = 100              //최상위 클래스

println(b is String)            //숫자와 문자열은 Any와 상속관계
println(b !is String)

println(b !is Long)             //숫자 자료형을 상속한 경우만 가능
```

```
true
false
true
true
```

### 스마트 캐스팅이 불가능한 경우

스마트 캐스팅은 명확한 값이 있어야 자료형을 확인할 수 있다. 명확한 값이 처리되지 않는 경우는 스마트 캐스팅이 불가능하다. 아래 예제에서는 스마트 캐스팅 처리가 불가능하다.

- 클래스를 정의한다. 첫 번째 속성은 lateinit을 사용해서 초기화를 사용 시점으로 변경한다. 두 번째 속성은 초깃값을 게터에서 임의의 값으로 반환한다.
- 객체를 생성해서 속성의 자료형을 체크해서 실제 메서드를 사용하려면 명확한 초깃값이 아닐 경우는 스마트 캐스팅 처리가 되지 않아 예외를 발생한다.
- 늦은 초기화 후 처리해서 값이 계속 변경되므로 스마트 캐스팅이 안 된다고 예외를 발생시킨다.

```
class AAA {                     //클래스 정의
    lateinit var ainit : Any    //초기화 연기
    val o:Any                   //배킹 필드 미사용 속성→자료형 값이 변경
        get() = ""
}

val aAAA = AAA()                //객체 생성
if (aAAA.o is String) {
    //println(aAAA.o.length)    //스마트 케스트 처리 불가
}
aAAA.ainit =""                  //초기화 처리
if (aAAA.ainit is String) {
    //println(aAAA.ainit.length) //스마트 케스트 처리 불가

}
```

아래 예제는 지연 초기화되는 경우이다.

   ☐ lazy로 초기화 속성을 정의한 후에 스마트 캐스팅을 처리한다.

   ☐ 실제 정수라는 명확한 값이 있어서 예외 없이 실행된다.

   ☐ 확장 속성인 경우에도 정숫값을 처리할 때는 명확한 값이 들어와서 스마트 캐스팅에 아무런 문제가 없다.

```kotlin
class EvalLazy() {                       //함수 정의
    val bbb by lazy {300}                //지연 초기화

    fun evalLazy() {                     //메서드에서 지연변수 확인
        if (bbb is Int) {
            println(bbb *2)
        }
    }
}
val ev = EvalLazy()
ev.evalLazy()                            //함수 실행

val Any.ccc : Int
    get() = 100                          //정수 확장 속성

println(("문자열").ccc is Int)          //실제 반환값은 정수
```

```
600
true
```

## ◤ 숫자 자료형 변환

내장 클래스에서 자료형 변환 메서드를 제공한다. 아래 예제에서는 Long형 정수를 Int 정수로 변환해서 변수에 할당한다. 숫자로만 된 문자열을 정수로 변환한다.

```kotlin
val a: Long = 34
val b: Int = a.toInt()                   //Long을 Int로 강제 형 변환
val str: String = "123"
val c = str.toInt()                      //정수 123으로 변환

println(" $b $c")
```

```
34 123
```

### 명시적인 자료형 변환

널러블 자료형 등을 가지고 명시적인 자료형을 as, as?로 변환한다. 아래 예제에서는 널러블 문자열을 일반 문자열로 변환한다.

- 널러블 문자열이 문자열보다 상위이므로 as를 사용해서 널러블 문자열을 일반 문자열로 변환한다.
- 널러블 문자열에 널이 들어올 수 있으므로 자료형 변환에 as?를 사용한다. 그래서 엘비스 연산까지 사용해서 널 대신 초깃값을 반환한다.

```
var x : String = "100"
var y : String? =  "3000"
x = y as String                          //문자열로 변경
println(x)

var a : Any? = "100"
var b : String? =  "3000"
b = a as String                          //문자열로 변경
println(b)

val c = a as? String ?: 0                //변경 가능해서 0 아닌 실제 변환값
println(c)

var e : String = "100"
var f : String? = null

val g = f as? String ?: 0                //널인 경우 엘비스 연산을 통해 초깃값으로 변경
println(g)
```

```
3000
100
100
0
```

## 2.3 구조분해(Destructing Declaration) 알아보기

배열이나 튜플 등은 여러 개의 원소를 가진 컬렉션이다. 각각의 원소를 변수에 할당해서 사용하려면 원소를 하나씩 꺼내야 한다. 코틀린에서은 원소를 쉽게 분해해서 변수에 할당할 수 있도록 구조분해를 지원한다.

## ▶ 구조분해를 위한 내부 메서드

- componantN: 구조분해가 가능한 것은 저장된 원소를 위치에 따라 조회할 수 있는 메서드가 자동으로 만들어진다. 이때 숫자는 1부터 붙여진다.
- 구조분해가 가능한 클래스는 내부적으로 이 component 메서드가 자동으로 생성된다. 이 메서드가 있으면 구조분해를 바로 처리할 수 있다. 이 메서드의 숫자는 실제 원소의 위치이다.
- 데이터 클래스(data class)는 컬렉션이 아니지만, 내부적으로 구조분해를 지원한다. 데이터 클래스 내의 속성을 지정한 순서대로 component 메서드가 실행되어 원소를 조회한다.

## ▶ 구조분해

여러 원소를 가진 객체를 만들고 이 객체 내의 원소를 다시 변수 등에 할당할 수 있도록 구조분해를 지원한다. 아래 예제는 튜플을 만들어서 구조화하고 이를 다시 구조분해 처리한 것이다.

- 3개의 변수에 정수를 할당한다.
- 코틀린에서 한번 생성되면 변경할 수 없는 컬렉션이 튜플(tuple) 클래스이다. 코틀린에서는 Pair 클래스와 Triple 클래스 두 가지 튜플만 지원한다. 실제 변경 불가능한 컬렉션을 지원해서 다양한 튜플이 필요 없다.
- 3개의 원소를 갖는 Triple 클래스의 객체를 만든 후에 3개의 변수에 할당하면 3개의 원소가 자동으로 변수에 할당된다. 이런 처리가 구조분해이다. 할당된 변수를 확인하면 값들이 할당된 것을 알 수 있다.
- 이제 튜플 내의 구조분해하는 속성을 확인하면 first, second, third가 있다. 이 속성으로 조회하면 튜플 내의 원소를 조회할 수 있다.
- 구조분해에서 중요한 것은 분해를 할 수 있는 메서드가 만들어진다는 것이다. 실제 구조분해를 해서 변수에 할당하면 이 componentN 메서드가 실행된다.
- 실제 N 대신에 숫자 1, 2, 3이 메서드에 붙어서 위치별로 원소를 조회한다.

```
val a = 100
val b = 200
val c = 300

val st = Triple(a,b,c)              // 원소가 3개인 튜플로 구조화
val (a_, b_, c_) = st               // 튜플 원소를 변수에 할당: 구조분해
println(" $a_ , $b_, $c_ ")

val e = st.first                    // 내부 원소에 맞는 속성
val f = st.second
val g = st.third
```

```
println(" $e , $f, $g ")

val e1 = st.component1()                    //구조분해 메서드로 변수에 할당
val f1 = st.component2()
val g1 = st.component3()
println(" $e1 , $f1, $g1 ")
```

```
100 , 200, 300
100 , 200, 300
100 , 200, 300
```

## ◾ 배열의 구조분해

배열을 만들어도 튜플처럼 구조분해를 할 수 있다. 아래 예제에서는 배열을 생성해서 구조분해를
처리한다.

- ▫ 문자열을 가지는 배열을 생성한다.
- ▫ component 메서드로 값을 조회한다.
- ▫ 구조분해할 때 필요 없는 경우 언더스코어를 사용해서 처리한다. 실제 변수 이름을 지정한 것
  만 사용한다.
- ▫ 구조분해를 할 때 변수의 개수가 부족하면 그 뒤에 있는 원소는 분해가 되지 않는다. 그래서
  필요한 원소까지만 지정해서 처리할 수도 있다.

```
val arr = arrayOf("a","b","c")              //배열 생성

println(arr.component1())                   //원소를 메서드로 구조분해
println(arr.component2())
println(arr.component3())

val (a1, b2, c3) = arr                      //변수를 정의해서 구조분해
println("$a1,  $b2,  $c3")

val (_,_,cc) = arr                          //구조분해할 때 미사용 변수를 _로 지정
println("$cc ")
val (_,bb) = arr                            //개수가 부족하면 그 위치까지만 처리
println("$bb ")
```

```
a
b
c
a,  b,  c
c
b
```

## 데이터 클래스 구조분해

필요한 속성만 정의해서 관리하는 클래스가 있다. 이를 데이터 클래스(data class)라고 한다. 구조분해를 위해 간단하게 알아본다. 아래 예제에서는 2개의 속성을 가지는 데이터 클래스를 정의하고 구조분해를 처리한다.

- 데이터 클래스는 class 예약어 앞에 data를 지정해서 속성만 가지는 클래스라는 것을 명시해야 한다.
- 이 데이터 클래스로 객체를 만든 후에 구조분해를 처리한다. 각 변수에 값들이 잘 할당된 것을 알 수 있다.
- 그다음에 데이터 클래스에 만들어진 componentN 메서드를 사용해서 속성을 하나씩 꺼내 변수에 할당한다. 이 변수를 출력하면 데이터 클래스의 속성값이라는 것을 알 수 있다.

```
data class DataClass(val name:String,          //데이터 클래스 선언
                     val age:Int)

val dc = DataClass("dahl", 55)                 //객체 생성
val (name,age) = dc                            //변수에 할당한 구조분해
println(" $name $age")


val n1 = dc.component1()                        //메서드를 사용한 구조분해
val n2 = dc.component2()
print("name : $n1, age: $n2")
```

```
 dahl 55
name : dahl, age: 55
```

## 2.4 자료형과 클래스

프로그램 언어가 등장하면서 변수를 사용했다. 이때 변수의 메모리를 확정하기 위해서는 자료형 지정이 필요했다. 이 자료형은 자바에서 말하는 원시 자료형이나 C 언어의 기본 자료형이다. 자료형마다 사용하는 바이트가 정해져 있어 메모리 사용할 수 있는 전체 양을 알 수 있다. 하지만 객체지향이나 함수형 기법이 나오면서 클래스 등이 추가되어 대부분의 객체는 클래스로 처리되지만, 아직도 자료형(Data Type)이란 용어를 사용한다.

### ▶ 자료형으로 사용할 수 있는 것

- 클래스: 객체를 만드는 도구이다. 클래스가 만든 객체는 항상 동일한 클래스이다. 그래서 자료형이 가능하다. 일반 클래스도 상속관계를 만들 수 있다. 그래서 슈퍼클래스나 서브클래스 모두 자료형으로 사용할 수 있다.
- 인터페이스: 추상화된 메서드로 클래스가 상속해서 구현하는 도구이다. 인터페이스도 클래스와 상속관계를 유지해서 자료형으로 사용할 수 있다.
- 추상 클래스: 객체를 만들지 못하지만 상속해서 클래스의 기능을 추가하는 도구이다. 상속관계를 통해 자료형으로 사용할 수 있다.
- 코틀린 object 정의: object 정의를 통해 클래스 정의와 객체 생성이 한꺼번에 처리된다. 그래서 object 이름도 자료형이다.
- 코틀린의 함수 자료형: 코틀린에서는 함수 인터페이스를 리플렉션에서 제공한다. 문법으로 함수 자료형 표기법을 제공해서 쉽게 사용할 수 있다.
- 코틀린의 널러블 클래스: 코틀린에서는 모든 자료형에 물음표를 붙이면 널이 가능한 자료형을 만들 수 있다. 이 클래스의 특징은 널 값과 기존 자료형을 모두 처리할 수 있게 구성한다는 점이다. 실제 일반 클래스가 널러블 클래스를 상속한 관계이다.

### ▶ 자료형이 필요한 곳

- 변수를 정의할 때는 정적으로 자료형을 지정한다. 그래서 전역변수나 지역변수의 자료형을 지정한다. 타입추론은 타입을 미지정하면 할당된 객체를 보고 자료형을 확정 처리하는 방법이다.
- 함수나 메서드의 매개변수에도 자료형을 지정해야 한다. 또한, 함수나 메서드는 반드시 반환 자료형을 지정한다. 함수나 메서드도 타입추론이 가능해서 일부 자료형을 지정하지 않아도 내부적으로 판단해서 타입을 확정한다.
- 클래스 속성, 생성자의 속성 등에도 자료형을 정의해야 한다.
- 추상 클래스나 인터페이스의 추상 속성이나 추상 메서드에도 자료형을 지정한다.

### ▶ 클래스로 지정하는 자료형

클래스는 해당되는 패키지와 클래스 이름으로 식별을 해서 클래스 이름만 정의하고 내부적으로 패키지까지 붙여서 식별 처리를 한다. 아래 예제에서는 변수의 자료형을 클래스로 정의했다.
  □ 변수에 클래스로 자료형 지정하고 값을 할당했다.
  □ 이 변수의 자료형을 클래스 참조나 javaClass로 확인한다.

□ 자바의 Integer 클래스로 자료형을 정의하고 이 클래스의 객체를 할당한다.

□ 자바의 Integer 클래스와 코틀린의 Int는 다른 클래스이므로 실제 정수를 처리해도 동일하게 처리하지 않는다. 그래서 Int로 변환해서 연산을 처리한다.

```
val a : kotlin.Int = 100                          //클래스는 자료형
println(a::class)
println(a.javaClass)

val b : java.lang.Integer  = java.lang.Integer(100)  //클래스는 자료형
println(b::class)
println(b.javaClass)

println(a.javaClass === b.javaClass)

println(a + b.toInt())                            //동일한 자료형으로 변환 후 계산
```

```
class kotlin.Int
int
class kotlin.Int
class java.lang.Integer
false
200
```

### █ 함수 자료형과 object 자료형

함수 자료형은 함수를 인자로 받는 매개변수나 변수에 지정할 수 있고 object 정의도 클래스를 정의하고 유일한 객체를 하나만 생성한다. 그래서 자료형으로 사용할 수 있다. 아래 예제에서는 함수 자료형과 object 정의를 변수의 자료형으로 사용한다.

□ 함수 인터페이스는 리플렉션 패키지에 있다. 이 함수 인터페이스의 숫자는 매개변수의 개수이다.

□ 실제 함수 자료형은 이 인터페이스를 사용하지 않고 리터럴 표기법으로 함수 시그니처처럼 만든다.

□ 두 개의 매개변수와 반환 자료형을 가지는 함수를 정의한다.

□ 변수에 함수 자료형을 지정하고 이 함수를 함수 참조해서 변수에 할당한다. 변수에 할당될 때는 자료형을 체크하는데 동일하거나 이 자료형의 서브클래스가 아니면 예외를 발생시킨다.

□ 그다음 함수 인터페이스에 꺾쇠괄호를 사용해서 두 매개변수의 자료형과 반환 자료형을 순서에 따라 입력한 후에 함수 참조로 함수를 할당한다.

□ 두 변수를 실행하면 할당된 함수가 실행된다.

☐ object 정의하고 이 이름으로 변수의 자료형으로 지정한다. 이 object도 유일한 객체이므로 변수에 할당할 수 있다.

```
import kotlin.reflect.KFunction
import kotlin.reflect.KFunction1
import kotlin.reflect.KFunction2

fun add(x:Int, y:Int) : Int = x+y

val c : (Int, Int) -> Int = ::add          //함수도 자료형
println(c(100,200))

val d : KFunction2<Int,Int,Int> = ::add    //함수도 자료형
println(d(1000,2000))

object Animal                              //object도 자료형

val e : Animal = Animal
println(e.javaClass.kotlin)
```

```
300
3000
class Line_1$Animal
```

## ▌ 추상 클래스와 인터페이스 자료형

클래스에 대한 특정 기능을 제약하는 인터페이스와 추상 클래스도 자료형이 가능하다. 상속해서 구현하면 이를 상위 클래스처럼 활용할 수 있다.

변수에 추상 클래스나 인터페이스가 있으면 실제 구현 클래스의 객체 할당이 가능하다. 인터페이스를 자료형으로 정의한 경우 인터페이스에 없는 메서드를 호출하면 예외를 발생시킨다. 아래 예제에서는 추상 클래스와 인터페이스를 자료형으로 지정한다.

  ☐ 하나의 추상 메서드를 가진 인터페이스를 정의한다. 인터페이스는 기본 추상 메서드를 가져서 abstract를 붙이지 않는다.

  ☐ 하나의 추상 메서드를 가진 추상 클래스를 정의한다. 추상 메서드 앞에 abstract 지시자를 붙여야 한다. 추상 메서드는 메서드 시그니처까지만 가지고 있다.

  ☐ 추상 클래스와 인터페이스를 상속해서 추상 메서드를 구현한다. 추상 메서드 구현도 override 지시자를 붙인다.

  ☐ 이제 변수에 추상 클래스를 자료형으로 해서 객체를 생성하고 추상 메서드에 있는 메서드를

실행한다.

□ 자기 클래스를 자료형으로 변수를 지정하고 객체를 생성한 다음 클래스에 정의된 모든 메서드를 실행한다.

□ 인터페이스를 변수의 자료형으로 지정하고 객체를 생성한 후에 메서드를 실행한다.

□ 자기 클래스를 자료형으로 만들지 않고 추상 클래스와 인터페이스를 가지고 자료형을 만들 경우는 현재 정의된 메서드만 실행되는 것을 알 수 있다.

□ 여러 인터페이스를 상속해서 구현한 경우 자료형으로 특정 인터페이스를 지정하면 클래스에 있는 모든 메서드를 호출하지 못하고 자료형에 지정된 인터페이스의 메서드만 처리할 수 있다.

```
interface Countable {                        //인터페이스
    fun add(x:Int, y:Int) : Int              //추상 메서드
}

abstract class Abstract {                     //추상 클래스
    abstract fun addA(x:Int, y:Int) : Int     //추상 메서드
}

class Add : Abstract(), Countable {           //추상 클래스와 인터페이스 상속
    override fun add(x:Int,
                  y:Int) : Int = x + y

    override fun addA(x:Int, y:Int) : Int = x + y
}

val aa : Abstract = Add()                     //추상 클래스가 자료형
println(aa.addA(1000,2000))

val ad : Add = Add()                          //구현 클래스가 자료형
println(ad.add(100,200))
println(ad.addA(100,200))

val ac : Countable = Add()                    //인터페이스가 자료형

println(ad.add(100,200))
//println(ad.addA(100,200)                    //인터페이스 범위가 아니라서 호출 금지
```

3000
300
300
300

# 03 범위 알아보기

일련된 숫자나 문자로 범위를 지정할 수 있는 컬렉션은 범위(Ranges) 클래스이다. 실제 범위는 시작과 끝에 대한 정보를 속성에 가지고 있지만, 리스트처럼 모든 원소를 직접 가지고 있지 않다. 이 범위로 특정 영역의 일련된 것을 처리할 수 있다. 어떻게 처리하는지 알아본다.

## 범위 생성

범위는 시작과 끝에 대한 정보를 속성으로 가진다. 일반적인 컬렉션 클래스의 객체는 모든 원소를 다 가진다. 이런 차이점이 있지만 반복자로 변환하면 범위의 원소를 모두 사용할 수 있다.

### ◤ 범위 클래스의 멤버 확인

범위 클래스 내부에 어떤 속성과 메서드가 있는지 알아본다. 아래 예제에서는 범위 클래스의 멤버를 확인한다.

- □ 확장함수 dir을 만든다. 이번에는 members 속성에 바로 map 메서드를 사용해서 그 내부의 이름만 추출한 후 집합 객체로 변환한다.
- □ 정수 범위를 만들어서 내부 멤버를 출력한다.
- □ 범위 내부의 값을 관리하는 속성과 iterator 메서드 즉 반복자로 변환하는 메서드가 있다. 그래서 for 순환문에서 바로 사용할 수 있다.

```
fun Any.dir() : Set<String> {          // 클래스 내부의 멤버 이름을 확인하는 함수
    val a = this.javaClass.kotlin       // 클래스 참조
    println(a.simpleName)
    val ll = a.members.map { it.name }  // 멤버 이름을 추가
    return ll.toSet()
}

val intR = (1..5).dir()                 // 정수 범위의 멤버 확인
println(intR.count())

for (i in intR) println(i)              // 멤버 출력
```

```
IntRange
13
endInclusive
start
contains
equals
hashCode
isEmpty
toString
first
last
step
forEach
iterator
spliterator
```

☐ Int, Long 정수와 Char 문자로 범위를 만든다. 이 객체도 정수 범위의 멤버와 동일하다.

```
val intR1 = (1..5).dir()              //정수 범위 멤버 확인
val longR =(1L..5L).dir()             //롱정수 범위 멤버 확인
val charR =('a'..'b').dir()           //문자 범위 멤버 확인

println(intR1.intersect(longR).count())   //교집합으로 확인하면
println(intR1.intersect(charR).count())   //동일한 멤버를 가진 것을 확인
println(longR.intersect(charR).count())
```

```
IntRange
LongRange
CharRange
13
13
13
```

## ▌ 범위로 순환 처리

범위 클래스에는 반복자(Iterator)로 변환하는 **iterator** 메서드가 있다. 이 메서드로 바로 반복자로 변환해서 순환문을 처리할 수 있다. 아래 예제에서는 범위를 생성하고 순환을 처리한다.

☐ 순환의 속성을 출력하는 정수 범위 클래스의 확장함수를 정의한다. 정수 범위를 생성하고 이 확장함수를 실행한다.

☐ 정수 범위를 rangeTo 메서드는 범위 연산자와 같은 결과를 만든다. 순환 결과가 마지막까지

포함되는 것을 알 수 있다. 또한, 내부 순환을 forEach 메서드로 순환 처리할 수도 있다.

□ 범위에는 간격(step)이 있다. 이 간격만큼 단계를 넘어서 순환 처리한다.

□ 마지막을 포함하지 않으려면 until 메서드로 범위를 만든다. 그러면 순환 등을 처리할 때 마지막은 제외된다.

```kotlin
fun IntRange.info() {                              //정수 범위 확장함수
    println("start : " + this.start)               //내부 속성 정보를 출력
    println("last  : " + this.last)
    println("step  : " + this.step)
}

val intRange : IntRange = 1..5                      //범위 연산자로 정수 범위 설정
intRange.info()

val intRange2 = 1.rangeTo(5)                        //메서드로 정수 범위 설정

println("for 문")
for (i in intRange)  print("$i ")                  //순환문으로 범위 순환
println()
for (i in intRange step 2) print("$i ")            //간격을 가지고 범위 순환

println()
println("for each 메소드")
intRange.forEach {print("${it},")}                 //내부순환으로 범위 처리

println()
println(" until 까지 순환 ")
for (i in (1).until(5)) print("$i ")               //마지막 값 미포함 범위 처리
println()
for (i in 1 until 5 step 2) print("$i ")           //마지막 값 미포함 간격을 가지고 범위 순환
```

```
start : 1
last  : 5
step  : 1
for 문
1 2 3 4 5
1 3 5
for each 메소드
1,2,3,4,5,
 until 까지 순환
1 2 3 4
1 3
```

앞 예제는 순방향으로 범위를 순환했다. 큰 수부터 작은 수로 처리하는 역방향 범위도 만들 수 있다.

- □ 역방향을 만드는 downTo 메서드를 사용한다. 역방향으로 표시할 때는 연산자로 처리할 수 없으므로 반드시 이 메서드를 사용해야 한다.
- □ 역방향으로 처리하는 범위에도 간격을 줄 수 있다.

```
for (i in (5).downTo(1)) print("$i ")          //정수 반대방향으로 범위 처리
println()
for (i in ('e').downTo('a')) print("$i ")      //문자 반대방향으로 범위 처리
println()

for (i in 20.downTo(1).step(2)) print("$i ")   //정수 반대방향으로 범위 처리
println()

for (i in 1.rangeTo(30) step 3) print("$i ")   //정수 정방향으로 범위 처리
```

```
5 4 3 2 1
e d c b a
20 18 16 14 12 10 8 6 4 2
1 4 7 10 13 16 19 22 25 28
```

## ◼ 문자열 범위

문자열도 범위를 지정할 수 있지만, 순환은 할 수 없다. 문자열로 범위를 지정하면 내부에 iterator 메서드가 없다. 아래 예제를 보면 문자열로 범위를 지정하면 ClosedRange 클래스의 객체가 만들어진다.

- □ 문자열로 범위를 만들어서 dir 확장함수로 멤버를 확인한다.
- □ 내부에 iterator 메서드가 없어서 순환을 할 수 없다. 대신 contains 메서드가 있어서 포함관계를 처리하는 것은 가능하다.

```
val strR = ("문자열".."범위").dir()            //문자열로 범위를 만들면
println(strR.count())                          //반복자로 순회에 대한 메서드가 없음
for (i in strR) println(i)                     //비교만 할 수 있는 멤버만 있음

fun ClosedRange<String>.info() {               //문자열 범위 내의 확장함수 추가
    println("start : " + this.start)           //시작과 종료를 출력
    println("last  : " + this.endInclusive)
}
```

CHAPTER 06

```
val closedRange : ClosedRange<String> =            //문자열 범위 생성
                                 "mom".."mop"

closedRange.info()
println("### 포함여부 확인 ###")
println(closedRange.isEmpty())                     //내부 상태 확인
println(closedRange.contains("mom"))               //포함 여부 확인
println("mon" in closedRange)
```

```
ComparableRange
7
endInclusive
start
equals
hashCode
toString
contains
isEmpty
start : mom
last  : mop
### 포함여부 확인 ###
false
true
true
```

## 범위 활용

문자열 범위를 순환처리 할 수 있게 만든다.

### ◾ 함수와 확장함수를 사용해서 배열로 변환

범위를 배열로 변환하기 위해서 함수와 확장함수를 추가로 정의한다. 아래 예제에서는 함수와 확장함수를 사용해서 배열로 변환한다.

- □ 범위를 배열로 변환하는 함수를 만든다. 또한, 범위의 확장함수로 배열을 변환하는 것을 추가로 만들어본다.
- □ 범위 객체를 생성해서 함수와 확장함수를 이용해 배열로 변환한다.
- □ 변환된 것이 배열 객체인지 확인하기 위해 spread 연산을 사용해 새로운 배열을 만든다. 그다

음 배열의 속성과 메서드로 확인한다.

```
fun toArray(lst: IntRange): Array<Int> =        //함수는 기본으로 객체를 인자로 전달
    lst.toList().toTypedArray()                 //범위를 리스트로 변환한 후 배열로 변환

fun IntRange.toArray_(): Array<Int> =           //확장함수는 기본 객체 사용
    this.toList().toTypedArray()                //범위를 리스트로 변환한 후 배열로 변환

val iR = (0..10)
val rl = toArray(iR)                            //함수를 사용해서 범위를 배열로

val iR1 = (0..10)
val rl1 = toArray(iR1)                          //함수를 사용해서 범위를 배열로
println(rl1.javaClass.kotlin)

val r21 = iR.toArray_()                         //확장함수를 사용해서 범위를 배열로
println(r21.javaClass.kotlin)

val ls = arrayOf<Int>(*rl)                      //배열을 스프레이드 연산으로 처리하기
println(ls.javaClass.kotlin)
if (ls.isEmpty()) {
    println(" 원소가 없습니다. ")
}else {
    println(ls.indexOf(0))                      //배열의 원소를 알아보기
    println(ls.lastIndexOf(10))                 //인덱스 주고 조회
    println(ls.count())                         //리스트 원소 개수
    println(ls.size)
}
```

```
class kotlin.Array
class kotlin.Array
class kotlin.Array
0
10
11
11
```

## ◤ 문자열을 범위로 변환

문자열을 분리해 범위로 변환하는 함수를 만든다. 아래 예제에서는 문자열을 받아서 범위를 변경하는 함수를 만든다.

□ 함수에 문자열을 받고 이 문자열을 분리한다.

- 스코프 함수 let을 사용하면 현재 객체를 넘겨준다. 리스트이므로 그 내부 2개의 원소를 구조 분해해야 한다.
- 람다표현식 내 소괄호에 변수를 2개 지정한 것은 구조분해 처리이다.
- 그다음 범위연산자 사이에 두 변수를 정수로 변환했다.
- 스코프 함수 let은 람다표현식의 결과를 반환하므로 범위 객체가 반환된다.
- 이 함수를 사용해서 범위 객체를 만든다. 이 객체를 위에서 만든 배열 변환을 사용해 변환한다.
- 이 배열을 슬라이스를 사용해 부분 배열을 만들고 다시 출력한다.

```kotlin
fun toRange1(str: String): IntRange =          //문자열을 받아서 범위로 변경
    str.split(";")                             //문자열 분리하면 두 개의 원소를
    .let { (a, b) -> a.toInt()..b.toInt() }    //언패킹 처리해서 범주로 변환

val i = toRange1("100;200")
println(i.javaClass.kotlin)

val lst = toArray(i)                                       //배열로 변환
println(lst.count())                                       //원소 개수
println(lst.slice(1..5).toIntArray().contentToString())   //일부를 슬라이스 처리
                                                           //다시 배열로 변환 후 출력
```

```
class kotlin.ranges.IntRange
101
[101, 102, 103, 104, 105]
```

## ◤ 반복자로 처리해서 while 순환 처리

범위도 반복자로 변환할 수 있다. 반복자로 변환 이후 while 순환으로 처리한다. 아래 예제에서는 범위도 반복자로 처리한다.

- 리스트를 생성해 반복자로 변환한다. 반복자에는 hasNext, next 메서드가 있어서 while 문의 조건으로 hasNext를 점검하고 원소는 next로 가져와 처리한다.
- 범위 객체를 생성하고 반복자로 변환해서 동일하게 순환을 처리한다.
- 정수와 문자열 확장함수를 만들어서 범위 구간에 포함되었는지 확인한다. 범위를 만들고 이 함수에 인자를 전달해서 포함 여부를 확인한다.

```
val list = listOf<Int>(1, 2, 3)                          //리스트 자료구조 생성
val iterator = list.iterator()                           //반복자 생성

while(iterator.hasNext()) {                               //while 문으로 반복자 처리
    print(iterator.next().toString() + ", ")
}
println()
val range = 1..5                                         //범위 생성
val riter = range.iterator()                             //반복자 생성

while(riter.hasNext()) {                                 //while 문으로 반복자 처리
    print(riter.next().toString() +", ")
}
println()

fun IntRange.rangechek(x:Int) {                          //범위 체크 확장함수
    when (x){
        in this -> println("X 는 범위 내에 있음")         //범위도 확정되어 else 필요
    }
}

val x = 4
(1..10).rangechek(x)

fun ClosedRange<String>.rangechek(x:String) {            //문자열 범위 체크
    if (this.contains(x)) println("X 는 범위 내에 있음")  //포함 메서드로 체크
}

val xy= "maj"
("maa".."mas").rangechek(xy)
```

```
1, 2, 3,
1, 2, 3, 4, 5,
X 는 범위 내에 있음
X 는 범위 내에 있음
```

### ◢ 문자열 범위 처리를 위한 클래스 작성

문자열로 범위를 만들면 반복자를 만들 수 없어서 해당 원소의 포함 여부나 비교만 할 수 있었다.
아래 예제에서는 문자열 범위를 반복하기 위해 반복자를 상속받아서 hasNext와 next 메서드를 재
정의해서 반복할 수 있도록 했다.

□ 문자열 범위를 만드는 클래스를 정의한다. 주 생성자는 시작과 종료 문자열을 받는다. 반복자
  를 상속한다.
□ 내부의 순환을 처리하는 속성에 StringBuilder를 할당한다.
□ 반복자를 상속해서 hasNext, next 메서드를 재정의한다.
□ 순환을 처리하는 hasNext는 마지막 문자열까지 다 처리하면 논리값으로 반환하고 순환을 종
  료한다.
□ 다음 문자열을 반환하는 next는 문자를 하나씩 증가해서 반환한다.
□ 이 문자열 범위 클래스로 영문과 한글 범위를 지정해서 범위 객체를 만들고 순환 결과를 출력
  한다.

```kotlin
class StringRange(val start:String,           //문자열 범위 클래스 정의
              val endInclusive : String) :    //범위 정보 속성 정의
                       Iterator<String> {     //반복자 상속
    var next = StringBuilder(start)           //다음 값 정보 처리:변경 가능 문자열 처리
    val last = endInclusive                   //최종값 저장
    override fun hasNext() =                   //반복자 메서드 오버라이딩: 원소가 있는지 확인
          (last >= next.toString() &&
               last.length >= next.length)

    override fun next() : String {            //다음 문자열 가져오기
        var result = next.toString()
        val lastCharacter = next.last()       //문자열 마지막 문자 가져오기
        next.setCharAt(next.length -1,        //문자열 내의 문자를 갱신
                      lastCharacter + 1)
        return result                         //반환
    }
}

val a = StringRange("gall", "galp").iterator()  //문자열 범위를 정해서 반복자 처리
                                                //순환문으로 반복 처리
for (i in a) println(i)

val b = StringRange("가", "각").iterator()       //한글 문자열 처리가 가능한지 확인
for (i in b) println(i)
```

```
gall
galm
galn
galo
galp
가
각
```

# 04 날짜(Date) 알아보기

프로그램을 작성해서 데이터를 처리할 때 날짜를 저장해야 하는 경우가 많다. 이때 현재 처리하는 기준으로 날짜를 저장할 수도 있고 특정 시간 때나 시스템 날짜로 처리할 수도 있다.
코틀린에서 어떤 날짜를 지원하는지 알아본다.

## 달력과 날짜 처리

우리는 보통 달력의 날짜를 보며 생활한다. 프로그램 언어도 기본으로 달력을 제공하므로 달력을 기준으로 날짜를 처리하는 것부터 알아본다.

### ◤ 달력으로 날짜 처리

달력(Calendar) 클래스에서 객체를 만들고 이 객체에서 년, 월, 일, 요일 등을 알아본다. 아래 예제에서는 달력 클래스에서 하나의 객체를 가져온다. 그런 다음 특정 값을 전달해 연, 월, 일 등을 가져온다.

□ 코틀린에서는 자바의 달력(Calendar)을 import 하고 현재 날짜를 getInstance를 실행해 가져온다.

□ 이 날짜에서 년, 월, 일, 시간, 분, 초에 대한 정보를 지정해서 가져온다.

```
import java.util.Calendar                        //달력 처리

val today = Calendar.getInstance()               //캘린더로 현재 일자 생성

val year = today.get(Calendar.YEAR)              //년도 조회
val month = today.get(Calendar.MONTH) + 1        //월 조회: 0부터 시작해서 +1 필요
val day = today.get(Calendar.DAY_OF_MONTH)       //일자
val hour = today.get(Calendar.HOUR_OF_DAY)       //시간
val minute = today.get(Calendar.MINUTE)          //분
val second = today.get(Calendar.SECOND)          //초

println("Date : $year-$month-$day $hour:$minute:$second")
```
Date : 2022-5-1 20:27:47

CHAPTER 06

## 날짜 포매팅 처리

날짜는 나라마다 처리하는 기준이 다르다. 그래서 현재 사용하는 날짜를 처리하는 기준에 따라 포매팅을 지정해서 처리한다. 아래 예제에서는 날짜 객체를 만들어 다양한 포매팅을 문자열로 처리하고 포매팅 처리 객체로 바꾼 다음 날짜를 인자로 넣어 다양한 형식의 날짜 문자열을 만든다.

- □ 날짜는 java.util.Date를 기본으로 사용한다.
- □ 가장 간단한 날짜 포매팅은 SimpleDataFormat을 사용한다.
- □ 맵에 다양한 날짜 포맷을 지정해 날짜를 생성한다. 이 맵의 포맷으로 포매팅 객체를 만든 후 날짜를 전달해서 출력한다.

```kotlin
import java.util.Date                              //데이트 처리
import java.text.SimpleDateFormat                  //데이트 포맷 처리

val arft = mapOf("임의지정"    to "yyyy년 MM월 dd일 HH시 mm분 ss초",
                 "년월일"       to "yyyy-MM-dd",
                 "일영어월일" to "dd-MMM-yyyy",
                 "일월일"       to "dd/MM/yyyy",
                 "연월일시분초" to "yyyy-MM-dd'T'HH:mm:ss",
                 "시분"         to "h:mm a")

val current = Date()                               //현재 날짜와 시간을 가져옴

var formatted = SimpleDateFormat("yyyy-MM-dd")     //포매팅 처리
println("Current: ${formatted.format(current)}")   //출력


for ((key,formating) in arft) {                    //다양한 포매팅 처리
    formatted = SimpleDateFormat(formating)
    println("$key : ${formatted.format(current)}")
}
```

```
Current: 2022=05=01
임의지정 : 2022년 05월 01일 20시 27분 48초
년월일 : 2022-05-01
일영어월일 : 01-May-2022
일월일 : 01/05/2022
연월일시분초 : 2022-05-01T20:27:48
시분 : 8:27 PM
```

### 시스템 날짜 처리

컴퓨터는 시스템 내부에서 사용하는 날짜가 있다. 시스템 날짜를 가져와서 처리해본다. 아래 예제에서는 시스템의 현재 시각을 가져온 후 이를 날짜 클래스에 인자로 전달해 날짜 객체로 반환한다. 그다음 날짜 포매팅에 맞춰서 문자열로 변환한다.

□ 시스템은 특정 시간을 정수로 관리한다. 보통 Unix를 만든 날짜부터 현재까지의 시간을 관리한다.

□ 이 시스템 시간을 읽어와서 Date 클래스에 인자로 전달해 현재 날짜로 변환한다.

□ 그다음 포맷에 맞춰 날짜를 출력한다.

```
import java.text.SimpleDateFormat
import java.util.Date

val long_now = System.currentTimeMillis()        //현재 시간 가져오기
println("시스템 시간 : " + long_now)

val t_date = Date(long_now)                       //현재 시간을 Data 타입으로 변환
println("날짜로 변환 : " + t_date)

val t_dateFormat = SimpleDateFormat("yyyy-MM-dd hh:mm:ss") //포매팅 처리

val str_date = t_dateFormat.format(t_date)        //String으로 변환
println("현재 날짜 및 시간 : "+str_date)
```

시스템 시간 : 1651404469013
날짜로 변환 : Sun May 01 20:27:49 KST 2022
현재 날짜 및 시간 : 2022-05-01 08:27:49

## 지역 날짜와 타임 존 처리

세계는 여러 시간대를 기준으로 나라별로 시간대가 다르다. 한국과 일본의 경우 30분의 시차가 있지만, 거의 같은 시간대를 사용한다. 중국은 국토가 넓지만 하나의 시간대를 사용한다. 이처럼 나라별로 사용하는 시간이 다르므로 그 시간대를 기준으로 처리하는 방식을 알아본다.

### 지역 날짜와 포매팅 처리

보통 우리나라에서 사용하는 날짜가 지역 날짜가 된다. 어떤 클래스로 지역 날짜를 제공하는지 알아본다. 아래 예제에서는 지역 날짜 클래스로 현재 날짜를 하나 생성한다. 새로운 날짜 포매터에 문자열로 포매팅한 것을 패턴으로 만든 후 날짜를 인자로 받아 여러 문자열로 변환한다.

□ LocalDateTime을 제공하고 now로 현재 날짜를 가져온다.

□ DateTimeFormatter를 사용해 날짜를 포매팅한다. 먼저 ISO_DATE를 사용해서 국제 표준의 포매팅을 사용해 출력한다.

□ 그다음 맵에 정의된 다양한 포매팅을 사용한다.

```kotlin
import java.time.LocalDateTime                              //지역 날짜 처리
import java.time.format.DateTimeFormatter                   //포매팅

val arft = mapOf("임의지정" to "yyyy년 MM월 dd일 HH시 mm분 ss초",
                 "년월일" to "yyyy-MM-dd",
                 "일영어월일" to "dd-MMM-yyyy",
                 "일월일" to "dd/MM/yyyy",
                 "연월일시분초" to "yyyy-MM-dd'T'HH:mm:ss",
                 "시분" to "h:mm a")

val current = LocalDateTime.now()                           //지역 날짜 가져오기

var formatter = DateTimeFormatter.ISO_DATE                  //국제 표준 포매팅
var formatted = current.format(formatter)                   //날짜 변환
println("Current: $formatted")                              //출력


for ((key,formating) in arft) {                             //순환
    formatter = DateTimeFormatter.ofPattern(formating)      //현재 포매팅 객체 생성
    formatted = current.format(formatter)                   //변환
    println("$key : $formatted")                            //출력
}
```

```
Current: 2022-05-01
임의지정 : 2022년 05월 01일 20시 04분 50초
년월일 : 2022-05-01
일영어월일 : 01-May-2022
일월일 : 01/05/2022
연월일시분초 : 2022-05-01T20:04:50
시분 : 8:04 PM
```

## 지역 날짜와 시간 세부 가져오기

지역 날짜를 가져오는 다양한 클래스가 있다. 지역 날짜, 지역 날짜와 시간, 지역 시간을 분리해처리할 수 있다. 아래 예제는 현재의 지역 날짜와 시간을 가져올 수도 있고, 특정 날짜와 시간을 지정할 수도 있다는 것을 보여준다.

- 지역 날짜, 지역 시간 등을 처리해본다. 임의의 날짜는 of에 날짜 인자를 전달해 생성한다.
- 날짜와 시간을 분리해서 만들 수 있다.
- 현재 날짜와 시간은 now를 호출해서 처리한다.

```kotlin
import java.time.LocalDate              // 지역 날짜 처리
import java.time.LocalDateTime          // 지역 날짜와 시간 처리
import java.time.LocalTime              // 지역 시간 처리
import java.time.Month                  // 월 정보 처리

var dateTime = LocalDateTime.of(2022, Month.MAY,    // 특정 일자와 시간 지정
                                1, 19, 30)
println("임의 날짜 및 시간 : $dateTime ")

var date = LocalDate.of(2022, Month.MAY, 1)         // 특정 일자 지정
println("임의 날짜 : $date")
var time = LocalTime.of(5, 1, 19)                   // 월 일 시간 지정
println("임의 날짜 및 시간 : $time")

dateTime = LocalDateTime.now()                      // 지역 날짜 시간 생성
println("현재 날짜와 시간 : $dateTime")
date = LocalDate.now()                              // 지역 날짜 생성

println("현재 날짜 :$date")
time = LocalTime.now()                              // 지역 시간 생성
println("현재 시간분초 : $time")
```

```
임의 날짜 및 시간 : 2022-05-01T19:30
임의 날짜 : 2022-05-01
임의 날짜 및 시간 : 05:01:19
현재 날짜와 시간 : 2022-05-01T20:04:51.163
현재 날짜 :2022-05-01
현재 시간분초 : 20:04:51.165
```

## 지역 날짜 포맷 스타일 사용

날짜에 대한 또 다른 포매팅 처리 방식을 알아본다. 아래 예제는 또 다른 날짜 포매팅 방식으로 지역 날짜를 생성해서 문자열로 변환하는 것이다.

□ 날짜 포매팅을 특정 스타일에 맞춰 처리할 수 있다.
□ 또한, 특정 출력 패턴을 지정해 처리할 수도 있다.

```kotlin
import java.time.LocalDateTime
import java.time.format.DateTimeFormatter              //포매팅 처리
import java.time.format.FormatStyle                     //포맷 스타일 처리

val dateTime1 = LocalDateTime.now()                     //시간 분초 오전 오후 표시
println("시분초 오전오후   : " + dateTime1.format(
    DateTimeFormatter.ofLocalizedTime(FormatStyle.MEDIUM)))
println("요일 월일년도     : " + dateTime1.format(       //요일 월일년
    DateTimeFormatter.ofLocalizedDate(FormatStyle.FULL)))

println("월일년도 오전오후 : " + dateTime1.format(        //월일년 시분 오전 오후 표시
    DateTimeFormatter.ofLocalizedDateTime(FormatStyle.SHORT)))

println("월일년 시분초     : " + dateTime1.format(        //패턴 입력:월일년 시간
    DateTimeFormatter.ofPattern("M/d/y H:m:ss")))
```

```
시분초 오전오후    : 8:04:51 PM
요일 월일년도      : Sunday, May 1, 2022
월일년도 오전오후 : 5/1/22 8:04 PM
월일년 시분초      : 5/1/2022 20:4:51
```

◤ 타임 존 처리

지구를 여러 시간대로 나눠 관리하는 것을 타임 존이라고 한다. 어떤 방식으로 타임 존을 가져와서 날짜를 만드는지 알아본다. 아래 예제에는 타임 존을 관리하는 별도의 날짜 클래스와 타임 존을 관리하는 클래스가 있다. 타임 존을 바꿔가며 날짜를 처리하는 것을 볼 수 있다. 타임 존에 관한 정보는 구글 검색으로 확인하기 바란다.

```kotlin
import java.time.ZonedDateTime                          //타임존 날짜와 시간
import java.time.ZoneId                                 //타임존 코드 관리

val now = ZonedDateTime.now()                           //타임존 날짜와 시간 생성
println("Now in Seoul     : " + now)

val nowt = ZonedDateTime.now(ZoneId.of("Asia/Tokyo"))//타임존을 동경 기준으로 변환
println("Now in Tokyo     : " + nowt)

val nowp = ZonedDateTime.now(ZoneId.of("Asia/Pyongyang"))//타임존을 평양 기준으로 변환
println("Now in Pyongyang : " + nowp)
```

```
Now in Seoul        : 2022-05-01T20:04:51.692+09:00[Asia/Seoul]
Now in Tokyo        : 2022-05-01T20:04:51.693+09:00[Asia/Tokyo]
Now in Pyongyang : 2022-05-01T20:04:51.696+09:00[Asia/Pyongyang]
```

## █ UTC, GMT 타임 존 처리

지구의 시간대는 그리니치 천문대를 기준으로 하는 GMT가 대표적이다. 그 외에 유닉스가 만들어진 이후 시간을 관리하는 UTC 등도 있다. 아래 예제처럼 타임 존을 세팅해서 날짜로 특정 타임 존의 날짜를 만들 수 있다. 날짜에 끝에 영문으로 출력된 것은 각 나라의 타임 존 기준이다. 특히 영국은 SBT라는 자국만의 기준을 사용한다.

```
import java.util.Date                    //날짜 처리
import java.util.TimeZone                //타임존 처리
import java.time.OffsetDateTime          //offset 날짜와 시간처리
import java.time.ZoneOffset              //UTC 지정

TimeZone.setDefault(TimeZone.getTimeZone("Asia/Seoul"))  //서울 기준
val now = Date();
println("Current Date in milliseconds is :" + now.getTime())   //현재 시간 처리
println("Current Date in milliseconds is :" + now)             //현재 날짜 처리

TimeZone.setDefault(TimeZone.getTimeZone("Europe/London"))     //BST는 영국 기준
println("Europe/London  : " + now)                             //서머타임 처리하면 시간 차 생김
TimeZone.setDefault( TimeZone.getTimeZone("GMT"))    //그리니치 천문대 기준
println("GMT            : " + now)
TimeZone.setDefault( TimeZone.getTimeZone("UTC"))    //그리니치 천문대와 유사
println("UTC            : " + now)

val now1 = OffsetDateTime.now(ZoneOffset.UTC)        //UTC 타임 가져오기
println("UTC            : " + now1)
```

```
Current Date in milliseconds is :1651404704852
Current Date in milliseconds is :Sun May 01 20:31:44 KST 2022
Europe/London  : Sun May 01 12:31:44 BST 2022
GMT            : Sun May 01 11:31:44 GMT 2022
UTC            : Sun May 01 11:31:44 UTC 2022
UTC            : 2022-05-01T11:31:44.896Z
```

Kotlin

# 클래스 관계 등 추가사항 알아보기

클래스 간의 관계인 상속은 앞에서 다뤘다. 보통 단일 상속이므로 다양한 클래스의 관계를 상속으로 해결할 수는 없다. 그래서 다른 클래스를 어떻게 연결해서 사용하는지 알아본다. 또한, 특정 목적으로 사용하는 이넘, 데이터, 인라인 클래스도 알아본다.

클래스에 여러 연산자를 지정해서 사용하는 방법과 속성과 메서드에 대한 재정의를 처리하는 방법도 알아본다.

1. 클래스 연관관계 알아보기
2. 속성과 메서드 재정의
3. 특정 자료를 다루는 클래스 알아보기

# 01 클래스 연관관계 알아보기

객체지향 기법을 처리할 때 상속부터 배우지만, 실제 다양한 클래스를 처리할 때는 연관관계(Association)를 더 많이 사용한다.

보통 상속관계는 프로그램 문법으로 제공하므로 쉽게 정의해서 사용할 수 있지만, 클래스 간의 연관관계는 클래스를 설계하면서 그 목적이 식별되기 때문에 관계를 지정하기 어렵다. 그래서 코틀린에서 클래스 간의 관계를 어떻게 처리하는지 알아본다.

## 클래스 관계

여러 클래스 간의 관계는 다음과 같다.

- ☑ **상속관계**(is a): 클래스를 상속해서 하나의 클래스처럼 사용한다.
- ☑ **연관관계**(has a): 클래스를 상속하지 않고 내부적인 속성에 객체를 만들어서 사용한다.
- ☑ **결합관계**(약한 has a): 연관관계를 구성하는 방식 중에 클래스 간의 주종관계 없이 단순하게 사용하는 관계를 말한다.
- ☑ **조합관계**(강한 has a): 연관관계를 구성하는 방식 중에 클래스 간의 주종관계가 있어서 따로 분리해서 사용할 수 없는 관계를 말한다.
- ☑ **의존관계**(사용 has a): 필요한 클래스를 매개변수 등으로 받아 필요한 시점에 사용하는 관계를 말한다.

## 결합(Aggregation) 관계

클래스 간의 연관관계 중 약한 연관(has a)관계가 결합관계이다. 단순하게 사용하는 클래스에서 사용될 클래스의 객체를 속성으로 만들어 사용한다. 보통 주 생성자에 객체를 전달받아서 구성한다. 이 관계의 특징은 다른 클래스를 단순하게 사용할 뿐 두 클래스가 만든 객체가 동일한 생명주기일 필요는 없다. 즉 한 클래스의 객체가 소멸해 다른 클래스의 객체는 계속 활용할 수 있다.

### 여러 클래스를 정의

일반적으로 사용할 클래스를 정의한다. 특히 주소 클래스는 특정 건물이나 땅에 대한 지번 등을 알려주는 역할을 한다. 아래 예제에서는 4개의 클래스를 만들었다.

- 보통 주소는 땅이나 건물의 대상체를 가리키는 유일한 정보 체계이다.
- 학생은 대학을 다니는 사람을 의미한다.
- 대학은 학생이나 직원들이 다니는 장소를 의미한다.
- 직원은 대학을 관리하는 사람을 의미한다.
- 이 4개의 클래스는 결합관계이므로 특정 클래스가 삭제될 때 다른 클래스는 같이 소멸하지 않는다.

```
class Address(val streetNum : Int ,                    //주소 클래스를 만든다.
              val city : String,
              val state : String,
              val country : String) {
    fun printAddr() {
        println(" 주소 =  $streetNum  $city $state $country ")
    }
}

class Student(val rollNum : Int,                        //학생 클래스를 만든다.
              val studentName : String,
              val studentAddr : Address)                //다른 클래스를 속성에 할당

class College(val collegeName : String,                 //대학 클래스를 만든다.
              val collegeAddr : Address )               //다른 클래스를 속성에 할당

class Staff(val employeeName : String,                  //교직원 클래스를 만든다.
            val employeeAddr : Address)                 //다른 클래스를 속성에 할당
```

### 여러 클래스 간의 관계 정의

클래스의 객체를 만들 때 관련된 클래스의 객체를 생성자로 받아 속성으로 처리한다.

- 학생, 대학, 직원은 모두 다른 곳을 주소로 가질 수 있다. 그래서 3개의 주소지를 만든다.
- Student, College, Staff 클래스로 3개의 객체를 만들면서 3개의 주소지를 각각 인자로 전달했다.
- 이런 방식으로 특정 목적에 필요한 객체를 다른 클래스에서 가져다 사용하는 관계가 결합관계이다.

```
val ad1 = Address(55, "관악구", "서울시", "대한민국")      //주소 3개 생성
val ad2 = Address(55, "금천구", "서울시", "대한민국")
val ad3 = Address(55, "동작구", "서울시", "대한민국")

val obj1 = College("서울대", ad1)                          //주소 배정
val obj2 = Student(123, "문찬주", ad3)
val obj3 = Staff("문경욱", ad2)

println(obj1.collegeName)                                   //대학 상태 출력
obj1.collegeAddr.printAddr()

println(obj2.rollNum)                                       //학생 상태 출력
println(obj2.studentName)
obj2.studentAddr.printAddr()

println(obj3.employeeName)                                  //교직원 상태 출력
obj3.employeeAddr.printAddr()
```

```
서울대
 주소 =  55  관악구 서울시 대한민국
123
문찬주
 주소 =  55  동작구 서울시 대한민국
문경욱
 주소 =  55  금천구 서울시 대한민국
```

## 1.3 조합(Composition) 관계

조합관계는 결합관계보다 더 결합이 강해서 두 클래스는 주종관계이고 생명주기도 동일하다. 즉 두 클래스는 항상 같이 생성되고 같이 소멸하는 구조일 경우에만 사용하는 관계이다. 특정 제품을 만들 때 항상 하나의 구조로만 사용되는 경우에 이런 관계를 구성할 수 있다. 실제 비즈니스상에서는 상속관계와 마찬가지로 이런 의미의 구성은 별로 발생하지 않는다.

### 클래스 정의

클래스를 정의할 때는 이 클래스가 어떤 의미가 있는지 명확히 결정해야 한다. 단순하게 자동차일

경우도 비즈니스적으로 관리할 필요가 있으면 실제 자동차와 생산된 자동차를 분리해 상속관계도 구성할 수 있다. 그리고 엔진은 생산되는 자동차에 물질적으로 장착되는 부품으로 구성할 수 있다. 아래 예제는 자동차를 만들 때 자동차는 반드시 엔진을 가지는 구조라는 의미이다.

- □ 전기차는 엔진이 없으므로 이런 구조를 만들 수 없지만, 기존 자동차에서 엔진은 자동차의 하나의 구성요소로 사용한다. 그래서 엔진 클래스를 정의한다.
- □ 자동차와 생산된 자동차의 의미를 분리하기 위해 자동차 클래스를 상위 클래스로 지정했다.

```kotlin
class CarEngine {                                        //조합 대상 클래스
    fun startEngine(){
        println("엔진 가동.")
    }

    fun stopEngine(){
        println("엔진 중단 .")
    }
}

open class Car(var colour: String,                       //베이스 클래스
               var maxi_Speed : Int) {
    fun carDetails(){
        println("차 색상= "+colour + "; 최고속도= " + maxi_Speed);
    }
}
```

### ▍ 클래스의 관계 정의

자동차와 자동차프로덕트로 상속관계를 만든 자동차 클래스를 정의한다. 그리고 생산되는 자동차의 엔진을 부품으로 구성한다. 일단 엔진은 자동차가 소멸하면 재활용이 금지되고 같이 없어진다. 아래 예제는 자동차와 엔진의 관계를 조합으로 구성해서 동일한 생명주기를 갖게 만들었다. 결합관계와의 차이는 주 객체가 소멸할 때 보조 객체도 삭제되어 같이 사라진다는 것이다.

- □ CarProduct 클래스는 Car를 상속한다.
- □ CarProduct 클래스 내부에 부품인 CarEngine 클래스의 객체를 속성에 할당한다. 이런 구조는 결합과 비슷하지만, 실제 같은 생명주기를 가지려면 이 CarEngine 클래스의 객체를 다른 용도로 사용하지 않아야 한다.
- □ 그래서 내부의 메서드에서 엔진에 대한 속성을 만들어 밖에서 이 객체를 사용할 수 없게 제약을 둔다.

□ CarProduct 클래스로 객체를 만들어서 메서드를 사용할 수는 있지만 CarEngine을 별도로 만들어 사용하지 않아야 한다. 간단한 예제로 처리했지만, 실질적으로 이런 구조를 가진 클래스보다 결합관계를 가진 클래스 관계가 대부분 만들어질 것이다.

```
class CarProduct(color : String,                    //조합을 구성하는 클래스
                 max_speed : Int) :
                            Car(color, max_speed){
    lateinit var carEngine : CarEngine

    fun startCarProduct(){
        carEngine = CarEngine()                     //다른 클래스로 조합 구성
        carEngine.startEngine()

    }
}


val carJazz = CarProduct("Red", 240)

carJazz.carDetails()
carJazz.startCarProduct()
```

차 색상= Red; 최고속도= 240
엔진 가동.

## 의존(Dependency) 관계

클래스 간의 명확한 관계가 있는 것이 아니라 특정 메서드 등에 객체를 전달받아서 사용만 하는 관계이다. 특정 기능은 공개하지 않고 이 객체를 사용해서 특정 결과를 처리하는 경우에 많이 사용한다. 보통 대부분의 API는 특정 기능을 제공하지만, 내부의 코드는 알 수 없다. 그런 경우 기능을 활용만 하므로 대부분 의존관계를 구성한다.

## 클래스 관계를 처리

두 클래스는 한 클래스의 메서드를 사용할 때 인자로 전달해서 특정 기능만 처리한다. 아래 예제
는 두 클래스를 정의하고 특정 기능을 처리하는 메서드에 객체를 전달해서 그 메서드 처리가 완료
되도록 지원한다.

- Account와 Customer 클래스를 정의한다. 특정 고객이 계좌를 만들 때 Account 클래스의 객
  체를 전달해서 처리하도록 지정한다.
- 실제 은행 계좌는 대부분 다른 사람에게 양도할 수 있다. 양도가 가능하다는 것은 계좌를 소
  유한 고객이 변경될 수 있다는 뜻이다. 그래서 고객이 계좌를 소유하지만 변경할 수 있으므로
  의존관계로 처리할 수도 있다.

```kotlin
class Account(val accountNo : Int,        //의존 처리 클래스
              var balance:Int=0) {
    fun deposit(amount : Int){
        println("입금")
        balance += amount

    }
}

class Customer(var balance : Int) {
    fun makeDeposit(acc : Account){       //메서드의 매개변수로 의존 클래스 전달
        acc.deposit(balance);             //내부에서 의존 클래스의 메서드 실행
    }
}

val acc = Account(123)
val cus = Customer(3000)

cus.makeDeposit(acc)
println(acc.accountNo)
println(acc.balance)
```

입금
123
3000

# 02 속성과 메서드 재정의

코틀린에서는 게터와 세터 메서드를 가진 속성(property)을 변수 대신 사용한다. 변수처럼 속성을 정의하지만 자동으로 게터와 세터가 생성된다. 이번에는 속성의 게터와 세터를 정의해서 사용한다.
메서드나 연산자를 재정의할 수도 있다. 메서드와 연산자를 재작성해서 사용하는 방법을 알아본다.

## 속성 정의

코틀린은 속성을 일반적인 변수처럼 정의하고 사용한다. 속성으로 사용하려면 게터와 세터를 사용자 정의를 통해 재정의할 수 있다.

### ◤ 최상위 속성 처리

특정 패키지 상에서 변수를 정의하는 것은 최상위 속성을 정의하는 것이다. 속성에 필요한 게터와 세터를 사용자 정의 하는 방법을 알아본다. 아래 예제에서는 최상위 속성을 작성하고 사용한다.

- 변수 정의와 동일하게 변수명과 초깃값을 할당해서 속성을 정의한다. 이럴 때는 게터와 세터가 자동으로 생성된다.
- 속성을 정의할 때 val이면 게터를 작성하고, var일 때는 게터와 세터를 작성한다.
- 속성은 기본으로 배킹필드가 실제 변수이다. 그래서 게터와 세터 메서드에서 이 field 내의 값을 조회하고 변경한다.
- 속성은 이름으로 접근해서 조회와 갱신을 하므로 실제 변수 이름으로 참조하거나 갱신하면 내부적으로는 게터와 세터 메서드가 실행된다.

```
val a = 100                        //일반 속성 정의
var b = 300                        // 게터와 세터를 자동으로 처리한다.

// fun getA( ) = 5000               // 내부적으로 a에 대한 접근자 처리

val valInt: Int = 0                // 최상위 레벨 변경 불가능한 속성 정의
```

```kotlin
    get() {                                 //게터 메서드 사용자 정의
      return field                          //배킹 필드에 정보를 저장
    }

var varInt: Int = 0                         //최상위 레벨 변경 가능한 속성 정의
    get() {                                 //게터 메서드 정의
      return field                          //배킹 필드 조회
    }
    set(value) {                            //세터 메서드 정의
      println("set($value)")
      field = value                         //배킹 필드 갱신
    }

println(a)
println(b)
println(varInt)
println(varInt)
```

```
100
300
0
0
```

## ◤ 클래스 속성에 게터와 세터 처리

클래스의 멤버 속성 내의 게터와 세터도 사용자가 재정의할 수 있다. 아래 예제는 클래스 내의 사
용자 정의 게터와 세터가 있는 속성을 정의한 것이다.

- □ 최상위 속성과 마찬가지로 val일 때는 게터, var일 때는 게터와 세터를 정의한다.
- □ 속성에는 배킹필드가 있어서 이 field에 값을 저장하고 조회한다.
- □ 클래스로 객체를 만들어서 객체의 속성을 이름으로 접근해서 조회하고 갱신을 하면 실제 게
  터와 세터 메서드가 실행된 것을 알 수 있다.

```kotlin
class Kclass {

  val valattr : Int = 0                     //클래스 내의 변경 불가능한 속성
    get() {                                 //게터 재정의
      println("valattr get()")
      return field
    }
  var varattr : Int = 0                     //클래스 내의 변경 가능한 속성
    get() {                                 //게터 재정의
      println("varattr get()")
```

```
        return field
    }
    set(value) {                          // 세터 재정의
      println("varattr set($value)")
      field = value
    }
  }
}

println("## 객체 생성한 후에 속성 갱신 ##")
val d = Kclass()
println("속성 값 조회 =" + d.varattr)
d.varattr = 2                             // 속성 갱신
println("속성값 조회 =" + d.varattr)
```

```
## 객◆◆ 생성한 후에 속성 갱신 ##
varattr get()
속성 값 조회 =0
varattr set(2)
varattr get()
속성값 조회 =2
```

## ▌ 속성의 메서드 세터를 비공개로 처리

특정 속성에 변경 제한을 처리하려면 속성의 세터 메서드를 비공개로 처리한다. 그러면 외부에서는 변경할 수 없다. 아래 예제에서는 클래스 내 속성의 세터를 비공개 처리한다.

- □ 클래스 속성의 게터는 공개이지만 세터를 비공개로 처리한다.
- □ 객체를 생성하고 속성을 조회할 수는 있지만, 갱신은 할 수 없다.
- □ 이 속성의 값을 변경하려면 별도의 메서드를 만들어야 한다.

```
class Counter {
  var value: Int = 0                      // 변경 가능한 속성 정의
    get() {
        println("get value $field")
        return field
    }
    private set                           // 비공개 속성을 사용해서 외부 갱신 금지
  fun inc_() = value++                     // 메서드로 내부에서 비공개 속성 갱신
}

val counter = Counter()                    // 객체 생성
for (i in 1..10) {                         // 순환 실행
```

```
    counter.inc_()                          // 외부에서는 메서드로 속성 갱신
}
println(counter.value)
```

```
get value 0
get value 1
get value 2
get value 3
get value 4
get value 5
get value 6
get value 7
get value 8
get value 9
get value 10
10
```

## ◤ 배킹필드 사용하지 않기

클래스의 속성은 기본으로 배킹필드(field)를 사용한다. 게터와 세터를 재정의할 때 배킹필드를 지정하지 않고 사용할 수 있다. 인터페이스 내의 속성과 확장 속성을 정의하면 내부에 배킹필드가 없다. 그래서 속성을 재정의할 때는 임의의 계산으로 값을 처리해야 한다. 아래 예제에서는 특정 컨테이너 객체에 물건을 저장한다. 이때 내부적인 속성의 배킹필드는 사용하지 않는다.

- □ 특정 물건과 이 물건을 저장할 클래스를 정의한다.
- □ 물건을 저장할 Container 클래스에 4개의 속성과 3개의 메서드를 정의한다.
- □ 이 클래스에 물건을 저장할 속성은 변경 가능한 리스트로 정의한다.
- □ 저장된 용량 capacity와 isFull은 실제 메서드로 정의해도 되지만, 속성으로 정의해서 내부의 게터 메서드를 배킹필드를 사용하지 않고 계산된 결과를 반환한다.
- □ 메서드들은 실제 변경 가능한 리스트의 상태, 추가, 삭제 등을 처리한다.
- □ 이 컨테이너 객체를 만들어서 물건을 저장하거나 꺼내고 이 컨테이너 객체의 상태를 조회해 본다.

```
class Thing(val name: String)                          // 저장할 객체를 만들 클래스

class Container(private val maxCapacity: Int) {
  private val things = mutableListOf<Thing>() // 컨테이너를 변경 가능한 리스트로 지정
```

```
    val capacity: Int                                  //용량 관리
      get() = maxCapacity - things.size
    val isfull: Boolean                                //용량이 가득 참
      get() = things.size == maxCapacity

    fun put(thing : Thing): Boolean =                  //컨테이너에 입력하기
      if (isfull) false
      else {
        things += thing
        true
      }
    fun take(): Thing = things.removeAt(0)             //하나를 조회해서 삭제
    fun query() : List<String> = things.map {it.name}//전체 리스트를 조회
}

val containers = Container(3)                          //컨테이너 객체 생성

containers.put(Thing("탁자"))                          //3개 입력
containers.put(Thing("침대"))
containers.put(Thing("의자"))

println(containers.isfull)                             //용량 확인
println(containers.query())                            //상태 확인
println(containers.take().name)                        //한 개를 꺼내서 삭제하고 확인
println(containers.query())                            //나머지 상태 확인
```

```
true
[탁자, 침대, 의자]
탁자
[침대, 의자
```

## 클래스 속성을 상속해서 재정의

슈퍼클래스의 속성을 서브클래스에서 재정의할 수 있다. 이때는 val을 var로 변경할 수 있다. 아래 예제에서는 슈퍼클래스로 추상 클래스를 정의하고 이를 상속해서 속성을 재정의한다.

- 슈퍼클래스인 추상 클래스에는 추상 속성을 2개 정의한다.
- 이 클래스를 상속받은 서브클래스는 속성을 재정의해서 val을 var로 변경했다.
- 재정의할 때 게터와 세터도 재정의한다.
- 이제 객체를 생성해서 속성이 재정의한 대로 잘 실행되는지 확인한다.

```
abstract class Car {                    // 추상 클래스 정의
    abstract val name: String           // 추상 속성은 구현 클래스에서 모두 오버라이딩 필수
    abstract val speed: Int
}

class OldCar(override var name: String) : Car() {// 속성 재정의 할 때 val에서
                                        // var로 변경 가능
    override var speed: Int = 0         // 속성 오버라이딩 할 때 게터와 세터 재정의
        get() = 0
        set(value) {
            println("중고 자동차")
            field = value
        }
}


val car:Car = OldCar("포르쉐")           // 상위 자료형에 객체를 처리할 때
//car.speed = 10                        // val이 처리되어 갱신할 수 없다.

println(car.name +" " +car.speed)

val car1:OldCar = OldCar("포르쉐")       // 자기 자료형에 객체를 처리할 때
car1.speed = 10                        // 갱신할 수 있다.

println(car1.name +" " +car1.speed)
```

포르쉐 0
중고 자동차
포르쉐 0

## 연산자 오버로딩

코틀린은 대부분 연산자가 메서드로 정의되어 있어서 연산자를 사용하면 내부의 메서드가 실행된다. 그래서 직접 사용자가 클래스를 정의할 때 연산자에 해당하는 메서드를 작성하면 객체가 연산자로 처리할 수 있다. 이를 연산자 오버로딩(operator overloading)이라고 하고, **operator** 예약어를 연산자를 재정의하는 메서드 앞에 붙인다.

## ◤ 연산자 오버로딩 처리 규칙

- 예약어 operator를 fun 앞에 정의한다.
- 연산자에 해당하는 메서드 이름을 정의한다.
- 클래스 내부의 메서드나 확장함수로 정의할 수 있다.
- 메서드나 함수의 오버로딩 규칙에 따라 매개변수 개수나 자료형이 다르면 여러 개를 정의할 수 있다.

## ◤ 클래스 내부에 연산자 오버로딩

클래스 내부의 멤버로 연산자를 작성해 실제 객체에서 연산자로 사용할 수 있다. 아래 예제는 클래스 내부에 덧셈연산자 +의 메서드인 plus를 정의해서 연산자 오버로딩을 처리한 것이다.

- □ 클래스를 정의한다. 그 내부에 operator로 지정한 plus 메서드를 정의한다. 동일한 이름이지만 매개변수 자료형이 달라서 메서드 오버로딩 방식으로 2개의 메서드를 정의했다.
- □ 두 개의 객체를 생성해서 동일한 객체와 덧셈을 처리하고 정수와의 덧셈도 처리한다. 그러면 클래스 내부의 덧셈연산자가 2개 정의되어 각각을 호출해서 처리한다.

```kotlin
class Amount(var total : Int, var balance : Int) {    //클래스 정의
    operator fun plus(other : Amount) =                //메서드로 연산자 오버로딩
                Amount(this.total + other.total,
                       this.balance + other.balance)

    operator fun plus(scale : Int) =                   //메서드 오버로딩
                Amount(this.total + scale,
                       this.balance + scale)


    override fun toString() = "Amount($total, $balance)"
}

val amt = Amount(200, 100)
val amt2 = Amount(300, 100)
val amt3 = amt + amt2                                   //더하기 연산자 처리

val amt4 = amt2 + 100

println(amt3)
println(amt4)
```

```
Amount(500, 200)
Amount(400, 200
```

### ◢ 확장함수 연산자 오버로딩

확장함수도 연산자 오버로딩을 처리할 수 있다. 이때도 앞에 **operator** 예약어를 붙인다. 아래 예제에서는 곱셈연산자를 확장함수로 연산자 오버로딩을 처리한다.

- □ 연산자 오버로딩은 확장함수에도 가능하다. 위에 정의된 클래스를 리시버로 지정하고 곱셈연산자의 메서드 times를 정의했다.
- □ 위에서 만든 객체를 가지고 곱셈을 처리하면 두 객체의 속성값이 곱셈한 결과가 나오는 것을 확인할 수 있다.
- □ 확장함수는 함수 오버로딩 방식을 사용해서 매개변수 자료형이 다르면 정의할 수 있다. 이번 확장함수는 매개변수를 덧셈으로 해서 클래스의 속성에 정수를 곱한다.
- □ 객체에 정수를 곱해서 속성을 확인한다.

```kotlin
operator fun Amount.times(other : Amount) : Amount {  //확장함수에 연산자 오버로딩
        return Amount(total * other.total ,
                        balance * other.balance)
}

val amt4 = amt * amt2                                   //곱하기 연산

println(amt4)

operator fun Amount.times(scale : Int) : Amount {  //확장함수의 함수 오버로딩
        return Amount(total * scale ,               //매개변수 자료형이 다른 경우
                        balance * scale)            //동일한 이름으로 메서드 추가
}

val amt5 = amt * 2
println(amt5)
```

```
Amount(60000, 10000)
Amount(400, 200)
```

### ◢ infix 처리

연산자를 사용할 때는 보통 이항연산자로 처리하므로 두 항 사이에 연산자를 넣는다. 메서드를 호출할 때 점연산자보다는 연산자처럼 처리하는 방식이 편리할 수 있다. 이때 **infix** 예약어로 메서드나 확장함수를 정의하고 사용한다.

- ■ 인픽스(infix) 처리 규칙
  - • 예약어 infix는 함수나 메서드를 정의할 때 가장 앞에 지정한다.

- 확장함수나 메서드의 매개변수가 1개여야 한다.
- 매개변수에 초깃값을 지정할 수 없다. 매번 인자가 들어와야 하므로 초깃값을 처리하면 인자가 없을 때 처리할 수 없다.
- 점연산자를 사용해서 함수나 메서드를 호출할 수 있다.

아래 예제를 보면 infix 예약어는 위의 규칙에 맞으면 메서드나 확장함수로 작성할 수 있다.

- □ 클래스에 3개의 일반 메서드와 1개의 연산자 오버로딩 메서드를 정의한다. 모두 하나의 매개 변수만 있어서 infix 예약어를 붙였다.
- □ 확장함수를 추가로 정의한다. 이 확장함수도 매개변수가 하나라서 infix 처리한다.
- □ 객체를 생성한 후에 3개의 메서드와 하나의 연산자를 실행한다. 그리고 확장함수도 실행한다.
- □ 실행하는 방식은 연산자처럼 두 항 사이에 공백을 두고 메서드를 호출하거나 점연산자를 사용하는 방식을 사용한다.
- □ 이 두 방식으로 메서드와 확장함수를 실행한 결과를 확인하면 결괏값이 동일한 것을 알 수 있다.

```kotlin
class Add(var x:Int=0) {                        //클래스 생성
    infix fun add(y:Int) = x+y                  //메서드에 점연산 처리를 안 하려면 infix 처리
    infix fun sub(y:Int) = x-y                  //infix 처리는 매개변수가 하나만 있어야 함
    infix operator fun times(y:Int) = x*y       //연산자 오버로딩도 정의 가능
    infix fun divide(y:Int) = x / y             //infix는 함수 매개변수에 초깃값 지정 불가
}

infix fun Add.div(y:Int) = this.divide(y)       //확장함수에 infix 지정하기

val a = Add(100)
println(a add 200)
println(a.add(200))
println(a times 200)
println(a * 200)

println(a div 200)
```

```
300
300
20000
20000
0
```

## 메서드 재정의

함수 오버로드처럼 클래스의 메서드도 오버로드가 가능하다. 메서드는 상속관계를 통해 슈퍼클래스의 메서드를 서브클래스에 맞게 수정하면 오버라이드를 처리한다.

### 메서드 재정의 규칙

- 메서드 오버로드(method overload): 하나의 클래스 안에 동일한 이름의 메서드를 여러 개 정의한다. 이는 메서드 식별자 규칙에 따라 동일한 이름의 메서드를 매개변수의 개수와 매개변수의 자료형에 따라 재정의하면 동일한 인자로 메서드를 호출하면 자동으로 연결해서 처리한다.
- 메서드 오버라이드(method override): 클래스 상속관계에서 슈퍼클래스의 메서드를 서브클래스 메서드에 동일한 이름과 매개변수로 재정의하는 것이다. 이 기법으로 슈퍼클래스의 메서드와 서브클래스 메서드의 기능에 차이가 발생하면 서브클래스에서 추가로 기능을 재정의해서 사용할 수 있다. 이런 클래스 상관관계의 메서드 호출은 항상 서브클래스가 먼저 참조되고 없으면 슈퍼클래스의 메서드를 검색한다.
- 메서드 오버라이딩은 상속처럼 메서드에 open 예약어를 붙여야 하며 서브클래스는 구현했다는 의미로 override를 붙여야 한다. 혹시 서브클래스가 상속관계를 더 이상 구성하지 않을 때는 final을 override 앞에 붙여야 한다.

### 메서드 오버로드

하나의 클래스에 다양한 매개변수를 가진 메서드를 정의할 수 있다. 아래 예제에서는 하나의 클래스에 동일한 이름의 메서드를 여러 개 정의한다.
- 클래스에 같은 이름의 메서드를 4개 정의한다. 메서드 식별은 매개변수와 자료형으로 결정하므로 4개의 메서드는 매개변수 개수와 자료형을 다르게 정의했다.
- 객체를 생성해서 메서드를 호출할 때 인자 개수를 다르게 정의하면 클래스에 정의된 각각의 메서드가 호출되는 것을 알 수 있다.

```
class MethodOverload {          //동일한 클래스에 동일한 이름의 메서드를 재정의 하는 것
    fun hello() {               //매개변수는 메서드
        println("매개변수없음")
    }
    fun hello(name : String) {              //매개변수가 하나인 메서드
        println("매개변수 하나")
    }
```

```
    fun hello(name:String, age : Int) {      // 매개변수가 두 개인 메서드
        println("매개변수 두개 ")
    }
    fun hello(name:String, age : String) {   // 매개변수가 두 개인 메서드
        println("매개변수 두개 ")
                                              // 매개변수 자료형이 다르면 재정의 가능
    }
}

val h = MethodOverload()
h.hello()
h.hello("dahl")
h.hello("moon", 55)
h.hello("남궁성", "50")
```

매개변수없음
매개변수 하나
매개변수 두개
매개변수 두개

## ◤ 메서드 오버로드 방지

메서드 오버로드를 처리하면 클래스 내에 동일한 이름의 메서드가 많아진다. 특별한 경우를 제외하고 여러 개의 메서드를 정의하지 않는 것이 좋다. 그래서 매개변수의 초깃값 등을 사용해서 하나의 메서드만 사용할 수 있어야 한다. 아래 예제에서는 클래스에 하나의 메서드만 정의해서 다양한 조건의 함수 호출을 처리한다.

  □ 하나의 메서드만 가진 클래스를 정의한다.
  □ 메서드는 두 개의 매개변수를 가졌지만 둘 다 초깃값을 지정했다.
  □ 메서드의 내부 로직은 이 초깃값 이상이 들어오면 두 매개변수를 처리하고 아니면 하나의 매개변수만 처리한다.
  □ 객체를 생성해서 다양한 인자를 넣고 메서드를 실행한다. 실제 메서드는 하나이지만 3가지 종류의 메서드 호출을 실행했다.

```
class NoTMethodOverload{
    fun hello(name: String = "신세계",       // 초깃값을 지정해서 오버로딩 해결
            age: Int = 0) {
        if (age > 0) {
            println("안녕 ${name}(${age})!");
        } else {
            println("안녕, ${name}!");
```

```
        }
    }
}

val h1 = NoTMethodOverload()            //객체 생성
h1.hello()                              //다양한 인자 전달
h1.hello("문상천")
h1.hello("주원장", 55)
```

```
안녕, 신세계!
안녕, 문상천!
안녕 주원장(55)!
```

### ◤ 메서드 오버라이딩

클래스나 인터페이스를 상속하려면 메서드를 정의할 때 override 예약어를 붙인다. 슈퍼클래스와
서브클래스에 동일한 메서드가 있다는 것이다. 서브클래스에 오버라이딩을 처리하면 서브클래스
로 객체를 만들 때 항상 서브클래스의 메서드를 사용한다. 아래 예제에서는 클래스 상속관계에서
메서드 오버라이딩 처리를 보여준다.

- □ 상위 슈퍼클래스에 하나의 메서드를 작성하고 상속할 수 있게 **open** 예약어(keyword)를 사용
  한다.
- □ 다음 슈퍼클래스는 상위 슈퍼클래스를 상속받아서 메서드를 재정의했다. 재정의하면 메서드
  앞에 **override**를 붙인다. 재정의한 메서드에 **final**을 붙이지 않으면 자동으로 **open**된 상태를
  유지한다.
- □ 최종 서브클래스를 정의할 때 상속한 슈퍼클래스의 메서드를 재정의한다.
- □ 자기 클래스를 자료형으로 지정한 변수에 Student 객체를 할당한다. 또한, 부모 클래스를 자
  료형으로 할당한 변수에 Student 객체를 할당한다. 메서드를 실행하면 Student 클래스에 재
  정의된 메서드가 실행되는 것을 알 수 있다.

```
open class Person {                     //최상위 슈퍼클래스
    open fun eat(){
        println("사람이 식사한다.")
    }
}
open class Man : Person() {             //상위 슈퍼클래스
    override fun eat(){
        println("남자가 식사한다.")
```

```
        }
    }
class Student : Man() {                        //파생 클래스
    final override fun eat(){
        println("학생이 식사한다 ")
    }
}

val s = Student()                              //파생 클래스로 객체 생성
s.eat()                                        //파생 클래스의 eat 메서드 실행

val ss : Person = s                            //최상위 자료형이 있는 변수에 할당
ss.eat()                                       //파생 클래스의 eat 메서드 실행
```

학생이 식사한다
학생이 식사한다


## ◼ 메서드 오버라이딩 금지

클래스 내의 메서드를 상속하지 못하게 하는 방식은 final을 붙이는 것이다. 기본이 final이라 메서드에 open을 붙이지 않으면 서브클래스에서 재정의할 수 없다. 아래 예제에서 슈퍼클래스의 메서드에 open과 final 처리를 알아본다.

- □ 슈퍼클래스를 정의할 때 메서드가 내부 사용만 가능할 때는 open을 붙이지 않는다. 그러면 final이라 상속받는 클래스에서 더는 재정의할 수 없다.
- □ 서브클래스에서 슈퍼클래스를 상속받았다. 이때 재정의할 수 있는 것은 open을 받은 메서드이다.
- □ 서브클래스의 doAll 메서드에 상속받은 메서드와 재정의 메서드는 서브클래스의 메서드가 호출되는 것을 볼 수 있다.

```
open class Person(var role: String = "사람",    //상위 클래스 초기화 값
                  var name: String = "무명씨") {
    fun eat(){                                  //파이널 메서드: 오버라이딩 금지
        println("$name 님은 식사중입니다.")
    }
    open fun sleep(){                           //메서드 오버라이딩 요구
        println("#name 님은 취침중입니다.")
    }
}
```

```kotlin
class Student(name: String):
                Person("학생", name) {
    fun activity(){
        println("$name 님은 공부중입니다. ")        // 현재 클래스의 파이널 메서드
    }
    override fun sleep(){                          // 메서드 오버라이딩 처리
        println("$name 님은 일찍 자러갑니다.")
    }

    fun doAll(){
        eat()
        sleep()
        activity()
    }
}

var student_1 = Student("문지원")
student_1.doAll()
```

문지원 님은 식사중입니다.
문지원 님은 일찍 자러갑니다.
문지원 님은 공부중입니다.

## 메서드 재정의 활용

클래스에 메서드를 재정의하면 다양한 기능을 만들 수 있다. 실무에서 재정의를 사용해서 처리해
본다.

### 요구사항

- 은행 계좌를 만들고 예금과 대출 계좌를 분리한다.
- 예금과 대출의 입금과 지급 메서드를 만든다.
- 예금과 대출의 입금과 지급은 반대로 처리한다.
- 예금과 대출의 이자 계산하고 입금한다. 대출은 예금과 반대로 처리한다.
- 대출 출금에 대한 확장함수를 정의한다.

### ▌ 은행 계좌 클래스 정의

슈퍼클래스로 BankAccount 클래스를 정의한다. 이 클래스는 계좌번호와 잔액을 관리하는 속성을 가진다. 또한, 입금과 출금을 처리하는 메서드를 작성한다.

```kotlin
open class BankAccount(val accountNumber: String) {   //은행 계좌 클래스
    var balance : Double = 0.0

    open fun deposite(amount: Double){                 //예금 입금 메서드
        if(amount > 0) {balance += amount}
        println("현재 금액 : $balance")
    }

    open fun withdraw(amount: Double) {                //예금 출금 메서드
        if(amount <= balance) {balance -= amount}
        println("현재 금액 : $balance")
    }
}
```

SavingsAccount 클래스는 BankAccount 클래스를 상속한다. 이 예금 클래스에는 이자 속성과 이자를 계산한 금액을 입금하는 메서드가 추가된다.

```kotlin
class SavingsAccount (accountNumber: String,          //예금 계좌 클래스
                      val interestRate: Double) :
                      BankAccount(accountNumber) {

    fun depositInterest() {                            //이자 지급 메서드
        val interest = balance * interestRate / 100
        this.deposite(interest);
    }
}
```

LoanAccount 클래스도 BankAccount 클래스를 상속한다. 이 클래스도 이자 속성이 추가된다. 예금과 대출은 입출금이 반대라서 실제 입금과 출금을 재정의한다. 이자 계산 후 지급처리 메서드를 추가한다.

```kotlin
class LoanAccount (accountNumber: String,          //대출 계좌 클래스
                   val interestRate: Double) :
                   BankAccount(accountNumber) {

    override fun deposite(amount: Double){          //지급 메서드: 예금과 반대로 처리
        if(amount <= balance) {balance -= amount}
        println("현재 금액 : $balance")
    }

    override fun withdraw(amount: Double){          //입금 메서드: 예금과 반대로 처리
        if(amount > 0) {balance += amount}
        println("현재 금액 : $balance")
    }

    fun withdrawInterest() {                        //대출 이자 처리 메서드
        val interest = balance * interestRate / 100
        this.withdraw(interest);
    }
}


fun LoanAccount.loanWithdraw(amount: Double) {      //대출 입금 확장함수
    if(amount > 0) { this.balance += amount }
    println("현재 금액 : $balance")
}
```

### ◤ 예금과 대출 실행

클래스를 모두 정의했다. 이제 객체를 생성해서 예금과 대출에 대한 처리를 해본다.

- □ 예금 객체를 만든다. 그리고 입금과 이자 계산을 처리하고 잔액을 확인한다.
- □ 대출 객체를 만들고 출금과 이자 출금을 수행하고 입금을 처리한다.
- □ 예금은 고객의 돈을 맡아서 처리하므로 고객 입장에서는 입금과 출금이지만, 대출은 반대로 은행의 돈이다. 그래서 실제 출금은 고객이 대출 사용 즉 출금하면서 발생한다. 대출 이자도 대출 사용에 대한 비용으로 고객에게 청구되므로 출금으로 처리한다. 보통 예금에서 출금해서 대출 이자를 상환하지만 여기서는 대출 잔액을 증가하는 것으로 처리했다.

```kotlin
val savingsAccount = SavingsAccount("5555890890", 6.0)

savingsAccount.deposite(1000.0)
savingsAccount.depositInterest()
```

```
println("예금 현재 잔액 = ${savingsAccount.balance}")

val loanAccount = LoanAccount("22222777778", 6.0)
loanAccount.loanWithdraw(1000.0)
loanAccount.withdrawInterest()
loanAccount.deposite(300.0)
println("대출 현재 잔액 = ${loanAccount.balance}")
```

현재 금액 : 1000.0
현재 금액 : 1060.0
예금 현재 잔액 = 1060.0
현재 금액 : 1000.0
현재 금액 : 1060.0
현재 금액 : 760.0
대출 현재 잔액 = 760.0

# 03 특정 자료를 다루는 클래스 알아보기

클래스를 모두 정의해서 사용하는 것보다는 프로그램 언어에서 제공하는 특정한 클래스를 사용하는 것이 편리하다. 특정 자료를 다루는 클래스로는 데이터만 처리하는 클래스인 데이터 클래스, 특정 상수를 관리하는 이넘 클래스, 자료형을 관리하는 클래스인 인라인 클래스가 제공된다.

## 데이터 클래스

클래스는 행위를 중심으로 데이터를 은닉해서 구성하지만, 클래스 간 전송 등을 하려면 데이터 즉 속성만을 가진 클래스가 필요하다. 이때 데이터 클래스(Data Class)를 정의해서 사용하면 편리하다.

### ◼ 데이터 클래스 정의

데이터 클래스는 기본 주 생성자에 들어갈 데이터를 모두 정의해야 한다. 아래 예제에서는 데이터 클래스를 정의하고 내부의 멤버를 확인한다.

  □ 확장함수 dir를 사용해서 데이터 클래스의 멤버를 확인할 것이다.
  □ 속성 하나를 가진 데이터 클래스를 정의한다.
  □ 이 데이터 클래스로 객체를 만든 후에 dir 확장함수로 멤버를 확인한다.
  □ 데이터 클래스는 속성 이외에 component1이라는 메서드가 있다. 이 메서드는 구조분해할 때 사용하는 메서드이다.
  □ 또한, copy 메서드가 있어서 데이터 클래스의 속성을 변경하여 다른 객체를 만들 수 있다.
  □ 나머지는 Any 클래스를 상속해서 만들어진 메서드이다.

```
fun Any.dir() : Set<String> {          //내부 멤버 알아보기
    val a = this.javaClass.kotlin      //클래스 참조 가져오기
    println(a.simpleName)              //클래스 내부의 이름
    var ll = mutableListOf<String>()   //멤버를 저장할 리스트 객체 만들기
    for (i in a.members) {             //클래스 내부의 멤버를 관리하는 속성
        ll.add(i.name)                 //멤버 이름 저장
    }
```

```
    return ll.toSet()                          // 세트 객체로 변환
}

data class Person(val name: String)            // 데이터 클래스 정의

val person1 = Person("John")                   // 데이터 클래스로 객체 만들기
println(person1.dir())                         // 데이터 클래스 내부 멤버 확인

val person2 = Person("John")
println(person1 == person2)                    // 비교
```

```
Person
[name, component1, copy, equals, hashCode, toString]
true
```

## ◤ 데이터 클래스 객체 비교

데이터 클래스를 정의하고 동일한 내용으로 객체를 만들면 항상 참으로 평가한다.

- □ 2개의 속성을 가진 데이터 클래스를 정의한다.
- □ 동일한 값을 가진 데이터 클래스의 객체를 생성하고 변수에 할당한다.
- □ 이 두 객체를 구조적 동등성 즉 값이 같은지 비교하고 참조적 동등성 즉 동일한 객체인지도 비교한다. 값은 같지만 다른 객체라는 것을 알 수 있다.
- □ 다른 객체를 만들고 이 객체를 복사해서 다른 객체를 만든 후에 비교해본다. 값도 다르고 객체도 다른 것을 알 수 있다.

```
data class User(val name: String,              // 모든 속성을 주 생성자에 정의
                var age: Int)

val u1 = User("John",33)                       // 동일한 이름일 경우
val u2 = User("John",33)

println(u1 == u2)                              // 값으로 비교하면 동일
println(u1 === u2)                             // 레퍼런스로 비교하면 다름

val u3 = User(name = "Jack", age = 1)
val u4 = u3.copy(age = 2)                       // 복사하면 다른 객체

println(u3 == u4)                              // 값과 레퍼런스 모두 다름
println(u3 === u4)
```

```
true
false
false
false
```

## ◤ 데이터 클래스 주 생성자 이외의 속성 처리

데이터 클래스는 항상 주 생성자에 정의된 속성이 기준이다. 클래스를 상속하거나 클래스 내부에 속성을 지정할 때도 주 생성자에 정의된 속성이 값이 같으면 동일한 객체로 본다. 그래서 항상 주 생성자에 속성을 정의해서 사용해야 한다.

□ 슈퍼클래스를 정의한다.

□ 데이터 클래스는 이 슈퍼클래스를 상속한다.

□ 이 데이터 클래스로 객체를 만들어 비교하지만, 이 데이터 클래스를 가지고 복사해서 새로운 객체를 만들 때 상속한 속성을 사용할 수 없다. 기본은 데이터 클래스에서 정의한 속성만 사용할 수 있다.

□ 그래서 데이터 클래스는 별도의 상속을 사용하는 것보다 속성을 지정해서 처리하는 것이 더 편리하다.

```kotlin
open class Person(var gender: Int = 0)
data class Student(val age: Int, val name: String) : Person(0)

val a = Student(20, "tom")
val b = Student(20, "tom")
b.gender = 1

println("${a.name} ${a.age} ${a.gender}")
println("${b.name} ${b.age} ${b.gender}")

println("a == b: ${a == b}}")
println("a.hashCode(): ${a.hashCode()}")
println("b.hashCode(): ${b.hashCode()}")



//val c=Student(20, "tom").copy(gender=1)        //복사할 때 상속한 속성을 인식하지 못함



data class Student1(val age: Int, val name: String, var gender:Int=0)
```

```
val d = Student1(20, "tom",0)
val e = Student1(20, "tom", 0).copy(gender=1)

println("${d.name} ${d.age} ${d.gender}")
println("${e.name} ${e.age} ${e.gender}")
println("d == e: ${d == e}")
```

```
tom 20 0
tom 20 1
a == b: true}
a.hashCode(): 115646
b.hashCode(): 115646
tom 20 0
tom 20 1
d == e: false
```

## 이넘 클래스

특정 상숫값을 관리하는 클래스가 필요하다. 이런 상숫값을 범주라 하고 특정 범위 내에서만 사용하는 상수를 의미한다. 이렇게 정의해서 사용하는 클래스를 이넘 클래스(enum Class)라고 한다.

### ◣ 이넘 클래스 작성 방법

- 예약어 enum을 클래스 앞에 작성한다.
- 이넘 클래스를 정의할 때 생성할 객체를 모두 내부에 정의하고 이 객체의 이름을 상수처럼 사용한다. 그래서 이름을 모두 대문자로 작성한다.
- 클래스 정의할 때 속성을 추가할 수 있다. 속성이 추가되면 객체도 속성에 맞는 인자를 전달해서 만들어야 한다.
- 이넘 클래스 내부에 동반 객체를 작성할 수 있고 동반 객체로 객체 생성 등 다양한 요건을 작성할 수 있다.
- 이넘 클래스 내부에 추상 메서드를 정의하면 모든 객체 내부에 메서드를 재정의한다.
- 인터페이스를 상속받아서 내부에 구현할 수 있다. 상수가 객체별로 다를 경우에는 각각 구현하고 전체가 같을 경우에는 하나만 구현한다.

## ◢ 이넘 클래스 정의

이넘 클래스를 정의하고 어떤 멤버들이 있는지 확인한다.

- □ 이넘 클래스로 내부의 멤버를 확인한다.
- □ 이넘 클래스를 정의한다. 이넘 클래스 내부의 객체를 가지고 멤버를 확인한다.

```kotlin
fun Any.dir() : Set<String> {          //내부 멤버 알아보기
    val a = this.javaClass.kotlin       //클래스 참조 가져오기
    println(a.simpleName)               //클래스 내부의 이름
    var ll = mutableListOf<String>()    //멤버를 저장할 리스트 객체 만들기
    for (i in a.members) {              //클래스 내부의 멤버를 관리하는 속성
        ll.add(i.name)                  //멤버 이름 저장하기
    }
    return ll.toSet()                   //세트 객체로 변환
}


enum class CardType {
    SILVER, GOLD, PLATINUM
}

println(CardType.SILVER.ordinal)        //객체의 순서
println(CardType.SILVER.name)           //객체의 이름
println(CardType.SILVER < CardType.GOLD) //객체 간 비교

var count =1
for (i in CardType.SILVER.dir()) {      //객체 내부의 멤버 속성 출력
    if (count % 6 ==0) println()
    else print(i+ ", ")
    count++
}
```

```
0
SILVER
true
CardType
name, ordinal, clone, compareTo, equals,
getDeclaringClass, hashCode, toString, valueOf, values,
```

## 이넘 클래스에 속성 추가

이넘 클래스에도 객체에 필요한 속성을 추가할 수 있다. 이넘 객체는 클래스 내부에 한정해서 만들어지므로 이넘 객체 이름 다음에 호출연산자 내에 속성에 대한 값을 전달해서 처리한다.

- 이넘 클래스 주 생성자에 속성을 하나 추가했다.
- 이넘 객체에도 이 속성값을 인자로 전달해서 작성한다.
- 이넘 객체를 바로 사용해서 color 속성을 확인한다.
- 이넘 객체는 비교할 수 있으므로 두 객체의 크기를 확인했다. 비교할 때는 내부에 지정된 값의 순서로 크기를 비교한다.
- 이넘 객체의 내부의 값 하나를 조회할 때는 valueOf를 사용하고 전체 값을 조회할 때는 values를 사용한다.

```kotlin
enum class CardType(val color: String) {        //클래스에 속성 추가
    SILVER("gray"),                              //객체마다 속성값 추가
    GOLD("yellow"),
    PLATINUM("black")
}

println(CardType.SILVER.color)                   //이넘 객체 내부의 속성 조회
println(CardType.SILVER < CardType.GOLD)

println(CardType.valueOf("SILVER"))              //클래스의 메서드로 이넘값 조회

for (cardType in CardType.values()) {            //이넘 클래스 내부의 객체 값 출력
    println(cardType.color)
}
```

```
gray
true
SILVER
gray
yellow
black
```

## 동반 객체 추가

동반 객체를 추가해서 특정 메서드를 클래스 이름으로 바로 접근할 수 있게 만든다.

- 이넘 클래스를 정의한다. 클래스 내부에 동반 객체를 정의하고 내부에 2개의 메서드를 정의한다.

□ 동반 객체 내의 메서드는 값을 가져오는 메서드를 래핑 처리한 메서드들이다.

□ 동반 객체의 메서드를 실행해서 처리되는 결과를 확인한다.

```kotlin
enum class CardType(val color: String) {          //이넘 클래스에 속성 추가
    SILVER("은핵"),
    GOLD("금색"),
    PLATINUM("흑색");

    companion object {                             //동반 객체 생성
        fun getCardTypeByName(name: String) =      //이넘 객체 가져오기
                    valueOf(name.uppercase())
        fun getIter()  = values()                  //이넘값을 반복자로 처리
    }
}

println(CardType.valueOf("SILVER"))
println(CardType.getCardTypeByName("SILVER"))      //값 가져오기

println(CardType.values().iterator().javaClass.kotlin)  //반복자 객체 확인
for (i in CardType.getIter()) println(i)           //값 출력하기
```

```
SILVER
SILVER
class kotlin.jvm.internal.ArrayIterator
SILVER
GOLD
PLATINUM
```

### ◤ 이넘 객체 내부 속성과 내장함수 처리

이넘 클래스 객체의 속성을 확인하고 내장함수로 이넘 객체를 처리하는 방법을 알아본다.

□ 이넘 클래스를 정의해서 내부 속성인 name, ordinal을 확인한다. 이넘 객체의 이름과 속성을 확인할 수 있다. 이 클래스에는 korName 속성을 추가해서 범주의 이름을 한글로 출력한다.

□ 내장함수로 enumValues 함수와 enumValueOf 함수가 있다. 이 함수를 사용하려면 타입인자로 현재 처리하는 이넘 클래스의 이름을 전달한다.

□ 이 함수를 실행하면 이넘 클래스 내부에 있는 values와 valueOf 메서드와 동일한 처리를 수행한다.

```
enum class JobType(val korName : String){          //속성을 가지는 이넘 클래스 정의
    PROJECTMANIGER("프로젝트PM"),
    SOFTWAREARCHITECT("아키텍트"),
    DATASCIENTIST("데이터과학자")
}

println(JobType.PROJECTMANIGER.name)               //이넘 객체의 이름 확인
println(JobType.PROJECTMANIGER.korName)            //이넘 객체 내의 이름 확인
println(JobType.PROJECTMANIGER.ordinal)            //이넘 객체의 순서 확인

val array1= JobType.values()                       //이넘 클래스의 모든 객체 조회
array1.forEach { println("${it.name} = ${it.korName}")}

val array = enumValues<JobType>()                  //이넘 객체 안의 값을 읽어서 배열로 처리
array.forEach { println("${it.name} = ${it.korName}")}

array.filter { it.korName == "프로젝트PM" }         //iterable이므로 map, filter 등도 가능
        .map { it.korName }.forEach { println(it)}

val type = enumValueOf<JobType>("PROJECTMANIGER")   //이넘 객체 내의 특정 값을 검색
println(JobType.valueOf("PROJECTMANIGER"))
println(type)
```

```
PROJECTMANIGER
프로젝트PM
0
PROJECTMANIGER = 프로젝트PM
SOFTWAREARCHITECT = 아키텍트
DATASCIENTIST = 데이터과학자
PROJECTMANIGER = 프로젝트PM
SOFTWAREARCHITECT = 아키텍트
DATASCIENTIST = 데이터과학자
프로젝트PM
PROJECTMANIGER
PROJECTMANIGER
```

## ◤ 이넘 객체와 when 처리

이넘 클래스는 특정 범주를 객체로 처리한다. 이 범주만 조건으로 처리하면 when 조건식으로 표현할 때 else를 정의하지 않아도 된다.

  □ 두 객체를 가지는 이넘 클래스를 정의한다. 동반 객체 내의 메서드를 정의해서 when 조건식

의 결과를 반환하도록 처리했다. 이때는 정수로 처리해서 else까지 정의했다.

☐ 특정 정수를 받아서 이를 이넘 객체로 반환한 경우는 when 조건식에 else가 필요 없다.

☐ 정의된 것을 실행해보면 아무런 예외 없이 잘 처리되는 것을 알 수 있다.

```kotlin
enum class PaymentStatus(val value: Int) {    //속성과 객체를 가지는 이넘 클래스 정의
    PAID(1),
    UNPAID(2);

    companion object {                          //동반 객체 작성
        fun create(x: Int): PaymentStatus {    //동반 객체 반환
            return when (x) {
                1 -> PAID
                2 -> UNPAID
                else -> throw IllegalStateException()
            }
        }
    }
}

fun f(x: Int): String {                        //함수 내 when 표현식에 이넘 처리
    val foo = when (PaymentStatus.create(x)) {
        PaymentStatus.PAID -> "PAID"
        PaymentStatus.UNPAID -> "UNPAID"       //이넘 객체가 명확히 2개만 있어서 else 불필요
    }
    return foo
}

println(PaymentStatus.create(2).javaClass.kotlin) //이넘 객체 생성 처리
val ps = f(1)                                  //이넘 객체의 값을 문자열로 반환
println(ps)
```

```
class Line_351$PaymentStatus
PAID
```

### ◾ 추상 메서드 추가

이넘 클래스 내부에 추상 클래스를 정의하면 이넘 객체 내부에 메서드를 재정의한다.

☐ 이넘 클래스에 추상 메서드를 정의하면 모든 이넘 객체에 이 추상 메서드를 구현해야 한다.

☐ 그래서 이넘 객체 내에 추상 메서드를 모두 재정의해서 구현한다.

```kotlin
enum class JobType (val koName : String)  {

    PROJECTMANIGER("프로젝트PM") {          //각 멤버가 인터페이스에 정의된 메서드를 구현
        override fun calculate(grade: Int): Int =
        when (grade) {
            in 0..3 -> 600
            in 4..8 -> 900
            in 9..11 -> 1200
            in 12..kotlin.Int.MAX_VALUE -> 1800
            else -> 3000}},
    SOFTWAREARCHITECT("아키텍트") {         //각 멤버가 인터페이스에 정의된 메서드를 구현
        override fun calculate(grade: Int): Int =
        when (grade) {
            in 0..3 -> 1000
            in 4..8 -> 1500
            in 9..11 -> 2000
            in 12..kotlin.Int.MAX_VALUE -> 3000
            else -> 3000 }};               //다른 멤버가 정해지면 콜론을 추가해야

    abstract fun calculate(grade:Int): Int          //추상 메서드 정의
}
println(JobType.SOFTWAREARCHITECT.calculate(10))
```

2000

## 인터페이스 추가

이넘 클래스에 인터페이스를 상속해서 구현할 수 있다. 상속한 메서드는 객체별로 재정의할 수도 있고 공통적으로 사용할 것은 클래스 내에 재정의할 수도 있다.

   □ 인터페이스에 두 개의 추상 메서드를 정의한다.
   □ 이 인터페이스를 상속하는 이넘 클래스를 정의한다.
   □ 인터페이스의 추상 메서드는 이넘 객체에 각각 재정의할 수 있고 이넘 클래스에 하나만 재정의할 수도 있다.
   □ 이제 이넘 객체의 메서드를 호출해서 값을 조회한다.
   □ 이넘 클래스의 공통 메서드로 이넘 객체를 출력한다.

```kotlin
interface Calculable {                              //인터페이스 정의
    fun calculate(grade: Int): Int
    fun getTypes():List<String>
```

```kotlin
}
enum class JobType (val koName : String)  : Calculable {
    PROJECTMANIGER("프로젝트PM") {                        //각 객체에 해당하는 메서드 구현
        override fun calculate(grade: Int): Int =
            when (grade) {
                in 0..3 -> 1500
                in 4..8 -> 2000
                in 9..11 -> 2500
                in 12..kotlin.Int.MAX_VALUE -> 3500
                else -> 4000}},
    SOFTWAREARCHITECT("아키텍트"){                         //각 객체에 해당하는 메서드 구현
        override fun calculate(grade: Int): Int =
            when (grade) {
                in 0..3 -> 1200
                in 4..8 -> 1800
                in 9..11 -> 2400
                in 12..kotlin.Int.MAX_VALUE -> 3000
                else -> 4000}},
    DATASCIENTIST("데이터과학자") {                        //각 객체에 해당하는 메서드 구현
        override fun calculate(grade: Int): Int =
            when (grade) {
                in 0..3 -> 1200
                in 4..8 -> 1500
                in 9..11 -> 1800
                in 12..kotlin.Int.MAX_VALUE -> 2500
                else -> 3000}};
    override fun getTypes():List<String> {              //전체에 적용되는 메서드
        val array = enumValues<JobType>().map {it.name}
        return array}
}
println(JobType.DATASCIENTIST.calculate(10))
println(JobType.SOFTWAREARCHITECT.calculate(10))
println(JobType.PROJECTMANIGER.calculate(10))
println(JobType.DATASCIENTIST.getTypes())
```

1800
2400
2500
[PROJECTMANIGER, SOFTWAREARCHITECT, DATASCIENTIST]

## 3.3

# 인라인 클래스(inline class)

기본 자료형과 구별해서 새로운 자료형이 필요할 경우 인라인 클래스를 만든다. 컴파일 타임은 별 도의 자료형이지만, 인라인 특성상 소스 코드에 삽입되면 내부 속성에 지정된 자료형으로 처리된 다. 코틀린에서는 타입에 대한 별칭을 처리하는 타입 얼라이스(type alias)도 지원한다. 둘이 어떻게 다른지도 알아본다.

### ◤ 인라인 클래스 작성 방법

- 예약어 inline이나 @jvmInline을 사용한다. @jvmInline을 사용할 때는 예약어 value를 클래스 앞에 작성 한다.
- 주 생성자의 기본 속성은 하나만 작성한다.
- 클래스 내부에 init 블록, 속성, 메서드를 추가할 수 있다.
- 클래스 내부에 작성된 속성은 배킹필드가 없으므로 get 메서드로 초기화 처리한다.
- 인터페이스도 상속해서 내부 추상 메서드를 구현할 수 있다.

### ◤ 인라인 클래스 작성

인라인 클래스는 inline 예약어나 jvmInline 애노테이션을 사용해서 정의할 수 있다.

- 두 가지의 방식으로 인라인 클래스를 작성했다. 새로운 자료형인 Password와 User가 생겼다.
- 이 자료형으로 생성된 객체를 변수에 할당해서 비교해보면 인라인 클래스의 객체라는 것을 확인할 수 있다.

```
inline class Password(val value: String)        // 인라인 클래스 만들기

@JvmInline
value class User(val value:String)              // 애노테이션으로 인라인 클래스 만들기
                                                // inline 대신 value로 작성

var pw : String = "abcdef"                       // 문자열 변수에 저장
var pwin = Password("abcdef")                    // password 자료형으로 변수에 저장

println(pw.javaClass.kotlin)
println(pwin.javaClass.kotlin)                   // 클래스 확인
```

```
val usr = User("12345")                    //인라인 자료형으로 변수에 할당
println(usr.javaClass.kotlin)              //클래스 확인

println(pwin is Password)                  //is 연산으로 클래스 확인
println(usr is User)
```

```
class kotlin.String
class Line_0$Password
class Line_0$User
true
true
```

## 인라인 클래스 내의 멤버 추가

인라인 클래스는 하나의 속성만 주 생성자 정의할 수 있다. 추가적인 멤버는 블록 구문 내에서 정의할 수 있다.

□ 인라인 클래스 블록 안에 초기화 블록, 속성, 메서드를 정의한다.

□ 인라인 클래스로 객체를 생성하고 내부 속성과 메서드를 호출해서 확인한다.

```
@JvmInline                                 //인라인 클래스 내의 속성 추가
value class Name(val s: String) {
    init {                                 //초기화 값 처리
        println("초기화 영역 실행 ")
    }

    val length: Int                        //배킹 필드 없는 초깃값 추가
        get() = s.length                   //get 메서드로 초깃값 처리

    fun greet() {                          //메서드 추가
        println("$s 세상에 들어온 것을 환영합니다.")
    }
}


val name = Name("코틀린")                   //인라인 객체 생성
name.greet()                               //메서드 실행
println(name.length)                       //속성 확인
```

```
초기화 영역 실행
코틀린 세상에 들어온 것을 환영합니다.
3
```

## ◀ 인라인 클래스 내의 인터페이스 추가

인라인 클래스는 하나의 속성만 주 생성자 정의할 수 있다. 추가로 인터페이스 상속도 할 수 있다.

- □ 인터페이스를 정의한다.
- □ 인라인 클래스에서 인터페이스를 상속하고 구현한다.
- □ 인라인 객체를 만들고 메서드를 실행해본다.

```kotlin
interface Printable {                              //인터페이스 정의
    fun prettyPrint(): String
}

@JvmInline
value class Language(val s: String) : Printable {  //인터페이스 상속
    override fun prettyPrint(): String =           //인터페이스 메서드 구현
                        "$s 언어를 공부하자!"
}


val lang = Language("코틀린")                        //객체 생성
println(lang.prettyPrint())                        //메서드 실행
```
코틀린 언어를 공부하자!

## ◀ 타입 별칭과 비교

인라인 클래스와 타입 별칭을 비교해 본다.

- □ 타입 별칭과 인라인 클래스를 만든다. 그리고 함수의 매개변수에 타입 별칭과 인라인 클래스로 자료형을 정의했다.
- □ 타입 별칭은 실제 정의된 자료형으로 반환 변환하지만, 인라인 클래스는 내부적으로 속성에 정의된 자료형으로 실제 처리할 때 변환된다.
- □ 인라인 클래스가 매개변수로 정의된 곳에 정수를 인자로 전달하면 자료형이 달라 컴파일 에러가 발생한다.

```kotlin
typealias XInt = Int                               //타입 별칭 사용

@JvmInline                                         //인라인 클래스 처리
value class UUInt(val x: Int)

fun compute(x: XInt):XInt {                        //타입 별칭 사용:기존 타입으로 인식
```

```
        return x * 2
}
println(compute(10))

fun compute1(x: UUInt) : Int {          // JVM 내부적으로는 Int
        return x.x * 3                  // 함수 오버로딩 불가
}                                       // 함수 이름을 다르게 정의


val  a = UUInt(100)
println(compute1(a))
                                        // 내부 자료형 확인
println(UUInt(100).javaClass.kotlin)    // 새로운 자료형: 로딩할 때는 정수형으로 변경
println(XInt.javaClass.kotlin)          // 내부의 자료형


//println(compute1(100)    // 컴파일 시점에 자료형이 다르다고 예외 처리
```

```
20
300
class Line_162$UUInt
class kotlin.Int$Companion
```

CHAPTER **08**

## 컬렉션 알아보기

프로그램에서 데이터를 저장해 사용하려면 다양한 자료구조(Data Structure)가 필요하다. 코틀린 프로그램 언어도 다양한 자료구조를 지원한다. 가장 기본으로 배열(Array), 리스트,(List), 집합(Set), 맵(Map) 등을 지원한다.

배열은 앞에서 이미 배웠으므로 이번 장에서는 따로 설명을 하지 않는다. 이런 자료 구조에 대한 클래스, 그 클래스 내부의 속성과 메서드를 가지고 내부적으로 처리하는 방법을 알아본다.

1. 리스트, 세트, 맵 알아보기

2. 컬렉션 메서드 알아보기

# 01 리스트, 세트, 맵 알아보기

인덱스 순서대로 원소를 처리하는 리스트(List), 순서는 없고 유일한 값을 가지는 집합(Set), 키와 값을 쌍으로 구성하는 맵(Map)이 있다. 이 클래스들은 제네릭으로 구성되어 각 원소 또는 키와 값에 대한 자료형을 지정해 객체를 생성하여 사용한다. 이렇게 여러 원소를 가지는 것을 다른 용어로 컨테이너(container)라고도 한다.

코틀린은 이런 컬렉션을 변경 가능하거나 변경 불가능한 클래스로 분리해 처리할 수 있다. 리스트, 집합, 맵에 대한 다양한 클래스와 함수로 객체를 생성하여 원소를 조회, 추가, 삭제하는 방법을 알아본다.

## 컬렉션의 가변(mutable)과 불변(immutable)

변수도 가변과 불변이 있듯이 객체에도 가변과 불변이 있다. 그래서 컬렉션의 가변과 불변은 내부 원소의 추가, 변경, 삭제 가능 여부를 처리한다. 컬렉션은 대부분 원소를 다른 클래스의 객체로 구성하므로 대부분 제네릭 클래스로 구현되어 있다. 제네릭에 대한 자세한 내용은 다음에 알아본다.

- ☑ 가변(mutable): 보통 컬렉션 객체는 추가, 수정, 삭제를 할 수 있다.
- ☑ 불변(immutable): 컬렉션 객체 중에 한 번 만들어지면 추가, 수정, 삭제를 할 수 없다. 하지만 불변 객체의 내부 원소에 대한 추가, 삭제, 수정 메서드를 가지면 기존 객체는 그대로 두고 새로운 객체를 만든다.

## 리스트 클래스

인덱스 순서대로 원소를 관리하는 리스트를 먼저 알아본다. 이 리스트도 가변과 불변을 처리할 수 있다.

## ▶ 리스트의 종류

리스트는 아래의 두 가지로 만들어진다.

- ■ ArrayList: 고정 길이로 리스트를 만든다. 고정 길이가 넘을 경우 리스트의 사이즈를 확대해서 원소를 추가한다. 보통 listOf, mutableListOf로 객체를 생성한다.
- ■ LinkedList: 가변 길이로 리스트를 만든다. 각 원소가 가지는 주소를 별도로 보관하므로 링크드리스트라고 한다. 보통 LinkedList 클래스로 리스트 객체를 생성한다.

## ▶ 리스트

리스트 클래스의 속성과 메서드를 알아본다. 다음 예제에서 배열 리스트와 링크드 리스트를 알아본다.

- □ 코틀린 리스트는 기본으로 자바의 **ArrayList**와 **LinkedList**를 사용한다.
- □ 자바의 리스트는 기본으로 가변이지만 코틀린 내부적으로 컴파일 타임에는 불변도 처리가 가능하다.
- □ 불변 리스트를 생성할 때 listOf 함수를 사용한다. 컬렉션 생성하는 함수는 보통 제네릭 함수이지만 정수가 인자로 들어오므로 타입을 추론해서 **Int** 자료형의 원소를 가진 리스트를 만든다. 리스트의 자료형을 확인하고 리스트의 슈퍼클래스도 확인한다.
- □ LinkedList 클래스로 빈 리스트를 만든다. 이때 타입인자를 **String**으로 전달해서 이 리스트의 원소는 문자열만 처리할 수 있다. 이 링크드리스트에 대한 자료형과 슈퍼클래스를 확인한다.
- □ 리스트 클래스의 멤버를 확인하기 위해 dir 확장함수를 정의한다. 이번에는 List와 AbstractSequentialList에 확장함수로 정의한 것을 확인할 수 있다.

```
import java.util.ArrayList                        //코틀린 기본 리스트 클래스
import java.util.LinkedList                       //링크드 리스트 클래스
import java.util.AbstractSequentialList

val list_1 = listOf(1,2,3)                        //리스트 객체를 생성
println(list_1.javaClass.kotlin)                  //리스트 클래스 조회
println(list_1.javaClass.kotlin.supertypes[0])    //리스트의 슈퍼클래스 조회

var llist_1 = LinkedList<String>()                //링크드 리스트의 객체 생성
println(llist_1.javaClass.kotlin)                 //링크드 리스트 클래스 조회
println(llist_1.javaClass.kotlin.supertypes[0])   //링크드 리스트의 슈퍼 클래스 조회
```

```
fun List<Int>.dir() : Set<String> {          //리스트 멤버를 조회하는 확장함수
    val a = this.javaClass.kotlin            //클래스 출력
    println(a.simpleName)
    val ll = a.members.map { it.name}        //멤버의 이름으로 맵으로 처리하기
    return ll.toSet()
}

fun AbstractSequentialList<String>.dir() : Set<String> {
    val a = this.javaClass.kotlin            //클래스 출력
    println(a.simpleName)
    val ll = a.members.map { it.name}        //멤버의 이름을 맵으로 처리하기
    return ll.toSet()
}
```

```
class java.util.Arrays$ArrayList
java.util.AbstractList<E!>
class java.util.LinkedList
java.util.AbstractSequentialList<E!>
```

### 가변과 불변

리스트에서 가변과 불변 객체를 생성하는 함수를 제공한다. 아래 예제에서는 불변 리스트 객체는 listOf 함수, 가변 리스트는 mutableListOf 함수를 사용해서 객체를 만든다.

- 불변 리스트는 listOf 함수로 만들고, 가변 리스트는 mutableListOf 함수로 만든다.
- 그런 다음 두 리스트 객체의 멤버를 앞에서 정의한 dir 함수를 실행한 후에 교집합으로 같은 멤버와 차집합으로 가변 리스트에 대한 멤버를 추가로 만든 후에 교집합일 경우 출력한다.
- 런타임에 클래스의 멤버를 가져와서 실제 원소의 추가, 생성 등의 메서드가 있는 것을 볼 수 있다. 코틀린에서는 불변일 경우는 컴파일 타임에서 **add** 메서드를 사용할 수 없도록 처리한다.

```
val list1 = listOf(1,2,3)               //리스트 객체를 생성
val ll = list1.dir()                     //리스트 멤버 조회
val mlist1 = mutableListOf(1,2,3)        //가변 리스트 객체 만들기
val ml = mlist1.dir()                    //멤버 확인
val inters = ll.intersect(ml)            //동일한 멤버 확인
val differs = ml.minus(ll)               //다른 멤버 확인

println("### 교집합 ###")               //두 리스트 내의 공통적인 멤버 확인
var count = 1
```

```
for (i in inters) {
    if (count % 6== 0 ) println()
    else print(i.toString() +", ")
    count++
}
```

```
ArrayList
ArrayList
### 교집합 ###
contains, spliterator, forEach, toArray, set,
indexOf, replaceAll, sort, size, add,
clear, iterator, remove, removeAll, retainAll,
isEmpty, equals, hashCode, toString, stream,
parallelStream, listIterator, removeAt, subList; lastIndexOf,
modCount, serialVersionUID,
```

□ 그런 다음 차집합 즉 가변 리스트의 멤버만 출력한다.

□ 가변 리스트내부에 다양한 메서드가 있는 것을 알 수 있다.

```
println("### 차집합 ###")          //변경 가능한 리스트의 멤버만 확인
count = 1
for (i in differs) {
    if (count % 5== 0 ) println()
    else print(i.toString() +", ")
    count++
}
```

```
### 차집합 ###
rangeCheckForAdd, outOfBoundsMsg, clone, readObject,
ensureCapacity, trimToSize, ensureCapacityInternal, elementData,
ensureExplicitCapacity, fastRemove, rangeCheck, batchRemove,
calculateCapacity, subListRangeCheck, DEFAULT_CAPACITY, EMPTY_ELEMENTDATA,
MAX_ARRAY_SIZE,
```

### ◤ 다양한 리스트 객체를 생성하는 방법

추가로 리스트를 생성하는 다양한 함수를 알아본다.

□ 아무것도 없는 리스트는 emptyList 함수로 만든다. 리스트는 전부 제네릭이라서 타입인자를 지정한다.

□ 널 값이 없는 리스트를 만들 때는 listOfNotNull 함수를 사용한다. 인자로 들어온 널을 없애고 리스트를 만든다.

□ 리스트를 만들 때 변수에 ArrayList 클래스를 자료형으로 지정하고 arrayListOf 함수로 리스트를 생성해서 할당하면 내부적으로 동일한 클래스의 객체인지 점검한다.

□ 변수에 List 클래스를 자료형으로 할당하고 listOf 함수로 리스트 객체를 만들어서 할당한다. 자료형을 지정하면 객체가 이 자료형으로 가능 여부를 자동으로 확인하고 이상이 없으면 할당을 한다.

```
val emptyList: List<String> = emptyList<String>()  //아무것도 없는 리스트 생성
println(emptyList.javaClass.kotlin)
println(emptyList.javaClass.kotlin.supertypes[0])       //빈 리스트의 상속관계 확인

val nonNullsList = listOfNotNull(2, 45, 2, null, 5, null)//널제거리스트생성
println(nonNullsList.javaClass.kotlin)
println(nonNullsList)
println(nonNullsList.javaClass.kotlin.supertypes[0])   //빈 리스트의 상속관계 확인

val stringList: ArrayList<String> =
           arrayListOf("코틀린", "입문을", "축하합니다.")
println(stringList.javaClass.kotlin)
println(stringList)                                      //리스트 확인

val stringList1: List<String> =
           listOf("꿈은", "이루어진다.")                    //list로 리스트 생성
println(stringList1.javaClass.kotlin)
println(stringList1)                                     //리스트 확인
```

```
class kotlin.collections.EmptyList
kotlin.collections.List<kotlin.Nothing>
class java.util.ArrayList
[2, 45, 2, 5]
java.util.AbstractList<E!>
class java.util.ArrayList
[코틀린, 입문을, 축하합니다.]
class java.util.Arrays$ArrayList
[꿈은, 이루어진다.]
```

□ 가변 리스트는 mutalbleListOf 함수로 정의한다. 이번에는 변수에 자료형을 지정하지 않아서 타입추론으로 자료형을 확정한다.

□ 가변 리스트는 원소를 추가하거나 삭제할 수 있다.

□ 또 하나의 가변 리스트를 변수에 할당한다. 다양한 자료형으로 원소를 지정해서 하나의 자료형으로 처리되므로 타입추론을 하면 Any 자료형으로 처리된다.

□ 불변 리스트를 2개 만들어서 덧셈연산자나 메서드로 처리하면 두 리스트를 결합한 새로운 리스트를 반환한다. 두 불변 리스트는 변경이 없다.

```
val mutableListNames =                                    //가변 리스트 생성
    mutableListOf<String>("석가","마호메트", "예수")
mutableListNames.add("무당")                              //원소 추가
mutableListNames.removeAt(1)                              //원소 삭제
mutableListNames[0] = "무녀"                              //원소 대체
println(mutableListNames)

val mutableListMixed =                                    //Any 자료형으로 처리
        mutableListOf("현대차동차","벤츠", 1, 6.76, '가')
println(mutableListMixed)

val list1 = listOf(1, 2, 3)
val list2 = listOf(1, 4, 5, 6)

val joinedList = list1 + list2                            //두 불변 리스트를 더하면
println("joinedList : $joinedList")                       //새로운 리스트를 생성

val joinedList2 = list1.plus(list2)
println("joinedList2 : $joinedList")
```

```
[무녀, 예수, 무당]
[현대차동차, 벤츠, 1, 6.76, 가]
joinedList : [1, 2, 3, 1, 4, 5, 6]
joinedList2 : [1, 2, 3, 1, 4, 5, 6]
```

### ◤ 링크드리스트의 멤버 확인

가변인 링크드리스트의 빈 객체를 LinkedList 생성자로 만든다. 아래 예제에서는 링크드리스트 생성자로 객체를 만들고 내부의 멤버를 확인한다.

□ 링크드리스트 클래스로 빈 리스트를 만들고 확장함수 dir로 멤버를 출력한다.

□ 대부분 리스트에 있는 멤버들과 링크드리스트를 처리하는 추가적인 멤버들이 있다.

```
var llist_1 = LinkedList<String>()                        //링크드 리스트의 객체 생성
println(llist_1.javaClass.kotlin)
```

```
var count = 1
for (i in llist_1.dir()) {
    if (count % 6== 0 ) println()
    else print(i.toString() +", ")
    count++
}
```

```
class java.util.LinkedList
LinkedList
add, addAll, clear, remove, contains,
toArray, listIterator, removeAt, set, get,
lastIndexOf, outOfBoundsMsg, poll, peek, offer,
getFirst, push, pop, addFirst, addLast,
offerLast, removeFirst, removeLast, pollFirst, pollLast,
peekFirst, peekLast, removeFirstOccurrence, removeLastOccurrence, descendingIterator,
readObject, writeObject, unlink, linkFirst, linkLast,
unlinkFirst, unlinkLast, isElementIndex, isPositionIndex, checkElementIndex,
node, superClone, size, first, last,
removeAll, retainAll, containsAll, isEmpty, equals,
toString, forEach, stream, removeIf, parallelStream,
replaceAll, sort, removeRange, modCount, serialVersionUID,
```

□ 빈 링크드리스트를 객체로 만든다. 리스트 객체를 addAll 메서드로 추가한다.

□ 이 리스트의 첫 번째(first)와 마지막 원소(last)를 속성으로 확인한다.

□ 링크드리스트는 연산자나 메서드로 객체를 결합할 수 있다. 불변 리스트처럼 원본을 바꾸지 않고 새로운 리스트 객체를 만들어 반환하는 것을 알 수 있다.

```
var planets =  LinkedList<String>()            //링크드 리스트 생성
println(planets.javaClass.kotlin.supertypes[0])

planets.addAll(listOf("지구", "금성", "화성 "))     //링크드 리스트에 원소 추가
println("Planets = " + planets)

println("First planet = " + planets.first)
println("Last planet = " + planets.last)

val joinedplanets = planets + planets          //두 링크드 리스트를 더하면
println("joinedplanets : $joinedplanets")       //새로운 링크드 리스트를 생성

val joinedplanets2 = planets.plus(planets)
println("joinedplanets2 :  $joinedplanets2")
```

```
println("Planets = " + planets)
```

```
java.util.AbstractSequentialList<E!>
Planets = [지구, 금성, 화성 ]
First planet = 지구
Last planet = 화성
joinedplanets : [지구, 금성, 화성 , 지구, 금성, 화성 ]
joinedplanets2 :  [지구, 금성, 화성 , 지구, 금성, 화성 ]
Planets = [지구, 금성, 화성 ]
```

## 집합(Set) 클래스

집합은 순서가 없고 모든 원소는 유일한 값을 가진다. 집합에서 가변과 불변 클래스가 별도로 제
공해서 처리할 수 있다.

### ◤ 집합의 종류

집합의 원소는 유일한 값을 처리하기 위해 hash 구성하는 값만 가지고 있다. 그래서 집합의 종류
도 해시를 기반으로 처리하는 것을 알 수 있다.

- HashSet: HashMap을 이용하여 구현되고, value는 dummy object로 사용된다.
- LinkedHashSett: LinkedHashMap을 이용하여 구현되고, value는 dummy object로 사용된다.
- TreeSet: TreeMap으로 구현되고, value는 dummy object로 사용된다.

### ◤ 집합의 멤버 확인

클래스의 멤버를 먼저 확인하는 이유는 내부에 속성과 메서드를 어떻게 구성하는지 알아보기 위
함이다.

- □ Set에 확장함수로 dir을 구현했다.
- □ LinkedHashSet을 처리할 때 내부적으로 예외를 발생시켜서 일단 제외했다.

```
import java.util.LinkedHashSet        // 자바에서 지원하는 집합 자료구조
import java.util.HashSet
import java.util.TreeSet
```

```
fun Set<String>.dir() :Set<String> {
    val a = this.javaClass.kotlin
    println(a.simpleName)
    if (a.simpleName == "LinkedHashSet") {          // 링크드 해시세트는 일단 제외시킴
        println(" 오류발생으로 미처리 ")
        return setOf()
    }
    val ll = a.members.map { it.name}               // 멤버의 이름을 맵으로 처리
    return ll.toSet()
}
```

☐ 집합 객체를 hashSetOf 함수로 생성한다. 집합도 제네릭이라서 타입인자를 제공해야 하지만
원소의 자료형으로 타입을 추론할 수 있다.

☐ 집합의 멤버를 확인하면 집합마다 처리하는 기준에 차이가 있어서 멤버의 개수가 다른 것을
알 수 있다.

☐ 공통으로 처리하는 멤버만 출력해서 확인한다. 코틀린에서는 집합도 리스트처럼 가변과 불변
은 컴파일 타입에만 처리한다. 리플렉션으로 가져온 클래스의 멤버는 가변이나 불변을 구분
하지 않는다.

```
val s = hashSetOf("a","b","c")          // hashset 생성하고 내부 멤버 확인하기
val sdir = s.dir()
println(sdir.size)
var s2 =  TreeSet<String>()             // treeSet 생성하고 내부 멤버 확인하기
val s2dir =s2.dir()
println(s2dir.count())

val sintr = sdir.intersect(s2dir)       // 두 클래스의 같은 멤버만 확인
var count = 1
for (i in sintr) {
    if (count % 6== 0 ) println()
    else print(i.toString() +", ")
    count++
}
```

```
HashSet
26
TreeSet
40
add, clear, iterator, remove, contains,
```

spliterator, clone, readObject, writeObject, size,
removeAll, retainAll, containsAll, equals, hashCode,
forEach, toArray, stream, removeIf, parallelStream,
PRESENT,

## 변수 자료형 지정 방식

변수에 컬렉션 자료형을 지정할 때는 집합과 내부 원소를 구성하는 자료형을 같이 지정한다.

□ 집합 객체를 setof 함수와 mutableSetOf 함수로 생성했다. 가변과 불변의 집합 객체를 만들었다.

□ 변수의 자료형을 둘 다 Set으로 지정한 이유는 가변이나 불변의 상위 자료형에는 객체를 할당할 수 있기 때문이다. 집합도 제네릭으로 지정되어서 변수에 할당할 경우 원소의 자료형을 타입인자로 전달해야 한다.

□ 불변의 빈 집합을 만들어 덧셈 할당연산자로 원소를 추가할 수 있다. 그리고 뺄셈 할당연산자로 원소를 삭제할 수 있다. 이처럼 연산자를 오버로딩해서 원소를 추가, 삭제한다.

```
val mixedTypesSet = setOf(2, 4.454, "how", "far", 'c')
var intSet: Set<Int> = setOf(1, 3, 4)             //단일 자료형 집합 생성
println(intSet.javaClass)

val mixedMSet: Set<Any> =
            mutableSetOf(2, 4.454, "how", "far", 'c') //혼합 자료형 집합
var intmSet: Set<Int> =
            mutableSetOf(1, 3, 4)                      //단일 자료형 집합
println(intmSet.javaClass)

val mutableSet = mutableSetOf<Int>()          //가변 집합을 연산자로 원소 추가 삭제
mutableSet += 42
mutableSet += 43
println(mutableSet)
mutableSet -= 42
println(mutableSet)
```

```
class java.util.LinkedHashSet
class java.util.LinkedHashSet
[42, 43]
[43]
```

## ▌ 원소 추가와 삭제

가변 집합을 만들고 메서드를 사용해 원소를 추가하거나 삭제한다.

- □ 다양한 가변 집합(hashSetOf, mutableSetOf, linkedSetOf)을 생성하고 add, remove 등의 메서드로 원소를 추가하고 삭제할 수 있다. clear 메서드로 전체를 삭제할 수도 있다.
- □ TreeSet은 클래스로 빈 집합을 만든다. 그다음에 addAll 메서드로 집합을 추가한다. retain-All 메서드로 두 집합의 교집합만 현재 집합을 갱신한다.

```kotlin
val intsHSet: HashSet<Int> =
            hashSetOf(1, 2, 6, 3)               //해시집합 생성
intsHSet.add(5)                                 //원소 추가
intsHSet.remove(1)                              //원소 삭제

val intsMSet: MutableSet<Int> =
            mutableSetOf(3, 5, 6, 2, 0)         //가변집합 생성
intsMSet.add(8)                                 //원소 추가
intsMSet.remove(3)                              //원소 삭제

val intsLSet: LinkedHashSet<Int> =
            linkedSetOf(5, 2, 7, 2, 5)          //링크드 해시집합 생성
intsLSet.add(4)                                 //원소 추가
intsLSet.remove(2)                              //원소 삭제
intsLSet.clear()                                //원소 전체 삭제

var planets = TreeSet<String>()                 //트리집합 생성
planets.addAll(listOf("화성", "금성",            //원소 추가
                "지구", "수성", "목성"))
var planetsTwo = TreeSet<String>();
planetsTwo.addAll(listOf("화성", "목성",
                "해왕성", "토성"))
planets.retainAll(planetsTwo)                   //교집합된 원소만 유지
println(planets)
```

[목성, 화성]

## ▌ 집합 기본 연산

수학의 집합처럼 코틀린의 집합도 집합 연산을 처리할 수 있다.

- □ 리스트 객체를 만들고 toSet으로 집합으로 변환했다. 동일한 원소가 여러 개 있지만, 집합으로 변환하면 유일한 원소만 남는다.

□ 리스트에서는 distinct 메서드로 유일한 원소만 남길 수 있다.

□ 다른 집합은 setoff 함수로 만든다. 순서가 중요하지 않기 때문에 유일한 원소만 가진 것을 만든다.

□ 집합 객체의 원소인지 확인은 포함 연산자 in이나 contains 메서드를 사용한다. 집합의 부분 집합인지 확인은 containsAll 메서드로 확인할 수 있다.

□ 집합에는 두 집합의 공통 원소를 추출하는 교집합, 두 집합의 모든 원소를 추출하는 합집합, 기준 집합에서 다른 집합과의 공통된 것을 제외한 후에 기준 집합의 모든 원소를 추출하는 차집합 연산이 있다.

□ 집합 연산인 합집합, 교집합, 차집합 연산을 처리할 수 있다. 점연산자 없이 연산자와 같은 방식으로 처리할 수 있다.

```
val list = listOf(3, 3, 2, 1, 2)                    //리스트 생성
println(list.toSet ())                              //리스트에서 집합으로 변환
println(list.distinct ())                           //리스트에서 중복
println("abbcc".toSet ())

val intSet = setOf(1, 1, 2, 3, 9, 9, 4)             //중복 원소 집합 생성
println(intSet)                                     //유일한 값만 남은
println(setOf(1, 2) )                               //순서가 중요하지 않음
println(setOf(2, 1))

println(9 in intSet)                                //원소 여부 확인
println(99 in intSet)
println(intSet.contains(9))
println(intSet.contains(99))
var a = intSet.containsAll(setOf(1, 9, 2))          //포함 여부 확인
println(a)

println(intSet.union (setOf(3, 4, 5, 6)) )          //집합연산 합연산 점연산
println(intSet intersect setOf(0, 1, 2, 7, 8) )     //집합연산 교집합 점연산 infix
println(intSet subtract setOf(0, 1, 9, 10) )        //집합연산 차집합 점연산 infix 처리
println(intSet - setOf(0, 1, 9, 10) )               //차집합연산을 연산자로 처리
```

```
[3, 2, 1]
[3, 2, 1]
[a, b, c]
[1, 2, 3, 9, 4]
[1, 2]
[2, 1]
true
false
```

```
true
false
true
[1, 2, 3, 9, 4, 5, 6]
[1, 2]
[2, 3, 4]
[2, 3, 4]
```

## 맵 클래스

맵(Map)은 유일한 값을 갖는 키와 이 키에 대응하는 값으로 구성된다. 키를 만들 수 있는 객체는
문자열 등의 불변 객체만 올 수 있다. 하지만 값으로는 모든 객체를 다 저장할 수 있다.

### ◤ 맵의 종류

맵도 해시는 기본이지만 트리 자료구조로 구성할 수 있다.

- TreeMap: Tree라는 구조를 사용해서 만든 맵이다.
- HashMap: Hash라는 기법을 사용해서 만든 맵이다.
- LinkedHashMap: Hash 기법과 만들어진 키를 연결해서 만든 맵이다. HashMap과 다른 점은 기본적으
  로 데이터를 추가한 순서대로 데이터를 보관한다는 것이다.

### ◤ 맵의 멤버 확인

다른 컬렉션처럼 맵 내의 속성과 메서드도 확인해 본다. 여러 개의 맵 클래스를 코틀린 패키지와
자바 패키지를 사용하기 위해 import 한다.

- □ Map에 확장함수로 dir을 지정한다. 맵에 대한 멤버를 확인한다. 멤버를 확인하는 이유는 어
  떤 속성과 메서드를 처리하는지 보고 이 메서드들의 작동원리를 확인하는 용도이다.

```
import kotlin.collections.HashMap
import kotlin.collections.LinkedHashMap
import java.util.TreeMap
import java.util.SortedMap
```

```
fun Map<String,String>.dir() : Set<String> {
    val a = this.javaClass.kotlin
    println(a.simpleName)
    val ll = a.members.map { it.name}              //멤버의 이름을 맵으로 처리
    return ll.toSet()
}
```

□ 맵의 원소는 키와 값으로 구성해야 한다. 그래서 to 메서드로 키와 값을 한 쌍으로 묶는다. 이 결과도 Pair 클래스의 객체이다. 직접 튜플인 Pair 클래스를 사용해서 키와 값을 묶을 수 있다. 맵 객체를 hashMapOf 함수로 생성한다.

□ 맵의 객체를 만들기 위해 linkedMapOf 함수를 사용한다. 각 원소는 to 메서드를 사용해서 키와 값을 한 쌍으로 처리했다. 키와 값이 모두 문자열인 것을 알 수 있다.

□ 두 맵의 객체의 멤버를 가지고 공통 멤버를 출력한다. 어떤 속성과 메서드를 가졌는지 확인한다.

```
val tomcat = "Tom" to "Cat"                        //두 개의 원소를 가진 튜플 만들기
val m = hashMapOf(Pair("Tom", "Cat"),              //튜플로 맵 생성
                  Pair("Jerry","Mouse"))
println(m.javaClass.kotlin)
val mdir = m.dir()

val map1 = linkedMapOf("1" to "one",               //튜플 연산자로 맵 생성
                       "2" to "two",
                       "3" to "three")
val ldir = map1.dir()


val mintr = mdir.intersect(ldir)                   //두 클래스의 같은 멤버만 확인
var count = 1
for (i in mintr) {
    if (count % 5== 0 ) println()
    else print(i.toString() +", ")
    count++
}
```

```
class java.util.HashMap
HashMap
LinkedHashMap
clear, put, putAll, remove,
containsValue, get, getOrDefault, isEmpty,
```

```
replaceAll, putIfAbsent, forEach, computeIfAbsent,
compute, merge, clone, loadFactor,
putMapEntries, getNode, putVal, resize,
removeNode, newNode, replacementNode, newTreeNode,
reinitialize, afterNodeAccess, afterNodeInsertion, afterNodeRemoval,
table, entrySet, size, modCount,
values, entries, keys, equals,
toString, keySet, hash, comparableClassFor,
tableSizeFor, serialVersionUID, DEFAULT_INITIAL_CAPACITY, MAXIMUM_CAPACITY,
TREEIFY_THRESHOLD, UNTREEIFY_THRESHOLD, MIN_TREEIFY_CAPACITY,
```

## ▐ 맵 객체 생성

맵도 가변과 불변의 맵 객체를 생성한다.

- □ 변수에 맵의 자료형을 지정할 때는 타입인자로 키와 값 두 개를 지정해야 한다. 불변인 맵은 **mapOf** 함수로 생성한다. 이 맵을 for 순환문으로 처리할 때는 키와 값을 분리해야 한다. 그 래서 구조분해를 사용해서 key, value를 분리해서 출력한다.
- □ 맵도 총 개수는 size 속성, 키로 검색은 기본적으로 인덱스 검색 연산자인 대괄호를 사용한다.
- □ 변경 가능한 맵을 정의하고 **mutableMapOf** 함수로 객체를 만든다.
- □ 맵의 모든 키는 keys, 맵의 값은 values 속성을 사용해서 키와 값을 조회한다.
- □ TreeMap 클래스로 빈 맵을 생성한 후에 내부의 값을 이진수로 변환해 저장했다. 이처럼 다 양한 방식의 맵을 지원하므로 원하는 자료구조를 사용해서 좋은 성능이 나오도록 작성할 필 요가 있다.

```kotlin
val callingMap: Map<Int, String> =                              //맵 생성
        mapOf(82 to "한국", 1 to "USA", 233 to "가나")
for ((key, value) in callingMap) {                              //순환문 처리
    println("$key 코드는 어느나라 $value")
}
println("맵의 개수=" + callingMap.size)
println(callingMap[233])                                        //원소 선택


val currencyMap: MutableMap<String, String> =
    mutableMapOf("원" to "한국", "달러" to "미국", "파운드" to "영국")
println("국가 = ${currencyMap.values}")                          //값 출력
println("통화 = ${currencyMap.keys}")                            //키 출력
currencyMap.put("엔", "일본")
println(currencyMap.remove("달러"))
```

```
val binaryReps = TreeMap<Char, String>()          //트리맵 생성
for (c in 'A'..'C') {                             //바이너리 값 처리
    val binary = c.toInt().toString(2)
    binaryReps[c] = binary                         //맵에 원소 추가
}
println(binaryReps)
```

```
82 코드는 어느나라 한국
1 코드는 어느나라 USA
233 코드는 어느나라 가나
맵의 개수=3
가나
국가 = [한국, 미국, 영국]
통화 = [원, 달러, 파운드]
미국
{A=1000001, B=1000010, C=1000011}
```

### ◤ 맵 원소 추가와 삭제

가변 맵은 원소를 추가, 삭제할 수 있다.

  ▫ HashMap, LinkedHashMap, SortedMap 클래스의 객체를 생성한다. 맵의 원소는 put 메서
    드로 추가하고 remove 메서드로 삭제한다.

  ▫ 원소 검색은 인덱스 연산자인 대괄호에 키(key)를 전달해서 조회한다.

```
val personsHashMap: java.util.HashMap<Int, String> =        //해시맵 생성
        hashMapOf(1 to "소슬비", 2 to "조현웅", 3 to "김성은")

personsHashMap.put(4, "김학수")                              //원소 추가
personsHashMap.remove(2)                                    //삭제
println(personsHashMap[1])                                  //원소 선택 조회
println(personsHashMap)

val postalCodeHashMap: java.util.LinkedHashMap<String, String> =
        linkedMapOf("NG" to "나이지리아","AU" to "호주","KR" to "한국")
postalCodeHashMap.put("NA", "나미비아")                      //원소 추가
postalCodeHashMap.remove("AU")                              //삭제
println(postalCodeHashMap.get("KR"))                        //원소 선택
println(postalCodeHashMap)

val personsSortedMap: java.util.SortedMap<Int, String> =    //정렬맵 작성
        sortedMapOf(2 to "서정욱", 1 to "김영옥", 3 to "서호진")
```

```
personsSortedMap.put(7, "최혜원")                    // 원소 추가
println(personsSortedMap.remove(3))                  // 삭제
println(personsSortedMap)
```

소슬비
{1=소슬비, 3=김성은, 4=김학수}
한국
{NG=나이지리아, KR=한국, NA=나미비아}
서호진
{1=김영옥, 2=서정욱, 7=최혜원}

### 스택(Stack)

컬렉션 구조를 배웠으니 기본적인 자료구조를 만들어서 활용하는 방법을 알아보고. 가장 기본적인 자료구조인 스택에 대한 개념을 알아본다.
스택은 하나의 입구로 데이터를 입력하고 같은 입구에서 출력한다. 이런 방식을 후입선출(LIFO: Last in first out)이라고 한다. 마지막 스택에 쌓인 것을 먼저 꺼내서 사용한다는 것이다.

#### ◤ 스택 기본 메서드

스택은 하나의 출입구만 있으므로 차례로 스택에 쌓고 마지막에 쌓인 것을 꺼낸다.

- push: 마지막 스택에 데이터를 가져온다. 곧 스택을 쌓는다.
- pop: 마지막 스택에 쌓인 데이터를 꺼낸다. 즉 스택에서 제거한다.
- peek: 스택의 상태를 알려준다. 스택의 최상단에 있는 데이터를 알려준다.

#### ◤ 자바 Stack 사용

코틀린에서는 별도의 스택을 제공하지 않지만, 자바에 있는 스택을 활용할 수 있다.

- ☐ 자바 패키지에 있는 스택인 java.util.Stack을 import 한다.
- ☐ 이 스택 클래스를 사용해서 빈 스택을 만든다. 간단하게 테스트하기 위해 스택에 저장할 데이터는 문자로 지정한다.

□ 현재 스택 상태를 empty 메서드로 확인한다.

□ 스택에 4개를 push 메서드로 쌓는다.

□ 현재 스택에 저장된 것을 확인한다. 그다음에 스택에서 pop 메서드로 하나를 꺼낸다. 그런다음 현재 스택 상태를 peek로 확인한다.

□ 스택에 있는 데이터를 조회할 때는 search 메서드를 사용한다.

```
import java.util.Stack                               //자바 스택 사용

val stack = Stack<Char>()                            //빈 스택을 하나 만든다.

println("스택 상태 빈상태 =" +stack.empty())         //상태 확인

stack.push('A')                                      //스택에 추가
stack.push('B')
stack.push('C')
stack.push('D')

println("스택 상태 확인 =" + stack)                  //스택 상태 확인

println("첫번째 원소 빼기 = " + stack.pop())         //스택에서 하나 제거
println("스택 상태 확인 =" + stack)
println("다음에 뺄 원소 확인 =" + stack.peek())      //다음 제거할 것을 확인

println("스택 내부 원소 찾기 =" + stack.search('A')) //스택 내 저장된 것을 검색
```
```
스택 상태 빈상태 =true
스택 상태 확인 =[A, B, C, D]
첫번째 원소 빼기 = D
스택 상태 확인 =[A, B, C]
다음에 뺄 원소 확인 =C
스택 내부 원소 찾기 =3
```

### ◤ 자바 dequeue 사용

양방향으로 처리할 수 있는 queue 자료구조가 deque이다. 보통 큐는 입구와 출구가 다른 구조이지만 하나의 입구만을 지정해서 처리하면 스택을 처리할 수 있다. 스택의 핵심은 항상 하나의 입구로 데이터를 저장하고 동일한 입구에서 데이터를 꺼낸다. 탑을 쌓듯이 데이터를 쌓고 최상위부터 데이터를 제거해 간다. 스택에서 현재 상태에서 중요한 데이터는 맨 위에 저장된 상태를 확인하는 것이다.

□ 자바 패키지에서 java.util.ArrayDeque를 import 한다.

□ 빈 ArrayDeque 객체를 만든다. 이 객체 내의 저장될 자료형은 Int이다.

□ 현재 데큐의 상태를 isEmpty 메서드로 확인하다.

□ 4개의 데이터를 push로 저장한다. 현재 상태와 제일 상위에 저장된 것을 확인한다.

□ 데큐에서 원소를 pop으로 꺼내고 상태를 확인한다.

□ 다시 데이터를 push로 저장한다.

```kotlin
import java.util.ArrayDeque                          //데큐를 사용

var stack = ArrayDeque<Int>()                        // 객체를 만든다.
println("스택 상태 확인 =" + stack.isEmpty())        //빈 상태
stack.push(1)                                        //스택에 데이터를 올린다.
stack.push(2)
stack.push(3)
stack.push(4)
println("스택 전체 확인 =" + stack)                  //스택 상태 확인
println("스택 상태 확인 =" + stack.isEmpty())
println("첫번째 뺄 원소확인 =" + stack.peek())       //스택에서 가장 먼저 제거할 것을 확인
println("스택 전체 확인 =" + stack)

println("첫번째 원소 빼기 =" +stack.pop())           //스택에서 제거
println("스택 전체 확인 =" + stack)

stack.push(9)                                        //스택에 추가
println("스택 전체 확인 =" + stack)
```

```
스택 상태 확인 =true
스택 전체 확인 =[4, 3, 2, 1]
스택 상태 확인 =false
첫번째 뺄 원소확인 =4
스택 전체 확인 =[4, 3, 2, 1]
첫번째 원소 빼기 =4
스택 전체 확인 =[3, 2, 1]
스택 전체 확인 =[9, 3, 2, 1]
```

## ◤ 코틀린 확장함수로 처리

코틀린의 가변 리스트를 사용해서 스택을 처리한다. 스택이 처리하는 기본 메서드를 확장함수로
정의해서 스택을 처리한다.

□ 먼저 자료를 저장하는 MutableList 클래스를 typealias로 Stack이라는 별칭을 만든다. 확장

함수는 Stack M 타입을 확장클래스로 지정해서 함수를 작성하는 것이다.

□ 이 StackM의 확장함수로 push, pop, peek를 지정한다. 이 3개의 메서드는 가변 리스트의 메서드를 사용해서 처리된 결과이다. 스택에 가장 중요한 사항은 입출구 하나만 정의해서 처리한다.

□ 변수에 StackM 자료형을 지정하고 mutableListOf 함수로 빈 가변 리스트를 정의한다.

□ 이제 스택에 데이터를 저장하고 꺼내서 상태를 확인한다.

```kotlin
typealias StackM<T> = MutableList<T>              //변경 가능한 리스트로 스택 별칭 지정

fun <T> StackM<T>.push(item: T) = add(item)           //스택 추가 확장함수 작성
fun <T> StackM<T>.pop(): T? =
     if (isNotEmpty()) removeAt(lastIndex) else null //스택 제거 확장함수 작성
fun <T> StackM<T>.peek(): T? =
     if (isNotEmpty()) this[lastIndex] else null //스택 다음 제거 확장함수 작성


val myStack: StackM<Int> = mutableListOf<Int>()       //빈 스택 만들기

println("스택 상태확인 =" + myStack.isEmpty())          //상태는 기존 메서드 사용
myStack.push(1)                                       //추가
myStack.push(2)
println("첫번째 뺄 원소 확인 =" + myStack.peek())       //검색
println("첫번째 원소 꺼내개 =" + myStack.pop())          //제거
println("스택 상태확인 =" + myStack.isNotEmpty())
```

스택 상태확인 =true
첫번째 뺄 원소 확인 =2
첫번째 원소 꺼내개 =2
스택 상태확인 =true

## 큐(queue)

스택과 달리 큐는 입구와 출구가 있는 자료구조이다. 즉 데이터를 저장하는 입구와 데이터를 꺼내는 출구가 다르다는 것이다. 이런 처리 방식을 선입선출(FIFO: First In First Out)이라고 한다. 먼저 입구로 들어온 것을 먼저 출구로 배출한다는 뜻이다.

### 자바의 큐 인터페이스와 링크드리스트 사용

자바의 큐 인터페이스와 링크드리스트로 큐를 만든다.

□ 자바 패키지인 java.util 내의 Queue, LinkedList를 import 한다.

□ 변수에 Queue 인터페이스를 자료형으로 지정하고 빈 큐에 LinkedList 객체를 만든다.

□ 3개의 원소를 큐에 차례로 저장한다. 큐의 상태와 큐의 크기를 확인한다.

□ 큐에 저장된 정보를 contains로 확인하고 현재 위치를 indexOF 메서드로 확인한다.

□ 큐의 첫 번째 위치를 first 메서드나 peek 메서드로 확인한다.

□ 추가 원소를 offer로 추가하고 큐의 상태를 출력한다.

□ 큐에 있는 원소를 poll로 꺼낸다.

```kotlin
import java.util.Queue                                  //인터페이스
import java.util.LinkedList                             //클래스

val namesQue: Queue<String> = LinkedList<String>()
namesQue.add("허린")                                     //정보 추가
namesQue.add("허균")
namesQue.add("허준")
println("큐 전체 : " + namesQue)
println("큐상태 : " + namesQue.isEmpty())
println("큐의 개수 : " + namesQue.size)
val name = "허린"
if (namesQue.contains(name)) {                           //현재 큐의 상태 확인
    println("큐 포함여부 " + name)
    println("큐의 위치  " + namesQue.indexOf(name))
} else println("큐에 미적재 " + name)                      //없을 경우 출력

var first = namesQue.element()                           //현재 상태 정보만 조회
println("첫번째 정보 조회 " + first)
first = namesQue.peek()                                  //현재 상태만 조회
println("첫번째 정보 조회  " + first)
println("큐 전체 : " + namesQue)
namesQue.offer("허봄")                                   //데이터 추가하기
namesQue.offer("허름")
namesQue.offer("허을")
println("큐 전체 : " + namesQue)
println(namesQue.poll())                                 //맨 앞 데이터 삭제하기
println("큐 전체 : " + namesQue)
```

```
큐 전체 : [허린, 허균, 허준]
큐상태 : false
큐의 개수 : 3
```

```
큐 포함여부 허린
큐의 위치  0
첫번째 정보 조회 허린
첫번째 정보 조회  허린
큐 전체 : [허린, 허◆◆, 허준]
큐 전체 : [허린, 허균, 허준, 허봄, 허름, 허을]
허린
큐 전체 : [허균, 허준, 허봄, 허름, 허을]
```

## ◤ 자바의 ArrayDeque 사용

스택도 이 클래스로 만들어봤지만 Deque라는 이름처럼 큐이다. 양방향으로 큐를 처리할 수 있다.
현재 필요한 구조는 한 방향으로 처리하는 큐라 한 방향으로 처리하는 것을 알아본다.

  □ 먼저 패키지에 있는 클래스를 import 한다.
  □ 빈 큐 객체를 생성한다. 그리고 3개의 원소를 차례로 큐에 넣는다.
  □ 큐 상태와 큐 크기를 확인한다. 또한, 큐에 저장된 것을 확인하고 인덱스의 위치를 확인한다.
  □ 큐의 첫 번째 위치를 확인한다.

```kotlin
import java.util.ArrayDeque                              //데큐 사용하기

var queue = ArrayDeque<String>()                         //빈 큐 생성
queue.add("황당")                                        //큐에 추가
queue.add("황봄")
queue.add("황름")

println("큐 전체 : " + queue)                            //큐 상태 확인
println("큐 상태 : " + queue.isEmpty())
println("큐 개수 : " + queue.size)

val name = "황당"                                        //큐 내부 포함여부
if (queue.contains(name)) {
    println("포함여부 " + name);
    println("위치정보 " + queue.indexOf(name));
} else {
    println(" 미적재 " + name);
}

var first = queue.element()                              //다음 대기 정보 조회
println("첫번째 정보: " + first);
```

```
first = queue.peek()
println("첫번째정보: " + first);
```

```
큐 전체 : [황당, 황봄, 황름]
큐 상태 : false
큐 개수 : 3
포함여부 황당
위치정보 0
첫번째 정보: 황당
첫번째정보: 황당
```

큐를 만들려면 특정 기능과 데이터를 관리하는 곳을 분리한다. 보통 데이터 관리 속성은 비공개 처리하고 특정 기능은 인터페이스를 정의해서 큐를 처리하는 클래스에서 이 인터페이스를 구현 처리한다.

- □ 인터페이스를 정의한다. 인터페이스는 추상 메서드를 정의한다.
- □ 큐에 저장하는 것은 enqueue 추상 메서드, 큐에서 꺼내는 것은 dequeue 추상 메서드이다.
- □ 큐의 크기는 count 추상 속성, 큐의 상태는 isEmpty 추상 속성, 첫 번째 원소는 peek 추상 메서드로 처리한다.
- □ 인터페이스는 실제 구현된 것을 제공하는 것이 아니라 구현을 위한 방향성을 제공한다.

```
interface Queue<T> {                      // 큐 인터페이스 만들기
    fun enqueue(element: T): Boolean      // 큐에 저장하기
    fun dequeue(): T?                     // 큐에서 빼기
    val count: Int                        // 큐의 원소 개수
    val isEmpty: Boolean                  // 큐가 비었는지 확인
    fun peek(): T?                        // 큐에서 다음 뺄 대상 확인
}
```

- □ ArrayListQueue를 작성할 때 Queue 인터페이스를 상속한다. 그래서 이 큐 인터페이스에 있는 추상 메서드를 구현해야 한다.
- □ 이 클래스는 큐의 데이터를 저장할 속성은 비공개 처리했다. 이 속성은 arrayListOf 함수로 빈 객체를 만든다.
- □ 인터페이스에 정의된 추상 속성과 추상 메서드를 구현한다. 비공개 속성의 리스트 객체가 큐의 데이터관리 영역이다. 이 상태를 조회하거나 이 리스트에 추가 또는 삭제 처리를 하도록

메서드를 구현한다.

□ 만들어진 클래스로 객체를 만들어서 큐에 데이터를 쌓고 상태를 확인한다.

□ 데이터를 큐에서 꺼내면서 상태를 확인한다. 큐가 잘 작동하는 것을 알 수 있다.

```kotlin
class ArrayListQueue<T> : Queue<T> {
  private val list = arrayListOf<T>()
  override val count: Int                        //큐의 원소 개수
    get() = list.size
  override val isEmpty: Boolean                   //큐 빈 상태 여부
    get() = count == 0

  override fun peek(): T? = list.getOrNull(0)     //첫 번째 원소
  override fun enqueue(element: T): Boolean {     //큐에 원소 넣기
    list.add(element)                            //리스트 add로 원소 넣기
    return true
  }
  override fun dequeue(): T? =                    //큐에서 원소 빼기
    if (isEmpty) null else list.removeAt(0)      //리스트에서 첫 번째 원소 빼기

  override fun toString(): String = list.toString() //문자열로 출력
}

val queue = ArrayListQueue<String>().apply {
    enqueue("자바");enqueue("파이썬");enqueue("코틀린");
    enqueue("스칼라");enqueue("그루비");enqueue("클로저");
}
println("큐 상태확인= ${queue.isEmpty}")
println("현재 큐 원소=" +queue)
println("하나 꺼내기 =" +queue.dequeue())
println("현재 큐 원소=" +queue)
println("다음값 읽기: ${queue.peek()}")
```

```
큐 상태확인= false
현재 큐 원소=[자바, 파이썬, 코틀린, 스칼라, 그루비, 클로저]
하나 꺼내기 =자바
현재 큐 원소=[파이썬, 코틀린, 스칼라, 그루비, 클로저]
다음값 읽기: 파이썬
```

# 02 컬렉션 메서드 알아보기

리스트, 집합, 맵 클래스가 가진 다양한 메서드를 알아본다. 대부분 동일한 처리를 하는 유사한 메서드가 있다. 그리고 메서드들은 대부분 람다표현식을 전달받아서 이 람다표현식의 기능을 처리한다.

## 컬렉션 상속구조 알아보기

컬렉션의 메서드를 알아보기 전에 상속관계를 이해해야 하는 것은 동일한 메서드가 상속관계에 따라 제공되기 때문이다.

### ◀ 컬렉션 상속 구조

컬렉션이 동일한 메서드를 제공하지 않는 이유는 컬렉션의 상속 구조가 다르기 때문이다. 클래스 참조로 최상위 인터페이스나 클래스를 가져온다.

- □ Iterable, Sequence 상위 인터페이스를 클래스 참조로 확인한다.
- □ Array 클래스, Set/Map 인터페이스를 클래스 참조로 확인한다.
- □ 출력해서 어느 패키지에 있는지 확인한다.

```kotlin
val i = Iterable::class              //리스트 최상위 인터페이스
val s = Sequence::class              // 시퀀스 최상위 인터페이스
val a = Array::class                 // 배열 최상위 인터페이스
val m = Map::class                   // 맵 최상위 인터페이스
val ss = Set::class                  // 집합 최상위 인터페이스

println(" 반복형   = $i ")
println(" 시퀀스   = $s ")
println(" 배열     = $a ")
println(" 맵       = $m ")
println(" 집합     = $ss ")
```

```
반복형   = class kotlin.collections.Iterable
시퀀스   = class kotlin.sequences.Sequence
배열     = class kotlin.Array
맵       = class kotlin.collections.Map
집합     = class kotlin.collections.Set
```

□ 클래스의 상속구조는 isSubclassOf 메서드로 확인한다.

□ 불변 컬렉션일 경우는 Iterable 〉 Collection 〉 List 순으로 구조화한다.

□ 가변 컬렉션일 경우는 Iterable 〉 MutableIterable 〉 MutableCollection 〉 MutableList 순으로 구조화한다.

□ 집합과 맵도 가변과 불변에 대한 상속관계에 대해서도 알 수 있다.

```
import kotlin.reflect.full.isSubclassOf              //상속관계 확인
import kotlin.reflect.full.isSuperclassOf

//리스트 상속관계 확인                                 //최상위 클래스 Iterable
println((Collection::class).isSubclassOf(Iterable::class))//Collection은 Iterable
println((List::class).isSubclassOf(Collection::class)) //List는 Collection 상속

println((MutableIterable::class).isSubclassOf(Iterable::class))
                                                     //가변은 불변을 상속
println((MutableCollection::class).isSubclassOf(Collection::class))
                                                     //가변은 불변을 상속
println((MutableList::class).isSubclassOf(List::class))  //가변은 불변을 상속
//집합 상속관계 확인
println((Set::class).isSubclassOf(Collection::class))   //집합도 컬렉션 상속
println((Set::class).isSubclassOf(MutableSet::class))   //가변은 불변을 상속
//맵 상속관계 확인
println((MutableMap::class).isSubclassOf(Map::class))   //가변은 불변을 상속
```

```
true
true
true
true
true
true
true
true
```

## 2.2

# 검색과 조건검사

컬렉션의 원소 검색, 내부순환, 원소들의 조건식에 일치 여부를 알아본다.

### ◤ 컬렉션 상태 확인

컬렉션 객체를 만들고 나면 현재 상태를 확인하는 것부터 시작한다.

- □ 리스트(listOf), 집합(setOf), 맵(mapOf) 함수로 리스트, 집합, 맵 객체를 만든다.
- □ 크기(size), 상태(isEmpty), 포함 여부(contains, containsAll)로 확인한다.
- □ 맵일 때는 포함 여부를 containsKey, containsValue로 확인한다.

```kotlin
val list1 = listOf("a","b","c")        //리스트 객체 생성
println(list1.size)                    //원소 개수
println(list1.isEmpty())               //원소가 있는지 확인
println(list1.contains("b"))           //포함 여부
println(list1.containsAll(list1))      //전체가 다 포함되었는지

val set1 = setOf(1,2,3)                 //집합 객체 생성
println(set1.size)
println(set1.isEmpty())                //원소가 없는지 확인
println(set1.contains(3))              //포함 여부
println(set1.containsAll(set1))        //전체가 다 포함되었는지

val map1 = mapOf("a" to 100, "b" to 300)  //맵 객체 생성
println(map1.size)                     //원소 개수
println(map1.isEmpty())                //원소가 없는지 확인
println(map1.contains("b"))            //포함 여부
println(map1.containsKey("b"))         //키 포함 여부
println(map1.containsValue(300))       //값 포함 여부
```

```
3
false
true
true
3
false
true
true
```

```
2
false
true
true
true
```

## 컬렉션 내부 순환

앞에서 만든 리스트, 집합, 맵을 가지고 순환해서 원소를 출력한다.

- □ 내부 순환은 forEach 메서드로 처리한다. 인자로 람다표현식을 받는다.
- □ 내부 순환할 때 인덱스와 값을 가져서 처리할 때는 forEachIndexed 메서드를 사용한다. 이
  또한 람다표현식을 받아서 처리한다.
- □ 맵은 키와 값을 가지므로 forEach 순환일 때도 내부에 두 개의 인자를 처리한다.

```
list1.forEach {print(it + ", ")}                              //순환 처리
println()                                                     //인덱스 값과 값이 순환하기
list1.forEachIndexed {index,value -> print("$index = $value, ")}
println()
set1.forEach {print(it.toString() + ", ")}                    //순환 처리
println()                                                     //키와 벨류에 대한 순환 처리
map1.forEach {(key,value) -> println("$key = $value")}
```

```
a, b, c,
0 = a, 1 = b, 2 = c,
1, 2, 3,
a = 100
b = 300
```

## 리스트와 집합 원소 조회

컬렉션 원소 접근은 대괄호 연산자나 get 메서드가 기본이다. 원소에 접근하는 다양한 방법을 알
아본다.

- □ 리스트의 첫 번째(first)와 마지막(last) 원소에 접근한다.
- □ 원소의 값 조회(indexOf, lastIndexOf), 원소 인덱스로 조회(elementAt)할 때는 널 값 처리(elemen-
  tAtOrElse)로 처리한다.
- □ 특정 값을 조회(find, findLast), 최솟값/최댓값(minOf, maxOf)으로 처리한다.

```
val llist = listOf("당지","당소","당장","당주","당상","당당")          //리스트 생성

println("첫번째    : " + llist.first())                          //첫 번째 원소 확인
println("마지막    : " + llist.last())                           //마지막 원소 확인
println("두번째 인덱스 원소 확인 : "+ llist.elementAt(2))          //인덱스로 값 조회
println("값으로 인덱스 확인 : "+ llist.indexOf("당상"))            //값이 없으면 -1
println("값으로 마지막 인덱스 확인: "+ llist.lastIndexOf("당장")     //마지막 인덱스 확인
             + " " + llist.elementAt(0))
println("범위 밖 처리" + llist.elementAtOrElse(8) {"인덱스 범위 밖"}) //인덱스에 없으면 초깃값 처리

println("찾기 :" + llist.find({it =="당소"}))                     //특정값을 검색
println("최소값 : ${llist.minOf {it} } 최대값 : ${llist.maxOf { it }} ") //최댓값, 최솟값 조회

val hset = setOf("당지","당소","당장","당주","당상","당당")            //집합 생성
println("첫번째    : " + hset.first())
println("마지막    : " + hset.last())
println("두번째 인덱스 원소 확인 : "+ hset.elementAt(2))           //인덱스로 값 조회
println("값으로 인덱스 확인 : "+ hset.indexOf("당상"))             //값이 없으면 -1
println("값으로 마지막 인덱스 확인: "+ hset.lastIndexOf("당장")      //마지막 인덱스 조회
             + " " + hset.elementAt(0))                        //특정 인덱스로 값 조회
println("범위 밖 처리" + hset.elementAtOrElse(8) {"인덱스 범위 밖"}) //인덱스에 없으면 초깃값 처리
println("찾기 :" + hset.findLast {it =="당당"})                  //특정값을 검색
println("최소값 : ${hset.minOf {it} } 최대값 : ${hset.maxOf { it }} ")//최댓값, 최솟값 조회
```

```
첫번째    : 당지
마지막    : 당당
두번째 인덱스 원소 확인 : 당장
값으로 인덱스 확인 : 4
값으로 마지막 인덱스 확인: 2 당지
범위 밖 처리인덱스 범위 밖
찾기 :당소
최소값 : 당당 최대값 : 당지
첫번째    : 당지
마지막    : 당당
두번째 인덱스 원소 확인 : 당장
값으로 인덱스 확인 : 4
값으로 마지막 인덱스 확인: 2 당지
범위 밖 처리인덱스 범위 밖
찾기 :당당
최소값 : 당당 최대값 : 당지
```

## ◤ 맵 원소 접근

맵은 원소 접근이 리스트나 집합과 달리 제공하는 메서드가 적다.

- 맵을 만들기 위해 키와 값을 리스트로 만든다.
- zip 메서드는 name과 age를 하나의 쌍으로 만든다. 그리고 toTypedArray로 튜플을 가진 배열을 만든다.
- 하나의 쌍을 가진 배열을 스프레이드 연산을 통해 mapOf 인자로 전달한다.

□ 맵도 대괄호 연산자로 원소를 조회한다. 리스트와 차이점은 인덱스가 아닌 키를 전달한다. 초
 깃값 처리는 getOrElse 메서드로 하고 이때 람다표현식을 전달, getOrDefault는 없을 때 초
 깃값을 전달한다.
□ 최솟값(minOf)/최댓값(maxOf)으로 조회한다.

```
val name = listOf("당지","당소","당장","당주","당상","당당") //리스트 생성
val age  = listOf(33,23,45,12,32,16)

val nameage = name.zip(age).toTypedArray() //두 리스트를 튜플로 만듦
val mmap = mapOf(*nameage)                        //배열은 스프레이드로 내부 튜플을 제공해서
                                                  //맵 생성
println("getorElse  : " + mmap.getOrElse ("당지") { 0 })
println(mmap.get("당지"))                              //조회 함수 사용
println(mmap["당지"])                                  //조회 연산자 사용
println("getorDefault  : " +mmap.getOrDefault("당당", 10))//없으면 초깃값 처리
println(mmap["당당"])
                                               //키에 대한 최솟값, 최댓값 조회
println("최소값 : ${mmap.minOf { it.key } } 최대값 : ${mmap.maxOf { it.key }} ")
                                               //값에 대한 최솟값, 최댓값 조회
println("최소값 : ${mmap.minOf { it.value } } 최대값 : ${mmap.maxOf { it.value}} ")
```

```
getorElse  : 33
33
33
getorDefault  : 16
16
최소값 : 당당 최대값 : 당지
최소값 : 12 최대값 : 45
```

## ◤ 조건 검사

람다표현식을 인자로 받아서 리스트나 맵의 모든 원소를 비교해서 논리값으로 반환한다.
 □ 내부의 원소를 검사해서 논리값으로 확인할 수 있다.
 □ 모든 람다표현식이 참일 경우는 all로 처리하고 거짓일 경우는 none으로 처리한다.
 □ 람다표현식이 하나라도 참일 경우 참으로 처리한다.

```
println("list any : " + llist.any { it.length > 3})          //리스트 any
println("list all : " + llist.all { it > "강지"})            //리스트 all
println("list none : "+ llist.none { it > "강지"})           //리스트 none
println("map any : " +  mmap.any() { it.key.length > 3})  //맵 any는 키와 벨류로 처리
```

```
println("map any : " +  mmap.any() { it.value > 30 })
println("map all : " +  mmap.all { it.key > "강지"})            // 맵 all은 키와 벨류로 처리
println("map all : " +  mmap.all { it.value > 20 })
println("map none : " + mmap.none { it.key > "강지"})
```

```
list any : false
list all : true
list none : false
map any : false
map any : true
map all : true
map all : false
map none : false
```

## 정렬, 삭제, 조인 처리

컬렉션 중에 리스트는 인덱스를 기준으로 순서대로 원소를 관리한다. 가끔 리스트의 값으로 정렬이 필요한 경우가 있다. 어떻게 정렬을 처리하는지 알아보자.

### ▌정렬

리스트, 집합, 맵을 만들어서 내부의 원소를 원소의 값에 따라 정렬하는 방법을 알아본다.

- □ 가변 리스트(mutableListOf), 가변 집합(mutableSetOf), 불변 맵(mapOf)으로 리스트, 집합, 맵 객체를 생성한다.
- □ 리스트, 집합, 맵에서는 새로운 객체로 정렬(sorted)과 역정렬(reversed)을 할 수 있다. 리스트는 새로운 리스트 객체를 반환한다. 집합에서 정렬하면 배열로 반환하므로 다시 집합으로 변경해야 한다. 또한, 맵일 경우는 키와 값을 각각 정렬한다.
- □ 리스트일 경우는 내부 변경이 가능한 정렬(sort)과 역정렬(reverse)을 사용한다.

```
val mlist = mutableListOf("정씨","정종","정주","정이") // 리스트

println("정렬해서 새객체 : " + mlist.sorted())            // 정렬
println("반대로 처리 새객체 : " +mlist.reversed())         // 반대로 처리

val mclist = mlist.toMutableList()                       // 객체를 다시 처리하면 복사
```

```
println("복사            : " +mclist)
mclist.sort()                                    //내부 원소 정렬한 후 변경
println("정렬 후 내부 변경 : " + mclist)
mclist.reverse()                                 //내부 원소 정렬한 후 변경
println("반대로 처리 내부 변경 : " + mclist)

val mset = mutableSetOf("정씨","정종","정주","정이")    //집합

println("집합 정렬 후 객체 : " + mset.sorted()::class) //정렬은 배열로 처리
println("정렬해서 새객체   : " +mset.sorted().toMutableSet())
println("반대로 처리 새객체   : " +mset.reversed().toMutableSet())

val mmap = mapOf("당지" to 33, "당소" to 23, "당장" to 45, //맵
                "당주" to 12, "당상" to 32, "당당" to 16)

println("맵의 키 정렬   : " + mmap.keys.sorted())          //키 정렬
println(mmap.keys::class)
println("맵의 값 정렬   : " + mmap.values.sorted())        //값 정렬
println(mmap.values::class)
```

```
정렬해서 새객체 : [정씨, 정이, 정종, 정주]
반대로 처리 새객체 : [정이, 정주, 정종, 정씨]
복사            : [정씨, 정종, 정주, 정이]
정렬 후 내부 변경 : [정씨, 정이, 정종, 정주]
반대로 처리 내부 변경 : [정주, 정종, 정이, 정씨]
집합 정렬 후 객체 : class java.util.Arrays$ArrayList
정렬해서 새객체   : [정씨, 정이, 정종, 정주]
반대로 처리 새객체   : [정이, 정주, 정종, 정씨]
맵의 키 정렬   : [당당, 당상, 당소, 당장, 당주, 당지]
class java.util.LinkedHashMap$LinkedKeySet
맵의 값 정렬   : [12, 16, 23, 32, 33, 45]
class java.util.LinkedHashMap$LinkedValues
```

### ◤ drop으로 원소를 꺼내고 삭제하기

컬렉션의 일부 원소를 지우고 그 원소를 반환하는 방법을 알아본다.

  □ 불변 리스트나 불변 집합을 만든다.
  □ 삭제 **drop** 메서드는 특정 정수 즉 인덱스 이후 삭제 처리한다.
  □ 삭제 **dropWhile**은 람다표현식을 받아서 해당 조건을 만족하면 삭제한다.
  □ 삭제 **dropLast** 메서드는 우측에서 정수 개수만큼 삭제한다.

```
val list1 = listOf("a", "b", "c", "d", "e")    //리스트
var n = 3
var result = list1.drop(n)                      //정수 개수만큼 삭제
println(result)
n = 10
result = list1.drop(n)                          //원소 개수보다 많은 정수 전달하면 모두 삭제
println(result)

val set1 = setOf("a", "b", "c", "d", "e")       //집합
n = 3
result = set1.drop(n)                           //정수 개수만큼 삭제
println(result)
n = 10
result = set1.drop(n)                           //원소 개수보다 많은 정수 전달하면 모두 삭제
println(result)

val list2 = listOf(1,2,3,4,5,6,7,8,9,10)        //리스트
var result1 = list2.dropWhile { it < 6 }        //조건이 false가 되면 앞에 제거
println(result1)
result1 = list2.dropLast(3)                     //뒤에서 정수까지 삭제
println(result1)
result1 = list2.dropLastWhile { it % 5 < 4 }    //조건이 false가 되면 앞에 제거
println(result1)

val set2 = setOf(1,2,3,4,5,6,7,8,9,10)          //집합
var result2 = set2.dropWhile { it < 6 }         //조건이 false가 되면 앞에 제거
println(result2)
```

```
[d, e]
[]
[d, e]
[]
[6, 7, 8, 9, 10]
[1, 2, 3, 4, 5, 6, 7]
[1, 2, 3, 4, 5, 6, 7, 8, 9]
[6, 7, 8, 9, 10]
```

■ take로 원소를 꺼내기

drop 메서드는 원본 컬렉션을 유지하지 않지만, take는 특정 원소를 조회할 뿐 삭제하지 않는다.

□ 리스트와 집합을 만든다.

□ 특정 원소 가져오기를 take 메서드, 반대로 처리하는 takeLast로 처리한다. 정수는 인자로 전달하면 리스트나 집합의 원소를 정수 개수만큼 가져온다.

□ 람다표현식을 전달하는 메서드는 takeWhile과 반대 방향에서 람다표현식을 인자로 전달하는 takeLastWhile이 있다.

```kotlin
val list1 = listOf(1,2,3,4,5,6,7,8,9,10)          //리스트
var n = 3
var result = list1.take(n)                          //정수 개수만큼 삭제
println(result)
println(list1)                                      //리스트는 변경이 없다.

result = list1.takeWhile { it < 6 }                 //조건이 false가 되면 앞에 제거
println(result)
result = list1.takeLast(3)                          //뒤에서 정수까지 삭제
println(result)
result = list1.takeLastWhile { it % 5 < 4 }         //조건이 false가 되면 앞에 제거
println(result)

println("수신객체 체크" + list1.takeIf { it.size < 11 } )  //조건이 false가 되면
                                                           // 앞에 제거
val set1 = setOf(1,2,3,4,5,6,7,8,9,10)              //집합
n = 3
var result1 = set1.take(n)                          //정수 개수만큼 삭제
println(result1)
```

```
[1, 2, 3]
[1, 2, 3, 4, 5, 6, 7, 8, 9, 10]
[1, 2, 3, 4, 5]
[8, 9, 10]
[10]
수신객체 체크[1, 2, 3, 4, 5, 6, 7, 8, 9, 10]
[1, 2, 3]
```

## ◤ 조인해서 문자열 처리하기

조인해서 문자열로 변환하는 방법을 알아본다.

□ 리스트나 집합을 만들고 이를 joinToString을 통해 접두사와 접미사로 붙여서 꾸밀 수 있다.

□ StringBuilder로 처리할 때는 joinTo를 사용한다.

```
var data = listOf("봄", "여름", "가을","겨울")          //리스트 생성
println("일반 출력 : "+data)
println("포맷 출력 : "+data.joinToString(",",            //문자열로 변환
                    prefix="{", postfix="}"))

val data1 = setOf("봄", "여름", "가을","겨울")            //집합 생성
println("일반 출력 : "+data1)
println("포맷 출력 : "+data1.joinToString(",",           //문자열로 변환
                    prefix="{", postfix="}"))

val sb = StringBuilder()                                 //문자열 빌드 생성
val numbers = listOf(1, 2, 3)                            //리스트 생성
numbers.joinTo(sb, prefix = "[", postfix = "]")          //문자열 빌드에 문자열 변환
println(sb)

val sb1 = StringBuilder()                                //문자열 빌드 생성
val numbers1 = setOf(1, 2, 3)                            //집합 생성
numbers1.joinTo(sb1, prefix = "[", postfix = "]")        //문자열 결합
println(sb1)
```

```
일반 출력 : [봄, 여름, 가을, 겨울]
포맷 출력 : {봄,여름,가을,겨울}
일반 출력 : [봄, 여름, 가을, 겨울]
포맷 출력 : {봄,여름,가을,겨울}
[1, 2, 3]
[1, 2, 3]
```

### ◤ 중복 데이터 없애기

리스트는 인덱스 위치에 하나의 값을 저장하지만, 각 값의 중복을 처리하지 않는다. 그래서 유일한 값만 처리하려면 메서드를 사용해서 동일한 값 하나만 남기고 삭제해야 한다.

- □ 리스트는 distinct로 중복을 삭제할 수 있다.
- □ 람다표현식을 받아서 중복을 삭제할 때는 distinctBy를 사용한다.

```
val list = listOf('a', 'A', 'b', 'B', 'A', 'a') //리스트 생성
println(list.distinct())                              //리스트 중복 제거
println(list.distinctBy { it.uppercaseChar() }) //문자를 대문자로 변경한 후 중복 제거

val set = setOf('a', 'A', 'b', 'B', 'A', 'a')    //집합 생성하면 중복 자동 제거
println(set)
```

```
[a, A, b, B]
[a, b]
[a, A, b, B]
```

## 맵 리듀스 처리

보통 컬렉션은 내부순환을 처리하는 여러 메서드를 제공한다. 메서드에 람다표현식을 인자로 전달받아 람다표현식의 결과를 반환해서 처리하는 구조이다. 이런 대표적인 예인 맵 리듀스(map reduce) 처리를 알아본다.

### ▌맵 리듀스

컬렉션은 여러 원소를 가진다. 원소를 처리하기 위해 순환 등의 기능을 하는 메서드를 만들고 실제 특정 처리는 별도의 함수를 전달받아서 한다. 그래서 다양한 기능을 적용할 수 있는 방식을 제공한다. 함수를 인자로 전달할 때는 람다표현식을 사용해서 실제 처리할 기능을 단순화한다.

- 맵(map): 컬렉션을 순환하면서 모든 원소를 변형하고 컬렉션을 반환한다. 변환하는 로직을 람다표현식으로 받는다.
- 필터(filter): 컬렉션을 순환하면서 람다표현식으로 전달된 조건을 점검해서 true인 원소를 추출해서 반환한다.
- 리듀스(reduce): 컬렉션을 순환하면서 모든 원소를 람다표현식으로 연산해서 최종 결과를 일반적인 자료형 값으로 반환한다.
- 폴드(fold): 리듀스와 동일하지만 초깃값 인자를 더 받아서 초깃값부터 람다표현식으로 연산한다.

### ▌컨텍스트

메서드가 실행할 때 하나의 인자 처리인 it과 실제 객체인 this로 처리하는 컨텍스트를 구성한다. 어떤 때 이런 예약어를 사용하는지 알아본다.

- 하나의 매개변수만 지정할 경우는 보통 it 예약어를 받아서 사용한다. 보통 map 메서드는 하나의 인자를 받으므로 it을 사용한다.
- 확장함수로 지정하고 별도의 인자를 전달하지 않을 경우는 리시버 객체인 this를 사용한다.

## ◤ 맵(map) 연산의 기본

맵 메서드를 사용해서 모든 원소를 순환하고 람다표현식으로 변형을 처리한다.

▫ 리스트 객체를 만든다.

▫ 이 리스트를 변형하기 위해 **map** 메서드를 사용한다. 리스트 원소를 하나씩 처리해서 람다표현식에는 하나의 매개변수만 처리하게 정의하고 문자열을 모두 대문자로 변환한다.

▫ 변환한 결과가 리스트이므로 메서드 체인(method chain)으로 다른 메서드를 연속해서 처리할 수 있다. 그래서 현재 받은 리스트를 forEach로 순환하면서 출력한다.

▫ **map**은 하나의 람다표현식만을 받아서 실행 연산자를 사용하지 않고 람다표현식만 받아 처리할 수 있다. 그래서 람다표현식을 받아 사용하는 여러 단계를 예제로 확인한다.

▫ 하나의 인자만 받을 수 있으므로 별도의 매개변수를 람다표현식에 정의하지 않고 it으로 처리한다. 그러면 람다표현식 내의 코드 표현이 단순하게 처리한다.

▫ 하나의 매개변수가 문자열이므로 문자열 내의 메서드만 호출해 처리할 수 있다. 그래서 String::uppercase로 문자열 클래스의 메서드를 참조해서 처리할 수도 있다.

```kotlin
val cities = listOf("Seoul","Tokyo","Sanghai","Jeju")

cities.map({ str:String -> str.uppercase() })//맵은 변환하기 위해 람다표현식을 받는다.
      .forEach { print(it) }
println()

cities.map() { str:String -> str.uppercase() } //람다표현식을 실행연산자와 분리
      .forEach { print(it) }
println()

cities.map { str:String -> str.uppercase() } //람다표현식만 인자로 받아서 실행연산 제거
      .forEach { print(it) }
println()

cities.map { it.uppercase() }                    //인자가 하나여서 it 사용
      .forEach { print(it) }
println()

cities.map(String::uppercase)                    // 클래스의 메서드를 직접 참조해서 처리 가능
      .forEach { print(it) }
```

```
SEOULTOKYOSANGHAIJEJU
SEOULTOKYOSANGHAIJEJU
SEOULTOKYOSANGHAIJEJU
SEOULTOKYOSANGHAIJEJU
SEOULTOKYOSANGHAIJEJU
```

## 맵과 필터 사용

일반적인 언어에서는 순환문 for와 if를 사용하지만, 함수형 기법에서는 내부순환인 맵과 필터 함수를 사용한다.

- □ 데이터 클래스를 정의한다. 그리고 이 데이터 클래스의 객체로 리스트를 만든다.
- □ 리스트의 원소가 여러 속성을 가진 객체이다. map 메서드를 사용해 변형하려면 it은 해당 객체라서 그 내부의 속성을 선택해서 변형한다. 이런 로직을 람다표현식에 작성한다.
- □ 첫 번째 맵은 객체의 속성 중에 이름만 추출하고, 두 번째 맵은 이름과 종을 하나의 문자열로 변형해서 반환한다.
- □ 이 리스트의 이름 길이를 가지고 필터링하고 그다음 이 객체에서 맵으로 이름만 추출한다.
- □ mapOf 함수로 맵 객체를 만든다. 맵도 map과 filter를 처리할 때 하나의 원소를 받지만, 원소가 키와 값을 쌍으로 가진다. 그래서 필터를 처리할 때 구조분해를 실행해서 키와 값의 변수를 분리한다.
- □ 이 필터링 기준은 키는 특정 문자를 포함하고 값은 정수보다 큰 경우만 추출한다.

```
data class Animals(var name: String,            //데이터 클래스 정의
                   var species: String,
                   var age: Int )

var animals = listOf(                           //데이터 클래스를 원소로 한 리스트 생성
        Animals("포피", "토끼", 4),
        Animals("멍이", "개", 8),
        Animals("몽이", "개", 12),
        Animals("몰리", "돼지", 3),
        Animals("지미미", "고양이", 10),
        Animals("하미", "원숭이", 2)
)

var names = animals.map {it.name }              //데이터 클래스 내의 이름만 변환
println(names)

var names1 = animals.map {it.name +
                        " is a " + it.species}  //데이터 클래스의 이름과 종을
                                                //문자열로 변환
println(names1[0])

var nameF = animals.filter {it.name.length == 3 } //이름이 길이가 5인 경우만
            .map {it.name }                       //추출하고 이름도 추출
println(nameF)

val numbersMap = mapOf("key1" to 1, "key2" to 2,    //맵을 만든다.
                    "key3" to 3, "key11" to 11)
```

```
val filteredMap = numbersMap.filter {(key, value)
                    -> key.endsWith("1") && value > 10} // 키의 조건과 값의 조건을
println(filteredMap)                                    // 조건식으로 묶어서 처리
```

```
[포피, 멍이, 몽이, 몰리, 지미미, 하미]
포피 is a 토끼
[지미미]
{key11=11}
```

### ◤ 맵 리듀스 여러 번 연결하기

메서드를 정의할 때 반환값에 현재 객체나 새로운 객체를 전달하면 다음 메서드를 계속 연결해서
사용할 수 있다. 이런 방식이 메서드 체인(method chain)이다. 그래서 맵 리듀스 처리를 하려면 계속
메서드를 연결해서 호출해야 한다.

- □ 위에서 정의한 리스트 객체를 그대로 사용한다.
- □ 먼저 이름을 추출한 리스트를 map으로 작성한다. 그다음 맵은 이름 끝에 씨를 붙이고 이름을
  역정렬한 것을 리스트로 묶는다. 그러면 리스트 내에 리스트가 만들어진다.
- □ 리스트의 원소가 리스트면 flatten 메서드로 내부의 리스트를 제거한 후에 하나의 리스트로
  만들어서 출력한다.
- □ 이런 변형을 간단하게 flatMap 메서드로 처리할 수 있다. 이 결과는 map을 처리한 후에 내부
  에 작성된 리스트를 없애서 평탄화 작업을 마지막에 실행한다.
- □ 그다음은 필터와 정렬을 같이 사용하는 방식이다. 먼저 age 속성으로 필터링 처리한다. 그다
  음에 정렬을 sortBy 메서드에 람다표현식을 받아서 처리한다. 마지막에 map을 사용해서 결
  과를 이름으로 출력한다.

```
val flat = animals.map {a -> a.name}
    .map {name -> name +"씨"}                          // 이름에 특정 문자열 붙이기
    .map {name -> listOf(name, name.reversed())}
    .flatten()                                          // 하나의 리스트로 변환

println(flat.size)
println("이름변형 :" + flat.subList(0,4))              // 일부 리스트만 추출

val flat1 = animals.flatMap {it ->                      // 단순하게 flatMap 메서드로 처리
        listOf(it.name +"씨"; it.name.reversed())}

println("이름변형 2:" + flat1.subList(0,4))

val sortby = animals.filter { ani -> ani.age > 4}       // 나이로 필터링
```

```
                    .sortedBy { ani -> ani.age }          //나이순으로 정렬
                    .map {ani -> ani.name}                //이름을 추출

println("나이로 정렬 :" + sortby)
```

```
12
이름변형 :[포피씨, 씨피포, 멍이씨, 씨이멍]
이름변형 2:[포피씨, 피포, 멍이씨, 이멍]
나이로 정렬 :[멍이, 지미미, 몽이]
```

## ◤ 리듀스

컬렉션 내의 원소들이 모두 변환이 된 후에 그 변환된 결과를 하나의 값으로 처리할 때 리듀스를
사용한다.

- □ 하나의 리스트 객체를 만든다.
- □ 순환문으로 이 리스트의 값을 합산한다.
- □ 이런 처리를 함수형 방식으로 처리할 때는 reduce, fold, sum 등의 메서드로 처리한다.
- □ 람다표현식의 매개변수로 정의할 때 합산분의 매개변수를 처음에 정의해야 한다. 그리고 fold
  메서드는 초깃값을 부여해야 한다.
- □ 간단하게 합산만 할 때는 sum 메서드를 사용한다.

```kotlin
var amounts = listOf(256,45,344,775,121,50)          //리스트 생성

var totalAmount = 0
for (index in amounts.indices) {                     //순환문으로 내부 원소 계산
    totalAmount += amounts[index]
}
println(totalAmount)

totalAmount = amounts.reduce {total,x -> total + x} //람다표현식으로 합산
println(totalAmount)

totalAmount = amounts.fold(0) {total,x -> total + x}//초깃값을 인자로 받고
println(totalAmount)                                //람다표현식으로 합산

totalAmount = amounts.sum()                          //합산 메서드 실행
println(totalAmount)
```

```
1591
1591
1591
1591
```

## 2.5

## 그룹 연산

컬렉션을 처리할 때는 특정 원소를 기준으로 동일한 범주로 묶어서 할 수 있다. 이렇게 특정 값으로 묶을 때는 맵(Map) 객체로 묶어서 반환하는 groupby 메서드와 그룹화하고 바로 연산으로 처리할 수 있는 groupingBy 메서드를 사용한다. 이 두 메서드의 사용 방법을 알아본다.

### ◼ 그룹화 알아보기

그룹화 연산도 그룹화하는 기능을 람다표현식으로 받는다. 그룹화하면 기존 객체와 다른 그룹화된 객체를 반환한다. 그리고 이 그룹화된 객체로 연산을 처리한다.

ㅁ 리스트 객체를 만든다.

ㅁ 그룹화 필요한 람다표현식을 keySelector라고 한다. 그룹화할 대상을 키로 하고 실제 컬렉션의 원소를 값으로 처리하도록 만들기 때문이다. 그룹화의 기준으로 문자열의 길이를 사용했다.

ㅁ 이제 리스트의 groupBy에 람다표현식을 전달해서 그룹화하고 각 원소를 forEach를 사용해서 람다표현식을 인자로 받아 출력한다. 그룹화된 결과를 보면 맵 구조인 것을 알 수 있다.

ㅁ 그룹화를 처리할 때 람다표현식을 직접 입력해서 처리할 수 있다.

```kotlin
val cities = listOf("제주","서울","상하이","베를린")

val keySelector = {  city: String ->                         //람다표현식 정의
                  if(city.length == 3) "A" else "B"}


cities.groupBy(keySelector)                                  //함수 전달해서 그룹화 처리
    .forEach { (key, value) ->                               //맵으로 구성된 결과를 출력
        println("$key : $value")}

cities.groupBy { if(it.length == 3) "A" else "B" }    //람다를 바로 전달해서 처리
      .forEach { (key, value) ->
        println("$key : $value")}
```

```
B : [제주, 서울]
A : [상하이, 베를린]
B : [제주, 서울]
A : [상하이, 베를린]
```

## 데이터 클래스의 객체를 그룹화하기

이번에는 데이터 클래스를 정의해서 리스트를 만들고 그룹화 처리를 한다.

- □ 리스트의 원소를 데이터 클래스의 객체로 만들었다.
- □ 그룹화 기준은 데이터 클래스의 species 속성으로 지정했다.
- □ 그룹화된 클래스를 확인하면 Map 클래스의 객체인 것을 알 수 있다. 그래서 키와 값의 구성을 확인한다.
- □ 그룹화한 것을 맵에 저장할 수 있다. groupByTo 첫 번째 인자에 가변 맵을 지정하고 람다표현식으로 그룹화 로직을 전달하면 새로운 맵 객체에 그룹화된 것이 저장된다. 그룹화한 두 객체의 값을 비교하면 동일한 것을 알 수 있다.

```
data class Animals(var name: String,          //데이터 클래스 정의
                   var species: String,
                   var age: Int )
var animals = listOf(                          //리스트 생성
        Animals("Poppy", "토끼", 4),
        Animals("Meong", "개", 8),
        Animals("Mong", "개", 12),
        Animals("Holly", "돼지", 3),
        Animals("Jimmy", "고양이", 10),
        Animals("Hammy", "원숭이", 2)
)

val grouped = animals.groupBy { ani -> ani.species }   //종으로 그룹화
println(grouped.javaClass.kotlin)              //그룹화 클래스

println("그룹화 키 : " + grouped.keys)          //그룹화 범주가 키
println("그룹화 값 : " + grouped.values.toList()[0])  //값들 확인

println(grouped.values.javaClass)

                                               //맵에 그룹화 시키기
val grouped1 = animals.groupByTo(mutableMapOf()) { it.species }
println(grouped1["rabbit"])

println(grouped == grouped1)
```

```
class java.util.LinkedHashMap
그룹화 키 : [토끼, 개, 돼지, 고양이, 원숭이]
그룹화 값 : [Animals(name=Poppy, species=토끼, age=4)]
class java.util.LinkedHashMap$LinkedValues
null
true
```

## 그룹화 연산을 함수로 변형

그룹화 처리가 맵으로 반환되면 이를 함수로 변환해서 사용할 수도 있다.

- □ 데이터 클래스를 정의한다.
- □ 두 개의 리스트를 객체로 만든다.
- □ 두 리스트를 쌍으로 만들고 람다표현식을 받아서 데이터 클래스의 객체를 생성한다. 쌍으로 만들어진 객체를 forEach로 출력한다.
- □ 하나의 함수를 정의한다. 함수의 반환값은 정수와 리스트이다. 리스트의 원소는 데이터 클래스이다.
- □ 이 함수는 두 리스트를 zip으로 하나의 쌍으로 만들어서 데이터 클래스를 객체로 만든다. 그 다음에 그룹화를 데이터 클래스의 속성 age로 처리한다. 속성을 참조할 때에도 리플렉션을 사용할 수 있다. 클래스명::속성명으로 처리하면 클래스 내의 속성으로 참조된다.
- □ 이 함수를 실행해서 변수에 할당하고 확인하면 나이를 기준으로 그룹화가 만들어진 것을 알 수 있다.

```kotlin
data class Person (val name: String, val age: Int )  //데이터 클래스 정의

val names = listOf("가을", "가름","겨봄", "겨울",)
val ages = listOf(15, 25, 25, 22,)

println(names.zip(ages))                              //두 개를 묶어서 튜플 구성
names.zip(ages) {name,age -> Person(name,age)}        //데이터 클래스 객체 생성
                           .forEach {println(it)}     //출력

fun people (): Map<Int, List<Person>>  =              //그룹화 처리 함수
  (names.zip(ages) { name, age ->Person (name, age)})
                           .groupBy (Person::age)

val map : Map<Int, List<Person>> = people()           //객체를 생성한 후에 나이로 그룹화
map.forEach {println(it)}                             //그룹화된 것을 출력
```

```
[(가을, 15), (가름, 25), (겨봄, 25), (겨울, 22)]
Person(name=가을, age=15)
Person(name=가름, age=25)
Person(name=겨봄, age=25)
Person(name=겨울, age=22)
15=[Person(name=가을, age=15)]
25=[Person(name=가름, age=25), Person(name=겨봄, age=25)]
22=[Person(name=겨울, age=22)]
```

## 다른 방식의 그룹화 처리

groupby는 맵으로 제공하지만, groupingby는 별도 객체를 전달해서 다양한 처리 연산을 추가로 제공한다.

□ 리스트 문자열 객체를 만들어서 groupingBy 메서드로 그룹화한다.

□ 그룹화한 추가 메서드 eachCount 메서드로 그룹화된 결과를 확인한다.

```kotlin
val ss = listOf("hello", "world", "kotlin")          //단어 길이로 그룹화
                .groupingBy{it.length}.eachCount()    //그룹화 하고 개수 세기

ss.forEach {println(it)}

val result = "helloWordl"                             //문자열 내의 단어로 그룹화 하고
                .groupingBy(Char::lowercase).eachCount()  //개수 세기
println(result)

val uniqueLengthWord =
    listOf("a", "aha", "world", "hello", "the", "dog") //리스트 내의 각 단어별로
                    .groupingBy{it.length}.eachCount() //그룹화하고
println(uniqueLengthWord)                              //개수 세기
```

```
5=2
6=1
{h=1, e=1, l=3, o=2, w=1, r=1, d=1}
{1=1, 3=3, 5=2}
```

□ 데이터 클래스를 정의한다.

□ 이 데이터 클래스로 리스트를 만든다.

□ 성별, 룸 등으로 그룹화를 처리하고 각 그룹의 건수를 계산한다.

□ 성별로 그룹화한 것을 가지고 키를 fold 메서드로 합산해서 보여준다.

```kotlin
data class Student(val name: String,                 //데이터 클래스 만들기
                val room: Int,
                val sex: String,
                val height: Int,
                val weight: Double)

val students = listOf(                               //리스트 만들기
    Student("맥도널드", 1, "M", 165, 56.8),
    Student("미니", 1, "F", 155, 53.2),
    Student("모솔", 1, "M", 165, 67.3),
```

```
        Student("현솔", 2, "M", 168, 65.6),
        Student("강솔", 2, "F", 155, 48.9),
        Student("장수", 1, "M", 165, 54.1),
        Student("장나라", 2, "F", 155, 51.2),
        Student("주소연", 1, "F", 155, 53.6))


val s = students.groupingBy { it.sex }.eachCount()   //성별로 그룹해서 개수 세기
s.forEach { println(it) }

val s1 = students.groupingBy { it.room }.eachCount()//룸으로 그룹해서 개수 세기
s1.forEach { println(it) }

val s2 = students.groupingBy { it.sex }              //성별로 그룹해서 키 합산하기
    .fold(0) { acc, element -> acc + element.height }
s2.forEach { println(it) }
```

M=4
F=4
1=5
2=3
M=663
F=620

## 시퀀스(Sequence)

컬렉션은 두 가지 방식 즉시 실행(Eager evaluation)과 지연 실행(Lazy evaluation)으로 처리한다. 앞에서는 대부분 즉시 실행 방식을 알아봤다. 이제 컬렉션을 지연 처리하는 방식인 시퀀스(Sequence)를 알아보자. 지연 처리의 기준은 특정 액션을 만나면 그때 모든 것을 처리한다. 시퀀스는 일반적인 컬렉션과 작동하는 방식에도 차이가 있다.

### ◼ 시퀀스의 기본

시퀀스 생성하는 함수가 있고 기존 컬렉션을 시퀀스로 변환해서 처리할 수 있다. 또한, 무한 처리가 가능한 시퀀스 함수도 있다.

　□ 시퀀스를 만드는 **sequenceOf** 함수로 시퀀스를 만들고 이 시퀀스의 건수를 확인해서 개별 원

소를 출력한다.

□ 리스트를 만들고 asSequence로 변환한다. 개수를 세는 메서드를 만나면 시퀀스가 실행된다.

□ 시퀀스를 생성하는 generateSequence 함수를 정의할 때는 초깃값과 람다표현식을 작성한다.
이 시퀀스도 원소의 개수를 세는 count 메서드로 실행해서 원소 개수를 확인한다.

```
val seq = sequenceOf(1,2,3,4,5)           //시퀀스 생성
println("원소개수 1: " + seq.count())       //실행 연산을 해야 처리된 결과를 보여준다.
seq.forEach { print(it.toString() +", ") } //실행해서 원소 출력
println()

val num = listOf(1,2,3,4,5)                //리스트 생성
val seq2 = num.asSequence()                //시퀀스로 변환
println("두 시퀀스 객체 비교 :"+seq.equals(seq2)) //두 객체를 비교
println("원소개수 2: " + seq2.count())

val seq3 = generateSequence(1)             //초깃값 부여
            { if (it < 8) it + 2 else null } //특정 범위까지 연산 넘으면
                                           //null 처리: 함수 종료
println("원소개수 3: " + seq3.count())
```

```
원소개수 1: 5
1, 2, 3, 4, 5,
두 시퀀스 객체 비교 :false
원소개수 2: 5
원소개수 3: 5
```

## ■ 시퀀스와 반복자 함수로 시퀀스 처리

시퀀스를 만드는 함수인 sequence와 iterator를 제공한다. 이때 시퀀스를 처리하도록 람다표현식
에 yield, yieldAll 등을 정의해서 현재 시퀀스가 지속해서 처리되도록 로직을 정의한다.

□ 시퀀스를 sequence 다음에 람다표현식으로 작성한다. 람다표현식 안에 실제 결과를 반환하
고 이 처리를 중단하고 다시 호출되면 처리하는 함수인 yield나 yieldAll을 정의했다.

□ 하나만 처리하고 현재 시퀀스를 중단하는 함수가 yield이고, 여러 원소를 가진 리스트 등을
받아서 이 원소가 끝날 때까지 처리하는 것이 yieldAll이다. yielaAll 내에 시퀀스 발생 함수
를 지정해도 이 시퀀스 발생 함수가 종료할 때까지 처리한다.

□ 이제 iterator 함수를 사용해 시퀀스를 만든다. 전달되는 람다 함수에 yield, yieldAll로 시퀀
스를 처리하도록 코드를 추가한다. 이 함수로 시퀀스를 만들 때 반복자 hasNext, next 메서드
가 있어서 while 순환도 처리할 수 있다.

```
val seq4 = sequence {                                      //청크 단위로 처리
    println("반복")
    yield(1)                                               //한번 실행
    yieldAll(listOf(3, 5))                                 //리스트 원소만큼 실행
    yieldAll(generateSequence(7) { it + 2 }) }             //무한 반복

println(seq4.take(5).toList())                             //특정 개수만큼 읽어와서 리스트로 변환
println(seq4.take(7).toList())

val seq5 = iterator {                                      //반복자 처리
        println(" 한번 ")
        yield(42)
        yieldAll(1..5 step 2)
}
seq5.iterator().forEach {print(it.toString() +", ") }      //반복자로 처리
val seq6 = iterator {                                      //반복자로 다시 만들어야 함
        println(" 한번 ")
        yield(42)
        yieldAll(1..5 step 2)
}
println()
while (seq6.hasNext()) {                                    //반복자 처리
    print(seq6.next().toString()+", ")
}
```

```
반복
[1, 3, 5, 7, 9]
반복
[1, 3, 5, 7, 9, 11, 13]
 한번
42, 1, 3, 5,
 한번
42, 1, 3, 5,
```

## ◤ 일반 컬렉션과 시퀀스 처리방식 비교

일반적인 컬렉션은 정적 처리이며 시퀀스는 동적 처리이다.

  □ 리스트와 시퀀스를 인자로 받아 처리하는 함수를 두 개 정의한다.
  □ 이 두 함수에 문자열을 전달해서 실행하면 처리된 결과는 동일하지만 처리하는 순서가 다르
    다는 것을 알 수 있다.
  □ 일반 리스트를 처리할 때는 메서드 단위를 모두 처리한 후에 다음 메서드가 처리된다.

□ 시퀀스는 toList 메서드가 실행될 때까지 처리하지 않는다. toList 메서드가 실행될 때 전체 로직이 실행된다.

□ 시퀀스를 처리하는 방식은 원소 단위로 필터링과 맵을 처리하고 해당 조건에 맞는 것만 최종적으로 처리하는 것을 확인할 수 있다.

```kotlin
val words = "코틀린을 잘 공부합시다.".split(" ")

fun iterableCheck(words:List<String>) {
    val lengthsList = words
    .filter { println("필터링 : $it"); it.length > 3 }      //필터 처리
    .map { println("길이 확인 : ${it.length}"); it.length } //맵 처리

  println("### 처리된 결과 출력 ###")                       //마지막에 출력
  println(lengthsList)                                     //작업 결과 확인
}
iterableCheck(words)                                       //즉시 실행

val wordsSeq = words.asSequence()

fun seqCheck(words:Sequence<String>) {
    val lengthsSequence = words
    .filter { println("필터링 : $it"); it.length > 3 }      //필터 처리
    .map { println("길이 확인 : ${it.length}"); it.length } //맵 처리

    println("### 처리된 결과 출력 ###")                     //처음에 출력
    println(lengthsSequence.toList())                      //toList 메서드 실행 요청
}
seqCheck(wordsSeq)            //함수 호출 이후 시퀀스가 리스트 변환을 시킬 때 실행
```

```
필터링 : 코틀린을
필터링 : 잘
필터링 : 공부합시다.
길이 확인 : 4
길이 확인 : 6
### 처리된 결과 출력 ###
[4, 6]
### 처리된 결과 출력 ###
필터링 : 코틀린을
길이 확인 : 4
필터링 : 잘
필터링 : 공부합시다.
길이 확인 : 6
[4, 6]
```

### 시퀀스 처리방식 다시 알아보기

시퀀스는 최종 처리할 수 있는 메서드를 만나지 못하면 시퀀스 객체 상태를 유지한다. 그러고 나서 실행 메서드를 호출하면 최종 결과를 반환한다.

□ 데이터 클래스를 정의한다.

□ 리스트의 원소를 데이터 클래스의 객체로 전달해서 객체를 생성한다.

□ 이 리스트를 asSequence 메서드로 시퀀스로 변환하고 변수에 할당한다.

□ 시퀀스는 특정 액션을 만나야 처리되므로 시퀀스 객체는 만들어졌지만 실제 실행이 되지 않는다. 이 시퀀스의 map과 filter 메서드는 액션이 아니라 시퀀스가 실행될 때까지 대기한다.

□ toList 메서드를 만날 때 시퀀스가 실행되어 최종 결과는 다시 리스트로 변환한다.

□ 최종 결과를 확인하면 필터링 조건에 맞는 것을 출력한다.

```
data class People(val name:String, val age:Int)    //데이터 클래스 정의

val people = listOf(People("dahl",55),             //데이터 객체를 리스트에 넣기
                    People("moon",33))
val p1 = people
        .asSequence()                              //시퀀스로 처리
        .map(People::name)
        .filter {it.startsWith("d")}
println(p1)                                        //중간 시퀀스 저장

val p2 = p1.toList()                               //최종 시퀀스 처리
println(p2)
```

kotlin.sequences.FilteringSequence@727c7399
[dahl]

# CHAPTER 09

## 추상 클래스, 인터페이스 알아보기

이제 클래스를 정의할 때 특정 기능에 한정해서 작성하는 방식인 추상 클래스(Abstract Class)와 인터페이스(Interface)를 알아본다.

코틀린도 자바와 마찬가지로 클래스는 단일 상속(single Inheritance)만 허용하고 다중 상속 (multiple Inheritance)은 불가하다. 하지만 다중 상속의 대안으로 인터페이스(Interface)를 정의해서 다양한 추상 속성이나 추상 메서드를 클래스 내부에 구현할 수 있다. 추상 클래스나 인터페이스는 변수 등에 객체를 전달할 때 자료형으로 사용해서 내부에 구현된 메서드를 처리할 수 있도록 지원한다.

1. 추상 클래스 알아보기
2. 인터페이스 알아보기
3. 봉인 클래스 알아보기

# 01 추상 클래스 알아보기

추상 클래스는 abstract 예약어(keyword)로 지정한 클래스이다. 이 클래스의 특징은 직접 객체를 생성할 수 없고 항상 다른 클래스에서 상속해서 추상 메서드를 구현해야 한다. 추상 클래스에서는 추상 속성과 추상 메서드 이외의 일반 속성과 일반 메서드도 정의할 수 있다.

## 추상 클래스 정의 규칙

추상 클래스를 정의하는 방법은 다음과 같다.

- ☑ 추상 클래스는 클래스 앞에 abstract를 붙여야 한다.
- ☑ 추상 속성과 추상 메서드를 정의할 때는 abstract 예약어를 사용한다.
- ☑ 추상 속성이나 추상 메서드는 별도의 open 지시자를 작성할 필요가 없다.
- ☑ 추상 클래스 내에 값이 할당된 속성과 구현된 메서드도 정의할 수 있다. 보통 이런 속성과 메서드를 일반(default) 속성, 일반(default) 메서드라고 한다. 하위 클래스에서 상속하려면 open 지시자가 필요하다.
- ☑ 구현 클래스에서 override한 속성이나 메서드가 하위 클래스에서 상속을 금지하려면 final 지시자가 필요하다.
- ☑ 추상 클래스는 일반 클래스를 상속받을 수 있다. 일반 클래스가 추상 클래스를 상속받아 구현한 경우 이를 다시 override abstract를 붙여서 추상화시킬 수 있다.
- ☑ 추상 클래스도 주 생성자 정의가 가능하다. 구현 클래스가 생성자 있는 추상 클래스를 상속받아 구현했다면 위임호출할 때 생성자의 인자를 전달해야 한다.
- ☑ 추상 클래스에 아무런 속성이 없어도 구현 클래스에서 상속할 때는 위임호출이 필요하다.
- ☑ 추상 클래스 내부에도 초기화 블록(init)을 정의할 수 있다.
- ☑ 추상 클래스 내부에 다른 클래스의 확장함수를 추상화 메서드로 정의할 수 있다.
- ☑ 추상 클래스로 확장함수를 정의할 수 있다. 이 확장함수는 추상 클래스를 상속한 클래스에서 모두 사용할 수 있다.

### 추상과 일반 멤버 구별

추상 클래스 내에 정의되는 추상과 일반 멤버의 차이를 알아본다.

- 추상 속성과 추상 메서드는 abstract 예약어를 사용하고 실제 값이나 코드 블록을 구성할 수 없다.
- 일반 속성과 일반 메서드는 abstract 예약어가 없다. 그래서 초깃값이 할당되고 코드 블록이 작성되어 있어야 한다. 일반 멤버들도 서브클래스에서 재정의가 필요하면 open 예약어를 앞에 붙여준다.

## 추상 클래스

위의 추상 클래스 정의 규칙에 따라 추상 클래스를 만들어본다. 이 추상 클래스를 상속한 구현 클래스를 정의하고 객체를 생성해서 속성과 메서드를 사용해본다.

### 추상 클래스 정의와 구현 클래스 상속

추상 클래스를 정의하면 반드시 구현 클래스에서 상속을 하고 추상 속성과 추상 메서드를 구현해야 사용할 수 있다.

- 추상 클래스 정의 규칙에 따라 속성과 메서드에 abstract를 붙였고 클래스에서 abstract를 붙였다. 이제 추상 클래스가 만들어진 것이다.
- 추상 클래스는 독자적으로 사용할 수 없다. 그래서 다른 구현 클래스에서 반드시 상속해서 추상 속성과 추상 메서드를 구현 클래스에 재정의 즉 구현해야 한다.
- 구현 클래스에서 추상 클래스의 멤버를 override 예약어(keyword)를 앞에 붙여서 구현한 것을 알 수 있다.
- 구현 클래스에서 추상 클래스를 상속할 때도 위임호출 해서 먼저 추상 클래스를 로딩한다. 인터페이스와 추상 클래스를 상속할 경우 위임호출로 구별할 수 있다.
- 만들어진 클래스로 객체를 생성하고 이 객체의 속성을 출력한다.

```
abstract class Abstract {              //추상 클래스 정의
    abstract var age : Int             //추상 속성 정의
    abstract val name : String

    abstract fun display() :Unit       //추상 메서드 정의
}
```

```
class Concrete(name:String, age:Int) :        // 구현 클래스 정의와 주 생성자 정의
                              Abstract() {      // 추상 클래스 상속하고 위임 호출
    override var age : Int = age                // 속성 오버라이딩
    override var name : String = name           // 속성 오버라이딩

    override fun display() : Unit {             // 메서드 오버라이딩
        println("name= $name   age= $age")
    }
}

val con = Concrete("김영옥", 77)                  // 객체 생성
con.display()                                   // 메서드 호출
```

name= 김영옥   age= 77

## ◤ 추상 클래스 내의 일반 속성과 일반 메서드 정의

추상 클래스 내에도 추상과 일반 속성과 메서드를 정의할 수 있다. 추상 속성과 메서드는 반드시 구현 클래스에서 구현해야 하지만, 일반 속성과 메서드를 상속해서 재정의하려면 반드시 open 지시자 정의가 필요하다.

□ 추상 클래스 내의 일반 속성과 일반 메서드는 초깃값과 실제 함수의 코드 블록을 가지고 있어야 한다.

□ 일반 메서드를 정의하고 open을 처리해서 상속받는 클래스에서 이 메서드를 재정의할 수 있다.

□ 이제 추상 클래스를 상속한 구현 클래스를 확인한다. 추상 속성과 추상 메서드를 구현했고 추상 클래스에서 open한 메서드를 재정의했다.

□ 이제 객체를 만들어 속성과 메서드를 실행해본다.

```
abstract class Person {                          // 추상 클래스 정의

    var age: Int = 40                            // 일반 속성 정의
    abstract val name : String                   // 추상 속성 정의

    open fun displaySSN(ssn: Int) {              // 일반 메서드 정의
        println("주민번호 is $ssn.")
    }
    abstract fun displayJob(description: String)// 추상 메서드 정의
}
```

```
class Man(name : String  ) : Person() {        //구현 클래스 정의
    override var name : String = name          //추상 속성 오버라이딩
    override fun displayJob(description : String) { //추상 메서드 오버라이딩
        println("$name 님의 직업은 $description 입니다.")
    }
    override fun displaySSN(ssn:Int) {         //일반 메서드 오버라이딩
        super.displaySSN(ssn)                  //추상 클래스의 일반 메서드 호출
    }
}

val m = Man("dahl")                            //객체 생성
println(m.name)                                //오버라이딩 속성 참조
m.displayJob("소프트웨어 아키텍트")              //오버라이딩 메서드 참조
println(m.age)                                 //일반 속성 참조
m.displaySSN(1234)                             //재정의한 일반 메서드 처리
```

```
dahl
dahl 님의 직업은 소프트웨어 아키텍트 입니다.
40
주민번호 is 1234.
```

### 추상 클래스 내의 초기화 블록 처리

구현 클래스에서 상속된 슈퍼클래스의 생성자를 위임 호출할 수 있다. 그래서 추상 클래스도 주 생성자 정의가 가능하다. 또한 주 생성자의 특정 기능을 처리할 초기화 블록을 제공한다.

□ 추상 클래스에도 초기화 블록을 지정할 수 있다. 구현 클래스에서 추상 클래스를 상속해 위임 호출할 때 이 초기화 블록이 실행된다.

□ 추상 클래스를 상속받은 구현 클래스를 정의한다.

□ 이제 객체를 만들면 위임호출할 때 추상 클래스의 초기화 블록이 먼저 실행되는 것을 알 수 있다.

□ 이 객체의 메서드를 호출해서 실행한다.

```
abstract class Person(name: String) {         //추상 클래스의 주 생성자 정의
    init {                                     //초기화 블록 정의
        println("이름은  $name.")              //주 생성자의 매개변수 사용
    }
    fun displaySSN(ssn: Int) {                 //일반 메서드 정의
        println("주민번호는 $ssn.")
    }
```

```
    abstract fun displayJob(description: String) //추상 메서드 정의
}

class Woman(name: String): Person(name) {    //구현 클래스 정의. 추상 클래스 위임 호출
    override fun displayJob(description: String) {   //추상 클래스 오버라이딩
        println(description)
    }
}

val w = Woman("이수미")                              //객체 생성
w.displayJob("초등학교 선생님")                        //구현 메서드 호출
w.displaySSN(23123)                                  //추상 클래스의 일반 메서드 호출
```

이름은  이수미.
초등학교  선생님
주민번호는  23123.

## 추상 클래스 활용

추상 클래스를 정의하면 여러 클래스에 동일한 규칙을 제한할 수 있는 공통 기능을 제공한다. 또
한, object 표현식 등에서 추상 클래스를 상속받아 구현할 수 있다.
추상 클래스는 슈퍼클래스로 사용하므로 이 추상 클래스에 확장함수를 구현하면 이를 상속하는
구현 클래스에서 모두 사용이 가능한 메서드가 제공된다.

### ◤ 추상 클래스를 여러 구현 클래스에서 상속하기

추상 클래스의 추상 메서드를 다양한 하위 클래스의 표준 메서드로 활용된다. 추상 클래스의 추상
속성과 메서드는 상속한 구현 클래스에서 반드시 재정의해야 컴파일 오류가 발생하지 않는다.
  □ 추상 클래스를 하나 정의한다.
  □ 이 추상 클래스를 상속하는 구현 클래스를 여러 개 정의한다. 이제 이 추상 클래스가 다양한
     구현 클래스를 가지면 이 추상 클래스를 자료형으로 사용해 여러 구현 클래스의 객체를 받아
     서 처리할 수 있다.
  □ 위의 추상 클래스를 함수의 매개변수 자료형으로 받아 추상 클래스에 정의한 메서드를 실행
     한다. 보통 이런 처리 방식을 덕 타이핑(Duck typing)이라고 한다.

▫ 이제 객체를 만들어서 함수에 전달하면 각각의 객체는 동일한 메서드가 호출되어 결괏값을 반환한다.

▫ 이런 방식을 사용하면 추상 클래스의 메서드가 구현 클래스를 제어해서 처리하는 것을 알 수 있다.

```kotlin
abstract class BiOperator {                          //추상 클래스 정의
    abstract fun cal(x: Int, y: Int) : Int           //추상 메서드 정의
}

class Add : BiOperator() {                           //구현 클래스 정의
    override fun cal(x: Int, y: Int) = x + y         //추상 메서드 구현
}

class Sub : BiOperator() {                           //구현 클래스 정의
    override fun cal(x: Int, y: Int) =  x - y        //추상 메서드 구현
}

class Mul : BiOperator() {                           //구현 클래스 정의
    override fun cal(x: Int, y: Int) = x * y         //추상 메서드 구현
}

fun cal(obj :BiOperator, x:Int, y:Int ) =            //공통 처리 가능한 함수 정의
                         obj.cal(x,y)

var add: BiOperator = Add()                          //객체 생성
var x1 = cal(add, 10,20)                             //메서드 처리
println("덧셈 처리 $x1")
var sub: BiOperator = Sub()                          //객체 생성
var x2 = cal(sub, 10,20)                             //메서드 처리
println("뺄셈 처리 $x2")
var mul: BiOperator = Mul()                          //객체 생성
var x3 = cal(mul, 10,20)                             //메서드 처리
println("곱셈 처리 $x3")
```

덧셈 처리 30
뺄셈 처리 -10
곱셈 처리 200

## ◥ 추상 클래스를 익명 클래스에서 상속받아 처리하기

추상 클래스를 정의하고 이를 object 표현식에서 상속받아 익명 객체를 만들 수 있다.

▫ 추상 클래스를 정의한다. 일반 메서드와 추상 메서드를 가진다.

- 변수에 할당하는 객체를 만든다. 이때는 object 표현식에 추상 클래스를 상속해서 객체를 만든다.
- 이 객체는 추상 클래스를 상속해 추상 메서드를 구현해서 2개의 메서드를 모두 실행할 수 있다.

```
abstract class Weapon{                          //추상 클래스 정의
    fun move(){                                 //일반 메서드 정의
        println("이동합니다.")
    }
    abstract fun attack()                       //추상 메서드 정의
}
var w2=object : Weapon(){                       //객체 표현식으로 익명 객체
    override fun attack() {                     //추상 메서드 구현
        println("공중 공격을 해요")
    }

}

w2.move()                                       //이동합니다.package
w2.attack()                                     //공중 공격을 해요
```

```
이동합니다.
공중 공격을 해요
```

## 추상 클래스로 상속 계층 만들기

추상 클래스도 상속관계를 만들 수 있다. 그래서 추상 클래스 간의 계층구조를 구성한다. 이러면 여러 추상 클래스를 상속한 것처럼 사용할 수 있다.

- 상위 추상 클래스에도 주 생성자와 일반 함수를 정의했다.
- 상위 추상 클래스를 상속하는 하위 추상 클래스를 정의한다. 상위 추상 클래스에 속성이 정의되어서 위임호출할 때 전달하는 것은 매개변수로 정의했다. 하위 추상 클래스에서 속성을 추가했다.
- 하위 추상 클래스는 추상 속성과 추상 메서드 한 개를 정의했고 일반 메서드도 한 개 정의했다.
- 이제 구현 클래스를 정의하고 하위 추상 클래스를 상속했다. 하위 추상 클래스의 위임호출은 3개의 인자를 전달한다.
- 구현 클래스는 추상 속성과 추상 메서드만 구현했다.

□ 구현 클래스의 객체를 만들고 상위 추상 클래스의 일반 메서드와 하위 추상 클래스의 일반 메
서드 그리고 구현한 추상 메서드를 모두 실행한다.

```kotlin
abstract class Person(val name : String,        //최상위 추상 클래스 정의
                      val age: Int ) {           //속성만 정의
    fun getPersonDetails() {                     //일반 메서드 정의
        println("이름 : $name")
        println("나이 : $age")
    }
}

abstract class Employee(name: String,age:Int,    //하위 추상 클래스 정의
                        val experience: Int)     //추가 속성 정의
                            : Person(name,age){   //추상 클래스의 위임 호출

    abstract var salary: Double                  //추상 메서드 정의
    abstract fun dateOfBirth(date:String):Unit   //추상 메서드 정의
    fun getDetails() {                           //일반 메서드 정의
        println("이름 : $name")
        println("경력 : $experience")
        println("연봉 : $salary")
    }
}

class Engineer(name: String,age:Int,             //구현 클래스 정의
               experience: Int)                  //주 생성자에 매개변수 정의
               : Employee(name,age,experience) { //위임 호출로 매개변수 전달

    override var salary = 500000.00              //추상 메서드 구현
    override fun dateOfBirth(date:String){       //추상 메서드 구현
        println("생일 : $date")
    }
}

val eng = Engineer("강유민",22, 2)              //객체 생성
eng.getDetails()                                 //상위의 일반 메서드 호출
eng.getPersonDetails()                           //최상위의 일반 메서드 호출
eng.dateOfBirth("2002-08-16")                    //구현 메서드 호출
```

이름 : 강유민
경력 : 2
연봉 : 500000.0
이름 : 강유민
나이 : 22
생일 : 2002-08-16

### ◀ 추상 클래스와 구현 클래스를 혼용해서 상속 처리

추상 클래스 계층을 만들 때 중간에 구현 클래스가 들어갈 수 있다.

- 하나의 추상 메서드를 가진 추상 클래스 Creature를 정의한다.
- 추상 클래스 Creature를 BreathingCreature 클래스에서 상속하고 추상 메서드를 구현한다. 이 추상 메서드는 하위 클래스에서 final로 재정의를 금지한다. 추상 클래스의 추상 메서드는 더 이상 상속할 수 없다.
- BreathingCreature클래스에 일반 메서드를 하나 정의하고 하위 클래스에서 상속하도록 open 한다.
- 추상 클래스 Animal을 정의한다. 추상 클래스를 상속하는 것이 아니라 일반 클래스 BreathingCreature를 상속한 다음 내부에 추상 메서드를 하나 정의했다.
- Dog 클래스는 추상 클래스 Animal을 상속하고 추상 메서드를 구현한다.
- BreathingCreature 구현 클래스로 객체를 생성해서 메서드를 호출하고 Dog 클래스로 객체를 생성해서 메서드를 호출한다.
- 실행된 결과를 확인하면 아무런 문제가 없는 것을 알 수 있다.

```kotlin
abstract class Creature {                    //추상 클래스 정의
    abstract fun action()                    //추상 메서드 정의
}

open class BreathingCreature : Creature() { //구현 클래스 정의
    final override fun action() {            //추상 메서드 구현. 하위에서 오버라이딩 금지
        println("지구내에 활동중")
    }
    open fun breathe() {                     //일반 메서드 정의. 하위 재정의 허용
        println("호흡하는 동물 ")
    }
}

abstract class Animal : BreathingCreature() { //추상 클래스 정의
    override abstract fun breathe()           //구현 클래스의 일반 메서드를
}                                             //추상 메서드로 재정의

class Dog: Animal(){                          //구현 클래스 정의
    override fun breathe() {                  //추상 메서드 구현
        println("개는 호흡 ")
    }
}

val lt = BreathingCreature()                  //상위 구현 클래스로 객체 생성
lt.action()                                   //구현 메서드 호출
```

```
lt.breathe()                                    // 구현 메서드 호출
val d = Dog()                                   // 하위 구현 클래스로 객체 생성
d.breathe()                                     // 구현 메서드 호출
d.action()                                      // 상위 구현 클래스의 메서드 사용
```

```
지구내에 활동중
호흡하는 동물
개는 호흡
지구내에 활동중
```

## ◤ 추상 클래스 내에 추상 확장함수 처리

추상 클래스 안에 다른 클래스의 추상 메서드를 확장함수로 정의할 수 있다.

- □ 추상 클래스 Base를 정의한다. 내부의 추상 메서드는 String의 확장함수 extension이다.
- □ 구현 클래스 Derived에서 이 추상 확장함수를 구현하고 일반 메서드에서 이 확장함수를 호출해 반환값을 처리한다.
- □ 객체를 생성한 후에 이 메서드를 호출해서 확장함수를 처리한다.
- □ 추상 클래스에 일반 확장함수도 정의할 수 있다. 추상 클래스로 확장함수를 정의하면 이 추상 클래스를 상속하는 클래스는 이 확장함수를 메서드처럼 사용할 수 있다.

```
abstract class Base {                                   // 추상 클래스 정의
    abstract fun String.extension(x: String) :String   // 문자열 확장함수를
}                                                       // 추상 메서드로 정의

class Derived : Base() {                                 // 구현 클래스 정의
    override fun String.extension(x: String): String {  // 추상 확장함수 구현
        return "$this ${x} !!!"
    }

    fun callExtension(c: String):String {               // 메서드 구현
        return "hello".extension(c)                     // 문자열 확장함수 호출
    }
}

val base = Derived()                                    // 객체 생성
println(base.callExtension("코틀린"))                    // 일반 메서드 호출

fun Base.selectPrint() = println("추상클래스의 확장함수")  // 추상클래스의
base.selectPrint()                                      // 확장함수 정의
```

```
hello 코틀린 !!!
추상클래스의 확장함수
```

### 추상 클래스를 object 정의와 동반 객체에서 상속

추상 클래스를 object 정의와 동반 객체에서 모두 상속할 수 있다.

- 추상 클래스를 정의한다.
- object 정의에서 이 추상 클래스를 상속해서 추상 메서드를 구현한 싱클턴 객체를 만든다. 이 객체를 사용해서 메서드를 실행한다.
- 추상 클래스를 하나 더 정의한다. 추상 클래스의 메서드 이름이 동일하다.
- 일반 클래스를 정의할 때 동반 객체에서 이 추상 클래스를 상속받아서 구현했다.
- 동반 객체는 클래스 이름으로 접근해서 메서드를 실행한다. 위 object 표현식에서 호출하는 방식이 유사한 것을 알 수 있다.

```kotlin
abstract class AO {                                    //추상 클래스 정의
    abstract fun canUse() : Unit
}

object BO : AO() {                                     //객체 표현식에서 추상 클래스 상속
    override fun canUse() =                            //추상 메서드 구현
                println(" 객체 선언에 구현한 메소드 ")
}

BO.canUse()                                            //메서드 호출

abstract class IC {                                    //추상 클래스 정의
    abstract fun canUse() : Unit
}

class AC {                                             //클래스 정의
    companion object :IC() {                           //동반 객체에서 추상 클래스 상속
        override fun canUse() =                        //추상 메서드 구현
                println(" 동반객체 내에 구현한 메소드 ")

    }
}

AC.canUse()                                            //메서드 실행
```

객체 선언에 구현한 메소드
동반객체 내에 구현한 메소드

# 02 인터페이스 알아보기

코틀린도 단일 상속만 지원한다. 대신 인터페이스를 상속해서 추상 메서드를 구현할 수 있다. 인터페이스도 추상 클래스처럼 계층구조를 만들 수 있다. 그리고 인터페이스는 변수 등에 지정하는 자료형으로 사용할 수 있다.

## 클래스와 인터페이스의 차이

- ☑ 클래스는 객체를 생성해서 내부의 속성과 메서드를 사용한다.
- ☑ 인터페이스는 추상 속성과 추상 메서드를 기본으로 처리한다. 하지만 일반 속성과 메서드로 구현해서 지원할 수 있다. 인터페이스도 추상 클래스처럼 객체를 생성할 수 없다.
- ☑ 보통 인터페이스는 클래스에 상속해야 사용되지만, 인터페이스에 확장함수를 작성하면 하위의 모든 클래스의 객체는 이 확장함수를 사용할 수 있다.
- ☑ 클래스와 인터페이스는 자료형으로 사용할 수 있어서 변수, 매개변수, 함수 반환 자료형에 자료형으로 지정할 수 있다.

## 상속과 구현의 차이

클래스 간의 계층관계를 상속, 클래스와 인터페이스 간의 계층관계를 구현이라고 한다. 어떤 차이가 있는지 알아본다.

- ☑ 상속(Inheritance)은 추상 클래스나 일반 클래스 간의 관계를 구성하는 것이다. 상속하면 슈퍼클래스와 서브클래스 등으로 표현한다.
- ☑ 구현(implements)은 클래스가 인터페이스 내의 추상 멤버를 일반 멤버로 작성하는 것이다. 구현은 인터페이스와 구현 클래스로 표현한다.
- ☑ 코틀린은 상속과 구현을 같이 표시하므로 이 책에서는 두 관계를 상속으로 표시해서 설명한다.

## 인터페이스 정의 규칙

인터페이스를 정의하는 방법은 다음과 같다.

- ☑ 인터페이스는 interface 예약어를 사용한다.
- ☑ 인터페이스 내부는 모두 추상화된 것을 기준으로 하므로 특별하게 abstract 지시자를 사용할 필요가 없다.
- ☑ 속성과 메서드는 지시자를 별도로 붙이지 않아서 구현 여부로 추상과 일반으로 구분한다.
- ☑ 일반 속성을 정의하면 배킹필드가 없어 반드시 게터 메서드에 초깃값을 처리해야 한다.
- ☑ 구현 클래스나 인터페이스는 추상 클래스와 달리 복수의 인터페이스를 상속할 수 있다.
- ☑ 구현 클래스는 인터페이스에 정의된 추상 속성과 추상 메서드는 반드시 구현해야 한다.
- ☑ 구현 클래스는 인터페이스의 일반 속성과 일반 메서드 중에 open 지시자가 있으면 재정의할 수 있다.
- ☑ 인터페이스도 하나의 자료형이다. 변수나 매개변수, 반환에 자료형으로 사용할 수 있다.
- ☑ 인터페이스를 하나의 자료형으로 정의하고 이를 구현한 객체를 할당하면 인터페이스에 정의된 속성과 메서드를 사용할 수 있다.

## 인터페이스 정의 알아보기

인터페이스는 interface 예약어를 사용해서 정의하고 클래스 등에서 상속해서 구현해야 한다.

### ◀ 인터페이스 정의

인터페이스는 속성과 메서드 선언(실제 구현이 없는 상태를 작성)만 한다. 실제 구현은 이 인터페이스를 상속한 클래스에 작성한다.

- ☐ 인터페이스는 interface 예약어로 시작하고 인터페이스 이름은 클래스 이름처럼 첫 글자를 대문자로 사용하지만, 행위를 표현하기 위해 형용사 형태로 이름을 짓는다.
- ☐ 인터페이스는 기본이 추상이라 메서드에 별도로 abstract 표시를 하지 않는다. 대신 함수의

머리부까지 작성하면 추상 메서드로 인식한다.
- 클래스가 인터페이스를 상속해도 인터페이스가 객체를 생성하지 못하므로 위임호출은 정의하지 않는다.
- 인터페이스를 상속한다는 것은 인터페이스의 추상 메서드를 클래스에 모두 구현한다는 뜻이다. 인터페이스의 추상 메서드를 override 해서 구현했다는 것을 표시한다.
- 클래스로 객체를 만들어 구현한 메서드를 실행한다.

```
interface Clickable {                              //인터페이스 정의
    fun up() :Unit                                 //추상 메서드
    fun down() :Unit                               //추상 메서드
}

class TvVolumn : Clickable {                        //인터페이스 상속
    override fun up() {                             //추상 메서드 구현
        println("tv 볼륨을 올려요")
    }

    override fun down() {                           //추상 메서드 구현
        println("tv 볼륨을 내려요")
    }
}

var vol = TvVolumn()                                //객체 생성
vol.up()                                            //메서드 실행
vol.down()
```

tv 볼륨을 올려요
tv 볼륨을 내려요

## 일반 속성과 메서드 처리

인터페이스에도 일반 속성과 일반 메서드를 정의할 수 있다. 추상 속성과 메서드와의 구별은 선언과 정의 차이인 구현 여부로 확인한다.
- 인터페이스를 정의한다.
- 추상 속성과 일반 속성의 차이는 일반 속성은 게터와 세터를 구현하는 것이다. 인터페이스의 일반 속성은 배킹필드를 지원하지 않아서 게터와 세터를 지정하면 내부 로직으로 값을 처리한다.
- 추상 메서드는 함수 머리부까지만 정의되고 몸체부 즉 코드 블록이 정의되지 않는다. 일반 메

서드는 코드 블록을 정의한다.

□ 클래스가 인터페이스를 상속하면 추상 속성과 추상 메서드는 반드시 구현한다.

□ 클래스로 객체를 만들어서 구현한 속성과 메서드, 인터페이스에 있는 일반 속성과 일반 메서드를 호출해서 사용한다.

```
interface MyInterface {                                    //인터페이스 정의
    val aprop: Int
    val gprop : Int                                        //디폴트 속성에 get 정의
        get() = 300
    val sprop : Int                                        //디폴트 속성
        get() = 999
    fun foo() : String                                     //추상 메서드
    fun hello() {                                          //디폴트 메서드는 구현되어 있음
        println("안녕하세요!")
    }
}

class InterfaceImp : MyInterface {                         //클래스 구현
    override val aprop : Int = 25                          //추상 속성 구현
    override fun foo() = "바보처럼"                          //추상 메서드 구현
}

val obj = InterfaceImp()                                   //객체 생성
println("디폴트 속성 prot = ${obj.gprop}")                  //속성 참조

println("오버라이딩 속성 test = ${obj.aprop}")              //속성 참조
print("디폴트 메소드 hello 호출: ")
obj.hello()                                                //메서드 실행

print("오버라이딩 메서드 foo 호출: ")
print(obj.foo())                                           //메서드 실행
```

디폴트 속성 prot = 300
오버라이딩 속성 test = 25
디폴트 메소드 hello 호출: 안녕하세요!
오버라이딩 메서드 foo 호출: 바보처럼

## ◀ 여러 인터페이스 상속 구현 1

여러 개의 인터페이스를 상속할 수 있다. 인터페이스에 있는 추상 속성과 추상 메서드를 구현 클래스 내에 모두 구현해야 한다.

- 최상위 인터페이스를 2개 만든다. 두 인터페이스에 있는 일반 메서드의 이름과 매개변수가 동일하다.
- 이 두 개의 인터페이스를 상속한 클래스를 정의한다. 동일한 이름으로 오버라이딩을 처리해서 내부적으로 각각의 인터페이스를 호출한다.
- 상속한 클래스나 인터페이스를 참조할 때는 super를 사용한다. 2개의 인터페이스를 알려주려면 꺾쇠괄호 사이에 인터페이스 이름을 지정해야 한다.
- 클래스의 객체를 만들어 재정의한 메서드를 실행하면 두 개의 인터페이스에 있는 일반 메서드가 차례로 실행된다.

```kotlin
interface Aable {                              //인터페이스 정의
    fun callMe() {                             //일반 메서드
        println("인터페이스 Aable")
    }
}

interface Bable {                              //인터페이스 정의
    fun callMe() {                             //일반 메서드
        println("인터페이스 Bable")
    }
}

class Child: Aable, Bable {                    //인터페이스 상속
    override fun callMe() {                     //일반 메서드 재정의
        super<Aable>.callMe()                  //super를 사용해 Aable 호출
        super<Bable>.callMe()                  //super를 사용해 Bable 호출
    }
}

val obj = Child()                              //객체 생성
obj.callMe()                                   //메서드 호출
```

```
인터페이스 Aable
인터페이스 Bable
```

## ◤ 여러 인터페이스 상속 구현 2

속성만 가지는 인터페이스, 메서드만 가지는 인터페이스 등 다양한 인터페이스를 정의할 수 있다.
- 속성만 정의한 인터페이스를 만든다.
- 메서드만 정의한 인터페이스를 만든다.

□ 클래스가 이 두 인터페이스를 상속해서 클래스 내에 구현한다.

□ 이 클래스로 객체를 만들어 속성을 조회하고 메서드를 실행한다.

```kotlin
interface IProperties {                          //속성만 가진 인터페이스
    val a : Int                                  //추상 속성
    val b : String                               //일반 속성
        get() = "일반속성 정의"
}

interface IMethod {                              //메서드만 가진 인터페이스
    fun display() : String                       //추상 메서드
}

class Demo : IProperties,IMethod {               //인터페이스 상속
    override val a : Int = 5000                  //추상 속성 구현
    override val b : String = "일반속성 재정의"    //일반 속성 재정의

    override fun display() :String {             //추상 메서드 구현
        return "a = $a  b = $b"
    }
}

val x = Demo()                                   //객체 생성
println(x.a)                                     //속성 참조
println(x.b)
println(x.display())                             //메서드 호출
```

```
5000
일반속성 재정의
a = 5000  b = 일반속성 재정의
```

## ◤ 인터페이스와 추상 클래스 혼용 구현

구현 클래스에 추상 클래스와 인터페이스를 모두 상속받은 구현 클래스를 작성하고 실행해 본다.

□ 일반 속성과 추상 메서드를 가지는 인터페이스와 일반 메서드와 추상 메서드를 가지는 추상 클래스를 정의한다.

□ 클래스는 추상 클래스와 인터페이스를 상속받는다. 클래스는 하나만 상속받을 수 있지만, 인터페이스는 여러 개 상속받을 수 있다.

□ 클래스에 3개의 재정의 메서드가 있다.

□ 변수의 자료형을 현재 클래스로 지정하고 객체를 생성하면 모든 메서드를 사용할 수 있다.

□ 변수의 자료형을 추상 클래스로 지정하면 인터페이스에 정의된 메서드를 사용할 수 없다. 상

위 클래스로 한정할 경우 다른 인터페이스에서 지정한 것을 사용할 수 없도록 제한한다.

▫ 변수의 자료형을 인터페이스로 정의하고 객체를 생성한다. 이번에는 추상 클래스의 메서드를
호출할 수 없다.

```kotlin
interface Clickabel {                                    //인터페이스 정의
    val prop : String
        get() = "일반속성"
    fun up()  : Unit                                     //추상 메서드
    fun down() : Unit
}
abstract class Tank {                                    //추상 클래스 정의
    fun move(){                                          //일반 메서드
        println("이동합니다.")
    }
    abstract fun attack() : Unit                         //추상 메서드
}
class MultiClass:Tank(), Clickabel {                     //추상 클래스와 인터페이스 상속
    override fun attack() = println("아무거나 공격해요")  //추상 메서드 구현

    override fun up() = println("파워를 올려요")          //추상 메서드 구현
    override fun down()= println("파워를 내려요")         //추상 메서드 구현
}
var mm :MultiClass = MultiClass()                        //자료형을 자기 클래스
mm.move()                                                //모든 정의를 다 사용 가능
mm.attack()
mm.up()
mm.down()
println(mm.prop)

var m2: Tank = MultiClass()                              //추상 클래스로 자료형
// m2.up()                                               //참조 불가
// m2.prop                                               //참조 불가
m2.attack()
var m3: Clickabel = MultiClass()                         //인터페이스로 자료형
// m3.move()                                             //참조 불가
m3.down()
```

이동합니다.
아무거나 공격해요
파워를 올려요
파워를 내려요
일반속성
아무거나 공격해요
파워를 내려요

## 인터페이스 계층 처리

인터페이스도 다른 인터페이스를 상속할 수 있다. 즉 인터페이스를 계층으로 만들어서 사용할 수 있다. 계층을 만드는 이유는 구현 클래스가 다양할 경우 구현 클래스의 상속을 계층에 맞춰서 만들 수 있기 때문이다. 보통 컬렉션 패키지를 확인해 보면 대부분 인터페이스로 계층을 만들고 필요한 경우 구현 클래스가 상속받아서 인터페이스 범위에 따라 작동하도록 구성한다.

- 상위 인터페이스를 2개 정의한다.
- 인터페이스 간 상속이 가능하므로 하위 인터페이스를 정의하고 상위 인터페이스 2개를 상속한다. 이때 하위 인터페이스에서 상위 인터페이스의 메서드를 재정의할 수 있다. 이때는 추상 메서드라도 override 예약어를 사용한다.
- 클래스를 정의할 때 다른 인터페이스를 상속한 하위 인터페이스를 상속한다. 이 클래스에 상속한 인터페이스의 두 메서드와 상속관계를 가진 하나의 추상 메서드를 모두 구현한다.
- 변수의 자료형에 3개의 인터페이스를 정의하면 자기 인터페이스에 구현된 메서드만 실행할 수 있다.
- 이처럼 다양한 인터페이스를 상속해서 클래스를 만들어도 특정 인터페이스로 자료형을 제한하면 내부의 모든 메서드를 사용할 수 있는 것이 아니다. 현재 자료형에 맞는 메서드만 실행되는 것을 알 수 있다.

```
interface Aable {                                  //최상위 인터페이스 정의
    fun absMethod() : Unit
}

interface Bable {                                  //최상위 인터페이스 정의
    fun bMethod() : Unit
}

interface Cable : Aable, Bable {                   //인터페이스 상속
    override abstract fun absMethod() : Unit       //상속한 인터페이스 재정의
    fun method() : Unit
}

class ABablity : Cable {                           //클래스 구현
    override fun absMethod() = println("야호 !!!")  //추상 메서드 구현
    override fun bMethod() = println("관악산")       //추상 메서드 구현
    override fun method() = println("낙성대")        //추상 메서드 구현
}

val a : Aable = ABablity()                         //Aable 자료형으로 사용
//a.method()    //제공하지 않는 메서드 호출 시 에러
a.absMethod()
```

```
val b : Bable = ABablity()              //Bable 자료형으로 사용
b.bMethod()

val c : Cable = ABablity()              //Cable 자료형으로 사용
c.bMethod()           // 인터페이스를 상속해서 모든 메서드를 가지고 있음
```

```
야호 !!!
관악산
관악산
```

## 2.5

## 인터페이스의 활용

추상 클래스처럼 인터페이스도 다양한 곳에 사용할 수 있다. 어떻게 활용되는지 알아본다.

 **object 표현식 사용**

인터페이스를 정의하고 익명의 객체를 만들 때는 object 표현식에서 상속해 구현한다. 별도의 클래스가 없지만, 인터페이스를 상속하면 이 인터페이스 자료형으로 처리할 수 있다.

- □ 익명 객체를 하나 만들고 변수에 할당했다.
- □ 이 객체로 내부에 정의된 속성과 메서드를 실행한다.

```
interface Usable {                          //인터페이스 정의
    val canPro : String                     //일반 속성
        get() = "디폴트 속성"
    fun canUse(s:String) : String           // 추상 메서드

    fun canDefault() = "디폴트 함수"          //일반 메서드
}

val u = object : Usable {                    //object 표현식으로 익명 객체 생성
    override fun canUse(s:String) : String { //추상 메서드 구현
        return "Hello $s !!!"
    }
}

println(u.canUse("코틀린"))                  //메서드 호출
println(u.canDefault())
println(u.canPro)                            //속성 참조
```

```
Hello 코틀린 !!!
디폴트 함수
디폴트 속성
```

## ◼ 확장함수 구현

인터페이스도 하나의 자료형이므로 확장함수를 정의할 수 있다. 인터페이스에 확장함수를 정의하면 이 인터페이스를 상속한 모든 하위 클래스에서 사용할 수 있다.

- □ 인터페이스를 정의한 후에 구현 클래스에서 인터페이스를 상속했다.
- □ 이 인터페이스에 확장함수를 하나 작성했다.
- □ 클래스의 객체를 매개변수로 처리하는 하나의 함수를 정의한다. 이 함수는 객체의 메서드를 실행한 결과를 반환한다.
- □ 구현 클래스의 객체를 만들어 내부의 메서드를 실행하고 확장함수도 실행할 수 있다.

```
interface Context  {                              //인터페이스 정의
    fun absMethod() : String
}

class A : Context  {                              //클래스 정의
    override fun absMethod() = "추상메소드 구현"
}

fun Context.canUse(x: Int): Boolean =             //확장함수 정의
    when (x) {
        1 -> true
        else -> false
    }

fun objPrint(obj : Context) =                     //인터페이스를 함수 매개변수 자료형
                    println(obj.absMethod())

val a : Context = A()                             //객체 생성
println(a.absMethod())                            //메서드 호출
println(a.canUse(1))                              //확장함수 호출

objPrint(a)                                       //함수 호출
```

```
추상메소드 구현
true
추상메소드 구현
```

## 추상 메서드가 중복되었을 때 처리 방안

여러 개의 인터페이스 정의하면 내부에 동일한 추상 메서드들이 있다. 이를 구현할 때는 하나만 구현한다.

- □ 동일한 이름의 추상 메서드를 가진 인터페이스를 정의했다.
- □ 이 인터페이스를 상속한 추상 클래스에서 다시 추상 메서드를 재정의했다.
- □ 구현 클래스에서 추상 클래스와 인터페이스 둘 다 상속하지만, 구현은 하나만 했다.

```
interface Aable {                                       //인터페이스
    fun canUse() : Unit
}

interface Bable {                                       //인터페이스
    fun canUse() : Unit
}

abstract class Kclass : Aable, Bable {                  //동일한 인터페이스상속하는 추상 클래스
    override abstract fun canUse() : Unit               //추상 메서드를 추상 메서드로 재정의
}

class D : Kclass(), Bable {                             //상속할 때 추상 클래스 중복
    override fun canUse() = println("can Use")          //하나만 재정의
}

val d = D()                                             //객체 생성
d.canUse()                                              //메서드 호출
```

```
can Use
```

## object 정의와 동반 객체에서 인터페이스 상속 처리

추상 클래스처럼 object 정의와 동반 객체 내에서 인터페이스도 상속할 수 있다.

- □ object 정의와 동반 객체도 인터페이스를 상속한다.
- □ 상속한 인터페이스의 추상 메서드를 구현한다.
- □ 객체에서 메서드를 실행한다.

```
interface Aable {                                       //인터페이스 정의
    fun canUse() : Unit                                 //추상 메서드 정의
}
```

```
object BObject : Aable {                           // object 정의
    override fun canUse() =                        // 추상 메서드 구현
        println("싱글턴 객체의 메소드 호출 ")
}


BObject.canUse()                                   // 메서드 호출

interface Iable {                                  // 인터페이스 정의
    fun canUse() : Unit
}

class AClass {                                     // 클래스 정의
    companion object :Iable {                      // 동반 객체 생성
        val name = "동반객체 속성 "                 // 내부 속성
        override fun canUse() =                    // 추상 메서드 구현
            println("동반객체의 메소드 호출 ")

    }
    fun selectName() = name                        // 동반 객체 속성을 반환하는 메서드
}

AClass.canUse()                                    // 동반 객체 메서드 호출
val ac = AClass()                                  // 객체 생성
println(ac.selectName())                           // 메서드 호출
```

싱글턴 객체의 메소드 호출
동반객체의 메소드 호출
동반객체 속성

# 03 봉인 클래스 알아보기

봉인 클래스도 추상 클래스이지만 별도로 지정해 사용하는 이유는 특정 추상 클래스를 상속해 구현하는 것을 제한하기 위함이다. 그래서 특정 파일이나 봉인 클래스 내부에 한정해서 작성해서 클래스의 상속관계를 한정하는 데 사용한다.

## 봉인 클래스 정의 규칙

- ☑ 봉인 클래스는 항상 최상위 클래스가 되어야 하므로 가장 먼저 정의한다.
- ☑ 봉인 클래스를 상속하는 서브클래스는 반드시 같은 파일 내에 선언한다. 단, 봉인 클래스를 상속하지 않고 그 서브클래스를 상속한 경우는 같은 파일에 작성하지 않아도 된다.
- ☑ 봉인 클래스 내부에 서브클래스를 정의할 수도 있다.
- ☑ 봉인 클래스는 기본적으로 abstract 클래스이다
- ☑ 봉인 클래스로 처리할 때 내부 클래스가 있을 때는 private 생성자만 가진다.
- ☑ 서브클래스는 class, data class, object 모두 가능하다.
- ☑ 봉인 클래스에 확장함수를 추가할 수 있다.

## 봉인 클래스 정의

봉인 클래스는 sealed 예약어를 지정해서 클래스를 정의한다.

### ◤ 봉인 클래스 정의

봉인 클래스에는 클래스, object 정의, 데이터 클래스를 하위 클래스로 정의할 수 있다. 패키지 단위나 내포된 클래스로 정의해서 처리할 수 있다.

□ 아무런 속성이 없는 봉인 클래스를 정의한다.

□ 서브클래스는 봉인 클래스를 상속한다. 추상 클래스도 위임호출을 수행한다.

□ 서브클래스로 일반 클래스, object 정의, 데이터 클래스를 정의한다.

□ 다른 봉인 클래스를 정의한다. 서브클래스를 봉인 클래스 내부에 정의한다.

□ 봉인 클래스를 정의하고 내부에 서브클래스를 정의할 때 생성자를 작성해 비공개 처리해서 내부 서브클래스만 이 생성자를 사용하도록 정의한다.

□ 봉인 클래스를 상속한 클래스로 객체를 생성한다. 봉인 클래스 내부의 서브클래스로 객체를 만들 때는 봉인 클래스 이름으로 접근해서 내부 클래스로 객체를 생성한다.

```kotlin
sealed class SealedClass                            //봉인 클래스 정의
class Aclass : SealedClass()                        //봉인 클래스 상속
class Bclass : SealedClass()                        //클래스
object Cobject : SealedClass()                      //object 정의
data class Person(val name:String,                  //데이터 클래스
            var age :Int) : SealedClass()


sealed class SealedClass1 {                         //봉인 클래스 정의
    class Aclass1 : SealedClass()                   //클래스 내부에 정의
    class Bclass1 : SealedClass()
    object Cobject1 : SealedClass()                 //object 정의도 상속 가능
    data class Person1(val name:String,             //데이터 클래스도 상속 가능
                var age :Int) : SealedClass()

    val p1 = Person1("봉인", 44)
}

val p = Person("실드", 33)
val p1 = SealedClass1.Person1("봉인", 44)           //봉인 클래스 내부 참조
```

### ▋ 봉인 클래스 내의 속성과 상속 처리

봉인 클래스의 생성자 정의와 봉인 클래스를 상속한 클래스를 다른 클래스가 어떻게 처리하는지 상속 방식을 알아본다.

□ 봉인 클래스에 생성자를 정의한다.

□ 이 클래스를 상속한 서브클래스는 슈퍼클래스를 위임호출할 때 생성자의 인자를 전달한다. 객체를 생성해서 속성을 사용할 수 있다.

□ 봉인 클래스의 서브클래스를 클래스 내부에 정의할 때는 생성자를 비공개로 정의한다. 그래

서 내부에 정의된 서브클래스만 생성자를 호출할 수 있도록 만든다.

▫ 봉인 클래스를 정의하고 다른 파일에서 서브클래스를 호출하면 봉인 클래스를 import 해 내부의 서브클래스를 상속해서 처리한다.

```kotlin
sealed class A (var name: String)          //봉인 클래스에 생성자 정의
class B : A("B 클래스")                      //봉인 클래스 상속한 클래스 정의
class C : A("C 클래스")

println(B().name)

sealed class AA private constructor(var name: String){
    class B : AA("B 클래스")                 //내부 클래스에서 위임 호출
    class C : AA("C 클래스")
}
println(AA.B().name)

                                          //봉인 클래스를 별도의 파일에 작성한다면
sealed class Fruit() {
    class Apple() : Fruit()
    class Orange() : Fruit()
    open class UnknownFruit(): Fruit()  {  //다른 곳에서 이 클래스를 상속하기
          fun display() = "상속했습니다."
    }
}
                                          //다른 파일인 경우에는 봉인 클래스를 상속한 경우
class Tomato : Fruit.UnknownFruit()       //내부의 클래스를 상속할 수 있다.

println(Tomato().display())                //상위 클래스의 메서드 호출
```

```
B 클래스
B 클래스
상속했습니다.
```

## ◢ 봉인 클래스로 when 표현식 사용

봉인 클래스는 명확히 하위 클래스를 알 수 있어서 when 표현식에서 만들어진 객체가 어떤 하위 클래스인지 점검할 수 있다. 이때 주의할 점은 현재 상태로 모든 하위 클래스를 명확히 알 수 있어서 별도의 else가 필요 없다.

▫ 봉인 클래스를 정의하고 내부에 서브클래스를 정의했다.

▫ 봉인 클래스의 서브클래스가 한정되어 처리했다.

▫ 이 봉인 클래스를 상속한 서브클래스를 파일 내에 추가로 정의한다.

□ 함수를 정의해서 매개변수로 봉인 클래스를 전달한다. 내부에 전달받은 타입을 when으로 처리할 때 클래스가 확정되므로 굳이 else를 처리할 필요가 없다.

□ 함수에 봉인 클래스의 서브클래스로 객체를 생성해서 인자로 전달하면 봉인 클래스 내부와 외부에 정의된 서브클래스의 타입을 체크하고 문자열로 출력하는 것을 볼 수 있다.

```kotlin
sealed class SealedClass {                              //봉인 클래스 정의
    class SubX(val intVal: Int) : SealedClass()         //내부 클래스 정의
    class SubY(val stringVal : String) : SealedClass()  //내부 클래스 정의
}

class SubZ(val longVal: Long) : SealedClass()           //외부 클래스 정의

fun printType(type : SealedClass) : String =    //봉인 클래스 내부의 자식 클래스 확인 함수
    when(type) {                                        //when 표현식
        is SealedClass.SubX -> "매개변수 타입 : integer"
        is SealedClass.SubY -> "매개변수 타입 : string"
        is SubZ -> "매개변수 타입 : long"                 //명확하게 서브클래스 확정
}                                                       //else가 필요 없음

println(printType(SubZ(100L)))                  //객체 전달 후 클래스 여부 확인
println(printType(SealedClass.SubX(100)))
println(printType(SealedClass.SubY("문자열")))
```

```
매개변수 타입 : long
매개변수 타입 : integer
매개변수 타입 : string
```

## 봉인 클래스 활용

봉인 클래스를 어떻게 활용하는지 알아본다.

### ◀ 봉인 클래스 내부에 외부 클래스를 참조 처리

봉인 클래스를 상속한 object 정의나 클래스에서 내부의 처리 로직은 별도의 클래스를 만들고 그 객체를 사용한다. 이런 방식은 다양한 클래스를 봉인하지만, 공통된 로직 처리는 함수나 클래스로 묶어서 처리할 수 있다.

□ PrintText 클래스는 함수 자료형을 상속받아 바로 실행할 수 있는 객체를 만든다. 그래서 invoke 메서드를 재정의한다.

□ 봉인 클래스를 정의한다.

□ 봉인 클래스를 상속받는 서브 object를 정의한다. 이 내부에 연산자 오버로딩으로 invoke 메
  서드를 작성한다. 이 메서드 내부에서 위에서 정의한 PrintText 클래스의 객체를 만든 후에
  금액을 전달받아 문자열로 변환한다.

□ 봉인 클래스를 상속받은 서브클래스를 정의한다. 이 클래스 내부에도 연산자 오버로딩으로
  invoke를 정의한다. 이 실행 메서드는 2개의 매개변수를 정의해서 문자열과 정수를 받는다.
  이 문자열을 PrintTexxt에 전달해서 객체를 만든 후에 정수를 전달해서 문자열로 변환한다.

□ class와 서브클래스를 정의한다. 이 object와 클래스는 연산자 오버로딩에 따라 실행 연산자
  를 정의한다. 이 실행 연산자에 PrintText 객체를 생성할 때 문자열로 템플릿을 만들고 특정
  정수를 받아서 대체한다.

□ ReceiptTxtObk object는 금액만 넣고 실행하면 내부적으로 문자열이 반환되어 출력한다.

□ ReceiptTxt 클래스는 객체를 생성하고 두 개의 인자로 객체를 실행하면 문자열이 출력된다.

```
class PrintText(val temp: String): (Int) -> String { //함수자료형을
                                           //상속받은 클래스 정의
                                     // 특정 문자열을 처리하는 템플릿을 속성 처리
    override fun invoke(amount: Int): String =      //실행 연산을 정의
             temp.replace("%", amount.toString()) //특정 문자열에 전달받은
}                                                 //값을 대체

sealed class TemplateString                  //특정 문자열 처리하는 봉인 클래스 정의
object ReceiptTxtObj : TemplateString() {    //object 정의
    operator fun invoke(amount: Int): String {
        val a = PrintText("결제할 금액은  $%") //외부 클래스의 정의한 객체를 만들어서
        return a(amount)                       //템플릿 처리
    }
}
class ReceiptTxt : TemplateString() {
    operator fun invoke(temp: String, amount: Int):  //템플릿과 금액을 받는
                                          String { //템플릿 처리
        val a = PrintText(temp)                    //전달받은 템플릿으로 처리
        return a(amount)
    }
}

println(ReceiptTxtObj(123))                          //객체 실행
println(ReceiptTxt()("영수증 금액은  $%",999900000)) //객체 생성 후 실행
```

결제할 금액은  $123
영수증 금액은  $999900000

# Kotlin

## 함수 추가사항 알아보기

최근 다양한 프로그램 언어에 함수형 프로그래밍 기법이 포함되었다. 함수형 프로그래밍 기법의 가장 기본적인 개념은 함수를 일급 객체로 처리하는 것이다. 즉 함수를 다른 객체와 동일하게 사용할 수 있다는 것이다. 그래서 다른 객체와 마찬가지로 함수를 변수, 매개변수, 반환값으로 처리할 수 있다.

함수가 일급 객체가 되면서 다양한 방식으로 활용할 수 있다. 부분함수를 처리하는 커링함수, 함수를 인자나 반환값으로 처리하는 고차함수, 함수를 전달해서 함수를 연결하는 합성함수 등 다양한 기법을 사용할 수 있다.

이번 장에서는 기본 함수를 다양한 함수형 기법으로 확장하는 것을 알아본다.

1. 함수형 프로그래밍이란
2. 고차함수, 합성함수, 재귀함수 알아보기
3. 함수의 추가 기능 알아보기
4. 인라인 함수와 인라인 속성 알아보기

# 01 함수형 프로그래밍이란

함수형 프로그래밍(Functional Programming, FP)은 함수를 기본으로 사용한다. 이 함수는 데이터의 불변성과 데이터의 참조 투명성을 사용하면서 함수를 일급 객체로 사용해 함수에 함수를 전달해서 프로그램을 처리한다.

이런 기법도 기존의 명령형 프로그래밍 즉 절차형 프로그래밍 기법과 비교되는 개념이지만, 대부분의 프로그램 언어는 명령형, 함수형, 객체지향 3가지 기법을 모두 지원한다. 이제 함수형 프로그래밍 기법을 어떻게 처리하는지 알아본다.

## 순수함수와 일급 객체 함수

함수는 참조 투명성(지역변수만 사용)을 갖춰야 항상 동일한 입력에 동일한 결과를 반환하는 순수함수를 만들 수 있지만, 이 방식을 사용하면 다양한 기능을 다 처리할 수 없다. 특별한 경우를 제외하고 순수함수로 작성해야 많은 예외를 방지할 수 있다. 이런 순수함수를 일급 객체로 처리하는 방법을 알아본다.

### ◀ 순수함수(pure function)의 조건

- 동일한 인자로 실행하면 항상 동일한 값을 반환한다.
- 함수 내부에서 반환값 이외의 결과로 부수효과가 발생하지 않는다.

### ◀ 부수효과(side effect)

함수가 실행되는 과정에서 함수 외부의 데이터를 사용 및 수정하거나 외부의 다른 기능을 사용하는 것을 말한다.

- 함수가 전역변수(global variable)를 사용하거나 수정하는 것이다.
- 함수가 표준 입출력을 사용해서 키보드 입력과 화면 등에 출력한다.
- 함수가 파일을 읽고 쓰는 작업을 수행한다.
- 함수를 사용해서 데이터베이스에 연결한다.

## ◢ 순수함수

매개변수로 전달된 인자를 가지고 항상 동일한 결과를 반환하는 함수를 순수함수라고 한다.

- □ 첫 번째 함수는 두 개의 정수 매개변수와 정수 반환을 정의한다. 이 함수는 매개변수 즉, 지역 변수만으로 로직을 처리하고 결과를 반환한다. 즉 순수함수이다.
- □ 이 함수에 동일한 인자를 전달해서 실행하면 항상 같은 결과를 반환한다.
- □ 두 번째 함수는 비 순수함수이다. 이 함수는 매개변수를 받지만 println 함수로 표준출력을 처리한다. 이 함수는 반환값이 없다.
- □ 세 번째는 전역변수를 갱신하는 함수를 정의한다. 인자를 받아서 반환하지만, 전역변수 상태를 함수를 호출할 때마다 갱신한다. 그래서 비순수함수이다.

```kotlin
fun purefunc(a:Int, b:Int) :Int {        //함수 정의
    return a + b                          //입력되는 인자에 의해 결정
}
println(purefunc(10,20))                  // 함수를 계속 호출해도 결과는 같다.
println(purefunc(10,20))

fun nonpure1(a: String ) {                // 외부에 출력
    println("비순수함수  $a")
}
nonpure1("외부 출력")                       // 함수를 호출하면 인자와 관계 없이 외부와 연계 처리

var state = 100
fun nonpure2(x : Int) : Int {             //함수 정의
    state += x                            // 함수 내부에 상태를 갖는다. 전역변수 갱신
    return state                          // 전역변수 값 반환
}
println(state)
println(nonpure2(108))                    // 함수를 호출할 때마다 결과가 달라진다.
println(state)
println(nonpure2(108))
println(state)
```

```
30
30
비순수함수  외부 출력
100
208
208
316
316
```

## 일급 객체 함수(first class function)

함수를 일급 객체로 만든 것은 함수도 정수나 문자열처럼 객체로 사용할 수 있는 것을 말한다. 함수가 정의되면 해당 자료형을 변수, 매개변수 또는 함수 반환 자료형으로 사용할 수 있어서 함수를 객체처럼 할당할 수 있다.

- 함수를 변수에 할당할 수 있다.
- 함수를 매개변수의 인자로 전달할 수 있다.
- 함수를 반환값으로 사용할 수 있다.
- 함수를 컬렉션 자료구조에 할당할 수 있다.

## 일급 객체 함수(first class function) 처리

함수도 다른 객체처럼 변수, 반환값, 매개변수 등에 할당할 수 있다.

- 익명함수를 정의하고 변수에 할당하고 그 변수에 저장된 익명함수를 실행한다.
- 람다표현식을 작성해서 변수에 할당하고 그 변수를 실행한다.
- 변수에 함수 자료형을 지정하고 람다표현식을 할당한다. 변수에 자료형을 생략하면 타입추론을 통해 자료형을 처리한다. 위의 2개의 결과인 익명함수와 람다표현식을 보고 함수 자료형을 추론할 수 있어서 변수에 자료형을 지정하지 않은 것이다.
- 일반함수 highfunc를 정의한다. 이 함수의 매개변수에 함수 자료형을 지정했다. 이 함수를 호출할 때는 인자에 함수를 전달해야 한다.
- highfunc 함수를 호출할 때 람다표현식을 전달해서 함수를 실행했다.
- 함수의 반환값을 처리하는 returnfunc를 정의할 때 반환값으로 람다표현식을 반환했다. 이 람다표현식에 맞는 함수 자료형을 반환 자료형으로 표시했다.
- returnfunc 함수를 실행하고 변수에 할당하면 람다표현식이 변수에 할당된다. 변수에 인자를 넣고 실행하면 람다표현식이 실행된다.

```
val add1 = fun (x:Int, y:Int) : Int = x+y      //익명 함수를 변수에 할당
println("함수 자료형 확인 :" + add1)
println(add1(10,20))                            //변수에 저장된 함수 실행

val add2 = { x:Int , y: Int -> x + y}          //람다표현식을 변수에 할당
println("함수 자료형 확인 :" + add2)
println(add2(10,20))
```

```
val add3 : (Int,Int) -> Int = {x:Int, y:Int -> x+y} //람다표현식을변수에할당
println("함수 자료형 확인 :" + add3)
println(add3(10,20))

fun highfunc(sum:(Int, Int) -> Int,              // 매개변수에 함수 자료형 정의
             a:Int, b:Int) : Int = sum(a,b)

println(highfunc({x:Int, y:Int -> x+y}, 10,20))  // 람다표현식을 인자로 전달

fun returnfunc() : (Int, Int) -> Int {           // 함수 반환자료형의 함수
    return {x:Int, y:Int -> x+y}                 // 람다표현식으로 반환
}
val rf = returnfunc()                            // 함수 호출
println("함수 자료형 확인 :" + rf)
println(rf(10,20))                               // 다시 함수 호출
```

```
함수 자료형 확인 :(kotlin.Int, kotlin.Int) -> kotlin.Int
30
함수 자료형 확인 :(kotlin.Int, kotlin.Int) -> kotlin.Int
30
함수 자료형 확인 :(kotlin.Int, kotlin.Int) -> kotlin.Int
30
30
함수 자료형 확인 :(kotlin.Int, kotlin.Int) -> kotlin.Int
30
```

## ◤ 일급 함수는 자료구조에 저장 가능

정수나 문자열처럼 함수도 일급 객체이므로 컬렉션에 저장할 수 있다.

- □ 변수에 가변 맵 객체를 생성한다. 이 맵의 키는 문자열이고 값은 함수 자료형이다. 이 함수 자료형은 매개변수가 2개인데 둘 다 정수가 오고 반환값도 정수이다.
- □ 두 정수를 매개변수로 받아 정수를 반환하는 4개의 함수를 정의한다.
- □ 이 함수 이름을 키로 하고 함수 참조를 통해 함수 레퍼런스를 맵에 저장한다.
- □ 이 함수를 꺼낼 때 연산자를 문자로 받아 when에서 맵에 저장된 함수를 꺼낸다. 맵에서 함수를 꺼낼 때 널 값을 호출할 수 있어서 안정연산을 표시하고 invoke 메서드로 실행했다.
- □ 가변 맵을 또 만든다. 키는 문자열, 값은 매개변수가 없고 반환값이 정수인 함수 자료형이다.
- □ 외부함수를 정의하고 내부함수를 4개 정의해 맵에 저장한다. 외부함수에 인자를 전달해 실행하면 맵에 내부함수가 저장된다. 이제 맵에서 함수를 조회해서 실행하면 계산된 값을 반환한다.

□ 외부함수나 내부함수는 일급 객체이므로 맵 등의 자료구조에 저장할 수 있고 저장된 것을 꺼내서 바로 실행해도 함수가 실행되는 것을 알 수 있다.

```
val map = mutableMapOf<String,(Int,Int)->Int>() //맵 객체를 만든다.
                                                  //함수를 맵의 값으로 받는다.
fun add(x:Int, y:Int) = x+y                      //함수를 정의
fun mul(x:Int, y:Int) = x*y
fun div(x:Int, y:Int) = x/y
fun sub(x:Int, y:Int) = x-y
map["add"] = ::add                               //함수 참조를 통해 맵에 값으로 저장
map["mul"] = ::mul
map["div"] = ::div
map["sub"] = ::sub

val x = "*"                                       //연산자에 해당하는 문자열로 맵의 함수를 검색
val result = when(x) {
  "+" -> map["add"]?.invoke(10,20)               //해당하는 함수를 호출해서 처리
  "-" -> map["sub"]?.invoke(10,20)
  "*" -> map["mul"]?.invoke(10,20)
  "/" -> map["div"]?.invoke(10,20)
  else -> map["add"]?.invoke(10,20)
}
println(result)

val map1 = mutableMapOf<String,()->Int>()        //맵을 정의
fun outer(x:Int, y:Int) {                        //외부 함수를 정의
    fun add() = x+y                              //내부 함수를 정의
    fun mul() = x*y
    fun div() = x/y
    fun sub() = x-y
    map1["add"] = ::add                          //함수 참조로 함수를 맵에 값으로 저장
    map1["mul"] = ::mul
    map1["div"] = ::div
    map1["sub"] = ::sub
}

outer(100,20)                                    //함수를 실행하면 내부 함수가 맵에 저장
println(map1["mul"]?.invoke())                   //맵에 저장된 함수를 조회해서 실행
```

```
200
2000
```

## ▌ 평가(evaluation) 방법

표현식을 코드로 작성하면 로딩할 때 즉시 평가 즉 표현식을 계산해 값으로 변형한다. 컬렉션 내의 리스트, 집합, 맵도 반복형(Iterable)이므로 생성하면 모든 것이 메모리에 로딩된다. 이런 방식을 즉시 평가라고 한다. 이와 반대로 사용하는 시점에 평가되는 것을 지연 평가라고 한다.

- 즉시 평가(eager): 함수를 정의하고 호출처리
- 지연 평가(lazy): 함수를 정의를 필요할 경우 호출처리

## ▌ 지연 평가 함수 실행

특정 시점에 평가되는 지연평가를 처리하는 방법은 lazy 함수, 제너레이터 시퀀스 함수, 부분함수 등이 있다.

- □ 최상위 속성을 정의할 때 by로 속성 위임에 lazy 함수를 사용할 수 있다. 이 속성을 참조할 때 람다표현식이 실행되어 속성의 초깃값이 만들어진다.
- □ 무한 시퀀스도 함수이다. 이 시퀀스를 만들면 실제 실행이 되지 않고 액션 toList 메서드가 실행되어야 무한 시퀀스가 실행되어 take에 전달된 정수만큼만 원소를 가져와 리스트로 반환한다.
- □ 외부함수와 내부함수를 정의한다. 이 외부함수를 실행해도 이 함수가 종료되는 것이 아니다. 최종적으로 내부함수가 실행되어야 함수가 종료된다.

```
val func by lazy { {x:Int -> x}}        //속성 위임에 초깃값을 함수로 전달

println(func(100))                       //다시 한번 함수 실행

val seq = generateSequence(0) { it + 100 }   //무한 시퀀스 정의
println(seq.take(5).toList())            //특정 시점에 값을 실행


fun outer(x:Int) : (Int) -> Int {        //부분 함수 정의
    fun inner(y:Int) : Int = x+y         //내부 함수가 실제 연산 결과 반환
    return ::inner                       //함수 참조로 반환
}
val out = outer(100)                     //외부 함수 실행
println(out(200))                        //내부 함수 실행
```

```
100
[0, 100, 200, 300, 400]
300
```

## 함수와 실행객체 비교

코틀린은 함수, 람다표현식, 익명함수를 지원한다. 이 함수는 모두 실행연산자를 가지고 실행된다. 보통 함수 자료형은 리터럴 표기법으로 제공하지만 리플렉션에 있는 함수 인터페이스로도 처리할 수 있다. 함수 자료형의 리터럴 표기법과 함수 인터페이스를 상속해서 실행연산자를 재정의하면 실제 함수 객체가 만들어진다. 함수를 어떻게 객체화하는지 알아본다.

### ◤ 함수 인터페이스를 상속해서 실행연산함수 구현

함수 자료형이나 함수 인터페이스를 상속해서 object 정의 또는 클래스에서 실행 객체를 만든다.

- ▢ 매개변수가 없고 코드 블록 대신 표현식으로 처리되는 함수 funcB를 정의한다. 표현식으로 정의하면 결과를 타입추론해서 반환 자료형을 결정한다.
- ▢ 동일하게 처리되는 객체를 만들려면 object 정의(B)에 함수 자료형 ()-> Unit을 상속한다. 이 함수 자료형은 매개변수가 없고 반환값도 없는 함수 자료형을 표시한다. 실행연산자 invoke 메서드를 오버라이딩 처리한다.
- ▢ 함수 funB와 object B를 실행한다. 그리고 Function 인터페이스 자료형 여부를 확인한다. 둘 다 함수 인터페이스라는 것을 알 수 있다. 즉 함수가 객체이고 내부의 실행연산자로 실행할 수 있다는 것이다.
- ▢ 이번에는 2개의 매개변수와 반환값을 가지는 Function2 인터페이스를 변수(add)의 자료형으로 지정하고 람다표현식을 할당한다.
- ▢ 클래스(ADDFunction)에서 2개의 매개변수와 반환 자료형을 가지는 함수 자료형을 상속해서 invoke를 재정의한다. 그리고 객체를 생성해서 변수에 할당한다. 이 객체를 실행하면 함수와 동일한 것을 알 수 있다.
- ▢ 결론을 확인하면 함수가 클래스에 의해 객체로 만들어진 것을 알 수 있다. 그래서 함수도 일급 객체인 것이다.

```
fun funB() = println("인자가 없고 출력하는 함수")      //함수정의

object B: ()->Unit {                                    //object 표현식 정의
    override operator fun invoke() : Unit { //함수인터페이스의 실행연산자가없어서구현
        println("함수 객체가 만들어지고 실행")
    }
```

CHAPTER 10

```
}

funB()                                          //함수 실행
B()                                             //오브젝트 선언으로 함수 작성
println((::funB) is Function<Unit>)             //동일한 함수 타입 확인
println(B is Function<Unit>)                     //동일한 함수 타입 확인


val add :Function2<Int,Int,Int> =              //람다표현식으로 함수 정의
                {x:Int, y:Int -> x+y}


class ADDFunction: (Int, Int)->Int {           //클래스에 함수 인터페이스 상속
    override fun invoke(x:Int, y:Int):Int{      //실행 연산자 재정의
        println("실행연산자 호출 ")
        return x+y
    }
}

val function:Function2<Int,Int,Int> = ADDFunction() //객체 생성
println(function(10,20))                         //실행 연산자 호출
println(function.javaClass.kotlin)               //객체 클래스 확인
```

```
인자가 없고 출력하는 함수
함수 객체가 만들어지고 실행
true
true
실행연산자 호출
30
class Line_121$ADDFunction
```

## ◀ 함수를 반환하는 실행연산자 구현

함수에서 내부함수를 반환하는 방식을 그대로 object 정의의 invoke 메서드에 작성한다.

- □ 함수 funcc를 정의할 때 함수를 반환하므로 함수 자료형을 반환 자료형에 정의했다. 이 함수의 반환값은 람다표현식으로 작성했다. 람다표현식의 마지막 x가 반환값이다.
- □ 변수에 object 표현식으로 객체를 바로 만든다. 이 object는 함수가 함수를 반환하는 함수 자료형으로 만든다. 내부의 invoke를 처리할 때는 함수 인터페이스로 반환 자료형을 처리했다. 이 메서드 내부에 람다표현식으로 반환을 처리한다.
- □ 함수를 실행하면 다시 함수가 반환되어 다시 실행한다.
- □ 익명 객체를 실행하면 다시 함수가 반환되어 다시 실행해서 반환값을 받는다.
- □ 이처럼 함수 자료형이나 함수 인터페이스로 함수의 반환 자료형을 처리할 수 있다. 함수가 반환되면 다시 실행해야 최종 결과를 확인할 수 있다.

```
fun funcc() : (Int)->Int {                                  //함수를 반환하는 함수 정의
    return {x:Int -> println("함수표현식 전달"); x}          //람다표현식으로 작성 후 반환
}

val C = object : () -> ((Int)-> Int) {                      //object 표현식에서 함수 정의
    override fun invoke() : Function1<Int,Int> {            //매개변수와반환값을가지는함수반환
        println("함수 반환")
        return { y:Int ->  y }                              //람다표현식으로 작성 후 반환
    }
}

println(funcc().invoke(100))                                //함수를 실행한 후에 반환된 함수 추가 실행
val funC = C()
println(funC.invoke(200))
```

함수표현식 전달
100
함수 반환
200

## 커링함수 알아보기

하나의 함수에서 매개변수를 분리해 외부함수와 내부함수로 지정해서 처리할 수 있다. 이처럼 함수를 부분으로 나눠 처리하는 것을 커링함수(currying function)라고 한다. 보통 커링함수를 만들 때는 클로저 환경이 구성된다. 또한, 메서드도 클래스 내부에 정의된 함수이므로 커링함수를 구성할수 있다. 어떻게 함수를 부분으로 구분하는지 알아본다.

### ◤ 커링함수(currying function)

일반적인 함수를 여러 개의 함수로 분리해서 마지막 함수의 인자가 들어오면 최종 처리를 한다. 보통 이런 함수는 매개변수를 기준으로 함수를 분리하므로 최종 매개변수의 인자를 받으면 함수의 최종 결과를 반환한다.

- 일반함수를 매개변수별로 분리한다. 먼저 외부함수는 매개변수를 받고 내부함수를 반환하는 기능만 처리한다.
- 여러 매개변수가 있으면 내부함수에 내부함수를 계층화할 수 있다. 이런 내부함수는 함수, 람다표현식, 익

명함수로 구성한다. 함수로 내부함수를 깊게 계층화하면 예외를 발생하므로 내부함수의 계층이 많아지면 람다표현식으로 구성하는 것이 좋다.

- 마지막 내부함수는 최종 결과를 반환해야 한다.
- 중간에 특정한 기능을 추가하려면 내부함수로 작성해서 원하는 시점에 실행되도록 구성한다.

### ◤ 커링함수 정의

함수 계층화를 구성해 마지막 인자가 전달되는 함수가 호출된 후에 최종적으로 함수의 기능을 모두 실행한다. 어떻게 커링함수를 만드는지 알아본다.

- 두 개의 매개변수를 받아 덧셈하는 일반함수를 정의한다.
- 이 일반함수의 매개변수를 두 번 처리하도록 변경한다. 즉 외부함수는 하나의 매개변수만 인자로 받고 반환값으로 내부함수를 반환한다. 그리고 반환된 내부함수가 다시 인자를 받으면 모든 인자를 다 받아서 계산을 수행한다. 함수 add1은 내부함수를 람다표현식으로 작성해서 반환했다. 함수 outer는 내부함수를 일반함수로 작성해서 함수 참조로 반환했다. 일반함수는 함수가 로딩된 것을 반환 처리해야 함수 객체를 참조하기 때문이다.
- 두 커링함수를 실행한다. 매개변수를 분리했으므로 두 번 실행을 처리해야 최종 결과를 확인할 수 있다.
- object 정의에 메서드로 커링함수를 구성할 수 있다. 이 add 메서드는 하나의 매개변수를 받고 반환값이 함수이다. 내부함수가 반환되고 다시 인자를 받아서 실행하면 커링함수와 동일한 결과를 처리할 수 있다.

```kotlin
fun add(a: Int, b:Int) = a + b                      //덧셈 계산 함수
fun add1(a: Int) : (Int) -> Int = { b -> a + b }    //내부 함수인 람다표현식 반환
fun outer(a:Int) : (Int) -> Int {                   //함수로 부분 함수 정의
    fun inner(b:Int) : Int = a + b                  //내부 함수 정의
    return ::inner                                  //내부 함수 반환
}

val add2 = add1(1)                                  //첫 번째 함수 실행: 내부 함수 반환
println ( add2(2))                                  //두 번째 실행: 내부 함수 실행

val add3 = outer(1)                                 //첫 번째 함수 실행: 내부 함수 반환
println (add3(2))                                   //두 번째 실행: 내부 함수 실행

object Add {                                         //object 정의로 함수 처리 선언
    fun add(a: Int): Function1<Int, Int> {          //내부 메서드가 함수를 반환
```

```
        return object: Function1<Int, Int> {
            override fun invoke(b: Int): Int = a + b  //내부에 invoke
        }                                              //메서드 작성
    }
}

println(add(100,200))                    //기본 함수 실행
val add4 = Add.add(100)                  //object 정의 내의 메서드 실행
println(add4(200))                       //내부 반환 object 표현식 실행
```

```
3
3
300
300
```

## 내부에 누적하는 상태를 보관하는 커링함수 만들기

커링함수를 만드는 이유는 클로저 환경을 이용해서 상태를 보관하는 기능도 추가할 수 있기 때문이다.

□ 커링함수를 부분함수라고도 한다. 이번 커링함수는 지역변수를 정의해서 내부에 값을 누적해 본다.

□ 이 커링함수의 내부함수에서 새로운 인자가 들어올 때마다 외부함수의 지역변수에 값을 누적하고 이 누적된 값을 반환한다.

□ 외부함수에 100을 전달해서 실행하고 반환된 내부함수를 여러 번 실행하면 누적값을 보여준다. 외부함수를 다시 실행하면 새로운 함수가 만들어진다.

□ object 정의를 사용해서 내부 메서드도 동일한 처리가 가능한지 만들어본다. 누적하는 속성을 정의한다. 그리고 메서드 b는 외부함수의 역할을 하고 내부함수 역할은 object 표현식으로 함수 자료형을 상속받아 invoke 메서드를 재정의해서 만든다. 이 invoke 메서드 내부에 누적을 계산하도록 정의한다.

□ 이제 이 object 정의의 메서드를 실행하면 내부 객체가 반환된다. 내부 객체의 invoke 메서드를 실행하면 값이 누적된다.

```
fun a(n: Int): (d: Int) -> Int {                    //부분 함수 정의
    var accumulator = n                             //지역변수로 누적값 관리
    return { x -> accumulator += x; accumulator }   //내부 함수 반환: 클로저 발생
}

val a100 = a(100)                                    //외부 함수 실행
println(a100(5) )                                    //내부 함수 실행
```

```
println(a100(10))                                    // 외부 함수와 내부 함수 연속 실행
println(a(100)(5) )

object A {                                            // object 표현식 작성
    var accumulator :Int = 0                         // 누적 속성 정의
    fun b(n : Int) : (Int) -> Int {                  // 메서드 정의
        accumulator = n
        return object: (Int) -> Int {                // object 표현식으로 반환
                override fun invoke(n: Int): Int {
                    accumulator += n
                    return accumulator;
                }
            }
        }
}

val A200 = A.b(100)
println(A200(5))                                     // 내부 함수 실행
println(A200(10))                                    // 내부 함수 실행
println(A.b(100)(5))                                 // 외부 함수와 내부 함수 다시 실행
```

```
105
115
105
105
115
105
```

## ◤ 확장함수로 커링함수 처리

함수 자료형은 함수 인터페이스와 동일하게 처리된다. 확장함수는 인터페이스, 추상 클래스, 클래스에 정의할 수 있다. 그래서 커링함수도 확장함수로 정의할 수 있다.

□ 확장함수는 함수 이름 앞에 리시버인 클래스나 인터페이스를 정의해야 한다. 그래서 함수 자료형이 인터페이스이므로 함수 이름 앞에 리시버로 사용한다.

□ 확장함수 이름은 partial1이고 내부함수를 람다표현식으로 정의했다.

□ 두 매개변수를 가진 람다표현식을 add 변수에 할당한다. 이 함수 자료형에 partial1이라는 확장함수가 만들어져 있으므로 이 partial1을 호출해서 내부함수를 반환한다.

□ 내부함수를 다른 변수에 저장하면 다시 이 변수에 저장된 람다표현식을 실행해서 최종값을 처리한다.

□ 동일한 함수 자료형의 다른 람다표현식을 사용해서 partial1 확장함수를 계속 사용할 수 있다. 왜냐하면, 인터페이스에 확장함수를 지정하면 이 인터페이스를 상속해서 구현한 모든 객체는 이 확장함수를 자기 메서드처럼 사용할 수 있기 때문이다.

□ 이번에는 Function2 인터페이스를 사용해서 확장함수 partial2를 정의한다. 앞에서 만들어진 것과 동일하게 작동한다.

```
fun ((Int, Int) -> Int).partial1(x:Int) :     //함수자료형(인터페이스) 부분함수 추가
                            (Int) ->Int {  //함수를 반환
    return {y:Int -> this(x,y)}                 //람다표현식으로 내부 함수 정의
}

val add = { x:Int,y:Int -> x+y}                 //함수 정의
var p = add.partial1(100)                       //함수를 사용해서 부분 확장함수 실행
println(p(200))                                 //부분 함수에서 반환된 내부 함수 처리

val mul = { x:Int,y:Int -> x*y}                 //함수 정의
var p1 = mul.partial1(100)                      //부분 확장함수 실행
println(p1(200))                                //내부 함수 실행

fun Function2<Int,Int,Int>.partial2(x:Int) ://함수자료형(인터페이스)에부분함수추가
                            (Int) ->Int {
    var accumulator :Int = 0
    return {y:Int -> accumulator += y;          //람다표현식으로 반환
                 this(x,accumulator)}
}

var p2 = add.partial2(100)                      //부분 함수 실행
println(p2(200))
println(p2(200))

var p3 = mul.partial2(100)
println(p3(200))
println(p3(200))
```

```
300
20000
300
500
20000
40000
```

## 연속 호출하는 체이닝 처리

함수형 프로그래밍을 처리하다 보면 함수나 메서드가 연속으로 호출해서 처리하는 것을 자주 본다. 이런 방식을 함수나 메서드 체이닝(chaining)이라고 한다. 보통 모든 것이 객체이기에 객체를 반환하면 그 내부 메서드를 연속해서 실행할 수 있다. 하지만 너무 많이 사용하면 실제 코드를 이해하는 데 너무 어려울 수 있으므로 적절하게 사용하는 것이 좋다.

### ▌ 함수 연속 호출

커링함수도 함수의 연속 호출이다. 함수 안에 지역함수, 지역함수 안에 또 지역함수를 지정해서 지역함수를 반환하는 구조를 만들면 계속 반환되는 것이 함수라서 연속해서 실행시킬 수 있다.

- □ 외부함수 outer를 정의하고 이 함수 내부에 내부함수를 정의한다. 이 내부함수를 함수 참조로 반환한다.
- □ 함수를 외부함수부터 실행하고 다시 내부함수를 연속해서 실행한다. 외부함수를 실행한 후에 변수에 할당하고 실행해도 동일한 결과이다. 함수를 연속해서 실행하면 실제 처리되는 함수를 이해할 수 없을 수도 있으므로 구현할 때는 변수에 할당한 후에 사용하는 것이 좋다.
- □ 변수 lambda에 람다표현식으로 함수의 계층을 외부함수, 내부함수, 그리고 내부함수의 내부함수로 만들어 할당한다.
- □ 람다표현식 내에 람다표현식을 정의하면 밖의 람다표현식은 외부함수이고 내부에 있는 람다표현식은 내부함수이다. 람다표현식은 값을 반환한다. 그래서 람다표현식을 반환하면 내부함수를 반환한 것과 동일하다.
- □ 이 람다표현식의 함수를 연속 실행할 때는 총 3개의 함수를 호출해야 한다.

```kotlin
fun Outer(x:Int) : (Int) -> Int {        // 외부 함수 정의
    fun inner1(y:Int) : Int {            // 내부 함수 정의
        return x+y
    }
    return ::inner1                      // 내부 함수 반환
}

println(Outer(100)(200))                 // 함수 연속 실행
val out = Outer(100)
println(out(200))

                                         // 람다표현식으로 함수의 내부 계층을 만듦
```

```
val lambda = { x :Int -> { y:Int -> {z :Int -> x+y+z}} }

println(lambda(100)(200)(300))                    //함수를 연속으로 실행
```

```
300
300
600
```

### ◤ 메서드 체인 처리

메서드도 함수이므로 연속해서 호출할 수 있다. 다른 점은 객체에 의해 메서드가 호출되므로 함수를 반환할 때 해당 객체를 반환한다. 또한, 메서드 연속 호출을 중단하는 메서드도 정의해야 하며 마지막으로 연속 처리를 중단할 때는 호출해서 더 이상 객체가 반환되지 않아야 한다. 이렇게 메서드를 연속해서 호출하는 방법을 메서드 체인(method chain)이라고 한다.

- □ 클래스를 정의한다. 메서드 체인이 가능하게 하려면 내부 메서드의 반환값이 자기 자신의 객체가 되어야 한다. 그래서 this로 반환한다. 또한, 마지막 처리를 하는 메서드는 this가 아닌 처리 결과인 값을 반환한다.
- □ 이 클래스에는 3개의 메서드가 있다. 이 중에 2개는 this를 반환하고 나머지 메서드는 실행 결과를 println 함수로 처리했다.
- □ 객체를 생성하고 연속해서 메서드 3개를 호출해 처리해서 실행한다. 최종 출력된 결과를 확인해서 차례대로 잘 실행되었는지 확인한다.

```
class Car(var ownerName: String, var color: String) {     //클래스 정의
    fun changeOwner(newName: String) :Car {               //메서드 정의
        this.ownerName = newName
        return this                                       //연속 호출을 위해 객체 반환
    }

    fun repaint(newColor: String) :Car {                  //메서드 정의
        this.color = newColor
        return this                                       //연속 호출을 위해 객체 반환
    }

    fun info() : Unit =                                   //메서드 정의
        println("Car(소유자 = $ownerName, 색상= $color)") //최종 처리 결과
}
```

```
val c = Car("서정희", "빨간색")                          //객체 생성
c.info()
c.changeOwner("이재헌").repaint("파란색").info()          //메서드 체인 처리
```

```
Car(소유자 = 서정희, 색상= 빨간색)
Car(소유자 = 이재헌, 색상= 파란색)
```

## ◤ 확장함수 체인 구성

확장함수는 클래스를 리시버로 사용하므로 실제 확장함수 내에서 this라는 리시버 객체를 사용할 수 있다. 이를 이용하면 클래스 내부에 메서드를 정의한 것과 동일하게 체인을 구성할 수 있다.

- □ 데이터 클래스를 정의한다. 일반적으로 데이터 클래스는 데이터를 관리하는 목적으로만 사용하므로 내부에 메서드를 잘 정의하지 않는다.
- □ 이 데이터 클래스에 필요한 메서드를 확장함수로 등록한다. 이 확장함수도 체인을 구성하려면 반환값을 this로 처리한다.
- □ 마지막 결과를 처리하는 확장함수는 최종 결과를 반환한다.
- □ 객체를 생성해서 처리하면 클래스 내부에 메서드를 정의해서 처리하는 메서드 체인과 동일하다.

```
data class Car1(var ownerName: String, var color: String)//데이터 클래스
                                                          //정의
fun Car1.changeOwner(newName: String) :Car1 {      //확장함수 정의
      this.ownerName = newName
      return this                                   //리시버 객체 반환
}

fun Car1.repaint(newColor: String) :Car1 {         //확장함수 정의
      this.color = newColor
      return this                                   //리시버 객체 반환
}

fun Car1.info() : Unit =                            //확장함수
   println("Car(소유자 = $ownerName, 색상= $color)")  //메서드 체인 종료

val cc = Car1("우미선", "하얀색")                       //객체 생성
cc.info()
cc.changeOwner("좌미선").repaint("노란색").info()        //메서드 체인 처리
```

```
Car(소유자 = 우미선, 색상= 하얀색)
Car(소유자 = 좌미선, 색상= 노란색)
```

# 02 고차함수, 합성함수, 재귀함수 알아보기

함수의 인자나 반환값을 함수로 처리하는 방식을 고차함수(High order function)라고 하고, 수학의 합성함수처럼 프로그램 언어에서 함수를 재구성하는 것이 합성함수(composite function)이다. 또한 함수형으로 처리할 때 순환을 함수로 작성해서 처리하는 방식을 재귀함수(recursive function)라고 한다. 이런 다양한 함수 처리 방식을 알아본다.

## 고차함수 정의

고차함수(highorder function)는 함수를 객체로 생각해서 인자로 전달되거나 반환값으로 처리되는 함수 패턴을 말한다.

### ◼ 고차함수의 구성

- 함수의 매개변수에 함수 자료형을 정의하고 함수를 호출할 때 인자로 다른 함수를 받는다.
- 함수 내부에서 반환값으로 다른 함수를 반환한다.
- 인자와 반환값으로 함수, 익명함수, 람다표현식으로 처리할 수 있다. 함수일 경우는 함수 이름이 아닌 함수 참조로 처리해야 한다.

### ◼ 고차함수 처리 방식

함수의 인자와 함수의 반환값을 함수로 받고 반환하는 고차함수를 알아보자.

- □ 함수 자료형을 편하게 사용하기 위해 typealias 즉 별칭으로 함수자료형을 작성한다.
- □ 함수를 전달받아 처리하는 고차함수를 정의한다. 이 고차함수의 첫 번째 매개변수는 가변인자로 값을 받고 두 번째 매개변수는 함수를 전달받는다. 이 함수의 내부 로직은 가변인자를 리스트로 변환해서 reduce 메서드에 인자로 전달받은 가변인자의 값을 연산한다.
- □ 이 고차함수에 4개의 정수와 람다표현식을 전달해 함수를 실행한다. 실행된 결과는 4개의 인자를 합산한 결과이다.

- 두 번째 고차함수는 반환값으로 함수를 반환하는 것이다. 내부의 로직은 람다표현식을 반환한다.
- 이 고차함수를 실행하면 람다표현식이 반환된다. 2개의 인자를 전달해서 람다표현식을 실행하면 결괏값을 반환한다.

```kotlin
typealias f = (Int,Int)-> Int              //함수 자료형을 타입 별칭으로 지정

fun highfunc(vararg x:Int, op:f) : Int {   //함수를 매개변수로 받는 고차함수
    return x.toList().reduce(op)           //배열을 리스트로 변환하고 리듀스로 전달된
}                                          //함수를 실행

println(highfunc(1,2,3,4,op={x:Int,y:Int->x+y}))   //합산을 하는 람다표현식 전달

fun add(x:Int, y:Int) : Int = x+y
println(highfunc(1,2,3,4,5, op=::add))     //합산을 하는 함수 참조 전달


fun highOrder() : f {                      //함수를 반환하는 고차함수
    return {x,y -> x+y}                     //합산을 하는 람다표현식 전달
}

println(highOrder()(10,20))                //함수 실행
```

```
10
15
30
```

### 고차함수로 함수를 일반화하기

고차함수를 정의해서 사용하는 이유는 복잡한 함수를 재활용하기 위해 행위를 하는 함수와 연산을 하는 함수를 분리해서 구성할 수 있기 때문이다. 그러면 행위를 하는 함수는 하나지만 연산을 하는 함수를 개별적으로 작성해서 활용할 수 있다. 이처럼 다양한 기능의 함수를 일반화하는 고차함수를 알아보자.

- 두 개의 매개변수와 반환값을 가지는 함수 자료형을 typealias로 정의한다.
- 공통하는 기능을 처리하는 고차함수를 정의한다. 이 함수는 정수 배열로 매개변수와 함수를 받은 매개변수가 있고 반환값은 정수이다. 이 함수의 내부의 로직은 배열을 하나씩 읽어서 함수로 연산한 후에 반환한다.
- 이 고차함수에 배열과 람다표현식을 인자로 전달해 결과를 반환한다.

□ 아래의 두 함수는 합산과 최댓값을 구하는 함수이다. 이 내부함수로 고차함수를 사용하고 함
  수의 합산과 최댓값을 구하는 함수를 고차함수의 인자로 전달해 이 고차함수를 실행한 값을
  반환한다.

□ 이 두 함수에 배열을 전달해 실행하면 합산과 최댓값을 출력한다.

```kotlin
typealias g = (Int,Int)-> Int                        //함수 자료형을 타입 별칭으로 지정

fun agg(nums:IntArray, op: g ): Int {                //함수 정의
    var result = nums.firstOrNull() ?: 0             //정수 배열의 합산을 순환문으로 처리
    for (i in 1..nums.lastIndex) {
        result = op(result,nums[i])                  //실제 처리되는 결과는 전달되는
    }                                                //함수의 기능에 따른다.
    return result
}

println(agg(intArrayOf(1,2,3,4), {x,y -> x+y}))      //람다표현식을 전달받아 배열을 합산

fun sum(nums:IntArray) :  Int {                      //합산 함수 정의
    return agg(nums, {x:Int,y:Int -> x+y})           //위에 정의된 고차함수를 함수
}                                                    //내부에서 처리

fun max(nums:IntArray) :  Int {                      //최댓값을 찾는 함수 정의
    return agg(nums,
        {x:Int,y:Int -> if (y > x) y else x })       //위에 정의된 고차함수에 최댓값을
}                                                    //구하는 람다표현식 전달

println(sum(intArrayOf(10,20,30,40)))                //합산 처리
println(max(intArrayOf(10,20,30,40)))                //최댓값 처리
```

```
10
100
40
```

## 합성함수 정의

두 함수를 하나의 함수로 연결한 것을 합성함수(composite function)라고 한다. 함수를 구성하려면
함수의 매개변수와 자료형이 일치해야 하므로 함수를 합칠 때는 주의해야 한다.

## ◤ 합성함수 구성 방식

- 두 함수의 매개변수 개수와 반환 자료형이 같아야 한다.
- 두 함수를 결합한 함수도 두 함수와 매개변수와 자료형이 같아야 한다.
- 내부 처리는 전달되는 함수를 실행하고 그 결과를 받은 함수를 실행하는 순서로 처리한다.

## ◤ 일반함수로 합성함수 만들기

합성함수를 만드는 함수, 매개변수로 전달되는 함수를 정의해서 합성함수 처리 방법을 알아보자.

- 합성함수를 만드는 함수 composeF를 정의한다. 합성함수의 매개변수로 전달되는 두 함수는 매개변수와 반환 자료형이 같아야 한다. 이 합성함수는 함수를 합쳐서 동일한 자료형인 함수를 반환한다.
- 함수를 하나로 결합할 때는 두 함수 중 하나는 함수를 실행하고 이를 함수의 인자로 전달한다.
- 람다표현식을 2개 정의해서 변수에 할당한다. 이 람다표현식을 composeF의 인자로 전달해 하나의 함수로 반환한다.
- 함수를 반대로 합성하는 함수 composeR 함수를 정의한다. 매개변수, 반환값이 모두 같은 함수 자료형이다. 이 함수의 내부에서 함수를 결합한다.
- 두 개의 람다표현식을 정의하고 합성함수를 만들어 다시 실행한 결과를 확인한다.

```
fun composeF(f: (Int) -> Int, g:(Int) -> Int): // 동일한 매개변수 개수를 받는 두 개의 함수를 매개변수로 받는다.
                                   (Int) -> Int { // 반환값은 두 함수를 연결한 하나의 함수
    return { p1: Int -> f(g(p1)) }                // 두 함수를 하나로 합성한 함수를 반환
}

val f = {x : Int -> x+2}                    // 첫 번째 함수
val g = {y : Int -> y+3}                    // 두 번째 함수: 함수 내부에 결합하는 함수
val composeFunc = composeF(f, g)           // 두 개의 함수를 인자로 전달

println(f(g(3)))                            // 두 함수를 결합해서 실행
println(composeFunc(3))                    // 합성함수로 반환된 함수 실행


fun composeR(g: (Int) -> Int, f: (Int) -> Int): // 역방향으로 함수를 만든다.
                                   (Int) -> Int {
    return { p1: Int -> g(f(p1)) }             // 역방향으로 실행
}
```

```
val g1 = {y : Int -> y + 3}                    //첫 번째 함수 정의
val f1 = {x : Int -> x + 2}                    //두 번째 함수 정의
val composeFuncR = composeR(g1,f1)

println(g1(f1(3)))                             //역방향으로 함수 실행
println(composeFuncR(3))                       //역방향으로 합성된 함수 실행
```

```
8
8
8
8
```

## ◤ 확장함수로 합성함수 만들기

다양한 함수를 합성하기 위해서 확장함수로 함수 인터페이스에 합성함수를 추가해 공통 기능으로 제공한다.

- □ 4개의 함수 자료형을 typealias로 지정한다. 동일한 자료형이지만 함수에 정의할 때 합성함수 임을 쉽게 이해할 수 있도록 다른 이름을 지정했다. 별칭은 실제 자료형을 사용하는 것과 동 일하지만 이름만 다르게 사용하는 것이다.
- □ 합성함수를 만드는 compose와 then 함수를 infix로 처리해서 점연산 없이 사용할 수 있게 정 의한다.
- □ 둘 다 확장함수이지만 함수 자료형과 동일한 자료형의 함수를 전달받아야 한다.
- □ 최종적으로 함수를 합성할 때 compose는 정방향으로 결합하고 then은 역방향으로 결합한다.
- □ 아래 예제를 보면 compose는 순방향으로 합성함수를 만들고 then은 역방향으로 합성함수를 만든다.
- □ 이제 람다표현식을 만들어 변수에 할당한다. 변수의 자료형은 동일하지만 별칭만 다른 것이 다. 람다표현식이 it을 사용한 이유는 매개변수가 하나라서 내부에서 제공하는 방식을 그대로 사용했다.
- □ 이제 함수를 차례로 합성해 실행해보고 반대로 합성해서 실행한다.

```
typealias F  = (Int) -> Int               //별칭으로 타입 지정
typealias G  = (Int) -> Int
typealias FG = (Int) -> Int
typealias GF = (Int) -> Int

infix fun F.compose(g: G ) :FG {          //첫 번째 함수의 확장함수를 지정
    return { p1: Int -> this(g(p1)) }     //입력받은 함수를 함수 내부에서 실행
}                                          //첫 번째 함수도 실행
```

CHAPTER 10

```
infix fun F.then(g: G): GF {              //첫 번째 함수의 인자로 다른 함수의 인자를 받음
    return { p1: Int -> g(this(p1)) }     //두 번째 함수에 첫 번째 함수 실행 결과를 전달
}

val plus2: F = { it + 2 }                 //첫 번째 함수 정의
val times3: G = { it * 3 }                //두 번째 함수 정의

val plus2times3 = plus2 compose times3    //인픽스로 지정해서 점연산자 없이 사용
                                          //정방향으로 결합

println(plus2times3(3))
println(plus2(times3(3)))
println(plus2times3(3) == 11)

val times3plus2 =  plus2 then times3      //역방향으로 함수 결합
println(times3plus2 (4))
println(times3(plus2(4)))
println(times3plus2(4) == 18)
```

```
11
11
true
18
18
true
```

## 재귀함수 정의

팩토리 계산 등의 처리하는 방식은 동일한 함수를 연속으로 호출하는 구조이다. 그래서 함수를 정의해 자기 함수를 호출해서 계속 처리하는 방식이 재귀함수(recusive function)이다. 꼬리 재귀도 지원해서 마지막에 자기 함수를 호출할 때만 이 꼬리 재귀를 처리할 수 있다.

### ◤ 재귀함수 구성 방식

재귀함수를 구성할 때 주의할 점은 무한 반복을 방지해야 하고 함수가 너무 많이 생기면 함수 스택에 오버플로우가 생겨서 작동이 중단되는 것을 방지하는 것이다.

- 무한 순환이 발생하지 않도록 함수의 종료 시점을 반드시 작성한다.
- 함수 실행의 마지막 부분에 자기 자신을 호출하고 호출된 인자의 값을 조정한다.
- 꼬리 재귀(tail recursion)는 함수가 다른 변수와 함수 호출 결과와의 연산도 함수의 인자로 전달되도록 작성한다.
- 꼬리 재귀로 처리하면 코틀린은 내부적으로 함수 스택을 추가로 만들지 않는다.

## ▌ 재귀함수 호출과 실행 방식

- 종료 시점까지 함수를 호출해서 함수 스택을 계속 구성한다.
- 종료 시점을 만나면 특정 값이 반환되어 함수 스택의 역방향으로 함수가 실행된다. 마지막까지 모두 실행되면 최종 결과를 반환한다.

## ▌ 재귀함수와 꼬리 재귀 처리

재귀함수는 보통 종료 처리 로직과 자기 자신을 호출하는 함수 로직으로 구성된다.
- 팩토리얼을 계산하는 함수를 정의한다.
- 마지막 반환하는 값이 1일 경우는 더 이상 재귀 처리가 없다는 뜻이다. 1 보다 클 경우는 함수의 인자와 그 인자에서 -1을 자기 함수에 전달해 실행한다.
- 재귀함수는 재귀할 때마다 함수가 메모리 스택에 올라간다. 마지막 1을 만나면 바로 전에 쌓인 메모리 스택이 실행되어 계산되고 처음에 호출된 함수까지 실행되면 최종값을 반환한다.
- 이 팩토리 함수를 실행해서 결과를 확인한다.
- 이번에는 꼬리 재귀 tailrec 예약어를 붙여서 재귀함수를 만든다. 일반적인 재귀함수는 함수를 메모리 스택에 올려서 처리하므로 성능상의 문제가 있다. 그래서 꼬리 재귀를 처리하면 내부적으로 코드를 변환해서 메모리 스택을 최소화한다.
- 꼬리 재귀와 일반 재귀의 차이는 누적값을 매개변수로 지정해서 재귀함수와 다른 연산을 처리하지 않고 항상 함수 호출만 발생하는 것이다.
- 꼬리 재귀를 실행하려면 팩토리와 누적값에 대한 것을 전달해야 하지만 누적값을 초깃값으로 지정해서 팩토리 계산이 필요한 값만 인자로 전달되어 실행된다.

```
fun factorial(n: Int): Long {          //팩토리얼 재귀함수 작성
    if (n == 1) {                       //마지막 처리하는 코드를 넣는다.
        return n.toLong()               // 가장 작은 수가 반환되어야 그 앞의 연산이 계산 처리된다.
    } else {
        return n*factorial(n - 1)       //재귀함수를 작성한다. 인자는 항상 이전보다 작아야 한다.
    }
```

```
    }

val number = 4
var result: Long = 0
result = factorial(number)
println("팩토리얼 계산 : $number = $result")

tailrec fun factorial1(n: Int, total :Int = 1): Long {
    if (n == 1) {                              //마지막 로직 처리
        return total.toLong()
    } else {
        return factorial1(n - 1, n*total)      //꼬리 재귀를 위해 함수에 변경 값을 전달
    }
}

result = factorial1(number)
println("꼬리 재귀 팩토리얼 계산 :  $number = $result")
```

```
팩토리얼 계산 : 4 = 24
꼬리 재귀 팩토리얼 계산 :  4 = 24
```

## ◼ 메모이제이션 처리

재귀함수를 계속 사용하면 성능에 문제가 발생할 수 있다. 그래서 재귀함수를 처리할 때마다 데이터를 메모리에 저장했다가 다시 재귀함수를 호출할 때 기존에 계산된 것이 있으면 조회해서 종료하면 매번 재귀함수를 호출하지 않아도 된다. 그래서 메모이제이션 기법을 재귀함수와 같이 사용하면 성능상의 문제 등을 해결할 수 있다.

- □ 특정 값을 저장하기 위해 키는 문자열, 값은 Long 정수의 맵을 생성한다.
- □ 팩토리얼 함수를 정의할 때 계산된 결과를 맵에 저장한다. 이 팩토리얼 함수를 호출할 때마다 먼저 맵에 있는지 확인하고, 있으면 바로 반환해서 함수를 종료한다.
- □ 큰 값으로 팩토리 함수를 실행한다.
- □ 더욱 작은 값으로 팩토리 함수를 실행하면 실제 검색해서 결과를 반환한다.
- □ 더 큰 수로 팩토리를 계산하면 더 큰 수 만큼은 계산해서 맵에 저장하고 결과를 반환한다.

```
val map2 = mutableMapOf<String,Long>()          //변경 가능한 맵을 작성

fun factorial3(n: Int): Long {                  //팩토리얼 함수 정의
    if (n == 1) {                               //마지막 처리
        map2[n.toString()] = 1L
```

```
    }
    if (n.toString() !in map2.keys) {              // 맵에서 처리된 결과 조회
        map2[n.toString()] = n.toLong() * factorial3(n - 1)
    }
    return map2[n.toString()]!!.toLong()           // 맵에 있으면 바로 반환
}
var number = 15                                    // 특정 값 처리
var result: Long
result = factorial3(number)
println("팩토리얼 계산 : $number = $result")

number= 10                                         // 기본보다 작은 값 처리
result = factorial3(number)
println("팩토리얼 계산 :  $number = $result")
println("맵에서 값 조회 : ${map2["10"]}")

number= 20                                         // 다시 큰 값 처리
result = factorial3(number)
println("팩토리얼 계산 :  $number = $result")
println("맵에서 값 조회 : ${map2["20"]}")
```

```
팩토리얼 계산 : 15 = 1307674368000
팩토리얼 계산 :  10 = 3628800
맵에서 값 조회 : 3628800
팩토리얼 계산 :  20 = 2432902008176640000
맵에서 값 조회 : 2432902008176640000
```

# 03 함수의 추가 기능 알아보기

앞에서 함수를 다양하게 구성해서 처리하는 방식을 알아봤다. 이제 람다표현식을 확장함수로 처리하는 방식과 내장함수이지만 다양한 기능을 처리할 수 있는 스코프 함수 등을 알아본다. 그리고 인터페이스에 하나의 메서드를 저장해서 처리하는 SAM 인터페이스 등도 알아본다.

## 람다표현식에 수신 객체 반영

수신 객체를 함수 자료형에 붙인 다음 람다표현식을 받으면 수신 객체를 람다표현식 내에서 사용할 수 있다. 이는 람다표현식을 메서드처럼 사용할 수 있는 방안을 추가하는 것이다.

### ◀ 람다표현식에 수신 객체 적용 규칙

- 함수 자료형에 수신 객체를 붙이고 변수, 매개변수 등에 정의한다.
- 변수나 매개변수 등에 람다표현식을 할당한다. 그러면 내부의 수신 객체를 this로 사용할 수 있다.

### ◀ 람다표현식에 수신 객체 반영

함수 자료형을 리터럴 표기법으로 작성할 때 리시버 클래스를 지정할 수 있다. 여기에 람다표현식을 전달하면 이 람다표현식에서 수신객체를 활용할 수 있다.

- 변수에 리시버가 붙은 함수 자료형을 지정하고 람다표현식을 할당한다. 이 람다표현식 내에 this로 리시버 객체를 받아 사용한다. 이를 메서드나 함수 호출방식으로 처리해도 잘 수행된다.
- 이번에는 두 개의 매개변수를 가진 함수 자료형을 선언해서 람다표현식을 할당했다. 이때는 반드시 두 개의 인자를 전달해 함수를 실행한다. 수신 객체를 받은 자료형처럼 사용할 수 없다.
- 함수 반환값에 수신 객체를 붙인 함수 자료형을 정의했고 함수 내부에서 람다표현식을 반환

한다. 이때 함수 내부에는 리시버 객체인 this를 사용해서 처리할 수 있다.

▫ 리시버가 붙은 함수는 메서드 호출과 함수 호출을 둘 다 사용해서 처리할 수 있다.

```
val op : Int.(Int) -> Int =
                    {x -> x + this}  //함수 자료형에 특정 자료형을 수신 객체로 지정

println((100).op(100))        //람다표현식에 수신 객체를 붙이면 메서드처럼 수신 객체를 사용할 수 있다.
println(op(100,100))                  //수신 객체 전달은 실제 함수의 인자가 추가된 것과 같다.
println(op)                           //함수 자료형 확인


val op1 : (Int,Int) -> Int =          //두 개의 매개변수를 가진 함수 자료형
                    {x,y -> x + y }   //두 개의 매개변수를 가진 람다표현식
println(op1(100,100))


fun add() : Int.(Int) -> Int {        //반환 자료형을 수신 객체 함수 자료형으로 지정
    return {y -> this + y }           //함수를 반환
}


val adop = add()                      //함수 실행
println((300).adop(400))              //객체를 사용해서 메서드 호출처럼 처리 가능
println(adop(300,400))                //두 개의 매개변수로 호출
```

```
200
200
kotlin.Int.(kotlin.Int) -> kotlin.Int
200
700
700
```

### ◤ 매개변수에 리시버 함수 자료형 처리

함수의 매개변수에도 함수 자료형에 리시버 클래스를 붙여서 정의할 수 있다. 이때 람다표현식을 전달받으면 동일하게 수신객체를 사용할 수 있다.

▫ 함수의 매개변수에 리시버를 붙인 함수 자료형을 지정한다. 이 함수 내부에서 처리할 때 전달 받은 함수를 메서드로 처리해서 계산한다.

▫ 이 함수에 배열과 람다표현식을 전달해서 실행하면 전달된 값을 합산해서 처리한다.

▫ 함수의 매개변수에 함수 자료형으로 정의하면 함수 호출로만 처리할 수 있다.

▫ 배열과 함수 참조 또는 람다표현식을 함수의 인자로 전달해 실행한다.

□ 위의 3가지는 다 동일한 결과를 반환한다.

```
fun agg(num : IntArray,                            //함수 정의
        op : Int.(Int)->Int) : Int {               //수신 객체를 함수 자료형에 처리
    var result = num.firstOrNull() ?: 1            //처음 값을 넣는다.
    for (i in 1..num.lastIndex) {                  //인덱스 처리
        result = result + result.op(num[i])        //메서드로 호출 처리
    }
    return result
}

println(agg(intArrayOf(1,2,3,4), { it}))

fun agg2(num : IntArray, op : (Int, Int)->Int) : Int { //함수자료형은 두개의
    var result = num.firstOrNull() ?: 1                 //매개변수로 처리
    for (i in 1..num.lastIndex) {
        result = op(result,num[i])                      //함수로 호출 처리
    }
    return result
}

println(agg2(intArrayOf(1,2,3,4), Int::plus))      //플러스 메서드 전달
println(agg2(intArrayOf(1,2,3,4), {x,y -> x+y}))   //람다표현식으로 전달
```

```
10
10
10
```

## 스코프 함수

클래스에 특정 메서드를 작성하는 것보다 제네릭으로 정의된 확장함수의 인자로 함수를 전달해 객체를 조작하는 방식을 사용하는 것이 편리할 수 있다. 그래서 코틀린에서는 다양한 기능을 처리하는 확장함수인 스코프 함수(Scope function)를 제공한다. 대표적인 스코프 함수에 대해 알아본다.

## 📙 스코프 함수 차이점

스코프 함수는 내부에서 제공하는 스코프를 객체인 **this**로 사용할 것인지, 아니면 매개변수인 **it**을 참조할 것인지가 중요하다. 그리고 반환값이 함수의 결과인지 등을 잘 이해하고 있어야 한다.

- 컨텍스트: this 또는 it을 참조
  - 스코프 함수 중 run, with, apply는 this 참조
  - 스코프 함수 중 let, also는 it을 참조
- 반환값 처리
  - apply는 this, also는 it을 반환
  - let, run, with는 람다표현식 결과를 반환

## 📙 스코프 함수: let

제네릭 확장함수로 구성되었고 하나의 함수를 전달받아 함수의 실행결과를 반환하는 스코프 함수이다.

- 제네릭 리시버를 붙여 확장함수 let을 정의하고 인자로 하나의 함수를 받는다. 이 함수가 실행된 반환값이 이 let 스코프 함수의 반환값이다. 전달받은 함수는 하나의 매개변수를 가진다. 이 매개변수에 this를 전달해 내부적으로는 it을 사용해 처리한다.
- 3개의 속성을 가진 클래스를 정의한다. 이 클래스에는 다른 메서드가 없다.
- 하지만 let은 제네릭으로 지정했기 때문에 어느 클래스에서나 사용할 수 있는 확장함수이다. 그래서 위의 객체에서 let을 사용해 람다표현식을 전달받아 메서드처럼 사용할 수 있다.
- 전달된 람다표현식에는 it으로 이 객체의 속성 name을 갱신하고 it인 현재 객체를 반환한다.
- 아래 예제를 보면 먼저 클래스를 정의하고 객체를 만든다. 이 객체의 속성 이름을 수정하고 it 즉 전달받은 객체를 반환한다. 이 객체를 출력해보면 객체의 name 속성만 변경되었다.
- 이 클래스를 널러블로 처리하면 null을 할당할 수 있다. 널러블을 처리하는 안전연산(?.)과 let 확장함수를 같이 사용하면 널러블을 안전하게 처리할 수 있다.

```
// fun <T,R> T.let(block : (T) -> R) :R {      // 확장함수로 구성되었고 람다표현식에 인자로 현재 객체를 전달
//      return block(this)                      // 람다표현식에 리시버 객체를 전달하고 실행
//}

class Student(val id : Int, var name : String,  // 클래스 정의
              var age : Int )

val s = Student(1, "dahl", 22)                   // 객체 생성
println(s.javaClass.kotlin.simpleName)
println(s.name)
```

```
val ss = s.let {it.name = "moon"        //내부 갱신
               it                        //객체 전달
               }
println("처리결과 : ${ss.name} ${ss.age}")   //처리 결과 출력
println(ss.javaClass.simpleName)

val s1 : Student? = null                //널러블 처리도 가능
if (s1 == null) s1
else s1.let {it.name = "nullname"}      //널이 아니면 실행

println(s1?.javaClass?.simpleName)      //널러블 처리를 위해 안전 호출 처리
println(s1?.let {it.name = "dahlmoon"}) //널이 아니면 함수 실행
```

```
Student
dahl
처리결과 : moon 22
Student
null
null
```

## ◤ 스코프 함수: with

제네릭 일반함수로 정의했다. 매개변수에 리시버 객체와 수신객체 함수자료형을 받아서 처리한다. 이 함수의 실행결과도 매개변수로 전달된 함수의 반환값이다.

- 제네릭 함수 with는 먼저 리시버 역할을 매개변수로 받고 리시버를 함수 자료형에 처리해서 람다표현식 등을 인자로 받아도 확장함수처럼 처리할 수 있다. 이 스코프 함수의 반환값은 전달받은 함수의 결과이다.
- 변수에 리시버 객체를 가진 함수 자료형을 정의한다. 그리고 람다표현식을 할당하면 그 람다표현식에서 this로 현재 객체를 사용할 수 있다.
- 스코프 함수 with는 인자로 전달된 객체가 실제 리시버 객체이다. 뒤에 람다표현식의 this는 먼저 전달된 객체라서 이를 가지고 람다표현식에서 처리하고 결과를 반환한다.

```
//fun <T,R> with(reciever : T,        // 일반 함수이고 리시버를 인자로 받음
//              block : T.() -> R) : R {  // 람다표현식의 자료형은 수신 객체 람다표현식 사용. 매개변수는 없음.
//    return block()                   // 반환값은 람다표현식 결과
//}

val lr : Int.(Int) -> Int = {x -> this + x }// 수신 객체 람다표현식 자료형에 람다함수를 정의
                                         // 수신 객체 람다표현식은 this를 람다표현식 내부에서 사용 가능
```

```
println(lr(100,200))              // 내부적으로 두 개의 인자로 처리
println((100).lr(200))            // 수신 객체 정의하고 람다표현식을 처리

println(with(100) {this + 200})   // 수신 객체를 인자로 전달하고 this로 람다표현식 내부에서 처리
```

300
300
300

### ■ 스코프 함수: run

이 함수는 확장함수와 일반함수로 작성된 2가지 처리 방식을 제공한다. 확장함수와 일반함수로 처리할 경우의 차이점을 알아본다.

- □ 확장함수의 run은 하나의 함수를 인자로 받는다. 이 함수도 리시버가 붙은 함수 자료형이다. 이 스코프 함수의 반환값도 인자로 전달된 함수의 결과이다.
- □ 클래스를 정의한다. 객체를 만들어 run 함수에 람다표현식을 전달하고 처리하면 기본 this 즉 객체가 전달되고 age는 속성이라서 this 없이도 조회된다. 마지막 결과를 this로 반환했다.
- □ 두 번째 run은 일반함수이다. 매개변수가 없는 함수를 인자로 전달받고 처리된 결과는 전달받은 함수의 반환값을 처리한다. 이 함수의 기능은 인자로 전달된 함수를 실행하는 구조이다.
- □ 변수를 정의하고 run 함수에 매개변수가 없는 람다표현식을 정의한다. 이 람다표현식은 두 변수를 클래스가 객체를 생성할 때 인자로 전달한다. 마지막 표현식이 객체 생성이라서 변수에는 객체가 할당된다.
- □ 변수에 할당된 객체를 확인하면 람다표현식에서 객체를 생성한 결과가 들어가 있는 것을 확인할 수 있다.

```
//fun <T, R> T.run(block: T.()->R): R {      // 확장함수로 run
//      return block()                        // 람다표현식이 수신 객체 람다표현식으로 정의하고 매개변수는 없다.
//}                                           // 반환값은 람다

class Person(var name:String, var age:Int) //클래스를 정의

val person = Person("James", 56) //객체를 생성
val ageNextYear = person.run {      // 객체로 run 함수 사용. 람다표현식은 이 객체 내부의 속성 갱신
    ++age
    this
}

println("반환은 수신객체로 처리 = ${ageNextYear.age}")
```

```
//fun <R> run(block: T.()->R): R {        //일반 함수로 정의된 run
//      return block()                     //함수의 결과를 반환
//}

val person1 = run {                        //람다표현식에서 객체를 반환
    val name = "James"
    val age = 56
    Person(name, age)
}

println("일반 함수로 처리 = " +person1.name)   //반환된 결과를 확인
```

반환은 수신객체로 처리 = 57
일반 함수로 처리 = James

## ▍ 스코프 함수: also

스코프 함수 also는 inline 예약어를 사용하는 확장함수이면서 스코프 함수이다. 이 함수가 처리하
는 것은 대부분 리시버 객체의 속성 등이다. 그래서 결과는 리시버를 그대로 반환한다.

- □ 확장함수 also도 하나의 함수를 인자로 받는다. 인자로 전달되는 함수는 반환값이 없다. 이
  스코프 함수는 리시버 객체를 그대로 반환한다. 전달받는 함수는 하나의 매개변수 즉 현재 리
  시버 객체를 전달받는다. 그래서 it으로 객체를 갱신하거나 조회 등을 할 수 있다.
- □ 클래스를 하나 정의한다. 3개의 속성 중 하나는 비공개 속성이므로 이 클래스 외부에서는 사
  용할 수 없다.
- □ 객체를 하나 생성하고 also에서 객체의 속성을 출력한다. 단순하게 조회만 처리할 수 있다.
- □ 이 객체에 다시 also를 사용해서 이번에는 객체의 속성을 변경한다. 확장함수에서 비공개 속
  성은 보이지 않으므로 공개 속성만 갱신할 수 있다.
- □ 최종적으로 처리된 결과를 확인하면 실제 객체가 정의하면 반환값이 없는 람다표현식을 처리
  한다.

```
/* public inline fun <T> T.also(block: T.() -> Unit): T {   //확장함수 also
    block(this)                            //람다표현식 인자로 수신 객체를 전달
    return this                            //반환값은 자기 자신
} */

class Person { var name = "코틀린";private val id = "9999";var age = 0}

val  person = Person()                     //객체 생성
```

```
val also1 = person.also { println("이름은 ${it.name}") } //also 외부 반환 없는
println("also1 ${also1::class.simpleName}")                    //함수 반환

val also2 = person.also {
            it.name = "코틀린 also"                              //내부 속성 변경
            it.age = 33                                         //내부 속성 변경
            println("이름은  ${it.name}")                        //내부 속성 변경 출력
        }
println("also2 ${also2::class.simpleName}")
```

```
이름은 코틀린
also1 Person
이름은  코틀린 also
also2 Person
```

### ▊ 스코프 함수: apply

also처럼 인라인 함수이고 확장함수이다. 차이점은 리시버로 함수 자료형에 확장함수로 처리한다. 전달된 함수는 반환값이 없어서 리시버 객체를 조회하거나 갱신하는 데 사용된다.

- □ 스코프 함수 apply는 확장함수이다. 함수 인자도 리시버를 가지는 함수 자료형이다. 그래서 this로 전달되는 함수에서 객체의 속성 등을 사용해 처리할 수 있다.
- □ 2개의 공개 속성과 1개의 비공개 속성을 가진 클래스를 하나 정의한다.
- □ 객체를 생성해서 객체의 공개 속성을 출력한다.
- □ 이 객체를 가지고 다시 also 스코프 함수를 사용해서 객체의 상태를 변경한다.
- □ 변경된 객체의 상태를 출력해서 확인한다.

```
/* public inline fun <T> T.apply(block: T.( ) -> Unit): T {       //확장함수 apply
    block( )                                                       //수신 객체 람다표현식
    return this                                                    //자기 자신을 리턴
}*/

class Person { var name = "코틀린";private val id = "9999";var age = 0}

val  person = Person()                                            //객체 생성

val apply1 = person.apply { println("이름은 $name")}//출력만 하는 람다표현식 전달
println("apply1 ${apply1::class.simpleName}")

val apply2= person.apply {
            name = "어플라이"                                      //내부 속성 변경
```

```
                age = 21
                println("이름은 $name")
        }
println("apply2 ${apply2::class.simpleName}")
```

```
이름은 코틀린
apply1 Person
이름은 어플라이
apply2 Person
```

## SAM 인터페이스

보통의 인터페이스는 특정 기능을 처리하는 여러 개의 추상 메서드를 가진다. 하지만 하나의 추상 메서드만 있는 인터페이스를 보다 단순하게 처리하기 위해 함수를 정의하는 **fun** 예약어를 인터페이스 앞에 붙여 SAM(Single Abstract Method) 인터페이스를 만든다. 이 SAM 인터페이스는 재정의를 상속 없이 직접 람다식으로 받아서 처리할 수 있다.

### ◀ 인터페이스 처리

인터페이스는 추상 메서드를 정의할 뿐이므로 실제 클래스 등에서 상속하지 않으면 사용할 수 없다.

- □ 하나의 추상 메서드와 일반 메서드를 가진 인터페이스를 정의한다.
- □ 인터페이스는 단독으로 사용할 수 없으므로 클래스나 **object**에서 상속해서 구현해야 처리할 수 있다.
- □ 그래서 **object** 표현식에서 인터페이스를 상속해서 추상 메서드를 구현했다.
- □ 구현된 메서드를 실행해보고 인터페이스에 있는 일반 메서드도 호출해본다.

```
interface Stringable_ {                      // 인터페이스 정의
    fun accept(s:String)                     // 추상 메서드 한 개
    fun hello() = println("일반메소드")
}

val str = object : Stringable_ {             // object 표현식으로 객체 생성
    override fun accept(s: String) {         // 추상 메서드 재정의
        println(s)
    }
```

```
}
str.accept("인터페이스는 상속하고 구션되어야 함")
str.hello()
```

인터페이스는 상속하고 구션되어야 함
일반메소드


### ◤ SAM 전환 처리

SAM 인터페이스로 전환하면 상속하고 구현해서 처리할 수 있고 바로 람다표현식을 할당해서 처리할 수도 있다.

- □ SAM 인터페이스는 추상 메서드가 하나만 있어야 한다. 일반 메서드가 있어도 인터페이스 앞에 **fun**을 붙일 수 있다.
- □ 이제 SAM 인터페이스가 만들어졌다. 이를 object 표현식에서 상속해 구현해서 사용할 수도 있다.
- □ 하지만 실제 SAM 인터페이스에 람다표현식을 바로 전달해서 추상 메서드를 사용하는 방식이 더 편리하다.
- □ 아주 간단한 인터페이스로 기능을 처리할 때는 SAM 인터페이스를 사용해 람다표현식을 정의해서 바로 처리하면 좋다.

```
fun interface StringSAMable {          //sam은 인터페이스 앞에 fun을 붙인다
    fun accept(s:String) :Unit         // 추상 메서드 한 개만 가짐
    fun hello() = println("일반메소드")   // 일반 메서드
}

val consume = object : StringSAMable {  //인터페이스처럼 상속해서 재정의도 가능
    override fun accept(s: String) {    // 추상 메서드 오버라이딩
        println(s)
    }
}
consume.accept("object 표현식으로 익명객체 처리 ")

val consume1 = StringSAMable { s -> println(s)}   //sam에 재정의 함수를
consume1.accept("바로 람다표현식을 전달해서 재정의")  //람다표현식으로 전달
consume1.hello()
```

object 표현식으로 익명객체 처리
바로 람다표현식을 전달해서 재정의
일반메소드

# 04 인라인 함수와 인라인 속성 알아보기

고차함수나 재귀함수 등을 사용하다 보면 성능상의 문제가 발생한다. 그래서 내부적으로 호출된 곳에 함수를 코드로 삽입해서 문제가 일어나는 것을 방지한다. 이런 방식으로 처리하는 것을 인라인 함수(inline function)라고 한다. 또한, 속성에 인라인을 붙여 인라인 속성(inline property)을 사용할 수 있다. 둘 다 성능상 효율은 좋지만, 코드에 삽입되므로 코드가 증가하는 문제가 발생한다. 따라서 적절하게 사용하는 것이 좋다.

## 인라인 함수와 인라인 속성

인라인을 사용하면 이를 호출하는 곳에 컴파일러가 인라인으로 지정된 함수나 속성을 삽입해서 처리한다.

### ◤ 고차함수를 다른 함수에서 실행

람다표현식으로 함수를 정의해서 고차함수에 인자로 전달해 처리하는 함수를 확인한다.

□ 동일한 자료형을 가지는 두 람다표현식을 정의해서 변수에 할당한다. 이 두 함수는 고차함수에 인자로 전달할 것이다.

□ 함수를 인자로 받아서 처리하는 고차함수를 정의하고 이를 실행해서 결과를 반환한다.

□ 또 다른 함수는 고차함수를 내부적으로 실행해서 println으로 출력한다. 이 함수를 실행해서 결과를 확인한다.

```
val func1 : (Int) -> Int = { x -> x * 10}          //람다표현식 정의
val func2 : (Int) -> Int = { x -> x + 10}          //람다표현식 정의

println(func1(10) + func2(10))                      //두 함수 합산 결과를 합산

fun compose(a:Int , action: (Int) -> Int ,         //고차함수 정의
                block : (Int) -> Int ) : Int {      //두 개의 함수를 매개변수
    val res1 = action(a)                            //함수 실행
    val res2 = block(a)                             //함수 실행
    return res1 + res2                              //두 함수 실행 결과를 합산
```

```
}

fun callingHOF() {                                        // 함수를 내부에서 처리
    println(compose(10,{x -> x * 10}, {y -> y + 10}))// 두 개의 람다표현식 전달
}

callingHOF()
```

```
120
120
```

## ◤ 인라인 고차함수를 호출 처리

프로그램이 커지면 메모리를 효율적으로 사용해야 하므로 너무 많은 함수를 호출하지 않고 이를 코드로 삽입하는 경우가 더 좋을 수 있다. 이때 인라인 함수를 사용한다. 이 책의 설명 범위는 인라인 함수를 확인하는 수준이다.

- □ 고차함수를 인라인 에약어로 지정한다. 1개의 매개변수는 정수를 받고 2개의 매개변수는 함수 자료형으로 지정해서 인자로 함수를 받을 수 있다. 반환값은 정수로 처리했다.
- □ 이 고차함수는 전달받은 두 함수를 실행한 결과를 덧셈해서 반환한다.
- □ 이 함수를 다른 함수에서 실행한다. 이때 람다표현식으로 함수 2개를 전달받아서 처리한 것을 알 수 있다.
- □ 실행한 결과를 보면 람다표현식의 로직대로 값을 바꾸고 이를 더한 결과와 동일하다.
- □ 인라인 함수로 정의된 부분이 호출되는 곳에 이 인라인 함수의 코드가 삽입되어서 JVM 실행되는 바이트 코드로 처리된다.

```
inline fun compose_(a:Int ,
                action: (Int) -> Int,        // 고차함수를 인라인 함수로 처리
                block : (Int) -> Int ) : Int { // 두 개의 함수를 매개변수

    return action(a) + block(a)
}

fun callingHOF() {                                        // 인라인 함수를 내부에서 호출
    println(compose_(10,{x -> x * 10}, {y -> y + 10}))// 두 개의 람다표현식 전달
}

callingHOF()
```

```
120
```

## 인라인 속성 처리

최상위 속성과 클래스 속성 등이 많을 경우 게터와 세터가 다 만들어진다. 인라인 함수처럼 인라인 속성을 사용하면 컴파일 타임에 사용하는 곳에 코드가 삽입된다. 주의할 점은 인라인 되는 속성이 현재 클래스가 아닌 호출되는 곳에 바이트 코드로 처리되므로 작성할 때 배킹필드는 사용하지 않는다.

- 인라인 속성 표기 방식
  - 속성 전체를 inline으로 처리: var/val 앞에 예약어 지정
  - 속성의 게터만 inline으로 처리: get 앞에 예약어 지정

▫ 클래스를 정의할 때 속성을 정의한다. 이 중에 prop1은 게터를 인라인 처리했고, prop2는 속성 전체를 인라인 처리했다. 인라인 속성으로 처리할 경우 배킹필드가 없으므로 다른 속성에 정보를 조회하거나 갱신하도록 지정했다.

▫ 최상위 속성도 인라인 처리를 할 수 있다. 클래스에 정의된 속성처럼 인라인 처리를 한다.

▫ 함수 callInPro를 정의한다. 내부에 클래스로 객체를 만들고 prop1 속성과 prop2 속성을 사용한다. 이때 이 속성이 함수 내부에 코드로 삽입된다. 또한, 최상위 속성도 호출해서 동일하게 코드로 삽입된다.

▫ 이 함수를 실행한 결과는 인라인을 처리하지 않아도 동일한 결과가 나온다. 인라인으로 처리하려면 성능 문제 등을 잘 고려해서 어떻게 사용할지 결정해야 한다.

```
class AClass {                              // 클래스 정의
    var visibility = 0
    val prop1 : Int                         // 클래스 속성의 게터만 인라인 처리
        inline get() = 100

    inline var prop2 : Int                  // 클래스 속성의 게터와 세터 인라인 처리
        get() = visibility
        set(value) { visibility = value}
}

var state = 0
val prop3 : Int                             // 최상위 속성의 게터만 인라인 처리
    inline get() = 100

inline var prop4 : Int                      // 최상위 속성의 게터와 세터 인라인 처리
    get() = state
    set(value) { state = value}
```

```
fun callInPro() {                          //호출한 함수
    val a = AClass()                       //객체를 생성: 객체의 인라인 속성 코드 삽입
    println(a.prop1)
    a.prop2 = 300
    println(a.prop2)                       //최상위 인라인 속성 코드 삽입
    println(prop3)
    prop4 = 300
    println(prop4)
}

callInPro()                                //함수 호출
```

```
100
300
100
300
```

## 노인라인 처리하기

함수에 인자로 전달된 람다표현식 등을 인라인으로 호출한 곳에 코드를 삽입하지 않으려면 예약어 noinline을 지정해야 한다.

### ◤ 노인라인 처리

인라인 함수 내에 매개변수로 전달되는 람다표현식으로 코드 삽입을 금지할 수 있다.

☐ 함수를 inline으로 지정해서 이 함수를 호출하는 곳에 코드가 삽입된다. 하지만 전달되는 함수에 noinline을 매개변수 이름 앞에 붙여 인라인 처리를 방지할 수 있다.

```
inline fun compose_n(a:Int ,
                     noinline action: (Int) -> Int,    //inline 금지
                     block : (Int) -> Int ) : Int {    //함수를 매개변수로 받음
    return action(a) + block(a)
}

fun callingHOF() {                         //인라인 함수를 내부에서 호출
```

```
    println(compose_n(10,{x -> x * 10}, {y -> y + 10}))  //noinline은 내부에
}                                                        //코드가 삽입되지 않음

callingHOF()
```

120

□ 다시 인라인 함수를 정의한다. 이 함수에는 3개의 매개변수가 모두 함수를 전달받는다. 그중
  에 하나를 noinline으로 처리한다. 이 함수는 전달받은 함수를 실행한다.
□ 다른 함수에서 이 함수를 호출한다. 이때 3개의 람다표현식을 받는다. 이 함수에 인라인 함수
  코드가 삽입되지만, noinline을 지정한 매개변수는 코드 삽입이 안 된다.

```
inline fun highNoinline(block: () -> Unit,
                        noinline noInline: () -> Unit,
                        block2: () -> Unit) {

    block()                                             //인라인 처리
    noInline()                                          //노인라인 처리
    block2()                                            //인라인 처리
}


fun callingFunction() {                                 //함수 정의
                                                        //인라인 고차함수 호출
    highNoinline({ println("람다표현식 1 ")},            //람다표현식 전달
                { println("노인라인 람다표현식 2") },     //람다표현식 전달
                { println("람다표현식 3") })             //람다표현식 전달

}

callingFunction()
```
람다표현식 1
노인라인 람다표현식 2
람다표현식 3

# 4.3

## 크로스인라인 처리하기

인라인 처리된 함수는 호출되는 곳에 코드를 삽입한다. 그래서 람다표현식으로 전달할 때도 return 문을 사용할 수 있다. 이를 비지역 반환이라고 한다. 이런 비지역 반환이 실제 코드에 지정될 때 문제가 발생할 수 있다. 이때 매개변수에 crossinline 예약어를 붙여 코드 삽입은 가능하지만 비지역 반환을 못하게 만들 수 있다.

### ◤ 비지역 반환(non-local return) 처리

인라인 함수에 전달되는 람다표현식 내에 반환 처리를 할 수 있다. 그 이유는 인라인으로 지정하면 호출한 곳에 코드를 삽입해 주기 때문이다.

- □ 하나의 함수를 매개변수로 받는 고차함수를 inline으로 정의한다.
- □ 이 함수를 호출하면 별도의 함수를 정의한다. 이 고차함수를 실행할 때 람다표현식 내에 return 문이 있다.
- □ 이 함수를 실행하면 람다표현식에 들어온 반환문을 예외처리하지 않고 잘 실행된다.

```
inline fun higherOrderReturn(block: () -> Unit) { //고차함수를 인라인으로 처리
    println(" 실행되지 않는다. ")                    // 고차함수를 호출하는 곳에 삽입됨
    block()
    println(" 람다표현식에서 반환처리되어 실행되지 않는다. ")

}

fun callingFunction() {                         // 인라인 함수를 호출하는 곳에 코드로 삽입
    higherOrderReturn {                         // 호출되는 함수 내부에 코드 삽입 가능
        println(" 람다표현식 실행 1 ")             //람다표현식에 return 표시 가능
        return                                  // 실제 내부의 고차함수를 종료할 때 사용
        println(" 람다표현식 실행 2")
    }
}

callingFunction()
```

실행되지 않는다.
람다표현식 실행 1

## 크로스인라인 처리

함수가 서로 다른 실행에서 처리할 때 람다표현식 내의 return 문이 작동하지 않을 수 있다. 이런 비지역 반환을 방지하기 위해 크로스인라인 예약어를 매개변수에 표시한다.

□ 고차함수를 인라인 함수로 정의한다. 내부의 함수를 처리하는 매개변수에 crossinline으로 처리했다. 실제 인자로 전달된 함수는 다른 고차함수의 인자로 또 전달된다.

□ 인라인 함수 내에서 실행되는 다른 고차함수를 하나 더 정의한다. 일반적인 고차함수는 return을 사용하지 않는다. 이런 고차함수는 항상 별도의 메모리 영역을 차지한다.

□ 실제 호출해서 실행하는 함수를 정의한다. 이때 람다표현식에서 return 문을 사용하면 예외를 발생시킨다. 왜냐하면, 현재 함수에서 호출한 것과 인라인 함수에서 전달된 함수가 실행되는 영역이 달라서 return 문을 사용하면 반환 처리에 문제가 발생한다. 이런 경우는 코드는 삽입이 되지만 return 문을 사용하지 않도록 크로스인라인을 처리해야 한다.

□ 이 함수를 실행한 결과를 확인하면 명확한 결과를 알 수 있다.

```kotlin
inline fun higherOrderFunc(crossinline aLambda:    //람다표현식 crossinline 처리
                              () -> Unit) {//실제 지역반환
                                           // 처리를 금지시킨다.
    normalFunc {                           //다른 함수에서 람다표현식 실행
        aLambda()
    }
}

fun normalFunc(block : () -> Unit) {       //별도의 함수
    println("정상함수 호출  111")
    block()                                //함수 표현식 실행
}

fun callingFunc() {
    higherOrderFunc {                      //고차함수 호출
        println("람다함수 호출  222")       //인자로 람다표현식 전달
        //return                           //비지역 반환 금지
    }
}

callingFunc()
```

정상함수 호출  111
람다함수 호출  222

# Kotlin

## 위임(delegation) 확장 알아보기

모든 객체지향 프로그래밍 언어에서는 클래스 간의 상속관계를 기본 문법으로 제공한다. 코틀린에서는 위임관계를 문법으로 제공해서 다양한 클래스의 관계를 쉽게 처리할 수 있도록 지원한다.

1. 클래스 위임 알아보기
2. 속성 위임 알아보기

# 01 클래스 위임 알아보기

클래스의 위임은 특정 클래스에 자기 클래스가 할 일을 다른 클래스에 맡겨 처리하는 것을 말한다. 보통, 이 위임관계는 패턴으로 지원한다.

위임관계를 처리하기 위해 먼저 용어를 명확하게 정의하자. 위임관계(delegation)는 위임을 맡기는 클래스를 위탁자(delegator), 위임을 받아서 실제 처리하는 클래스를 수탁자(delegatee)라고 한다. 코틀린에서는 이 관계를 by를 사용해서 쉽게 구성할 수 있다. 이것을 클래스 위임(class delegation)이라고 한다.

## 클래스 위임 규칙

먼저 클래스 위임의 사용 규칙을 알아본다.

- ☑ 위탁자 클래스(delegator), 수탁자 클래스(delegate), 두 클래스가 상속하는 인터페이스로 구성한다.

- ☑ 동일한 기능을 처리하기 위해 하나의 인터페이스를 만든다. 이를 상속해서 위탁자와 수탁자 클래스가 추상 메서드를 구현한다.

- ☑ 위탁자 클래스에는 수탁자 클래스의 객체를 속성으로 만든다. 위탁자 클래스에 인터페이스의 추상 메서드를 구현하지만, 내부 처리는 수탁자 클래스의 메서드이다. 위탁자는 수탁자의 메서드를 래핑해서 구현하는 방식을 사용한다. 실제 일은 수탁자가 수행한다.

- ☑ 코틀린에서는 위탁자 클래스의 래핑 처리를 컴파일 타임에 자동으로 만들어주기 위해 by 예약어를 지원한다. 그래서 별도의 래핑 메서드를 작성할 필요가 없다.

- ☑ 가장 간단한 방식의 위임은 인터페이스 다음에 by를 사용하고 수탁자 객체를 주는 것이다. 더 편리한 방식은 위탁자의 주 생성자에 수탁자의 객체를 매개변수나 속성에 할당하는 것이다. 이런 방식은 다양한 수탁자 객체를 변경해서 위탁자의 위임을 처리할 수 있게 지원할 수 있다.

- ☑ 하나의 위탁자 클래스의 위임을 여러 수탁자 클래스에 부여할 수 있다. 이런 경우는 여러 인터페이스를 만들어서 위탁자 클래스와 수탁자 클래스가 구현되어야 한다.

## 클래스 위임 처리

보통 하나의 클래스에는 하나의 책임(responsibility)을 부여해서 설계하는 방식을 사용하다. 하지만 위임은 2개의 클래스가 동일한 책임을 가지고 나눠서 처리한다. 클래스 위임은 동일한 책임을 위탁자가 수탁자에게 일을 맡겨서 처리하도록 만드는 것이다. 이런 위임이 좋은 것은 다양한 기능을 하나의 클래스를 통해서 받고 처리할 수 있도록 구조화할 수 있기 때문이다.

### ◤ 클래스 위임 정의

동일한 일을 나눠서 처리하려면 공통된 인터페이스가 필요하다. 이 인터페이스를 상속하는 두 개의 위탁자와 수탁자 클래스를 정의한다. 첫 번째 클래스는 위임을 관리하는 클래스이고 두 번째 클래스는 위임을 처리하는 클래스이다. 두 클래스 간의 관계는 위임 처리하는 클래스의 객체를 속성으로 저장하고 위임 기능을 위한 래퍼(wrapper) 메서드를 정의해 이를 호출해서 처리한다.

- □ 인터페이스 Base를 정의한다. 이를 상속한 BaseImpl을 구현한다. 이 클래스는 실제 기능을 대신 처리하는 수탁자 클래스이다.
- □ Base를 상속한 위탁자 클래스를 정의한다. 이 클래스는 인자로 전달된 객체의 메서드를 전달하기 위한 랩퍼를 작성한다.
- □ 수탁자 객체를 만들어 위탁자 객체를 생성할 때 인자로 전달하고 메서드를 실행하면 수탁자 객체에 있는 메서드가 실행된다.
- □ 이렇게 모든 랩핑 코드를 만드는 것을 방지하기 위해 코틀린에서는 문법 **by**를 사용한다.
- □ 코틀린 위임을 처리하는 클래스를 정의하고 인터페이스 다음 **by** 이후에 수탁자 객체를 지정하면 아주 간단한 위임이 구성된다.
- □ 이 위탁자 클래스는 아무런 랩핑 코드가 없지만, 실제 코틀린에서 자동으로 삽입해준다. 그래서 위탁자 클래스의 객체에서 메서드를 실행할 수 있다.
- □ 결과를 확인하면 **by** 예약어 없이 코딩한 것과 동일한 결과가 나오는 것을 확인할 수 있다.

```
interface Base {                      //인터페이스 정의
    fun say()
}

class BaseImpl(val x: Int) : Base {   //인터페이스를 구현한 위임 클래스 정의
    override fun say() {              //메서드 구현
        println("베이스 클래스 구현 : " + x)
    }
```

```
}
class Derived(b : BaseImpl) : Base  { // 인터페이스를 구현하고 위임 처리할 객체를 인자로 받음
    override fun say() {                  // 위임 처리 메서드 구현
        b.say()                           // 실제 처리할 메서드 호출
    }
}

val b = BaseImpl(10)                       // 위임 객체를 만든다.
Derived(b).say()                           // 실제 사용할 객체를 만들고 메서드 호출

class Derived_() : Base by BaseImpl(10)  // 클래스 객체를 생성해서 by로 위임
                                           // 인터페이스는 상속했기에 클래스 내부에서 메서드 사용 가능
Derived_().say()                           // 인터페이스의 메서드 실행
```

베이스 클래스 구현 : 10
베이스 클래스 구현 : 10

## ■ 생성자의 매개변수 속성으로 위임 처리

하나의 인터페이스를 여러 클래스에서 위임을 처리할 수 있다.

□ 위탁자와 수탁자 클래스가 같이 사용할 인터페이스를 정의한다.
□ 인터페이스를 상속해서 수탁자로 사용할 수 있는 두 개의 클래스를 정의한다.
□ 수탁자 클래스에서 사용한 인터페이스를 상속한 위탁자로 사용할 클래스를 정의한다. 주 생성자의 속성의 자료형을 인터페이스로 정의한다. 이번에는 상속한 인터페이스 다음에 by를 쓰고 속성 이름을 쓴다. 이 위탁자 클래스에는 위임 처리를 하는 다른 코드는 없다.
□ 이제 객체를 만들어 수탁자 역할을 하는 객체를 전달하고 인터페이스에 있는 메서드를 호출하면 수탁자에 있는 메서드가 실행된다.
□ 이처럼 클래스 위임의 by를 사용하면 위임관계를 간단한 코드로 작성할 수 있다.

```
interface Sayable {                        // 인터페이스 정의
    fun say()
}

class Person(val x: String) : Sayable {    // 인터페이스를 구현한 위임 클래스 정의
    override fun say() {
        println("안녕하세요  : " + x)
    }
}

class Pet(val x: String) : Sayable {       // 인터페이스를 구현한 위임 클래스 정의
```

```
    override fun say() {
        println("멍멍멍 : " + x)
    }
}

val ps = Person("사람")                              // 객체 생성
val pt = Pet("개")                                   // 객체 생성

class Saying(val say : Sayable) : Sayable by say// 매개변수로 전달한 객체로 위임 처리
                                                    // 인터페이스를 가지고 위임 처리
Saying(ps).say()                                    // 여러 클래스에 대한 위임 처리가 가능
Saying(pt).say()
```

안녕하세요  : 사람
멍멍멍 : 개


## ◤ 상속관계 클래스 위임에서 처리 가능

실제 일을 수행하는 수탁자 클래스가 다양한 계층구조를 가져도 위탁자 클래스와 동일한 인터페이스 구현이 되면 이 인터페이스를 기준으로 위임관계를 구성할 수 있다.

   ▫ 위탁자와 수탁자가 같이 사용할 인터페이스를 정의한다. 이 인터페이스는 위임을 처리할 메서드가 정의되어 있다.
   ▫ 슈퍼클래스는 인터페이스를 상속해서 메서드를 재정의했다. 이를 상속한 서브클래스도 이 메서드를 재정의한다.
   ▫ 위임관계를 가지는 위탁자 클래스를 정의한다. 위탁자 클래스의 주 생성자의 속성에는 위임을 처리할 인터페이스를 상속한 클래스의 객체가 온다. 그리고 이를 사용해서 상속한 인터페이스에 by를 붙여서 위임관계를 설정한다.
   ▫ 이제 위탁자 객체를 만들어 위임을 처리하는 메서드를 실행한다. 그러면 위탁자 클래스에 아무런 정의가 없지만 위임된 메서드가 실행된다.

```
interface Showable {                                // 인터페이스 정의
    fun show()
}

open class View : Showable {                        // 상속 가능한 구현 클래스 정의
    override fun show() {                           // 메서드 구현
        println("View 클래스의 show()")
    }
}
```

```
class CustomView : View() {                          //클래스를 상속해서 구현 클래스 정의
    override fun show() {                             //메서드 재정의
        println("CustomView 클래스의 show()")
    }
}

                                                     //인터페이스만 위임 처리 가능
class Screen(val showable: Showable):  Showable by showable

val view = View()                                    //베이스 클래스 객체 생성
val customView = CustomView()                        //구현 클래스 객체 생성

Screen(view).show()                                  //View.show()
Screen(customView).show()                            //CustomView.show()
```

```
View 클래스의 show()
CustomView 클래스의 show()
```

### ◢ 여러 인터페이스로 클래스 위임 처리

여러 인터페이스를 구현해서 위임을 여러 개 정의할 수 있다. 이런 다양한 위임을 처리하는 방법을 알아본다.

- 두 개의 인터페이스를 정의하고 이 인터페이스를 상속하는 수탁자 클래스를 2개 정의한다.
- 위임을 처리하기 위해 두 개의 인터페이스를 위탁자 클래스에서 상속한다. 주 생성자에 2개의 매개변수를 정의하고 자료형은 위에 정의한 인터페이스를 지정한다. 그리고 두 개의 인터페이스를 상속하고 by로 주 생성자의 속성을 지정한다. 이러면 위임관계가 다 구성된다.
- 이제 수탁을 처리할 객체를 생성하고 위탁자 클래스로 객체를 만들 때 생성자의 인자로 전달한다.
- 위탁자 객체가 만들어지면 2개의 인터페이스에 있는 메서드를 각각 호출해서 실행하면 위임관계가 처리된 것을 알 수 있다.

```
interface Showable {                                 //인터페이스 정의
    fun show()
}

interface Viewable {                                 //인터페이스 정의
    fun view()
}

class Show : Showable {                              //상속 가능한 구현 클래스 정의
    override fun show() {                            //메서드 구현
```

```
        println("Show 클래스의 show()")
    }
}

class View : Viewable {                          // 클래스를 상속해서 구현 클래스 정의
    override fun view() {                        // 메서드 재정의
        println("View 클래스의 view()")
    }
}
                                                 // 인터페이스만 위임 처리 가능
class Screen(val showable: Showable,
            val viewable : Viewable):            // 매개변수로 전달된 인터페이스 모두 위임 처리
                Showable by showable , Viewable by viewable

val show = Show()                                // 객체 생성
val view = View()                                // 객체 생성

Screen(show, view).show()                        // View.show()
Screen(show, view).view()                        // CustomView.show()
```

```
Show 클래스의 show()
View 클래스의 view()
```

## 1.3

## 클래스 위임 활용

좀 더 복잡한 관계를 만들어보면서 클래스 위임을 확장해본다.

### ◤ 인터페이스에 추상 메서드와 일반 메서드 사용 처리하기

인터페이스에 추상 메서드와 일반 메서드를 만들 수 있다. 또한, 위탁자 클래스에 추가적인 메서드를 정의해서 더 많은 기능을 처리할 수 있다.

- □ 클래스 위임을 위한 인터페이스를 정의한다. 이 인터페이스에 일반 메서드와 추상 메서드를 정의한다.
- □ 두 개의 수탁자 클래스를 정의한다. 인터페이스의 일반 메서드와 추상 메서드를 모두 재정의한다.

□ 위탁자 클래스를 정의하고 인터페이스에 **by**를 사용해서 위임을 처리한다.

□ 이제 위탁자 클래스의 객체를 만들 때 수탁자 객체를 각각 인자로 전달해서 생성한다. 각각
일반 메서드와 추상 메서드를 실행하면 위임관계에 따라 결과를 보여준다.

```kotlin
interface Vehicle {                              //인터페이스 정의
    fun go(): String                             //추상 메서드 정의
    fun display() = "움직이는 물건 인터페이스"       //일반 메서드 정의
}


class CarImpl(val where: String): Vehicle {      //인터페이스 구현 클래스
    override fun go() = "차로 어디까지 : $where"
    override fun display() = "자동차 클래스"
}

class AirplaneImpl(val where: String): Vehicle {  //인터페이스 구현 클래스
    override fun go() = "비행기로 어디까지 $where"
    override fun display() = "비행기 클래스"
}

class CarOrAirplane(val model: String,           //위임을 작성한 클래스
                    val impl: Vehicle):
                            Vehicle by impl {     //최상위 인터페이스에 위임 처리
    fun tellTrip() {                             //위임을 호출할 메서드 작성
        println("$model ${this.go()}")
    }
}

val m330 = CarOrAirplane("포르쉐 330",            //자동차 객체 생성
                    CarImpl("Seoul"))
val m787 = CarOrAirplane("보잉  787",             //비행기 객체 생성
                    AirplaneImpl("Seoul"))

m330.tellTrip()                                  //객체의 메서드를 호출해서 위임 메서드 처리
println(m330.display())                          //일반 메서드 호출
m787.tellTrip()
println(m787.display())
```

포르쉐 330 차로 어디까지 : Seoul
자동차 클래스
보잉  787 비행기로 어디까지 Seoul
비행기 클래스

## 내장된 집합 인터페이스를 위임 처리

집합의 가변 인터페이스를 가지고 위임관계를 구성해본다.

- □ 위임 클래스를 정의한다. 실제 집합의 데이터를 저장해서 처리하기 위해 MutableSet 인터페이스에 클래스 위임을 처리한다.
- □ 집합에서 중요한 원소를 추가하는 add와 addAll 메서드의 처리를 확인하기 위해 랩퍼 코드를 추가하고 재정의한다.
- □ 이 위탁자 객체를 만들고 이제 addAll 메서드를 처리하면 수탁자 객체에 값이 저장된다.

```kotlin
class CounterSetS<T>(                          //집합을 위임 처리로 사용하는 클래스
    private val innerSet: MutableSet<T> = mutableSetOf()
                        ) : MutableSet<T> by innerSet {

    var elementsAdded: Int = 0                 //추가된 원소를 관리
        private set                            //속성은 내부 메서드에서만 갱신

    override fun add(element: T): Boolean {    //원소 추가
        elementsAdded++                        //속성값 변경
        return innerSet.add(element)           //위임 메서드 호출
    }

    override fun addAll(elements: Collection<T>): Boolean {
        elementsAdded += elements.size         //속성 갱신
        return innerSet.addAll(elements)       //위임 메서드 호출
    }

    fun display() = innerSet                   //데이터 저장이 위임된 상태 확인
}

val counterList = CounterSetS<String>()        //객체 생성
counterList.addAll(listOf("A", "B", "C","D","E"))
println(counterList.elementsAdded)             //원소의 객체를 확인
println(counterList.display())                 //위임 클래스의 상태 확인
```

```
5
[A, B, C, D, E]
```

## 데이터 저장과 기능 관리를 분리한 클래스 위임

클래스 위임도 더 세부적으로 계층을 구조화할 수 있다. 위탁자는 전체를 관리하고 수탁자는 다시 데이터 저장을 추가로 분리해 사용하는 관계를 만들 수 있다.

□ 일반적으로 은행 계좌를 처리할 때 사용하는 클래스를 정의한다. 이 클래스를 사용해 입금과 출금을 처리해서 잔액을 확인한다.

```
class Account(val accno:Int,          // 하나의 계좌에서 계좌번호와 잔액관리
              var balance : Int) {
    fun deposite(amount:Int) {          //입금 메서드
        balance = balance +amount
    }
    fun withdraw(amount:Int) {          //출금 메서드
        balance = balance - amount
    }
}

val acc = Account(1,0)                  // 계좌 생성
acc.deposite(1000)                      //입금
println(acc.balance)
acc.withdraw(1000)                      //출금
println(acc.balance)
```

```
1000
0
```

□ 위의 클래스를 클래스 위임관계로 재구성하는 예제를 만든다.
□ 잔액을 관리하는 Balance 클래스를 정의한다.
□ 실제 위임관계를 하는 인터페이스를 정의한다. 입금과 출금 추상 메서드를 정의한다.
□ 수탁자 클래스 DWManager를 정의한다. 실제 잔액은 Balance 클래스의 객체로 저장한다.
□ 위탁자 클래스 Agreement를 정의한다. 생성자에 클래스 위임을 하는 객체를 상속한 인터페이스를 by 다음에 정의해서 위임관계를 처리한다.
□ 수탁자 객체, 잔액 관리 객체를 먼저 생성하고 위탁자 객체에서 잔액을 처리하도록 메서드를 호출한다.
□ 클래스 관계가 복잡하지만, 클래스별로 기능을 분리해서 처리할 수 있어서 이렇게 분리해서 구성했다.

```
class Balance(val accno : Int,          // 잔액관리 클래스
              var balance : Int)

interface Accoutable {                  // 입출금 처리인터페이스
    fun deposite(acc: Balance, amount:Int)
    fun withdraw(acc: Balance, amount:Int)
```

```
}

class DWManager : Accoutable {          //입출금을 구현한 클래스
    override fun deposite(acc: Balance,  //입금 메서드 구현
                    amount:Int) {
        acc.balance = acc.balance +amount
    }
    override fun withdraw(acc: Balance,  //출금 메서드 구현
                    amount:Int) {
        acc.balance = acc.balance - amount
    }
}

class Agreement(val accno : Int,        //계좌관리 클래스
            val dwmanager : Accoutable) :  //입출금관리 클래스
                Accoutable by dwmanager


val dwm = DWManager()                   //입출금관리 객체
val b = Balance(1,0)                    //잔액관리 객체
val a = Agreement(1,dwm)                //계약관리 객체

a.deposite(b, 1000)                     //입금 실행
println("계좌번호 :" + a.accno)
println("계좌번호 : ${b.accno} 잔액 : ${b.balance}")  //잔액 확인
a.withdraw(b, 500)
println("계좌번호 : ${b.accno} 잔액 : ${b.balance}")  //잔액 확인
```

```
계좌번호 :1
계좌번호 : 1 잔액 : 1000
계좌번호 : 1 잔액 : 500
```

## ◣ Mixin 패턴 처리

믹스인 패턴은 메서드만 가지는 여러 클래스를 하나의 클래스에서 상속해서 만든다. 단일 상속에 서는 인터페이스를 상속해서 클래스 내부에 메서드를 구현할 수 있지만, 위임을 사용해서 유사하게 처리해 본다.

- □ 클래스 위임을 처리하면서 잔액은 데이터 관리만 처리하므로 별도의 클래스로 정의한다. 그래서 잔액을 관리하는 Balance 클래스를 정의한다.
- □ 믹스인은 특정 기능 즉 메서드만 가지는 클래스를 만들어 처리한다. 그래서 입금과 출금을 별도의 인터페이스로 분리해서 정의하고 이 두 인터페이스를 각각의 클래스가 상속해서 구현했다.

CHAPTER 11

```
class Balance (val accno: Int, var balande : Int) {    //잔액을 관리하는 클래스
    override fun toString() =                           //잔액 출력
            "Balance(accno=$accno, balance=$balande )"
}

interface Deposiable {                                  //입금 처리 인터페이스
    fun deposite(balance : Balance,
                amount : Int)
}

class Deposite  : Deposiable {                          //입금 인터페이스를 구현한 클래스
    override fun deposite(balance : Balance,
                        amount : Int) {
        balance.balande += amount
    }
}

interface Withdrawable {                                //출금 처리 인터페이스
    fun withdraw(balance : Balance,
                amount : Int)
}

class Withdraw  : Withdrawable {                        //출금 인터페이스를 구현한 클래스
    override fun withdraw(balance : Balance,
                        amount : Int) {
        balance.balande -= amount
    }
}
```

□ 믹스인을 처리하려면 위탁자 클래스가 위의 두 수탁자 클래스를 상속해야 하지만 클래스 위임으로 처리하기 위해 속성으로 받고 인터페이스만 위탁자 클래스가 상속했다.

□ 위탁자 생성자에 두 개의 수탁자 객체를 전달해서 객체를 만든다. 잔액 객체도 만든다.

□ 입금과 출금 메서드를 실행한다. 기능과 데이터를 관리하는 부분을 명확히 나눠서 위임을 처리하는 것을 확인할 수 있다.

```
class Agreements(val accno : Int,                       //위임 처리 클래스 정의
                val with : Withdrawable,                //출금 처리
                val depo : Deposiable) :                //입금 처리
                    Withdrawable by with,               //출금입금 위임 처리
                    Deposiable  by depo {
```

```
}

val ag = Agreements(1,Withdraw(), Deposite())    // 계약관리 객체 생성
val bal = Balance(1,0)                            // 잔액관리 객체 생성

ag.deposite(bal,10000)                           // 입금 처리
println(bal)
ag.withdraw(bal,9000)                            // 출금 처리
println(bal)
```

Balance(accno=1, balance=10000 )
Balance(accno=1, balance=1000 )

# 02 속성 위임 알아보기

코틀린의 변수는 함수 내부나 문장의 코드 블록 내에 정의된 지역변수이다. 나머지는 변수가 아닌 속성이다. 속성은 게터와 세터 접근자를 정의해서 실제 변수를 참조하는 것이 아니라 메서드를 참조해서 처리하는 방식이다. 그래서 속성에도 위임을 처리할 수 있다.

## 속성 위임 규칙

- ☑ 클래스 위임에도 by 예약어를 사용했듯이 속성에도 by로 위임을 처리할 수 있다.
- ☑ 보통 코틀린 내부적으로 위임을 처리할 수 있는 notNull, vetoable, observable 메서드를 제공한다. 또한, 지연처리를 하는 lazy 함수도 사용할 수 있다.

## 속성 위임 정의

속성에 대한 위임은 속성을 사용할 때 특정 값을 세팅해서 처리하는 것이다. 이때 Delegates 객체의 notNull, observable, vetoable 를 사용한다.

### ◤ notNull 위임처리

Delegates object 내의 notNull 메서드를 사용해서 null 값이 들어가지 않도록 처리할 수 있다.
- □ 속성의 지연초기화는 lateinit 예약어로 처리할 수 있다. 이 방식에서는 정수와 실수 프리미티브가 사용되는 자료형은 지연초기화를 할 수 없다.
- □ 속성 위임을 by로 사용하고 Delegates.notNull 메서드를 사용하면 프리미티브도 위임을 통한 지연초기화가 가능하다.
- □ Delegates.notNull은 val 속성으로 지정할 때는 사용할 수 없다.
- □ 지연초기화 및 속성 위임으로 notNull을 처리해서 이 속성을 사용하기 전에 반드시 초깃값을

지정해서 처리한다.

```
import kotlin.properties.Delegates        // 코틀린 속성 지연 처리 object

lateinit var str : String                 // 최상위 속성 지연 초기화는 참조 객체만 가능
// lateinit var int : Int                  // 최상위 속성 지연 초기화할 때는 기본 자료형은 불가

var str1 : String by Delegates.notNull<String>()
var int1 : Int    by Delegates.notNull<Int>()

// val str2 : String by Delegates.notNull<String>()    // val은 재할당 금지라서 지연초기화 사용 못함
// val int2 : Int     by Delegates.notNull<Int>()       // val은 재할당 금지라서 지연초기화 사용 못함

str =" 초기화 처리 "                       // 초기화 처리
str1 = "초기화 처리 "
int1 = 100

println(" lateinit 처리 = $str ")         // 결과를 출력
println(" notNull String  처리 = $str1 ")
println(" notNull Int.   처리 = $int1 ")
```

```
 lateinit 처리 =  초기화 처리
 notNull String  처리 = 초기화 처리
 notNull Int.    처리 = 100
```

### ◤ 클래스 멤버인 속성의 지연초기화

클래스의 속성에도 notNull 메서드로 지연초기화 처리를 할 수 있다.

- □ 클래스 속성도 최상위 레벨 속성과 동일하게 var 속성에서 lateinit과 notNull 메서드로 지연 초기화할 수 있다.
- □ 두 개의 클래스를 정의한다. 두 클래스의 속성은 var로 정의했고 두 가지 지연초기화를 지정 했다.
- □ 클래스를 생성할 경우는 아직 초기화 값이 필요 없지만 메서드를 처리할 경우 속성을 참조하 므로 참조하기 전에 초기화 처리한다.

```
import kotlin.properties.Delegates        // 코틀린 속성 지연 처리 object

class Rectangle {                          // 클래스 작성
    lateinit var area: Area                // 속성 지연 초기화
    fun initArea(param: Area): Unit {      // 메서드를 작성해서 속성 초기화
        this.area = param                  // 속성 초기화 처리
```

```
        }
    }
}

class Area {
    var value: Int by Delegates.notNull<Int>()        // 속성 위임으로 지연 초기화
    constructor(value :Int) {                          // 부생성자를 사용해서 속성 초기화
        this.value = value * value
    }
}

val rectangle = Rectangle()                            // 객체 생성
rectangle.initArea(Area(10))                           // 초기화 처리
println(rectangle.area.value)                          // 초기화 결과 확인
```

```
100
```

## ◤ 속성 변경 관찰

속성 위임을 처리하면 이 속성이 변경되는 상태를 관찰할 수 있다.

- □ 최상위 속성을 정의한다. 이때 Delegates.obserable 메서드로 속성 위임을 처리한다. 람다표
  현식으로 현재 상태와 변경 상태를 처리하는 로직을 인자로 전달한다.
- □ 속성을 변경하면서 출력하면 변경 상태를 확인할 수 있다.

```
import kotlin.properties.Delegates              // 코틀린 속성 지연 처리 object

var observed = false
var max: Int by Delegates.observable(0) {       // 속성 변경 사항 관찰: 초깃값 처리
    _ , oldValue, newValue ->                    // 속성, 변경 전, 변경 후 3개 매개변수
    println("변경전 : $oldValue 변경후 : $newValue")   // 변경 값 출력
    observed = true                              // 변경 상태 변경
}

println(max)                                     // 조회
println("관찰상태 = ${observed}")                 // 현재 상태
max = 10                                         // 변경
println(max)
println("관찰상태 = ${observed}")                 // 변경 후 상태 확인
```

```
0
관찰상태 = false
변경전 : 0 변경후 : 10
10
관찰상태 = true
```

## ▋ 특정 조건이 일치할 때만 속성 위임 변경

속성 위임을 vetoable 메서드로 처리할 경우는 조건이 만족할 때만 속성값을 변경한다.

- □ 특정 값이 참일 경우에는 Delegates.vetoable 메서드로 속성 위임을 통해 값을 변경할 수 있다.
- □ 이 속성의 필드를 바꾸면 실제 짝수일 경우에만 값이 변경된다.

```kotlin
import kotlin.properties.Delegates           //코틀린 속성 지연 처리 object

var vetoableField: Int by Delegates.vetoable(0) { //변경 거부 여부
    _, old, new ->                           //속성, 변경 전, 변경 후 3개의 매개변수
    println(" 변경전 : $old, 변경후 : $new")  //변경 상태 확인
    new % 2 == 0                             //조건이 참인 경우 : 짝수 값일 경우만 갱신
}

println(vetoableField)
vetoableField = 1                            //홀수일 때는 변경되지 않음
println(vetoableField)
vetoableField = 2                            //짝수일 때만 값이 변경됨
println(vetoableField)
```

```
0
 변경전 : 0, 변경후 : 1
0
 변경전 : 0, 변경후 : 2
2
```

## ▋ 속성과 지역변수 지연초기화

속성 위임을 사용하는 지연처리는 val 속성과 val 변수에서 가능하다.

- □ 속성과 지역변수를 val로 정의할 때는 속성 위임을 lazy로 처리해서 지연초기화를 할 수 있다. 지연초기화시키는 lazy 함수는 람다표현식을 인자로 받아 실행된 값을 초깃값으로 처리한다.
- □ 최상위 속성에서 지연초기화를 처리한다. 람다표현식이 실행된 다음에 0을 초깃값으로 갱신한다.
- □ 클래스의 속성에는 람다표현식이 실행되면 초깃값이 세팅된다.
- □ 함수 내의 지역변수도 var는 lateinit, val은 by lazy로 지연초기화 처리를 할 수 있다.

```
val a :Int by lazy { 0 }                              //최상위 속성 val 지연 처리

class LazyVar {
    val lazya : String by lazy {"초기값"}             //클래스 내의 속성 val 지연 처리
    lateinit var lateb : String                       //클래스 내의 속성
}

println(a)
val lz = LazyVar()                                    //객체 생성

println(lz.lazya)                                     //val 지연은 처음 조회할 때 초깃값 처리
lz.lateb = "지연 초기화"                               //var 지연 처리 초기화
println(lz.lateb)                                     //갱신 값 확인
lz.lateb = "값 갱신 "                                  //var 값 갱신
println(lz.lateb)                                     //갱신 값 확인

fun func () {
    val lazya : String by lazy {"초기값"}             //지역변수 val 지연
    println(lz.lazya)                                 //접근 시 초기화

    lateinit var lateb : String                       //지역변수 var 지연
    lz.lateb = "지연 초기화"                           //var 초기화
    println(lz.lateb)
}

func()
```
```
0
초기값
지연 초기화
값 갱신
초기값
지연 초기화
```

## ◤ 맵 자료형을 사용한 속성 위임 처리

속성 위임을 map 객체에 저장하고 이 값을 초기화 값으로 활용할 수 있다.

- ▢ 클래스를 정의할 때 속성에 Map 객체를 받는다.
- ▢ 내부의 속성에 속성 위임을 by와 인자로 전달된 map을 지정한다.
- ▢ 이 클래스의 생성자의 인자로 맵을 전달한다. 이 맵을 생성할 때 속성 이름을 키로, 초기 값을 값으로 지정한다.

☐ 실제 속성에 접근하면 맵에 있는 값을 초깃값으로 처리한다.

```kotlin
class Person(val map: Map<String, Any?>) {   //클래스 정의
    val name: String by map                   //맵으로 위임 처리
    val age: Int by map }                     //맵으로 위임 처리


val user = Person(mapOf("name" to "문경욱",
                        "age" to 25 )) /      //맵의 키를 클래스 속성명과 동일하게 처리
println(user.name)                            //객체 이름 확인
println(user.age)                             //객체 나이 확인
```

문경욱
25


## ■ 맵으로 더 복잡한 위임 속성 처리

클래스의 속성으로 속성 위임의 초깃값을 처리할 수 있다. 또한, 속성에 객체가 들어오면 이 또한 속성 위임을 통해 초깃값을 처리할 수 있다.

☐ User 클래스를 정의해서 map으로 지연초기화한다.

☐ 이 User 클래스를 원소로 하는 다른 UserGroup 클래스를 만들어 클래스의 객체를 맵으로 지연초기화를 처리한다. 이때 속성으로 생기는 변수명을 맵의 키로 처리해야 한다.

☐ User 클래스의 초깃값을 처리하기 위해 맵을 만든다.

☐ 그다음에 UserGroup의 초깃값을 처리하기 위해 맵을 만들 때 User 객체를 생성해 전달한다.

☐ 이제 UserGroup이 객체를 생성한다. 각각 객체의 이름과 나이에 접근하면 맵의 값으로 초기화 처리가 되는 것을 볼 수 있다.

```kotlin
class User(val map: Map<String, Any?>) {      //클래스 생성
    val name: String by map                   //이름과 나이를 속성 위임
    val age: Int     by map
}

class UserGroup(val map: Map<String, Any?>) { //맵의 객체를 관리: 속성을 맵 관리
    val user1 : User by map
    val user2 : User by map
}

val user1 = mapOf("name" to "이용석", "age" to 45) //User 객체에 전달될 맵 생성
val user2 = mapOf("name" to "남궁성", "age" to 50)
```

```
val response = mapOf("user1" to User(user1),    // UserGroup 객체에 전달될 맵 생성
                     "user2" to User(user2))

val userResponse = UserGroup(response)          // 객체 생성
println(userResponse.user1.name)                // 객체 속성 참조: 맵에 저장된 것을 조회
println(userResponse.user1.age)
println(userResponse.user2.name)
println(userResponse.user2.age)
```

```
이용석
45
남궁성
50
```

## 클래스를 만들어 속성 위임 처리

코틀린에서 기본으로 제공하는 속성은 게터와 세터를 구성하는 방식을 별도의 클래스로 정의해 by 예약어에 객체를 생성해서 처리하는 구조이다.

### ■ 클래스를 정의해서 속성 위임하는 규칙

속성에 게터와 세터를 제공하는 방식을 클래스에 추가로 정의해서 만들 수 있다.

- 속성 위임 클래스를 정의한다.
- 이 클래스에 상태를 관리하는 비공개 속성을 정의한다.
- 게터와 세터에 해당하는 연산자를 정의한다. 보통 이름으로 조회하고 할당연산자로 갱신하는 것을 하나의 연산자로 보고 이에 해당하는 getValue와 setValue 메서드를 정의한다.
- 이 메서드는 기본으로 객체의 레퍼런스와 속성을 가진다. 속성은 리플렉션의 KProperty로 처리된다. set-Value는 갱신되는 value를 지정한다.

### ■ 속성을 위임하는 클래스 정의

클래스의 속성 정보를 위임한 클래스에서 관리하게 만들 수 있다. 먼저 일반 클래스를 정의해서 속성을 관리하는 방법을 알아본다.

□ 속성을 관리하는 Delegate 클래스를 정의하려면 게터와 세터를 작성하고 실제 상태를 관리하는 속성을 비공개로 정의한다.

□ 속성 위임을 맡기는 Bar 클래스를 정의한다. 이 클래스의 속성은 외부에 정의한 속성을 관리하는 Delegate 클래스의 객체를 할당한다. 이 클래스는 자체로 관리하는 속성도 추가하고 게터와 세터에 Delegate의 객체에 값을 처리하도록 변경한다.

□ Bar 클래스의 객체를 생성한다. 그리고 내부의 속성에 값을 갱신하고 조회한다. 그러면 Delegate에 정의된 메서드들의 실행되어 실제 값은 Delegate 클래스의 비공개 속성에 저장된다.

```kotlin
class Delegate {                              //위임 속성 처리
    private var value: String? = null         //속성값 저장용

    fun getValue_(): String {                 //조회
        return value ?: "초기값"               //널이면 초깃값 전달
    }

    fun setValue_(value: String) {            //갱신
        this.value = value                    //위임 속성 갱신
        println("속성 위임 갱신 ")
    }
}

class Bar {                                   //위임 관리 클래스 정의
    val del = Delegate()                      //위임 객체 임시 저장
    var p : String                            //위임 속성 처리
        get() = del.getValue_()               //위임 속성 조회
        set(value:String) =
                    del.setValue_(value)      //위임 속성 갱신
}

val b = Bar()                                 //객체 생성

println(b.p)                                  //속성 조회
b.p = "변경"                                   //위임 속성 갱신
println(b.p)                                  //속성 조회
```

초기값
속성 위임 갱신
변경

CHAPTER 11

## 게터와 세터 operator를 클래스에 정의해서 속성 위임

코틀린에서 속성은 게터와 세터가 연산자로 제공되므로 클래스에 정의해서 속성을 위임 처리할 수 있다.

- □ 리플렉션의 KProperty 클래스를 import 한다.
- □ 문자열을 저장하고 관리하는 DelegateSTR 클래스를 정의한다. 상태를 관리하는 속성은 비공개 처리했다. 게터와 세터는 연산자 오버로딩으로 getValue와 setValue를 정의한다. 이때 매개변수에 this 레퍼런스와 속성을 KProperty로 정의한다. 이 게터와 세터 연산이 잘 작동하는지 println을 작성해 출력한다.
- □ 이제 Foo클래스를 정의한 후에 속성을 정의하고 by 다음에 DelegateSTR 클래스의 객체를 생성해서 속성 위임 처리를 지정한다.
- □ Foo 객체를 만들어 속성을 갱신하고 조회하면 getValue와 setValue 메서드에 작성된 println 함수가 출력된다.

```kotlin
import kotlin.reflect.KProperty                        //속성 클래스

class DelegateSTR {                                     //속성 위임 클래스 정의
    private var value: String? = null                  //타 클래스의 속성값 관리
    operator fun getValue(thisRef: Any?,               //속성 조회 메서드
                    property: KProperty<*>): String {
        return """객체 참조 : $thisRef,
                |속성이름 : ${property.name},
                |속성값   : ${value}""".trimMargin()
    }

    operator fun setValue(thisRef: Any?,               //속성 갱신 메서드
                    property: KProperty<*>, value: String) {
        println("""객체 참조 : $thisRef,
                |속성이름 : ${property.name},
                |갱신값 : $value """.trimMargin())
        this.value = value
    }
}

class Foo {                                             //클래스 정의
    var p : String by DelegateSTR()                    //속성 위임 객체 전달
}

val f = Foo()                                           //객체 생성
println("객체 참조 : $f ")
println(f.p)                                            //객체 조회
```

```
f.p = "속성위임값 변경"                                    //속성 갱신
println(f.p)                                             //객체 조회
```

```
객체 참조 : Line_1$Foo@50ca4cc9
객체 참조 : Line_1$Foo@50ca4cc9,
속성이름 : p,
속성값   : null
객체 참조 : Line_1$Foo@50ca4cc9,
속성이름 : p,
갱신값 : 속성위임값 변경
객체 참조 : Line_1$Foo@50ca4cc9,
속성이름 : p,
속성값   : 속성위임값 변경
```

## ◤ 여러 자료형의 속성 위임 처리

속성 위임을 처리하는 여러 자료형의 클래스를 정의하고 이 클래스의 객체를 속성에 할당해서 많은 속성 위임을 처리할 수 있다.

- □ 리플렉션의 속성을 사용하기 위해 import 한다.
- □ 속성 위임을 위해 문자열 DelegateStr, 정수 DelegateInt 클래스를 정의한다. 내부에 정의하는 게터와 세터 방식은 거의 유사하고 자료형만 다르게 지정해준다.
- □ 속성 위임을 하는 Foo_ 클래스를 정의한다. 이 클래스에는 문자열 자료형을 가진 속성 1개와 정수 자료형을 가진 속성 2개를 지정한다.
- □ 객체를 만들고 이 3개의 속성을 갱신하고 조회한다. 처리되는 결과를 확인하면 속성 위임이 잘 처리되는 것을 알 수 있다.

```
import kotlin.reflect.KProperty                          //속성 클래스

class DelegateStr {                                      //문자열 관리 속성 위임
    private var value: String? = null
    operator fun getValue(thisRef: Any?,
                property: KProperty<*>): String {
        return value ?: ""  }
    operator fun setValue(thisRef: Any?,
                property: KProperty<*>, value: String) {
        this.value = value  }
}
class DelegateInt {                                      //정수 관리 속성 위임
    private var value: Int? = null
```

```
     operator fun getValue(thisRef: Any?,
                property: KProperty<*>): Int {
         return value ?: 0  }
     operator fun setValue(thisRef: Any?,
                property: KProperty<*>, value: Int) {
         this.value = value  }
}
class Foo_ {                                        //클래스 정의
    var p : String by DelegateStr()                //문자열 속성 위임
    var i : Int by DelegateInt()                   //정수 속성 위임
    var x : Int by DelegateInt()
}

val ff = Foo_()                                    //객체 생성

println(ff.p );ff.p = "재할당";println(ff.p );      //문자열 변경
println(ff.i);ff.i = 100;println(ff.i)            //정수 변경
println(ff.x);ff.x = 444; println(ff.x);         //정수 변경
```

```
재할당
0
100
0
444
```

CHAPTER **12**

## 제네릭 알아보기

지금까지는 대부분 자료형인 클래스나 인터페이스를 명기해서 함수나 클래스 등을 정의했다. 이제부터는 임의의 자료형을 지정하고 실제 호출할 때 자료형을 지정하는 방식인 제네릭으로 정의한다.

제네릭은 타입 매개변수를 지정해서 임의로 작성하고 호출할 때 타입 인자를 전달해서 처리하는 방식이다. 제네릭을 사용하면 함수나 클래스 등을 더 일반화해서 실제 실행할 때 자료형을 확정해서 처리할 수 있다. 그동안 배운 것을 더 일반화해서 구성하는 제네릭 방법을 알아본다.

1. 제네릭 알아보기
2. 변성 알아보기
3. 리플렉션 알아보기
4. 애노테이션 알아보기

# 01 제네릭 알아보기

자료형을 명기하면서 함수, 클래스, 인터페이스 등을 작성했었다. 이제 함수, 클래스, 인터페이스 등에 일반 문자로 자료형을 표시해서 더 일반화해 처리하는 방식인 제네릭(Generic)을 알아본다.

## 제네릭 처리 기준

제네릭의 핵심은 자료형을 특정 문자로 지정해서 타입 매개변수와 타입 인자로 사용하는 것이다. 함수와 클래스 등을 제네릭으로 사용하면 일반화 함수나 클래스로 정의할 수 있어서 사용 시점에 다양한 자료형을 처리해서 사용할 수 있다.

### ◀ 자료형을 일반화하여 정의하기

함수, 클래스, 인터페이스 등에 일반화할 자료형에 대해 문자로 타입 매개변수를 지정한다. 실제 사용할 때 타입 인자로 필요한 자료형을 전달해서 사용한다.

- 타입 매개변수(Type Parameter): 클래스나 함수의 자료형을 임의의 문자로 지정해서 컴파일 타임에 자료형 점검을 할 때 사용한다.
- 타입 인자(Type Argument): 객체 생성, 함수 호출할 때 실제 자료형을 지정해서 정해진 임의의 타입을 실제 타입으로 변경한다.

### ◀ 제네릭 구성 가능 여부

다양한 자료형을 반영해서 반복적인 구현이 필요한 곳을 일반화하지만, 일부 제약사항도 있다.

- 제네릭을 구성할 수 있는 것은 함수, 클래스, 추상 클래스, 인터페이스, 확장함수, 확장 속성이다.
- 제네릭을 구성할 수 없는 것은 하나의 객체만 만드는 object 정의, 동반 객체, object 표현식이다. 하나의 객체만 만들므로 특별히 일반화할 필요가 없기 때문이다.
- 클래스와 object 내의 멤버는 별도의 제네릭으로 만들 수 없다.

### ▶ 타입 매개변수와 타입 인자를 지정하는 위치

- 타입 매개변수와 타입 꺾쇠괄호 안에 하나 이상 정의할 수 있다. 타입 매개변수는 영어 대문자로 표시한다. 보통 T, R, P, U을 사용한다.
- 함수, 확장함수, 확장속성은 fun, val/var 다음에 꺾쇠괄호를 사용해서 타입 매개변수를 작성한다.
- 클래스, 인터페이스, 추상 클래스는 이름 다음에 꺾쇠괄호를 사용해서 타입 매개변수를 작성한다.
- 함수는 호출할 때 타입 인자를 지정하고 확장속성은 값을 할당한다.
- 클래스는 객체를 생성할 때 타입 인자를 지정한다.
- 추상 클래스와 인터페이스는 객체를 생성하지 못하므로 클래스가 상속할 때 타입 인자를 위임호출 처리해야 한다.
- 대부분은 타입 인자를 지정하지 않아도 명시적인 타입 추론으로 자동으로 타입 인자를 유추한다.

### ▶ 타입 매개변수 처리 기준

프로그램 언어의 타입 시스템은 보통 상속관계를 기반으로 만들어진다. 그래서 상위 클래스나 상위 인터페이스를 자료형으로 지정하면 하위 클래스의 객체가 할당된다. 반대는 예외를 처리한다. 그러면 임의의 타입인 타입 매개변수는 어떻게 처리하는지 알아 본다.

- 타입 매개변수는 임의의 문자로 작성해서 일반적으로 하나의 자료형만 처리한다.
- 임의의 자료형을 처리하면 타입 매개변수에 상한 바운드(Upper bound)를 지정할 수 있다. 여러 개가 필요하면 where 구문을 작성해서 여러 타입을 받을 수 있다.
- 타입 매개변수를 상속관계나 역상속관계를 처리하려면 변성(variance)을 추가로 지정해야 한다.

## 제네릭 함수

함수의 매개변수와 반환자료형의 타입을 일반 문자로 지정해서 정의할 수 있다. 이런 일반화한 함수를 제네릭 함수라고 한다. 실제 함수가 호출될 때 해당 자료형을 인자로 지정하면 해당 자료형의 함수를 호출한 결과를 반환한다.

### ▶ 제네릭 함수 정의

그동안 동일한 이름으로 매개변수를 다르게 처리하는 함수 오버로딩을 알아봤다. 제네릭 함수는 동일한 매개변수이지만 각각 자료형이 다를 경우 더 효과가 있다.

- 제네릭 함수는 fun 예약어와 함수명 사이에 꺾쇠괄호를 사용해서 타입 매개변수와 타입 인자에 사용할 자료형을 문자로 정의한다. 꺾쇠괄호 사이에 하나의 문자로 타입 매개변수를 지정해서 매개변수와 반환자료형이 동일한 것을 알 수 있다.

- 이 제네릭 함수를 호출할 때는 함수명과 호출연산자 사이에 타입 인자를 꺾쇠괄호 사이에 지정한다. 이 타입인자와 함수의 인자의 자료형이 동일하면 함수는 잘 실행된다. 타입 인자도 함수의 인자로 타입추론이 가능하면 생략할 수 있다.

- 매개변수가 다른 add 함수를 두 개 정의한다. 이것을 함수 오버로딩이라고 한다. 이 두 함수를 실행한다.

- 매개변수와 반환값이 같은 함수를 제네릭 함수로 정의하면 함수를 하나만 작성할 수 있다. 대신 자료형을 일반화해서 컴파일 시점에 연산자를 처리할 수 없다. 이런 연산자 처리를 대신하는 함수를 매개변수로 지정해서 처리한다.

- 이 제네릭 함수에 타입 인자를 전달해 실행하거나 명확히 타입추론이 가능한 경우 별도의 타입 인자를 지정할 필요가 없다.

```
fun <타입> 함수명(매개변수1 : 타입,
             매개변수2: 타입) : String {        //제네릭 함수 정의
    return "매개변수1 = $매개변수1, 매개변수2 = $매개변수2" //반환 값 처리
}

println(함수명<String>("황후순", "이재석"))
                                              //함수 오버로딩 작성
fun add(x:Int, y: Int) = x+y                  //정수 매개변수 함수 정의
fun add(x:Double, y: Double) = x+y            //더블 매개변수 함수 정의

println(add(10,10))                           //함수 실행
println(add(10.0,10.0))                       //함수 실행
                                              //두 개의 함수를 제네릭으로 하나로 통합
fun <T> add1(x:T, y : T, op : (T,T)->T) : T   //함수 자료형을 제네릭으로 처리
                        = op(x,y)             //연산자가 실행되지 않아 전달되는 함수로 실행

println(add1<Int>(10,10,{x,y ->x+y}))         //타입 인자 Int 전달과 람다표현식으로 함수 전달
println(add1(10.0,10.0,{x,y ->x+y}))          //타입 추론이 가능해서 타입 인자 미전달
```

```
매개변수1 = 황후순, 매개변수2 = 이재석
20
20.0
20
20.0
```

## 타입 매개변수의 매개변수와 반환 자료형 분리

제네릭 함수를 정의하다 보면 입력과 반환하는 결과가 다른 자료형일 때가 많다. 그래서 반환하는 자료형을 분리해서 타입 매개변수를 지정한다. 보통 반환 자료형의 타입 매개변수는 R로 표시한다.

- 제네릭 함수를 정의할 때 매개변수 자료형과 반환 자료형을 분리해서 2개의 타입 매개변수를 정의한다.
- 이 제네릭 함수를 실행할 때 타입추론으로 매개변수와 반환 자료형을 인식하므로 예외 없이 처리한다.
- 다른 sum 함수를 제네릭 함수로 정의한다. 매개변수 자료형은 T이고 반환 자료형은 R을 사용했다. 실제 타입 매개변수는 임의의 영어 대문자를 사용한다.
- 제네릭 함수에서 연산자를 사용하지 못하므로 함수를 매개변수로 전달받았다. 이 함수 자료형도 타입 매개변수로 정의한다. 두 개의 매개변수를 가져서 타입 매개변수를 2개 처리했고 함수의 반환 자료형도 표시했다. 반환값은 전달된 함수를 실행한다.
- 이 제네릭 함수에 인자로 정수 2개와 람다표현식을 전달해서 함수를 실행한다.
- 실행한 결과를 보면 두 정수를 덧셈한 결과가 나오는 것을 알 수 있다.

```
fun <매개변수타입, 반환타입>
    함수명(x:매개변수타입,                    //두 개의 타입 매개변수를 가지는 함수
        y:매개변수타입,                       //매개변수와 반환 타입을 별도로 처리
        op:(매개변수타입, 매개변수타입) -> 반환타입) : 반환타입 {
    return op(x,y)                            //전달된 함수의 반환 타입이 전체 반환 타입

}
println(함수명(100, 200 ) {x,y-> x+y})

                                             //매개변수 타입을 분리 표현
fun <T,R> sum(x: T, y:T ,
            op:(T,T) -> R ) : R {            //두 개의 타입 매개변수 하나는 매개변수
    return op(x,y)                           //하나는 반환 값 처리
}
println(sum(100, 200 ) {x,y-> x+y})          //함수 실행
```

```
300
300
```

## 함수 반환을 함수 자료형으로 처리할 때 타입 매개변수 사용

함수를 실행해서 반환된 결과가 함수일 경우 함수 자료형을 반환 자료형에 지정한다. 제네릭 함수일 때는 함수 자료형에 매개변수, 반환 자료형에 타입 매개변수를 지정할 수 있다.

CHAPTER 12

□ 제네릭 함수의 반환 자료형을 함수 자료형으로 처리한다. 반환 자료형은 매개변수가 없고 함수의 반환 자료형만 있다. 이 제네릭 함수는 람다표현식을 반환한다.

□ 타입 매개변수를 T로 하고 제네릭 함수 func1을 정의한다. 매개변수에 타입 매개변수를 자료형으로 지정했다. 이 제네릭 함수의 반환 자료형을 함수 자료형으로 지정했다. 이 함수 자료형의 반환 자료형은 타입 매개변수이다.

□ 이 함수를 실행하면 전달된 값을 그대로 출력한다.

```kotlin
fun <타입> 함수명(value : 타입) : ()-> 타입 = {      //함수를 반환하는 제네릭 함수
    println("람다표현식 1")                          //람다표현식으로 반환
    value                                          //마지막 값이 반환 값
}
println(함수명<Int>(1111)())

fun <T> func1(value : T) : () -> T = {              //함수 자료형 지정
    println("람다표현시 2")
    value                                          //람다표현식을 반환
}

println(func1(1111)())                              //함수를 연속으로 실행
```

```
람다표현식 1
1111
람다표현시 2
1111
```

## ■ 타입 매개변수와 반환 자료형을 분리

타입 매개변수를 2개로 분리해서 매개변수의 자료형과 반환 자료형을 분리한다.

□ 2개의 타입 매개변수를 지정했다. 하나는 매개변수에 지정하고 다른 하나는 반환 자료형에 사용한다.

□ 이 제네릭 함수는 두 개의 매개변수와 하나의 함수를 전달받아 다시 매개변수가 없는 함수를 반환했다. 두 개의 타입 인자와 람다표현식을 전달해 함수를 실행하면 람다표현식을 반환해서 다시 한번 더 실행해서 결과를 확인한다.

□ 제네릭 함수 func의 타입 매개변수는 <T,R>이다. T는 매개변수 자료형, R은 반환 자료형을 지정했다. 연산자를 처리하지 못하므로 연산자 처리를 함수로 처리하도록 매개변수에 함수를 정의했고 이 함수를 다시 람다표현식으로 묶어서 함수를 반환한다.

□ 이 func 함수의 타입 인자를 <Int, Int>로 지정했고 람다표현식은 두 수를 곱셈한다. 함수를

실행해서 변수에 할당하면 람다표현식이 할당된다. 이 변수에 있는 함수를 다시 실행해야 계산된 결과를 반환한다.

```
fun <타입, 반환타입> 함수명(val1 : 타입, val2 :타입,        //입력 매개변수와 반환자료형 분리
                op : (타입, 타입) -> 반환타입            //반환자료형 처리를 위한 함수 전달
        ) : ()-> 반환타입  {                          //함수를 반환하는 제네릭 함수
    return { op(val1,val2)  }                       //함수를 실행하는 람다표현식 반환
}

val rval1 = 함수명<Int,Int>(100,100,{x,y-> x * y})   //타입 인자로 2개 전달 함수의
                                                     //두 인자 전달, 람다표현식 전달

println(rval1())                                     //함수 실행

fun <T,R> func(val1 : T, val2:T, op:(T,T) -> R ) :   //함수를 매개변수로 받음
                                () -> R {            //함수 반환
    return { op(val1,val2)  }
}

val rval2 = func<Int,Int>(100,100,{x,y-> x * y})     //타입 인자로 2개 전달 함수의
                                                     //두 인자 전달, 람다표현식 전달

println(rval2())                                     //함수 실행
```

```
10000
10000
```

### ◤ 타입 매개변수에 특정 자료형을 제한하기

제네릭 함수의 타입 매개변수에 특정 자료형으로 처리하도록 제한할 수 있다. 제한은 콜론을 붙인 후에 특정 자료형을 적는다. 이 타입 매개변수는 지정된 자료형과 그 하위 자료형만 타입 인자로 처리할 수 있다.

□ 제네릭 함수 sumA의 타입 매개변수 <T : Number>를 Number로 제한한다. 이제 이 타입은 상한이 걸려서 Number와 그 하위 자료형만 타입 인자에 지정할 수 있다.

□ 이 제네릭 함수는 정수나 실수 등 Number의 하위 자료형을 인자로 전달해 실행하면 아무 예외 없이 결괏값을 반환한다. 이 함수에 문자열을 인자로 전달하면 예외가 발생한다.

□ 타입 제한이 두 개인 sumB 함수를 정의한다. 타입 제한이 두 개일 때는 타입 매개변수에 표시하지 않고, 반환 자료형 다음에 where를 사용해 타입 제한을 쉼표로 구분해서 작성한다. 이제 타입 제한은 숫자이고 비교할 수 있어야 한다. 즉 두 개의 제한이 참일 경우만 이 제한의

범위이다.

- 이 sumB 함수를 정수와 실수를 인자를 전달해서 실행하면 결과를 반환한다.
- 제네릭 함수 suffix를 지정한다. 이번에도 2개의 제한을 where 다음에 붙인다. 하나는 Char-Sequence, 다른 하나는 Appendable이다. 가변문자열이 StringBuilder로 문자열을 만들어 이 함수의 인자로 전달하면 접미사로 결합한다.

```
fun <T : Number>  sumA(x: T, y : T,              //타입 매개변수에 타입 제한 처리
                    action : (T,T) ->T) : T {    //숫자 자료형만 처리 가능
    return action(x,y)
}
println(sumA(100,200,{x,y -> x+y}))
println(sumA(100.1,200.1,{x,y -> x+y}))

//println(sumA("봄여름","가을겨울",{x,y -> "$x $y"}))    //자료형 제한으로 오류

fun <T>  sumB(x: T, y : T,                       //타입 매개변수에 타입 제한 처리
         action : (T,T) ->T):T  where T : Number,
                                 T : Comparable<T>  {
    return action(x,y)
}
println(sumB(100,200,{x,y -> x+y}))
println(sumB(100.1,200.1,{x,y -> x+y}))

fun <T> suffix(str:T) where T: CharSequence,    //타입 매개변수에 대한 제한
                         T: Appendable  {       //문자 시퀀스와 추가가 가능
    str.append("코틀린")                          //추가 메서드 처리
}
var name = StringBuilder("사랑하자!! ")          //갱신 가능한 문자열 빌더 객체 만들기
suffix(name)                                     //함수 호출해서 문자열 추가
println(name)                                    //확인
```

300
300.2
300
300.2
사랑하자!! 코틀린

## 1.3

# 제네릭 확장함수와 제네릭 확장속성

확장함수 작성도 일반화해서 제네릭 함수로 정의한다. 확장속성도 일반화해서 다양한 클래스에서 사용할 수 있으면 좋다. 하지만 일반화를 너무 많이 사용하는 것보다는 클래스를 정의할 때 속성 과 메서드를 적절하게 만드는 것이 유리하다. 이런 점을 잘 이해하고 작성하는 연습을 해야 한다.

### ▶ 제네릭으로 확장하기

- 제네릭 확장함수(generic extension function): 제네릭 확장함수를 사용하면 클래스의 상속관계에 따라 다양한 객체에서 확장함수를 사용할 수 있다.
- 제네릭 확장속성(generic extension property): 제네릭 확장속성도 다양한 클래스의 속성으로 사용할 수 있다. 주의해야 할 것은 클래스의 속성에 있는 배킹필드를 사용할 수 없다는 점이다. 그래서 특히 더 주의해서 사용해야 한다.

### ▶ 타입 매개변수를 사용해서 확장함수 만들기

확장함수를 제네릭 확장함수로 변환할 때는 실제 클래스 이름 대신 타입 매개변수의 이름으로 리시버를 지정하고 함수의 매개변수나 반환자료형을 타입 매개변수로 지정한다.

- 확장함수 표기법은 함수 이름 앞에 자료형을 붙이고 점을 찍은 다음에 함수명을 사용하는 것이다. 한글로 타입 매개변수를 지정해서 작성했다.
- 이 확장함수를 정수나 실수 등에 사용할 수 있다. 람다표현식 내의 **it**은 매개변수가 하나여서 내부적으로 제공하는 예약어이다. 람다표현식은 두 수를 곱하거나 더하므로 이 확장함수를 실행한 결과는 람다표현식의 결과와 같다.
- 이제 **map**이라는 확장함수를 정의하고 동일하게 처리해본다.

```
fun <타입> 타입.맵(block : (타입) -> 타입 )  : 타입 {  //매개변수에 함수 추가
    return block(this)                          //전달받은 함수를 실행: 인자로 리시버 객체
}

println(11.맵 { it * it})                        //확장함수 실행
println((100.0).맵 {it + it })

fun <T> T.map(block :(T)->T) : T {              //함수 표현식으로 내부 계산
    return block(this)                          //숫자 자료형일 경우는 this가 숫자값
```

```
}
println(11.map { it * it})                        // 확장함수 실행
println((100.0).map {it + it })
```

```
121
200.0
121
200.0
```

◤ 타입 매개변수를 매개변수 자료형과 반환 자료형으로 분리

타입 매개변수를 2개로 지정해서 확장함수와 매개변수의 자료형을 지정하고 나머지는 반환 자료형을 지정한다.

- □ 타입 매개변수를 2개 지정한다. 하나는 매개변수에 자료형으로 지정하고 다른 하나는 함수 자료형의 반환 자료형이나 이 확장함수의 반환 자료형에 표시한다. 전달된 함수를 실행할 때 리시버 객체를 전달한다.
- □ 이 함수를 실행하면 정수와 실수를 처리한 결과를 반환한다.
- □ 확장함수 double을 정의할 때도 두 개의 타입 매개변수를 지정했다. 이 확장함수를 호출하면서 타입 인자를 전달하지 않았지만, 리시버 객체를 보고 타입추론을 할 수 있다. 확장함수를 실행한 결과가 람다표현식이 실행된 결과인 것을 알 수 있다.

```
fun <타입,반환> 타입.맵(block:(타입)-> 반환):반환 { // 타입매개변수로 매개변수,반환자료형 처리
    return block(this)                          // 전달받은 함수를 실행: 인자로 리시버 객체
}

println(111.맵 { it * it})                        // 확장함수 실행
println((1000.0).맵 {it + it })

fun <T,R> T.double(action :(T)->R) :R {          // 두 개의 타입 매개변수 사용
    return action(this)
}

println(111.double {it * it})                     // 확장함수 실행
println((1000.0).double {it * it})
```

```
12321
2000.0
12321
1000000.0
```

### ▌함수 자료형에 제네릭 확장함수 만들기

함수 자료형도 제네릭으로 정의하고 이를 리시버 클래스로 지정해서 확장함수를 정의할 수 있다.
이렇게 정의된 확장함수는 모든 함수에서 사용이 가능하다.

- □ 확장함수 compose를 작성할 때 타입 매개변수 3개를 지정했다. 두 개는 매개변수 자료형으로 사용하고 하나는 반환 자료형으로 사용한다. 이 확장함수는 infix로 지정해서 점연산을 사용하지 않고 연산자처럼 사용할 수 있다.

- □ 이 확장함수는 함수 자료형의 확장함수이고 매개변수로 함수를 받는다. 반환 자료형도 함수 자료형이다. 그래서 내부 로직을 보면 람다표현식으로 두 함수를 결합한다. 이런 함수를 합성함수라고 한다.

- □ 확장함수 then도 3개의 타입 매개변수를 가진다. 이번에는 하나의 매개변수 자료형과 2개의 반환 자료형으로 지정한다.

- □ 이 then도 함수 자료형의 확장함수로 정의하고 매개변수에 함수 자료형을 지정한다. 반환 자료형도 함수 자료형이다. 그래서 내부 로직은 람다표현식으로 두 함수를 하나의 함수로 결합한 합성함수를 만든다.

- □ 동일한 매개변수 자료형과 반환 자료형을 가진 람다표현식을 2개 정의한다. 첫 번째 함수를 두 번째 함수로 결합하는 compose 확장함수로 합성했다. 그리고 이 함수를 실행한 결과를 확인한다.

- □ 반대 방향으로 처리하는 then은 여러분들이 직접 작성해보자.

```
infix fun <P1, P2, R>                          // 함수 자료형에 확장함수 추가하기
                                               // 매개변수 2개와 반환자료형 1개를 타입매개변수로 지정
   ((P1) -> R).compose(f: (P2) -> P1):         // 1개의 매개변수를 받아 반환하는 함수자료형
                                               // 정의하고 확장함수 추가
                              (P2) -> R {       // 2개의 함수를 하나의 함수로 반환
      return { p1: P2 -> this(f(p1)) }         // 순방향으로 함수 합성
}
                                               // 함수자료형에 확장함수 추가
infix fun <P1, R1, R2>                         // 1개 매개변수와 2개의 반환자료형을
                                               // 타입매개변수로 지정
      ((P1) -> R1).then(f: (R1) -> R2):        // 함수자료형에 확장함수 추가
                              (P1) -> R2 {      // 2개의 함수를 하나의 함수로 반환
      return { p1: P1 -> f(this(p1)) }         // 순방향으로 함수 합성
}

val plus2: (Int) -> Int  = { it + 2 }          // 람다표현식 변수 할당
```

```
val times3: (Int) -> Int = { it * 3 }                    //람다표현식 변수 할당

val times3plus2 = plus2 compose times3

println(times3plus2(3))                                  //함수 실행
println(times3plus2(3) == 11)
println(times3plus2(4))
println(times3plus2(4) == 14)                            //역방향으로 함수 실행
```

```
11
true
14
true
```

## ◼ 제네릭 확장속성 만들기

클래스에 필요한 속성을 확장할 수 있다. 제네릭 확장함수처럼 제네릭 확장속성을 활용하는 방식을 알아본다.

- □ 제네릭 View 클래스를 정의하고 lateinit 속성에 타입 매개변수를 지정해서 지연초기화 처리를 했다.
- □ 확장속성도 타입 매개변수를 지정하고 View 클래스의 확장속성을 정의한다. 확장속성의 게터와 세터를 정의할 때 클래스 내의 속성을 사용한다. 배킹필드가 없으니 기존 클래스 등의 속성을 활용해서 정의할 수 있다.
- □ 클래스로 객체를 생성할 때 타입 인자로 문자열을 지정해서 객체를 만들었다. 확장속성에 값을 할당하면 클래스 속성에 값을 갱신한다. 그리고 확장속성을 조회하면 클래스 내의 속성값을 가져온다.

```
class View<T:Any> {                       //제네릭 클래스 정의: 지연 초기화는 널러블 불가해서 제한
    lateinit var position : T             //지연 초기화
}

var <T:Any> View<T>.newPosition: T        //제네릭 확장 속성 정의
    get() {                               //확장 속성에는 배킹 필드가 없다.
        return position                   //지연 초기화 검색
    }
    set(value) {                          //지연 초기화 갱신
        this.position=value
    }
```

```
val v = View<String>()              //객체 생성
v.newPosition = "가을"               //사용하기 전에 지연 초기화 처리
println(v.newPosition)               //조회
```

가을

## 제네릭 클래스

클래스도 속성과 메서드의 자료형을 일반화하면 다양한 클래스로 객체를 생성하는 효과가 있다. 이렇게 만드는 클래스를 제네릭 클래스라고 한다. 제네릭 클래스에 지정한 타입 매개변수는 속성의 자료형이나 메서드의 매개변수 또는 반환 자료형에 사용한다.

### ◤ 제네릭 클래스 정의 규칙

- 클래스명 다음에 꺾쇠괄호 안에 문자로 타입 매개변수를 지정한다.
- 타입 매개변수는 매개변수, 속성, 메서드에 지정할 수 있다.
- 컴파일 타임에는 임의의 자료형을 반영한다. 이는 특정 클래스에 대한 정보가 없고 실제 실행될 때 이 자료형의 정보를 전달해야 한다.
- 타입 인자는 타입 매개변수에 실제 자료형을 매칭시켜 런타임에는 명시적인 자료형으로 처리할 수 있다.

### ◤ 제네릭 클래스로 변환

일반 클래스는 속성, 메서드의 매개변수나 반환 자료형을 명시해 클래스나 인터페이스로 자료형을 확정한다. 하지만 제네릭 클래스는 이런 자료형을 일반화해서 실제 객체를 만들 때 자료형을 타입 인자로 받아 자료형을 확정하므로 더 다양한 객체를 만들 수 있다.

- Company란 일반 클래스를 정의한다. 주 생성자의 매개변수는 문자열 자료형이다. 내부의 속성은 주 생성자의 매개변수를 할당하고 초기화 블록에서는 이 속성을 출력한다.
- 이 일반 클래스로 객체를 만든다.
- 이제 이 일반 클래스를 여러 자료형이 사용할 수 있는 제네릭 클래스로 바꿔본다. 클래스 이름 다음에 꺾쇠괄호를 사용해서 타입 매개변수를 문자로 지정한다. 이 클래스 내부의 주 생성

자의 매개변수 자료형도 이 타입 매개변수로 지정한다.

▫ 이 제네릭 클래스로 객체를 만들 때 타입 인자를 전달해서 객체를 만든다. 내부 속성이 타입 인자에 따라 속성의 자료형이 변하는 것을 알 수 있다. 제네릭 클래스로 정의하면 타입 인자에 따라 다양한 종류의 객체를 만들 수 있다.

```kotlin
class Company (text: String) {          //일반 클래스 정의. 주 생성자는 매개변수 처리
    var x = text                        //속성 정의
    init{                               //초기화 블록 처리
        println("초기화 => "+x)
    }
}

val com1 : Company = Company("인공지능")  //객체 생성
val com2 : Company = Company("12")

class Company1<T> (text : T){            //제네릭 클래스 정의와 매개변수 타입 지정
    var x = text
    init{
        println("초기화 => " + x)
    }
}

var com3 = Company1<String>("인공지능")   //문자열 자료형의 객체 생성
var com4 = Company1<Int>(12)            //정수 자료형의 객체 생성
```

초기화 => 인공지능
초기화 => 12
초기화 => 인공지능
초기화 => 12

### ▌ 제네릭 클래스 만들기

클래스의 속성에 하나의 자료형만 지정할 수 있다. 이 속성을 일반화하면 객체를 생성할 때마다 다른 자료형을 지정해서 처리할 수 있다.

▫ 제네릭 MyClass 클래스를 정의한다. 이 클래스에 속성만 하나 정의한다. 타입 매개변수를 속성의 자료형으로 지정한다.

▫ 이 제네릭 클래스에 타입 인자로 문자열을 지정해서 객체를 만들 수 있고 타입추론이 가능하므로 생성자의 인자인 문자열로 타입 인자 추론이 가능하다.

▫ 타입 매개변수를 2개 정의한 제네릭 Person 클래스를 정의한다. 이 제네릭 클래스는 속성이

2개이다. 두 자료형을 다르게 지정했다. 타입 매개변수의 문자는 타입 인자로 들어오는 실자료형을 대체하는 임시적인 문자일 뿐이다.

▫ 이 제네릭 클래스에 이 속성을 조회하는 두 개의 메서드를 정의했다. 속성에 맞는 자료형을 반환 자료형으로 지정한다.

▫ 객체를 생성할 때 타입 인자를 두 개 지정해서 객체를 생성한다. 인자를 지정하면 타입추론이 가능하므로 타입 인자를 지정할 필요가 없다.

```
class MyClass<T>(val name: T)                        // 매개변수에 정의

val my : MyClass<String> = MyClass<String>("제너릭 클래스") // 객체 생성
val my1 = MyClass("제너릭 클래스")

println(my.name)
println(my1.name)

class Person<T, K>(val name: T, val age: K) {
    fun getName_(): T {                              // 반환 타입 지정
        return this.name
    }
    fun getAge_() : K {                              // 반환 타입 지정
        return this.age
    }
}

val p = Person<String,Int>("사람1", 33)              // 객체 생성
println("이름 ${p.getName_()} 나이 ${p.getAge_()}")
```

```
제너릭 클래스
제너릭 클래스
이름 사람1 나이 33
```

## ▌ 타입 매개변수는 기본 널러블 자료형이다.

제네릭 클래스의 타입 매개변수는 기본으로 널러블 자료형이다. 실제 널러블 자료형으로 처리가 가능한지 알아본다.

▫ 제네릭 Number_ 클래스를 정의한다. 내부에는 하나의 메서드가 있고 이 메서드는 하나의 매개변수가 있다. 매개변수에 널이 들어올 수 있어 안전연산을 사용해서 널이면 널로 처리하고 널이 아니면 객체의 hashCode를 출력한다. 그래서 이 메서드의 반환 자료형은 정수와 널을 다 처리하는 널러블 Int로 지정한다.

▫ 이제 널이 가능하므로 널러블 정수형으로 타입 인자를 지정해서 객체를 생성한다. 그리고 메서드에 정수와 널을 넣고 처리한다. 널러블을 처리해서 아무런 예외는 발생하지 않는다.

▫ 빈 클래스 AAA를 정의하고 이 제네릭 클래스의 타입 인자로 전달했다. 생성된 객체를 사용해서 메서드에 AAA 클래스의 객체를 전달하면 해시코드가 출력되는 것을 알 수 있다.

```
class Number_<T> {                       //타입 매개변수는 널러블까지 처리
    fun process(value: T) : Int? {       //메서드 매개변수에 타입 매개변수 지정
        return value?.hashCode()         //타입 매개변수의 타입은 널러블 타입이다.
    }
}

val p = Number_<Int?>()                  //널러블 정수 자료형으로 객체 생성
println("처리 ${p.process(100)} ")       //타입 매개변수로 처리한 인자 값 출력
println("처리 ${p.process(null)} ")      //기본 널 처리 가능

class AAA                                //임의의 클래스 정의

val p1 = Number_<AAA>()                  //클래스로 객체 생성
println("처리 ${p1.process(AAA())} ")
```

```
처리 100
처리 null
처리 842550009
```

## ◤ 여러 클래스를 제네릭 클래스에 저장

여러 클래스를 만들어 그 객체를 제네릭 클래스의 원소로 저장한다.

▫ 이넘 클래스를 2개 정의한다.

▫ 데이터 클래스를 2개 정의한다. 이 데이터 클래스의 속성들이 이넘 클래스 자료형이다.

▫ 제네릭 클래스를 정의한다. 이 제네릭 클래스의 속성에 타입 매개변수를 정의한다. 이제 제네릭 클래스로 객체를 만들 때 타입 인자를 지정하면 속성에 다양한 클래스의 객체가 저장된다.

▫ 먼저 Dog, Cat 객체를 만든다.

▫ 이제 Cage 객체를 만들 때 각각 Dog, Cat의 객체를 지정해서 변수에 할당한다. 이를 출력하면 타입 인자에 따라 특정 객체가 들어가 있는 것을 확인할 수 있다.

```
enum class FurColor { RED, GREEN, PATCHED }      //이넘 클래스 정의
enum class EyesColor { RED, GREEN, PATCHED }     //이넘 클래스 정의

data class Dog(val id: Int,                      //데이터 클래스 정의
```

```
            val name: String,
            val furColor: FurColor)
data class Cat (val id: Int,                          //데이터 클래스 정의
            val name: String,
            val eyesColor: EyesColor)


class Cage<T>(var animal: T,                           //제네릭 클래스 정의
            val size: Double) {
    override fun toString() =                          //출력
            "Cage $animal size $size"
}

val dog: Dog = Dog(id = 1, name = "Stu",              //객체 생성
                furColor = FurColor.PATCHED)
val cat: Cat = Cat(id = 4, name = "Peter",            //객체 생성
                eyesColor = EyesColor.GREEN)

val cageDog: Cage<Dog> = Cage(animal = dog, size = 6.0)
val cageCat: Cage<Cat> = Cage(animal = cat, size = 3.0)

println(cageDog)
println(cageCat)
```

```
Cage Dog(id=1, name=Stu, furColor=PATCHED) size 6.0
Cage Cat(id=4, name=Peter, eyesColor=GREEN) size 3.0
```

## 제네릭 인터페이스

여러 일반 인터페이스를 일반화해서 제네릭 인터페이스로 지정할 수 있다. 제네릭 클래스와 동일하게 제네릭 인터페이스를 지정할 수 있다. 제네릭 인터페이스 처리하는 방법을 알아본다.

### ◀ 제네릭 인터페이스를 상속한 클래스 만들기

제네릭 인터페이스를 정의하고 이를 클래스에서 상속해서 구현한다.

□ 제네릭 인터페이스의 타입 매개변수를 가지고 추상 속성의 자료형과 추상 메서드의 반환 자료형을 지정한다.

□ 이 제네릭 인터페이스를 상속한 클래스를 구현한다. 이 클래스도 제네릭 클래스를 지정해서 인터페이스에 타입 인자를 전달하고 추상 속성과 추상 메서드를 모두 재정의해 구현한다.

□ 이제 이 제네릭 클래스에 다양한 자료형으로 객체를 생성하고 메서드를 실행한다.

□ 이번에는 제네릭 인터페이스를 일반 Concrete 클래스에서 상속해 정의한다. 일반 클래스에서 제네릭 인터페이스를 상속할 때는 타입 인자에 명시적인 자료형을 지정한다. 그리고 추상 속성과 메서드를 재정의할 때 명시적인 자료형을 지정해서 재정의 처리한다.

□ 이 Concrete 클래스로 객체를 생성한 후에 메서드를 실행한다.

```kotlin
interface Animalable<T> {          //제네릭 인터페이스 정의:타입 매개변수
    val obj: T                     //추상 속성과 추상 메서드에 타입 매개변수
    fun func(): T
}

class Dog {                        //일반 클래스 정의
    fun bark() = "멍멍"
}
                                   //제네릭 클래스에서 제네릭 인터페이스 상속
class AnimalImpl<T>(override val obj : T) : Animalable<T> {
    override fun func(): T = obj   //추상 메서드 구현:제네릭 처리
}

val aimp = AnimalImpl("코기리") // 문자열   //문자열 전달:타입 추론으로 타입 인자 처리
val aimp11 = AnimalImpl(11000)     //정수 전달
val aimpdog = AnimalImpl(Dog())    //일반 클래스 객체 전달

println(aimp.func())               //메서드 실행
println(aimp11.func())
println(aimpdog.func().bark())     //객체 내의 메서드 실행

class Concrete : Animalable<String> {   //일반 클래스에 제네릭 인터페이스 상속
    override val obj: String            //일반 클래스 내의 속성 재정의
        get() = "속성 obj "
    override fun func() = "f() 실행 "    //일반 클래스 내의 메서드 재정의
}

println(Concrete().func())         //객체 생성 후에 메서드 실행
println(Concrete().obj)            //객체 생성 후에 속성 조회
```

```
코기리
11000
멍멍
f() 실행
속성 obj
```

### ◤ 제네릭 인터페이스 상속 처리

일반 인터페이스처럼 제네릭 인터페이스도 상속할 수 있다. 상속할 때는 타입 인자를 전달한다. 또한, 제네릭 추상 클래스에서 제네릭 인터페이스를 상속받아서 처리할 수 있다.

- □ 제네릭 인터페이스 Iable에 타입 매개변수를 지정한 후 추상 속성의 자료형과 추상 메서드의 반환 자료형을 작성한다.
- □ 제네릭 인터페이스 TIable은 제네릭 인터페이스 Iable을 상속한다. Iable에 타입 인자를 타입 매개변수에 지정한 타입으로 전달한다. 그리고 추상 메서드를 재정의한다.
- □ 제네릭 추상 클래스 Ability는 제네릭 인터페이스 TIable을 상속한다. 이때도 타입 인자를 전달한다. 이 제네릭 추상 클래스에 속성과 메서드를 재정의한다.
- □ 구현 클래스 Concrete에서 제네릭 추상 클래스를 상속한다. 타입 인자로 String을 전달한다. 이제 이 구현 클래스는 상속한 추상 속성이고, 추상 메서드의 제네릭 타입을 문자열로 재정의한다.
- □ 객체를 만들어서 속성을 변경하고 메서드를 실행한다. 결과는 문자열로 처리하는 것을 알 수 있다.

```kotlin
interface Iable <T> {                          //제네릭 인터페이스 정의
  val name: T
  fun action(): T
}

interface TIable <T>: Iable<T>    {            //일반 인터페이스에서 제네릭 인터페이스 상속
    override fun action(): T
}

abstract class Ability<T> : TIable<T> {        //제네릭 추상 클래스
    override abstract val name : T
    override abstract fun action() : T
}

class Concrete : Ability<String>() {           //구현 클래스 정의
    override var name : String = "초기값"       //속성에 문자열 자료형 지정
    override fun action(): String = name       //메서드에 문자열 자료형 지정
}

val con = Concrete()
println(con.name)
con.name = "변경값"
println(con.action())
```

```
초기값
변경값
```

## 제네릭 인터페이스, 제네릭 함수, 제네릭 확장함수 사용

제네릭 처리가 가능한 방식을 혼합해서 처리하는 방법을 알아본다.

- □ 제네릭 인터페이스 Disposable을 작성한다. 이 인터페이스에는 추상 속성과 추상 메서드가 있다.
- □ 이 제네릭 인터페이스를 상속한 Compost 구현 클래스를 정의한다. 문자열로 처리해서 제네릭 인터페이스의 타입 인자는 String으로 전달하고 내부의 속성과 메서드를 재정의할 때 문자열을 처리하도록 구현했다.
- □ 다시 제네릭 인터페이스를 상속하는 인터페이스 Transport를 정의한다. 타입 인자로 String을 전달한다. 이 인터페이스도 문자열을 처리한다.
- □ 구현 클래스 Donation, Recyclable, Landfill은 인터페이스 Transprot를 상속해서 추상 속성과 추상 메서드를 구현한다.
- □ 제네릭 함수 nameOf, 제네릭 확장함수 name을 정의한다. 두 함수의 타입 매개변수 제한은 Transport 인터페이스로 한정했다. 즉 이 인터페이스를 상속해서 구현한 클래스의 객체만 처리한다는 뜻이다.
- □ 구현 클래스의 객체를 가진 리스트를 만든다. 그리고 Recyclable 객체만 필터링한 리스트를 변수에 할당한다. 이 객체의 이름을 map 메서드를 활용해서 추출한다. 위에서 정의한 제네릭 함수와 제네릭 확장함수를 람다표현식 내부에 사용해서 이름을 추출한다.

```
interface Disposable <T> {                          //제네릭 인터페이스 정의
  val name: T
  fun action(): T
}
class Compost(override val name: String) :
                                Disposable<String> { //일반 클래스에서
  override fun action() = "Add to composter"          //제네릭 인터페이스 상속
}

interface Transport : Disposable<String>  //일반 인터페이스에서 제네릭 인터페이스 상속

class Donation(override val name: String) : Transport { //인터페이스 상속
    override fun action() = "주워주세요! "              //클래스 정의
}
class Recyclable(override val name: String) : Transport { //인터페이스 상속
    override fun action() = "분리수거통에 넣어주세요! "      //클래스 정의
}
class Landfill(override val name: String) : Transport { //인터페이스 상속
    override fun action() = "쓰레기통에 넣어주세요!"          //클래스 정의
}
```

```
fun <T : Transport> nameOf(disposable: T) = disposable.name   //제네릭 함수 정의
fun <T : Transport> T.name() = name                            //확장함수 정의

val items = listOf(Compost("귤껍질"),Compost("사과 씨"),   //클래스로 객체 생성하고
                Donation("헌 방석"),Donation("헌 옷"),      //리스트에 넣기
                Recyclable("페트병"), Recyclable("켄음료"),
                Recyclable("종이상자"),Landfill("담배꽁초") )

val recyclables =  items.filterIsInstance<Recyclable>()
val bbb = recyclables.map { nameOf(it) }                     //제네릭 함수 처리
bbb.forEach {print(it +", ")}
println()
val ccc = recyclables.map { it.name() }                      //제네릭 확장함수 처리
ccc.forEach {print(it + ", ")}
```

페트병, 켄음료, 종이상자,
페트병, 켄음료, 종이상자,

# 02 변성 알아보기

제네릭으로 정의하면 해당 제네릭에 매칭되는 자료형만 대체되어 처리된다. 일반적인 자료형을 지정하듯이 상속관계까지 처리되려면 변성(Variance)을 지정해야 한다.
변성에는 제네릭을 지정할 때부터 정의하는 선언 시점 변성과 제네릭을 사용하는 시점에 지정하는 사용 시점 변성이 있다.

## 변성

변성에는 무변성, 공변성, 반공변성, 세 종류가 있다. 먼저 제네릭 정의한 문자와 자료형을 일대일로 대체되어 처리되는 것을 무변성이라고 한다. 또한 타입의 변화를 상한으로 지정해서 하위 자료형을 처리하는 공변성이나 하한으로 지정해서 상위 자료형을 처리하는 반공변성 등이 있다.

### ◀ 변성의 종류

- 무변성(invariance): 타입 매개변수는 단순한 문자 표시라서 상속관계를 추론하지 못한다. 그래서 타입 인자에서 들어온 자료형으로만 처리한다.
- 공변성(covariance): 타입 매개변수는 상속관계를 확인해서 추론한다. 이때는 예약어 out을 타입 매개변수 앞에 지정한다. 이는 상한 즉 상위 자료형을 지정해서 그 하위 자료형의 객체를 모두 처리한다는 뜻이다.
- 반공변성(contravariance): 타입 매개변수는 상속관계를 공변성의 역방향을 추론한다. 이때는 타입 매개변수 앞에 in을 붙인다. 타입 인자로 하위 자료형을 지정하면 상속관계에 맞춰 상위 자료형을 처리한다.

### ◀ 변성을 생산자와 소비자 기준으로 이해하기

- 생산자: 공변성이라 out으로 지정한다. 생산 즉 데이터를 변경 없이 처리한다. 즉 반환 자료형 등에 사용한다. 타입 매개변수를 메서드의 반환값으로 처리하는 연산만 제공하고 입력값으로 사용할 수 없다.
- 소비자: 반공변성이라 in으로 지정한다. 소비 즉 데이터를 변경할 수 있다. 타입 매개변수를 메서드의 입력으로만 처리한다.

- 생산자와 소비자가 아닌 경우는 무변성으로 처리한다.

### 선언 영역과 사용자 영역 변성

- 선언 영역: 인터페이스나 클래스를 선언할 때 타입 매개변수를 지정해서 타입 처리를 제한한다.
- 사용자 영역: 변성으로 지정된 제네릭을 사용할 때 공변성과 반공변성을 지정해서 타입 처리를 제한한다.

### 일반적인 자료형 처리

프로그램 언어에서 타입 시스템은 명확한 자료형을 지정해서 사용하는 것이다. 그래서 타입을 일
치시키는 타입 변환 등을 배웠다.

- 변수를 정의할 때 자료형을 지정하는 것은 이 자료형을 상한이 되어 해당 자료형도 할당할 수
  있다는 것이다. 그 반대는 예외가 발생한다.
- 그래서 각 클래스의 슈퍼클래스를 확인해본다.

```
val num : Number = 100
//val int : Int = num                              // 상위 자료형을 하위 자료형 변수에 할당 금지
val any : Any = num                                // 상위 자료형에 할당 가능

println((100)::class.supertypes)                   // 정수의 상속관계
println(Number::class.supertypes)                  // Number 클래스의 상속관계
println(Any::class.supertypes)                     // 최상위 클래스의 상속관계
```

```
[kotlin.Number, kotlin.Comparable<kotlin.Int>, java.io.Serializable]
[kotlin.Any, java.io.Serializable]
[]
```

### 타입 매개변수의 무변성 처리 확인

무변성으로 정의된 클래스는 타입인자로 자료형을 받으면 모든 타입 매개변수를 대체해서 처리한
다. 이때는 상속관계에 대한 정보가 없어서 해당 자료형일 경우만 에러 없이 처리한다.

- 컬렉션의 요소는 다양한 자료형이 가능하다. 그래서 이 요소들의 자료형을 제네릭으로 처리
  한다.
- 가변 리스트를 mutableListOf로 정의한다. 가변 리스트는 무변성으로 정의되어 다른 자료형
  의 변수에 할당할 수 없다.

□ 불변 리스트는 공변성을 가져서 자기보다 상위 자료형이 할당된 변수에 리스트 객체를 할당할 수 있다.
□ 제네릭 클래스 정의할 때 타입 매개변수만 지정하면 무변성으로 처리된다.

```
val a:MutableList<Int> = mutableListOf(1,2,3,4) //변경 가능한 리스트
// val s:MutableList<Number> = a                 //상위 자료형에 할당 불가

val b: List<Int> = listOf(1,2,3,4)              //리스트 생성
val c : List<Number> = b                        //상위 자료형에 할당 가능


class MyClass<T>                                 //타입 매개변수를 지정
                                                 //타입에 대한 상속관계 등을 추론할 수 없다.

var x: MyClass<Int> = MyClass<Int>()            //항상 동일한 자료형에만 할당
val y: MyClass<String> = MyClass<String>()

println(x.hashCode())
println(y.hashCode())
```
46326973
952596197

## 공변성

제네릭 함수나 클래스 등의 타입 매개변수를 상속관계나 생산자 즉 데이터 변경 없이 처리하는 방식이 공변성(Covariance)이다. 기본적인 변성은 무변성 즉 아무런 애노테이션이 없다. 공변성을 지정할 때는 out 애노테이션을 반드시 붙여야 한다.

### ▌ 공변성 처리 기준

- 공변성은 타입 매개변수 앞에 out 애노테이션을 추가한다.
- 속성에 자료형과 함수의 반환 자료형으로 지정한다. 단 함수의 매개변수의 자료형으로 지정할 수 없다.
- 공변성의 특징은 타입 인자를 받으면 타입 인자의 자료형에 맞는 타입 인자로 지정한 클래스의 하위 상속 관계를 추론한다.

### ◀ 변수 할당할 경우 공변성 처리

속성과 메서드가 없는 하나의 공변성인 제네릭 클래스를 정의한다. 이런 클래스를 변수의 자료형
으로 지정하면 상위와 하위 상속관계가 성립된다.

　□ 클래스를 정의할 때 타입 매개변수 앞에 out을 지정했다.
　□ 객체를 생성해서 변수에 할당할 때 상위 자료형으로 지정된 경우에 할당할 수 있다.

```
class MyClass1<out T>                            //타입 매개변수에 out 어노테이션 추가

var x: MyClass1<Any> = MyClass1<Int>()           //상속관계대로만 처리 가능
val y: MyClass1<Any> = MyClass1<String>()        //상속관계대로 처리

println(x.hashCode())                            //두 변수에 할당된 객체의 메서드 실행
println(y.hashCode())
```

1833384201
1951207738

### ◀ 제네릭 클래스에서 공변성 처리 기준

제네릭 클래스를 지정하고 타입 매개변수에 변성을 공변성으로 지정하면 타입 매개변수를 상속관
계에 맞게 할당할 수 있다. 공변성은 메서드에서 반환 자료형으로만 사용할 수 있다.

　□ 제네릭 클래스의 공변성은 매개변수의 자료형과 메서드의 반환 자료형에 지정한다. 메서드의
　　 매개변수에 지정하면 예외가 발생한다.
　□ 이 제네릭 클래스로 객체를 생성해서 상위 자료형으로 지정된 변수에 할당한다. 그리고 메서
　　 드를 호출해서 처리된 결과를 확인한다.

```
class OutClass<out T>(val value: T) {    //공변성을 매개변수에 정의
//fun getIn(input : T)=T                        //메서드의 입력 매개변수로 사용하면 예외 발생

    fun getVal(): T {                           //속성과 메서드의 반환 자료형으로 지정
        return value
    }
}
val outcls = OutClass("공변성 사용")         //문자열을 받아서 타입 인자는 생략됨
val ref: OutClass<Any> = outcls              //상위 자료형 변수에 할당

println(outcls.getVal())                     //문자열 출력
println(ref.getVal())                        //문자열 출력
```

공변성 사용
공변성 사용

## 인터페이스를 상속해 처리

인터페이스를 정의할 때도 타입 매개변수에 공변성을 지정할 수 있다.

- □ 제네릭 인터페이스도 공변성으로 지정할 수 있다. 그러면 추상 메서드의 반환 자료형으로 지정할 수 있다.
- □ 이 제네릭 인터페이스를 상속한 구현 클래스도 공변성으로 정의해서 제네릭 클래스로 지정했다. 인터페이스를 처리할 때 타입 인자를 전달한다.
- □ 이 제네릭 클래스의 객체를 생성해서 내부에 정의된 메서드를 실행한다.
- □ 단, 메서드를 정의할 때 공변성은 메서드의 매개변수에 제네릭 타입을 지정할 수 없다.

```kotlin
interface Producer<out T> {                      //공변성 인터페이스 정의
    fun produce(): T                             //메서드의 반환값 처리
}

class ReadOnlyBox<out T>(private var item: T) :      //제네릭 클래스 정의
                                    Producer<T> {//제네릭 인터페이스 상속

    val extItem : T = item                       //속성 추가
    //fun setItem(value : T) {item = value}      //반공변성 차리 불가
    override fun produce() :T = item             //추상 메서드 구현: 반환 자료형
    fun getItem(): T = item                      //일반 메서드 구현: 반환 자료형
}

val r = ReadOnlyBox("애플")                      //객체 생성

println(r.produce())                             //속성과 메서드 처리
println(r.extItem)
println(r.getItem())
```

애플
애플
애플

## 반공변성

타입 매개변수에 in을 지정해서 소비자로만 처리하는 방식이 반공변성(Contravariance)이다. 이 방식은 공변성과 반대로 처리되어 데이터가 변경될 수 있다.

### ◣ 반공변성 처리 기준

- 반공변성은 타입 매개변수 앞에 in 애노테이션을 추가한다.
- 속성에 자료형과 함수의 매개변수 자료형으로 지정한다. 함수의 반환 자료형으로는 지정할 수 없다.
- 반공변성의 특징은 타입 인자를 받으면 타입 인자의 자료형에 맞는 상속관계를 역으로 추론한다.

### ◣ 반공변성 객체의 변수 할당

클래스를 반공변성으로 정의하고 객체를 변수에 할당할 때는 하위 클래스 타입을 지정해야 한다.

- 슈퍼클래스를 정의해서 서브클래스에서 상속한다.
- 이제 Container 제네릭 클래스를 반공변성으로 정의한다.
- 이 제네릭 클래스에 타입 인자는 Dog을 지정해서 변수의 자료형으로 지정하고 이 제네릭 클래스의 타입 인자는 Animal로 지정해서 객체를 생성한 후에 할당했다. 예외 없이 할당된 이유는 반공변성으로 처리했기 때문이다.
- 반공변성은 하위 클래스가 지정된 곳을 상위 클래스의 객체가 할당할 수 있다. 이 하위 클래스를 기준으로 상위 클래스를 확인할 수 있기 때문이다.

```
open class Animal                              // 슈퍼클래스 정의
class Dog : Animal()                           // 서브클래스가 슈퍼클래스 상속

class Container<in T>                          // 반공변성을 가지는 클래스 정의

var a: Container<Dog> = Container<Animal>()    // 하위 타입에 상위 타입 할당

println(Dog::class.supertypes)                 // 하위 타입일 경우 슈퍼타입을 확인할 수 있다.
print(a.javaClass.kotlin)

// var b:Container<Animal>=Container<dog>()    // 공변성으로 처리하면 예외 발생
```

```
[Line_1.Animal]
class Line_1$Container
```

### ◣ 반공변성 처리

클래스에 반공변성을 정의하면 메서드의 매개변수에 지정할 수 있다.

- 제네릭 클래스에 반공변성을 지정했다. 내부 멤버 메서드의 매개변수의 자료형으로 지정했다. 메서드의 반환값은 String으로 명시하여 지정했다.

□ 변수의 자료형을 지정할 때 이 제네릭 클래스에 타입 인자가 Number인데 아무런 타입 인자를 지정하지 않고 객체를 생성한 후에 변수에 할당한다. 아마도 Number보다 상위인 Any 클래스의 타입 인자로 인식한 것 같다.

□ 이 객체를 다른 변수에 더 낮은 자료형을 지정해도 할당할 수 있다. 반공변성으로 처리해서 항상 할당되는 객체보다 변수의 자료형의 하위 클래스이면 아무런 문제 없이 할당할 수 있다.

```kotlin
class InClass<in T> {                           //반공변성으로 타입 매개변수 지정
    fun put(value: T): String {                 //메서드 매개변수에 정의
        return value.toString()
    }
}

val inobj: InClass<Number> = InClass()          //넘버 자료형 지정
println(inobj.javaClass.kotlin)

val ref: InClass<Int> = inobj                   //정수 자료형에 지정

println(inobj.put(100))
println(ref.put(100))
```

```
class Line_2$InClass
100
100
```

### 반공변성 처리한 것을 속성에 갱신

반공변성으로 입력을 받아 갱신하는 속성은 비공개 처리한다.

□ 제네릭 인터페이스를 지정한다. 타입 매개변수에 in을 붙여서 반공변성으로 처리한다.

□ 이 제네릭 인터페이스를 상속한 제네릭 클래스를 정의한다. 이 클래스에 추상 메서드를 재정의했고 일반 메서드를 하나 추가했다. 보통 속성에 할당하거나 메서드의 반환값은 공변성일 때 사용할 수 있으므로 반공변성일 때는 주의해서 사용해야 한다.

□ 객체를 생성해서 내부 메서드를 실행한다.

```kotlin
interface Consumer<in T> {                      //인터페이스에 반공변성 정의
    fun consume(t: T)
}

class WriteOnlyBox<in T>(private var item: T) :  //속성을 비공개 처리
                        Consumer<T> { //인터페이스 상속: 타입인자 전달
```

```
        // val extItem:T = item                        // 공변성일 때만 지정 가능
        // var extItem:T = item                         // 무변성이라 예외 발생
        // fun getItem() : T = item                     // 공변성이라 예외 발생

        override fun consume(t:T) {                     // 추상 메서드 구현
            item = t                                    // 반공변성으로 입력 매개변수에 정의
            println(item)
        }
        fun setItem(newItem: T) {                       // 일반 메서드 구현
            item = newItem                              // 입력 매개변수에 정의
            println(newItem)
        }
    }

    val w = WriteOnlyBox("애플")                         // 객체 생성

    w.consume("테슬라")                                  // 메서드 처리
    w.setItem("해스켈")
```

테슬라
해스켈

## 선언 변성 활용

제네릭을 함수나 클래스 등에 선언할 때 사용하는 것이 선언 변성(declaration site variance)이다. 이제 공변성과 반공변성을 어떻게 활용해서 작성하는지 알아본다.

◤ **공변성과 반공변성 타입 매개변수 동시 사용 규칙**

- 공변성을 매개변수에 정의하면 속성을 정의해서 할당할 수 있다.
- 반공변성을 매개변수에 정의하면 비공개 속성에 할당한다.
- 메서드에 처리할 때는 공변성은 메서드의 반환 처리, 반공병성은 메서드의 입력 매개변수를 지정한다.

◤ **함수 자료형에 대한 공변성과 반공변성**

함수 자료형은 속성을 정의할 때도 반환 자료형은 공변성, 입력 매개변수는 반공변성을 처리한다.

□ 변수에 함수 자료형을 지정하고 람다표현식을 할당한다.

□ 다른 변수에 함수 자료형의 반환 자료형을 상위 자료형인 **Any**로 지정해서 위의 람다표현식을 할당한다. 아무런 예외가 발생하지 않는다. 함수 자료형의 반환 자료형에서는 기본적으로 공변성을 처리한다.

□ 그러면 함수 자료형의 매개변수에서 상하위 자료형을 지정해서 처리한다. 반공변성이 작동하는 것을 알 수 있다.

```kotlin
val f_co : () -> String = {"공변성"}       //입력 매개변수가 없을 경우 반환 타입의 공변성

val f_co_1 : () -> Any = f_co              // 반환 자료형의 상위 타입에 하위 타입을 할당 가능

println(f_co_1())


val f_contra : (Any) -> Unit = {println("반변성" + it )} //반공변성은
val f_cotra_1 : (String) -> Unit = f_contra    // 입력매개변수에 대한 상위 타입을
                                                 // 하위 타입에 할당 가능 반공변성 처리
f_cotra_1("Hello")
```

공변성
반변성Hello

### ■ 인터페이스와 클래스를 정의해서 사용

여러 타입 매개변수를 사용할 때 공변성과 반공변성을 모두 사용할 수도 있다. 인터페이스를 정의할 때 두 개의 타입 매개변수가 있지만 하나는 공변성, 다른 하나는 반공변성을 지정한 후에 구현하고 실행하는 것을 확인한다.

□ 제네릭 인터페이스를 정의할 때 타입 매개변수가 2개이다.

□ 하나는 공변성이고 다른 하나는 반공변성이다. 추상 속성 **val**로 정의할 때는 변경할 수 없으므로 공변성을 지정한다. 또한, 두 메서드에 매개변수는 반공변성, 반환값에는 공변성을 정의했다.

□ 이 제네릭 인터페이스를 상속하는 제네릭 클래스를 정의할 때도 공변성과 반공변성을 타입 매개변수로 사용한다. 주 생성자의 매개변수에 공변성과 반공변성을 정의하고 제네릭 인터페이스의 타입 인자에는 타입 매개변수와 동일하게 전달한다.

□ 이 제네릭 클래스에 추상 속성과 추상 메서드를 구현한다. 그리고 추가적인 속성과 메서드를 정의한다.

□ 이 제네릭 클래스의 타입 인자를 전달해서 객체를 생성한 다음 정의된 메서드를 실행한다.

```
interface SomeInterface<in P, out R> {       //in과 out을 모두 사용한 선언 변성
    val con : R                               //out은 속성 선언 가능
    //val conP : P                            //in으로 지정 불가
    fun someFunction(p : P)                   //in을 처리하는 메서드
    fun someFunction1() : R                   //out을 처리하는 메서드
}

class SomeClass< in P, out R > (para1 : P,    //타입 매개변수 선언
                                para2 : R) :
                                SomeInterface<P, R> {  //인터페이스 상속
    private val conP = para1                  //in 타입 매개변수 저장을 위한 비공개 val 정의
    override val con : R = para2              //속성 재정의 처리
    override fun someFunction(p:P){           //메서드 재정의 처리
        println(p)
    }

    override fun someFunction1() : R {        //메서드 재정의
        return con
    }
    fun someFunction2() : Unit {              //내부 속성을 조회: in 매개변수 조회
        println(conP)
    }

}
val some = SomeClass<String,String>("제너릭 in", "제너릭 out") //객체 생성
some.someFunction("반공변성")                  //메서드 실행
println(some.someFunction1())                 //메서드 실행
some.someFunction2()                          //메서드 실행
```

반공변성
제너릭 out
제너릭 in

## 2.5

## 사용자 지정 변성

제네릭으로 정의한 함수나 클래스 등을 사용하는 시점에 변성을 지정할 수도 있다. 이를 사용 변성(use site variance)이라고 한다. 사용자 지정 변성도 in, out으로 지정한다. 사용 변성은 in/out 프로젝션이라고 한다. 이제 사용자 변성을 어떻게 정의하는지 알아본다.

## 인/아웃 프로젝션 사용하기

사용자 지정 변성인 인/아웃 프로젝션을 지정하는 방법을 알아본다.

- 제네릭 클래스를 정의한다. 주 생성자 속성은 타입 매개변수를 지정했다. 두 개의 메서드를 하나는 매개변수의 자료형으로 다른 하나는 반환 자료형으로 지정했다.
- 제네릭 함수를 정의한다. 이 함수의 매개변수는 제네릭 클래스를 자료형으로 처리한다. 이 클래스의 타입 인자를 in 프로젝션을 지정했다. 이 함수 내부에서 객체를 실행할 때는 반공변성으로 구현된 메서드인 accept에 인자를 전달해 실행한다.
- 추가적인 제네릭 함수를 정의한다. 이 함수의 타입 매개변수에 out 프로젝션을 선언했다. 그러면 들어온 객체의 메서드를 처리할 때 반환 자료형이 제네릭인 경우를 호출해서 처리한다.
- 이제 제네릭 클래스로 객체를 생성하고 제네릭 두 함수를 실행한다. 제네릭 함수들은 in 프로젝션과 out 프로젝션으로 정의되어 있어서 아무런 문제 없이 실행되는 것을 알 수 있다.

```kotlin
class Foo<T> (val foo : T) {          // 제네릭 클래스의 타입 매개변수는 무변성이다.
    fun accept(t: T) {                // 메서드의 입력 매개변수를 무변성으로 정의
        println(t)
    }

    fun output() : T {                // 메서드의 반환값을 무변성으로 정의
        return foo
    }
}

fun <F> usingFoo(con: Foo<in F>, t: F) {    // 함수 내부의 매개변수가 반공변성
    con.accept(t)                           // 사용자 반공변성으로 메서드 처리
}

fun <N> useBar(con : Foo<out N>, t: N) : N { // 함수 내부의 매개변수가 공변성
    return con.output()                      // 사용자 공변성으로 메서드 처리
}

val f = Foo<Number>(999)          // 객체를 만들 때 자료형은 숫자 자료형
f.accept(100)                     // 무변성 메서드로 실행

usingFoo<Int>(f, 300)             // 반공변성 제네릭 함수 처리: 자료형은 정수
                                  // 상속관계의 약방향 수행
println(useBar<Any>(f, 500))      // 공변성 제네릭 함수 처리: 자료형은 Any
                                  // 상속관계 방향으로 수행
```

100
300
999

## 상속되는 클래스를 가지고 인 아웃 프로젝션 사용

상속되는 클래스의 객체를 관리하는 제네릭 클래스를 정의하고 이 클래스에서 사용 변성을 지정해서 처리하는 방법을 알아본다.

□ 슈퍼클래스와 서브클래스를 정의한다. 속성과 메서드를 정의하지 않았다.

□ 제네릭 클래스를 정의한다. 이 클래스의 속성도 타입 매개변수를 받아 처리한다.

□ 함수를 정의한다. 이 함수의 매개변수는 제네릭 클래스의 객체이다. 타입 인자로 사용 변성은 공변성을 사용하는 out 프로젝션을 정의했다. 그래서 함수 내부의 지역변수에 할당은 속성의 게터를 사용해서 처리한다.

□ 이 함수에 제네릭 클래스의 객체를 만들어 처리하면 out 프로젝션이 잘 처리된다.

□ in 프로젝션을 사용하는 제네릭 함수를 정의한다. 내부 코드는 제네릭 클래스의 속성에 별도의 객체를 할당한다. 곧 세터를 사용한다.

□ 이처럼 제네릭 함수들에 in/out 프로젝션을 사용해서 사용 변성을 활용할 수 있다.

```
open class Animal                      //슈퍼클래스 정의
class Dog : Animal()                   //서브클래스 정의

class Box<T>(var item: T)              //제너릭 클래스: 속성에 특정 클래스의 객체 저장

fun examine(boxed: Box<out Animal>) {  //제너릭 클래스의 사용 변성을 지정

    val animal: Animal = boxed.item    //getter로 사용해서 변수에 할당
    println(animal.javaClass.kotlin)
}

examine(Box(Animal()))                 //객체를 만들어서 전달
examine(Box(Dog()))                    //객체를 만들어서 전달


fun insert(boxed: Box<in Animal>) {    //사용자 변성 in 사용
    boxed.item = Dog()                 //setter 처리(out 변성은 오류지만 in 변성은 가능)
    println(boxed.javaClass.kotlin)
}

insert(Box(Animal()))                  //객체를 만들어서 전달
insert(Box(Dog()))                     //객체를 만들어서 전달
```

```
class Line_2$Animal
class Line_2$Dog
class Line_2$Box
class Line_2$Box
```

## 스타 프로젝션

실제 사용하는 시점의 함수 등에서 어떤 자료형인지 확실하지 않을 수 있다. 그러면 스타 프로젝션으로 타입을 처리해서 명확한 타입으로 변환한 후에 처리하면 아무런 이상이 없다. JVM에서 기본 자료형은 관리하지만, 실제 제네릭으로 처리하는 자료형을 제거하기 때문에 자료형을 바로 처리하지 못할 경우 스타 프로젝션을 사용한다.

### ◤ 타입인자 Any 처리와 스타 프로젝션

타입 인자 Any로 지정하면 어떤 객체든 다 처리할 수 있다. 스타 프로젝션은 현재 타입이 미정이라는 표시이므로 주의해야 한다.

- □ 함수를 정의하고 가변 리스트를 인자로 받을 때 가변 리스트 원소의 자료형을 Any로 지정한다. 이 리스트의 자료형이 Any라서 문자열과 정수를 원소로 추가할 수 있다.
- □ 다른 함수를 정의할 때 Any 대신에 타입 인자를 별표(*)로 처리한 경우는 실제 명확한 자료형이 없어서 원소를 추가할 수 없다.
- □ 또 다른 함수를 정의한다. 이번에는 불변 리스트이다. 이때 타입 인자를 별표(*)로 정의한다. 스타 프로젝션을 선언한 것이다. 내부의 함수 코드를 보면 불변일 경우는 이 함수를 실행해도 원소를 변경이 아닌 리스트가 만들어질 때 사용한 자료형으로 확정해서 처리한다.
- □ 배열의 자료형을 스타 프로젝션으로 처리한 함수를 정의한다. 배열이 무공변성으로 정의되어 실제 자료형은 배열을 생성할 때의 자료형이므로 특정 자료형을 추론해서 처리한다.

```kotlin
fun acceptList(list: ArrayList<Any>) {     // 가변인 리스트에 타입 매개변수 Any 지정
    list.add("문자열")
    list.add(1)
    println(list)
}

acceptList(arrayListOf(1))                  // 정수 배열을 전달

fun acceptStarList(list: ArrayList<*>) {    // 변경 가능한 배열에서는 타입이 확정되지 않음
    //list.add("문자열")                        // 타입 미정의로 오류
    //list.add(12)                            // 타입 미정의로 오류
}

fun acceptStarList(list: List<*>) {         // 불변 리스트에서는 타입 확정 전까지 Any? 타입으로 추론
    if (list.isNotEmpty()) {                // 타입 체크 후 처리
```

```
        val item = list.get(0)
        println(item!!::class)          //널이 아닌지 확인 필요
    }
}

acceptStarList(listOf(1))               //정수 리스트 처리

fun printArray(array: Array<*>) {       //가변이지만 고정된 배열에서는 스타 프로젝트로 지정
    array.forEach { print(it) }         //특정 자료형이 들어오면 맞춰서 처리
    println()
}

val name = arrayOf("Geeks","for","Geeks")    //문자열 배열을 생성 배열을 생성
printArray(name)                             //함수 실행
val name1 = arrayOf(1,2,3)                   //정수 배열 생성
printArray(name1)                            //함수 실행
```

```
[1, 문자열, 1]
class kotlin.Int
GeeksforGeeks
123
```

## ◤ 공변성에 스타 프로젝션 사용

제네릭 클래스가 공변성으로 처리할 때 스타 프로젝션을 사용하면 공변성으로 처리할 수 있는지 알아본다.

- □ 상속관계가 있는 클래스와 상속관계가 없는 클래스를 정의한다.
- □ 제네릭 클래스는 공변성이면서 변성 제한을 슈퍼클래스로 지정했다.
- □ 함수를 정의는 매개변수를 제네릭 클래스 자료형으로 지정하고 스타 프로젝션을 지정했다.
- □ 제네릭 클래스에 타입 인자를 서브클래스와 슈퍼클래스로 지정해서 객체를 생성하고 함수의 인자로 전달했다.
- □ 제네릭 클래스의 타입이 공변성이라서 예외 없이 처리한다.
- □ 이 함수에 상속관계가 없는 클래스의 객체를 지정하면 변성 제한으로 예외가 발생한다.

```
open class SuperClass                              //슈퍼클래스 정의

class Child : SuperClass()                         //서브클래스 정의

open class TestClass                               //상속관계가 없는 클래스 정의

class GenericClass<out T : SuperClass>() { }       //상위 클래스로 공변성 매개변수 정의
```

```
fun acceptStar(value: GenericClass<*>) {  //함수의 매개변수로 스타 프로젝트 정의
    println(value::class)
}



acceptStar(GenericClass<Child>())        // 상속관계의 클래스를 타입 인자로 전달해서 함수 실행
acceptStar(GenericClass<SuperClass>())   //상속관계의 클래스를 타입 인자로 전달해서 함수 실행

// acceptStar(GerericClass<TestClass>())          // 공변성이 먼저 지정되어 상관관계가 없는 경우는 예외 처리
```

```
class Line_5$GenericClass
class Line_5$GenericClass
```

### ◢ 반공변성에 스타 프로젝션 사용

반공변성으로 지정된 제네릭을 특정 함수에서 스타 프로젝션으로 어떻게 처리를 하는지 알아 본다.

- □ 앞의 공변성에서 스타 프로젝션 처리와 동일하다. 차이점은 클래스 타입 매개변수가 out이 아니라 in이다.
- □ 함수를 정의해서 매개변수를 스타 프로젝션으로 처리하면 내부 로직인 매개변수 자료형을 출력하는 데 아무런 문제 없다. 대신 상속관계가 없는 경우는 처리되지 않는다.

```
open class SuperClass1                         // 슈퍼클래스 정의

class Child1 : SuperClass()                    // 서브클래스 정의

open class TestClass1                           // 상속관계가 없는 클래스 정의

class GenericClass1<in T : SuperClass1>() { }//상위 클래스로 공반변성 매개변수 정의

fun acceptStar(value: GenericClass1<*>) {     // 함수의 매개변수로 스타 프로젝트 정의
    println(value::class)
}



acceptStar(GenericClass<Child>())        // 역상속관계의 클래스를 타입 인자로 전달해서 함수 실행
acceptStar(GenericClass<SuperClass>())   // 역상속관계의 클래스를 타입 인자로 전달해서 함수 실행

// acceptStar(GerericClass<TestClass>())        // 반공변성이 먼저 지정되어 상관관계가 없는 경우는 예외 처리
```

```
class Line_1400$GenericClass
class Line_1400$GenericClass
```

# 03 리플렉션 알아보기

함수 참조나 멤버를 알아볼 때 JVM 내부의 정보를 가져와서 처리했다. 이런 정보를 가져와 처리할 수 있도록 지원하는 도구가 리플렉션(reflection)이다. 코틀린에서 어떻게 JVM 환경에 로딩된 정보를 조회해서 사용하는지 알아본다.

## 클래스, 함수, 속성 참조

프로그램을 작성하면 컴파일러가 코드를 사전점검해서 바이트 코드로 변환해 준다. 하지만 실제 코드가 JVM에 로딩되면 내부적인 정보가 필요해서 이를 조회하는 방법이 필요하다. 이때 리플렉션을 사용해서 참조할 수 있다.

### ◤ 최상위 속성 참조

최상위 속성도 런타임에 모두 메모리에 로딩되어 이를 참조해서 실행한다. 패키지 기반으로 만든 속성부터 어떻게 참조되는지 알아본다.

- ☐ 최상위 속성을 선언하고 참조연산자 다음에 속성명을 사용해 속성 참조를 사용한다.
- ☐ 속성 내의 게터와 세터는 get과 set 메서드를 사용한다. 속성에 대한 이름은 name으로 참조한다.

```
val x = 1                                // 속성 정의

println("속성 참조 클래스=${::x}")         // 속성 클래스 정보 확인
println("속성 참조 값   =${::x.get()}")    // getter 메서드 가져오기
println("속성 참조 이름  =${::x.name}")    // 속성 이름 가져오기


var y = 100

println("속성 참조 클래스=${::y}")         // 속성의 클래스 정보
println("속성 참조 값   =${::y.get()}")    // getter 메서드 가져오기
println("속성 참조 이름  =${::y.name}")    // 속성 이름 가져오기
```

```
::y.set(300)                                    // 속성 참조를 사용해서 갱신
println("속성 참조 값   =${::y.get()}")
```

```
속성 참조 클래스=val Line_1.x: kotlin.Int
속성 참조 값   =1
속성 참조 이름  =x
속성 참조 클래스=var Line_1.y: kotlin.Int
속성 참조 값   =100
속성 참조 이름  =y
속성 참조 값   =300
```

### ▌함수와 생성자 참조

함수와 클래스를 정의해서 이를 메모리에 로딩한 후에 함수와 생성자를 참조할 때는 참조연산자 다음에 함수명과 클래스명으로 참조한다.

□ 함수를 선언한다. 함수 선언은 람다표현식과 익명함수처럼 참조를 바로 사용할 수 없다. 그래서 참조연산자 다음에 함수 이름을 작성해서 함수 참조를 가져온다.

□ 함수 참조는 변수에 할당할 수 있고 이 할당된 변수를 실행하면 함수가 실행된다.

□ 클래스를 정의한다. 이때 클래스 이름에 인자를 전달해서 객체를 생성한다. 이 생성자도 참조해서 가져올 수 있다. 함수 참조처럼 참조연산자 다음에 클래스 이름을 사용해서 생성자의 참조를 가져온다.

□ 생성자 참조를 가져온 후에 인자를 전달하면 객체가 생성된다.

```
fun add(x:Int, y:Int) :Int = x+y              // 함수 정의

val addF = :: add                             // 함수 참조와 변수 할당

println(addF(10,20))                          // 함수 실행


class Foo(val bar :String)                    // 클래스 정의

val con = (::Foo)("생성자 참조")              // 생성자 참조와 객체 생성

println(con.bar)                              // 객체 속성 참조
```

30
생성자 참조

### ◾ 클래스, 객체와 동반 객체 참조

클래스, 객체, 동반 객체에 대한 참조를 알아본다.

- □ 클래스를 선언한다. 이 클래스에 속성과 메서드를 하나씩 작성했다. 클래스 내부에 작성된 동반 객체에는 상수, 속성, 메서드를 하나씩 정의했다.
- □ 클래스 참조는 클래스명+참조연산자+class 예약어를 사용한다.
- □ 객체에 대한 속성은 객체+참조연산자+속성명을 사용한다.
- □ 동반 객체의 속성은 (클래스명)+참조연산자+속성명, 메서드명을 사용해서 참조한다.
- □ 속성은 get으로 정보를 가져오고 메서드는 바로 실행을 해서 결과를 확인한다.

```kotlin
class AAA {                                          //클래스 정의
    val a = 100                                      //속성 정의
    fun getFull() :Int = a                           //메서드 정의
    companion object {                               //동반 객체 정의
        const val CONST = 1000                       //상수 정의
        val com = 99999                              //동반 객체 속성
        fun getCom() = "컴패니언 메소드 실행 "          //동반 객체 메서드
    }
}

println("클래스 참조 =${AAA::class} ")                //클래스 참조
println("객체 속성 참조 =${AAA()::a.get()}")          //객체 속성 참조
println("동반객체 속성 참조 =${(AAA)::com.get()}")     //컴패니언 속성참조
println("동반객체 메소드 참조 =${((AAA)::getCom)()}")  //컴패니언 메서드 참조

val aaa = AAA()                                      //객체 생성
val xx = AAA::a                                      //객체 속성 참조
val x = AAA::getFull                                 //객체 메서드 참조

println("동반객체 상수 참조 =${(AAA)::CONST.get()}")  //동반 객체 내의 상수 참조

println(xx.get(aaa))                                 //속성에 대한 리시버 전달
println(x(aaa))                                      //메서드에 대한 리시버 전달
```

```
클래스 참조 =class Line_6$AAA
객체 속성 참조 =100
동반객체 속성 참조 =99999
동반객체 메소드 참조 =컴패니언 메소드 실행
동반객체 상수 참조 =1000
100
100
```

CHAPTER 12

### ◤ object 정의 참조

싱글턴 객체를 만드는 object 정의도 메모리에 있는 것을 바로 참조할 수 있다.

  □ object 정의를 하나 작성한다. 내부에는 상수, 속성, 메서드가 하나씩 정의되었다.
  □ 참조는 object명＋참조연산자＋속성, 상수, 메서드 이름으로 참조한다.
  □ 속성과 상숫값을 가져오려면 get을 실행하고 메서드는 바로 실행연산자로 실행한다.

```kotlin
object A {                                  // object 정의
    const val CONST = 1000                  // 상수정의
    val a = 100                             // 속성 정의
    fun getFull() : Int = a                 // 메서드 정의
}

val oa1 = A::a                             // 속성 참조
val oaCon = A::CONST                       // 속성 참조
val oa2 = A::getFull                       // 메서드 참조

println(oa1.get())                         // 객체 값 가져오기
println(oaCon.get())                       // object 상수 가져오기
println(oa2())                             // 메서드 실행
```

```
100
1000
100
```

### ◤ 인라인 함수 레이파이드 처리에 대한 참조

인라인 함수는 호출하는 시점에 함수를 코드로 삽입했다. 그 정보를 어떻게 가져와서 활용하는지 알아본다.

  □ 리플렉션 클래스를 import 한다.
  □ 인라인 제네릭 함수를 정의한다. 타입 매개변수에 reified를 지정했다. 이 함수의 반환 자료형은 리플렉션 클래스이다.
  □ 함수 내부에는 지역변수가 있고 이 지역변수의 자료형을 반환한다.
  □ 이 함수를 실행하면 내부의 클래스를 확인할 수 있다.

```kotlin
import kotlin.reflect.KClass                    // 리플렉션을 위한 클래스

inline fun <reified T> check() : KClass<*> {    // reified를 사용하지 않으면
    val num = 0                                 // 타입 정보가 사라짐
```

```
    if (num is T) {                                  //타입 확인
        println("T는 ${T::class}입니다")
    }
    return T::class                    //인라인 함수로 내부에 코드 작성과 reified로 참조 유지
}

val x = check<Int>()                                 //함수 실행

println(x)                                           //자료형 확인
```

```
T는 class kotlin.Int입니다
class kotlin.Int
```

### 3.2 리플렉션으로 클래스와 object 정보 확인

다양한 클래스와 object를 작성하고 리플렉션을 사용해 클래스와 object에 대한 다양한 상태를 확인한다.

### ◤ 클래스 내부 메서드와 멤버 확인

리플렉션 클래스 내에 속성으로 구현된 클래스의 메서드와 속성의 목록을 확인할 수 있다.

- □ 리플렉션에서 functions를 import 한다.
- □ 클래스 상속관계를 정의한다. 서브클래스의 다양한 멤버에 가시성 지시자를 모두 정의한다.
- □ 클래스 참조를 가져오고 내부의 functions 속성을 변수에 할당한다. 클래스 내부에 정의된 메서드를 관리하는 속성이다.
- □ 순환하면서 메서드의 이름과 가시성을 출력한다.
- □ 멤버를 확인하기 위해 members 속성을 변수에 할당하고 순환하면서 멤버의 이름을 출력한다.
- □ 실제 정의된 것보다 더 많은 멤버가 출력되는 것을 알 수 있다. 왜냐하면, 최상위 클래스인 Any 클래스 내의 메서드도 모두 멤버로 출력되기 때문이다.

```
import kotlin.reflect.full.functions          //함수 속성 추가

open class MySuperClass {                      //슈퍼클래스 정의
    fun mySuperMethod(){}
}
class MyClass : MySuperClass() {               //서브클래스 정의
    fun myPublicMethod(){}                     //메서드 정의
    internal fun myInternalMethod(){}
    protected fun myProtectedMethod(){}
    private fun myPrivateMethod(){}
}
val c = MyClass::class                         //클래스 참조
val fs = c.functions                           //내부 클래스 참조

println("### ${c.simpleName} 메소드 ###")       //클래스 내부의 메서드 가져오기
for (f in fs) {
    println("${f.name}, ${f.visibility}")      //메서드 이름과 가시성 확인
}
println("### ${c.simpleName} 멤버 ###")         //클래스 내부의 메서드 가져오기
val mem = c.members
for (f in fs) {
    println("${f.name}")                       //메서드 이름과 가시성 확인
}
```

```
### MyClass 메소드 ###
myInternalMethod, INTERNAL
myPrivateMethod, PRIVATE
myProtectedMethod, PROTECTED
myPublicMethod, PUBLIC
equals, PUBLIC
hashCode, PUBLIC
mySuperMethod, PUBLIC
toString, PUBLIC
### MyClass 멤버 ###
myInternalMethod
myPrivateMethod
myProtectedMethod
myPublicMethod
equals
hashCode
mySuperMethod
toString
```

## 클래스 기본 상태를 리플렉션으로 확인

리플렉션 클래스의 속성으로 현재 만들어진 클래스의 상태를 확인할 수 있다.

- 클래스를 하나 정의한다. 객체와 클래스 참조를 변수에 할당한다.
- 클래스의 이름은 simpleName, qaulifiedName으로 확인한다.
- 추상 클래스 여부, 상속 가능 여부, 타입 매개변수, 애노테이션에 대한 정보를 확인할 수 있다.

```
class Test{                                          //클래스 정의
    val v1 = 0.0                                     //속성 정의
    val v2 = "abc"
}

val test = Test()                                    //객체 생성
val kclass2 = test::class
println("클래스 = ${kclass2.simpleName}")            //클래스 이름 출력

println("qualifiedName = ${kclass2.qualifiedName}")  //이름 확인
println("isAbstract = ${kclass2.isAbstract}")        //추상 클래스 여부
println("isCompanion = ${kclass2.isCompanion}")      //컴패니언 객체 여부
println("isData = ${kclass2.isData}")                //데이터 클래스 여부
println("isFinal = ${kclass2.isFinal}")              //파이널 클래스 여부
println("typeParameters = ${kclass2.typeParameters}") //타입 매개변수
println("annotations = ${kclass2.annotations}")      //어노테이션 확인
```

```
클래스 = Test
qualifiedName = Line_2.Test
isAbstract = false
isCompanion = false
isData = false
isFinal = true
typeParameters = []
annotations = []
```

## 리플렉션으로 객체 생성자 처리

리플렉션에서 생성자를 가져와 객체를 생성한다.

- 리플렉션의 createInstance와 primaryConstructor를 import 한다.
- 클래스를 정의한다. 이 클래스에는 속성 2개와 메서드 1개를 정의한다.
- 클래스의 참조를 변수에 할당한다. 이때 리플렉션 클래스의 타입 인자로 공변성을 지정하고

변수에 할당한다.

□ 클래스 참조가 저장된 변수에서 creatInstance 메서드로 객체를 생성한다. 클래스에 작성된 display 메서드를 객체로 실행한다.

□ 다른 클래스를 하나 선언한다. 이 클래스는 주 생성자에 속성을 하나만 정의했다. 클래스 참조와 creatInstance 메서드를 연속으로 호출해서 객체의 속성을 참조한다.

□ 주 생성자와 보조 생성자를 가진 클래스를 선언한다. 클래스 참조로 클래스를 가져오고 primayConstructor로 주 생성자의 참조를 변수에 할당한다. 이 주 생성자를 call로 호출해서 객체를 만든다. 객체를 확인하기 위해 속성의 값을 조회한다.

□ 클래스 참조로 클래스를 가져오고 constructor로 보조 생성자를 가져온다. 보조 생성자는 여러 개를 정의하므로 그중에서 첫 번째를 가져와 인자를 전달해서 객체를 생성한다. 객체의 속성을 조회해서 원하는 객체인지 확인한다.

```kotlin
import kotlin.reflect.KClass                          //리플렉션 클래스
import kotlin.reflect.full.createInstance             // 객체 생성 함수
import kotlin.reflect.full.primaryConstructor         //주 생성자 가져오기

class Test {                                          //클래스 정의
    val v1:Double = 100.0                            //속성 정의
    val v2:String = "테스트 "                         //속성 정의
    fun display() {                                  //메서드 정의
        println("속성출력 : $v1 , $v2")
    }
}

val kclass3: KClass<out Test> = Test::class          // 클래스 참조해서 변수 할당
val instance = kclass3.createInstance()              // 인자 없이 인스턴스 생성
instance.display()                                   // 메서드 실행

class Optional(val arg: String = "초기값부여")        //클래스 정의
println(Optional::class.createInstance().arg)//초깃값이 있어서 인스턴스 없는 객체 생성

class Require(val arg1: String,                      //주 생성자를 가진 클래스 정의
              val arg2: String) {                    //주 생성자
    constructor(arg1: String): this(arg1, "임의값부쳐") //부생성자
}

val primary = Require::class.primaryConstructor      //주 생성자 가져오기
val instance1 = primary!!.call("first arg", "second arg")//주생성자를 실행해서
println("주생성자 처리 ${instance1.arg1}")            // 객체생성
val secondary = Require::class.constructors          // 보조 생성자 가져오기
```

```
val instance2 = secondary.first().call("arg1")    //보조 생성자를 가져와서 객체 생성
println("보조생성자 처리 ${instance1.arg1}")
```

속성출력 : 100.0 , 테스트
초기값부여
주생성자 처리 first arg
보조생성자 처리 first arg

## ◀ 클래스 내부의 클래스와 동반 객체 확인

클래스 내부에 클래스와 동반 객체를 작성하고 상태를 확인한다.

- □ 제네릭 클래스를 선언한다. 내부에는 내포 클래스, 이너 클래스, 동반 객체를 작성했다.
- □ 이 클래스 참조를 가져와 변수에 할당한다. 클래스의 현재 상태와 내포된 클래스와 타입 매개 변수 정보를 확인한다.
- □ 클래스 내부의 클래스를 참조하려면 내포 클래스나 이너 클래스는 클래스 이름과 점연산자 다음에 내부 클래스 이름을 사용한다. 그다음에 참조연산자와 class 예약어로 참조를 가져 온다.
- □ 동반 객체도 이름을 지정하면 내포 클래스와 동일하게 참조연산자로 참조를 가져온다.
- □ 이너 클래스와 동반 객체는 상태 속성이 별도로 있으므로 이를 사용해 현재 상태를 확인한다.

```
class A<T> (val name : T) {            //클래스 정의
    class AN {}                        //내포된 클래스 정의
    inner class AIN {}                 //이너 클래스 정의
    companion object ACO{}             //동반 객체 정의
}

val a = A::class                       //클래스 참조
println("파이널 클래스 여부 :${a.isFinal}")
println("클래스 가시성      :${a.visibility}")
println("클래스 전체 이름    :${a.qualifiedName}")
println("클래스 순수 이름    :${a.simpleName}")
println("네포된 클래스      :${a.nestedClasses}")
println("타입매개변수       :${a.typeParameters}")

val an = A.AN::class                   //내포 클래스 참조
println("내포된 클래스 이름 :${an.simpleName}")
val ain = A.AIN::class                 //이너 클래스 참조
println("이너 클래스 이름    :${ain.simpleName}")
println("이너 클려스 여부    :${ain.isInner}")
```

```
val aco = A.ACO::class                                          //동반 객체 이름으로 참조
println("동반객체 이름 : ${aco.simpleName}")
println("동반객체 여부 : ${aco.isCompanion}")
```

```
파이널 클래스 여부 :true
클래스 가시성       :PUBLIC
클래스 전체 이름    :Line_6.A
클래스 순수 이름    :A
네포된 클래스       :[class Line_6$A$ACO, class Line_6$A$AIN, class Line_6$A$AN]
타입매개변수        :[T]
내포된 클래스 이름 :AN
이너 클래스 이름    :AIN
이너 클려스 여부    :true
동반객체 이름 : ACO
동반객체 여부 : true
```

## ◤ object 정의, 봉인 클래스 확인

클래스, object, 봉인 클래스, 데이터 클래스, 추상 클래스의 상태를 확인할 수 있다.

- □ 상속관계 확인을 위해 먼저 클래스 선언에 open을 지정한다. 이 클래스 참조로 isOpen 상태를 확인한다.
- □ object 정의를 한다. 클래스 참조와 동일하게 object 선언의 이름으로 참조한다. objectInstance 속성을 조회한다.
- □ 봉인 클래스를 정의하고 이 봉인 클래스를 상속한 클래스는 봉인 클래스 내부에 작성한다.
- □ 봉인 클래스 참조는 일반 클래스 참조와 동일하게 처리한다. 봉인 클래스 내부에 클래스를 정의해서 sealedSubClasses 속성으로 내부에 정의된 서브클래스를 확인한다.
- □ 데이터 클래스를 선언하고 데이터 클래스 객체를 만들어서 클래스 참조 후에 isData로 데이터 클래스인지 확인한다.
- □ 내장된 AbstractMap 추상 클래스도 일반 클래스처럼 클래스 참조를 할 수 있다. 그리고 isAbstract로 추상 클래스인지 확인한다.

```
open class BB                                          //상속 가능 클래스 정의
val bb = BB::class                                     //클래스 참조
println("클래스 이름 : ${bb.simpleName}")
println("상속가능여부 : ${bb.isOpen}")

object O                                               //object 정의
val o = O::class                                       //객체 참조
```

```
println("object 이름 : ${o.simpleName}")
println("object 인스턴스 : ${o.objectInstance}")


sealed class Seal {                              //봉인 클래스 정의
    class SubSeal : Seal()                       //봉인 클래스 내부에 서브클래스 정의
}
val b = Seal::class                              //클래스 참조
println("봉인 클래스여부 : ${b.isSealed}")
println("봉인 서브클래스 : ${b.sealedSubclasses}")


sealed class Seal1                               //봉인 클래스 정의
class SubSeal1 : Seal()                          //외부에 서브클래스 정의
val c = Seal1::class                             //클래스 참조
println("봉인 클래스 여부 : ${c.isSealed}")
println("봉인 서브클래스 : ${c.sealedSubclasses}")


data class Data(val name:String)                 //데이터 클래스 참조
val dt = Data("코틀린")::class
println("데이터 클래스여부 ${dt.isData}")
println("상속가능여부 ${dt.isOpen}")


val am = AbstractMap::class                      //추상 클래스 참조
println("추상클래스 여부 : ${am.isAbstract}")
```

```
클래스 이름 : BB
상속가능여부 : true
object 이름 : 0
object 인스턴스 : Line_7$0@3eb4a4e4
봉인 클래스여부 : true
봉인 서브클래스 : [class Line_7$Seal$SubSeal]
봉인 클래스 여부 : true
봉인 서브클래스 : []
데이터 클래스여부 true
상속가능여부 false
추상클래스 여부 : true
```

CHAPTER 12

## 3.3

### 함수 인터페이스 확인

코틀린에서 함수 자료형으로 처리할 때 일부 인터페이스로 함수 자료형과 비교해서 처리해봤다.
이제 리플렉션에서 함수 인터페이스를 다시 알아본다.

 함수 인터페이스

리플렉션에서 함수 인터페이스는 KFunctionN이다. 이 인터페이스 N에 매개변수의 개수에 맞춰
서 이름을 달리한다. 매개변수가 없을 때는 0이므로 숫자가 붙지 않고 매개변수가 하나 이상일 때
는 명칭에 숫자가 붙는다.

□ 리플렉션에서 3개의 함수 인터페이스를 import 한다.
□ 매개변수가 없고 반환 자료형이 없는 함수를 정의한다. 이 함수를 변수에 정의할 때는
  KFunction 인터페이스에 반환 자료형이 없다는 Unit 클래스를 타입 인자로 전달한다. 그리
  고 함수 참조로 변수에 할당한다. 동일한 자료형이라 아무런 예외 없이 할당된다.
□ 하나의 매개변수와 정수를 반환하는 함수를 정의한다. 이때는 KFunction1 인터페이스에 타
  입 인자로 매개변수 자료형과 반환 자료형을 전달한다.
□ 두 개의 매개변수와 정수를 반환할 때는 KFunction2 인터페이스를 자료형으로 사용한다.
□ 보통 함수 자료형으로 작성하지만 리플렉션의 함수 인터페이스로도 함수 자료형을 사용할 수
  있다.

```
import kotlin.reflect.KFunction            // 리플렉션 함수 인터페이스
import kotlin.reflect.KFunction1           // 인자와 반환값을 가진 함수 인터페이스
import kotlin.reflect.KFunction2           // 두 개의 인자와 반환값을 가진 함수 인터페이스

fun x1() =  println("실행")                // 함수 매개변수와 반환값이 없는 경우
val x1ref: KFunction<Unit> = ::x1          // 리플렉션 함수 자료형 선언

fun x2(x: Int) = x * 2                      // 함수 매개변수 1개와 반환값 처리
val x2ref: KFunction1<Int, Int> = ::x2    // 리플렉션 함수 자료형 선언

fun x3(x: Int, y:Int) = x * y              // 함수 매개변수 2개와 반환값 처리
val x3ref: KFunction2<Int, Int, Int> = ::x3 // 리플렉션 함수 자료형 선언
println("### 자료형 일치 여부 확인 ###")
println(::x1 is KFunction<Unit>)           // 리플렉션 함수 자료형인지 확인
```

```
println(::x2 is KFunction1<Int, Int>)        //리플렉션 함수 자료형인지 확인
println(::x3 is KFunction2<Int,Int, Int>)    //리플렉션 함수 자료형인지 확인

val a : ()-> Unit = ::x1              // 프로그램상의 함수 자료형 지정
val b : (Int)-> Int = ::x2           // 프로그램상의 함수 자료형 지정
val c : (Int,Int)-> Int = ::x3       // 프로그램상의 함수 자료형 지정

//println(::a is KFunction<Unit>)     // KFunction<Unit> 정보가 사라져 확인 불가
println("### 함수 실행 확인  ###")
a()                                    // 함수 실행
println(b(10))
println(c(10,10))
```

```
### 자료형 일치 여부 확인 ###
true
true
true
### 함수 실행 확인  ###
실행
20
100
```

### ◼ 함수를 매개변수나 속성으로 전달

리플렉션의 함수 인터페이스로 클래스의 주 생성자나 함수의 매개변수를 함수 자료형으로 지정해 실제 함수를 인자로 전달한다.

- ☐ 클래스의 속성이 함수를 전달받으면 함수 인터페이스를 사용한다.
- ☐ 클래스는 2개의 속성을 가졌고 내부에는 2개의 메서드를 정의한다. 속성 중 하나는 함수 인터페이스가 지정되어 실제 함수를 전달받는다.
- ☐ 이 전달받은 함수는 add 메서드 내부에서 실행되어 결과를 반환한다.
- ☐ 이제 이 클래스로 객체를 만든다. 생성자의 인자로 익명함수를 전달받는다. 이 객체로 add 메서드를 참조해서 변수에 할당하고 실행한다. 결과는 메서드를 실행하는 것과 동일하다. 다른 메서드를 참조해서 변수에 할당할 때 변수의 자료형을 함수 인터페이스로 지정했다.
- ☐ 변수 sum에 함수 자료형을 표시하고 람다표현식을 할당했다. 함수 sum1을 선언한다. 이 함수를 함수 참조를 사용해서 변수에 할당한다.
- ☐ 변수 sum2에 익명함수를 할당한다.
- ☐ 함수 applyOp를 작성할 때 마지막 매개변수는 함수를 받는다. 이 함수를 호출할 때 함수가

저장된 변수를 마지막 함수 인자로 전달해 실행한다. 직접 함수 참조를 사용해서 전달해도 잘
실행된다.

```kotlin
import kotlin.reflect.KFunction1                        //리플렉션 함수 인터페이스
import kotlin.reflect.KFunction2

class A(val value:Int,                                  //클래스 정의
       val action:KFunction2<Int,Int, Int>) {          //매개변수로 함수를 전달

    fun gts(b: Int): Boolean = this.value > b           //메서드 정의
    fun add(x:Int) : Int = action(this.value, x)        //전달받은 함수를 실행하는
}                                                       // 메서드 정의

val a = A(100, fun(x:Int,y:Int):Int{ return  x+y})
val f  = a::add                                         //메서드 참조
println(f(100))                                         //메서드 실행

val e : KFunction1<Int,Boolean> = a::gts               //메서드 참조 후 변수에 할당
println(e)
println(e(80))                                          //메서드 실행

val sum: (Int, Int) -> Int = { x, y -> x + y }          //람다표현식 변수 할당
fun sum1(x:Int, y:Int) = x+y                            //함수 정의

val x:KFunction2<Int,Int,Int> = ::sum1                 //함수 참조 후 변수 할당
val sum2 = fun (x:Int, y:Int) = x+y                     //익명 함수를 변수 할당

fun applyOp(x: Int, y: Int,                             //함수 정의
            op: (Int, Int) -> Int): Int = op(x, y)      //매개변수로 함수 전달

println(applyOp(2, 3, sum))                             //함수 실행
println(applyOp(2, 3, sum2))
println(applyOp(2, 3, ::sum1))
```

```
200
fun Line_1201.A.gts(kotlin.Int): kotlin.Boolean
true
5
5
5
```

## 리플렉션으로 클래스 상속관계 확인

코틀린에서는 is 연산을 사용하면 스마트캐스팅을 처리해서 특별히 상속관계와 생성관계를 확인할 필요가 없다. 하지만 중요한 코드는 점검할 수 있도록 리플렉션 패키지에 이 메서드를 지원한다.

### ◾ 상속관계와 생성관계 확인

리플렉션 메서드로 상속관계와 생성관계를 확인하는 메서드를 지원한다.

- □ 리플렉션에서 isSubclassOf, isSuperclassOf 메서드를 import 한다.
- □ 클래스를 정의해서 상속관계를 구성한 다음 서브클래스로 객체를 생성한다.
- □ 클래스 참조를 사용해서 객체의 클래스를 정보를 가져온다. 그다음에 이 객체가 상속한 정보를 supertypes 속성으로 확인한다. 또한, isSubclassOf 메서드로 슈퍼클래스와 서브클래스 관계를 확인한다.
- □ 확장함수 isInstanceOf를 만들어 클래스와 객체 간의 생성관계를 확인한다.
- □ 클래스가 상속관계를 구성하는 관계에서 하위 클래스의 객체는 항상 상위 클래스의 객체가 된다.

```
import kotlin.reflect.full.isSubclassOf      // 서브클래스 관계
import kotlin.reflect.full.isSuperclassOf    // 슈퍼클래스 관계

open class Base                              // 상속하려면 슈퍼클래스를 open
class Derived : Base()                       // 상속한 베이스 클래스를 사용할 때는 생성
val der = Derived()                          // 하나의 객체 생성

println(der.javaClass.kotlin)

println((Base::class).isFinal)               // 상속 불가 클래스인지 확인
println((der::class).isFinal)                // 하위 클래스가 없어서 최종 클래스
println((der::class).supertypes)             // 슈퍼 타입 확인
println((der::class).isSubclassOf(Base::class)) // 서브클래스 확인

fun Any.isIntanceOf(base : Any): Boolean {   // 인스턴스 관계 확장함수 작성
    return (this::class).isInstance(this)    // 리플렉션 클래스의 메서드로
    || (base::class).isInstance(this)        // 인스턴스 관계 확인
```

CHAPTER **12**

```
}
println(der.isIntanceOf(Base::class))                    // 인스턴스 관계
println((der::class).isInstance(der))                    // 인스턴스 관계 확인
println((Base::class).isInstance(der))
```

```
class Line_0$Derived
false
true
[Line_0.Base]
true
true
true
true
```

## 일반 클래스와 추상 클래스의 상속관계 확인

일반 클래스와 추상 클래스의 상속관계를 확인한다.

- □ 먼저 일반 클래스의 상속관계를 구성한다.
- □ 상속관계를 isSubclassOf, isSuperclassOf로 확인한다.
- □ 추상 클래스를 정의하고 이를 구현한 클래스를 정의한다. 추상 클래스도 일반 클래스처럼 상
  속관계를 확인할 수 있다.

```
import kotlin.reflect.full.isSubclassOf
import kotlin.reflect.full.isSuperclassOf

open class Person(var name:String, var age:Int)          // 베이스 클래스 정의
class Man(name:String,age:Int,var sex:String) :          // 파생 클래스 정의
                         Person(name,age)                 // 베이스 클래스 상속
class Woman(name:String,age:Int, var sex:String) :       // 파생 클래스 정의
                         Person(name,age)                 // 베이스 클래스 상속

val m = Man("남자",44,"남성")                              // 객체 생성
val w = Woman("여자",44,"여성")

val mx : Person = m                                       // 베이스 클래스 타입 변수에 할당
val mm : Man = m                                          // 자기 타입 변수에 할당

// val mw:Woman=m                                         // 다른 클래스 타입 변수에 할당 시 예외

println((Man::class).isSubclassOf(Person::class))        // 서브클래스 확인
```

```
println((Person::class).isSuperclassOf(Woman::class))  //슈퍼클래스 확인

abstract class Animal {                                //추상 클래스 정의
    abstract fun getName(): String                     //추상 메서드 정의
}
                                                       //구현 클래스 정의
class Dog(private val name: String) : Animal() {
    override fun getName(): String = name              //메서드 오버라이딩
}

val dog = Dog("멍멍 ")

println((Dog::class).isSubclassOf(Animal::class))      //서브클래스 확인
println((Animal::class).isSuperclassOf(Dog::class))    //슈퍼클래스 확인
```

```
true
true
true
true
```

# 04 애노테이션 알아보기

프로그램을 설명하는 주석은 comments이고 프로그램 코드에 특정 주석을 부여해서 개발 툴이나 JVM 등에 정보를 추가하는 것은 애노테이션(annotation)이다. 애노테이션 표기법은 @+애노테이션 이름을 붙여서 사용한다. 프레임워크 등을 활용할 때는 애노테이션을 사용해 여러 기능을 활용하지만, 이 책의 범위는 애노테이션을 정의하는 방법까지이다.

## 사용자 정의 애노테이션

코틀린에서 애노테이션을 정의하는 방법은 애노테이션 예약어를 클래스 앞에 붙이는 것이다. 애노테이션도 클래스로 선언을 사용해서 속성을 추가할 수 있다. 하지만 일반 클래스 정의처럼 다른 기능을 다양하게 작성해서 사용하지 않는다.

### ◤ 사용자 정의 애노테이션 확인

먼저 애노테이션을 클래스 이름만 사용한다. 아무런 속성이 없는 애노테이션을 선언하고 이를 직접 사용하는 것이다.

- 애노테이션을 하나 정의한다. 애노테이션을 @로 붙이면 실제 이 애노테이션 객체를 생성하는 것이다. 그래서 애노테이션이 지정하는 곳에 객체가 만들어진다.
- 애노테이션은 클래스 선언 위, 속성 정의 앞, 메서드 정의 위, 매개변수 정의 앞에 붙여서 사용할 수 있다.
- 또한, 함수 정의 위에 애노테이션을 붙여 정의할 수 있다.
- 최상위 레벨 속성에도 애노테이션을 지정할 수 있다.
- 애노테이션은 일단 코틀린 실행에 아무런 영향을 미치지 않는다. 애노테이션은 개발 툴이나 프레임워크에서 특별한 정보로 사용하는 경우에만 코드가 실행될 때 영향을 미친다.
- 현재는 객체를 생성하고 메서드를 실행해도 애노테이션을 처리하지 않아서 아무런 영향 없이 잘 실행된다.

```
annotation class Testing                                    // 애노테이션 클래스 정의

@Testing                                                    // 클래스에 애노테이션 사용
class Foo(@Testing val first: Int) {                        // 속성에 애노테이션 사용

    @Testing                                                // 메서드에 애노테이션 사용
    fun baz(@Testing second: Int): Int {
        return first + second
    }
}

@Testing                                                    // 함수에 애노테이션 사용
fun bar() = "함수에 어노테이션 사용"

@Testing                                                    // 속성에 애노테이션 사용
val top = 100

val f = Foo(100)                                            // 객체 생성

println(f.baz(200))                                         // 메서드 호출
println(bar())                                              // 함수 호출
```

```
300
함수에  어노테이션  사용
```

## ◼ 생성자, 게터와 세터 애노테이션 처리

생성자와 게터, 세터에도 애노테이션을 붙일 수 있다. 또한, 람다표현식에도 애노테이션을 붙일
수 있다.

- ☐ 애노테이션을 정의한다.
- ☐ 클래스의 생성자, 속성의 게터, 세터 앞에 애노테이션을 붙인다.
- ☐ 람다표현식에도 애노테이션을 처리할 수 있다.

```
annotation class TestAnnotation

class Test @TestAnnotation constructor() {                  // 생성자에 표시
    @TestAnnotation                                         // 속성에 표시
    val myVal: Int = 10

    @TestAnnotation
```

```
    fun method() = "메소드 처리"                        //메서드에 표시

    var myVal2: Int = 10
        @TestAnnotation get() = field                    //게터, 세터에 표시
        @TestAnnotation set(value) { field = value }     //게터, 세터에 처리

    val myFun = @TestAnnotation{ println("람다표현식")}//람다에애노테이션추가
}
```

## 애노테이션을 리플렉션으로 확인

애노테이션 정보도 다른 것과 동일하게 구성되므로 리플렉션을 사용해서 내부 정보를 조회할 수 있다.

□ 속성을 가진 애노테이션을 정의한다.
□ 클래스를 정의하고 이 클래스의 메서드에 애노테이션을 붙인다. 애노테이션 클래스에서 속성을 정의해서 메서드에 애노테이션을 붙일 때 인자를 전달해야 한다.
□ 클래스로 객체를 생성한다. 클래스 참조로 메서드를 가져와 변수 methods에 할당한다.
□ 순환하면서 이 메서드 내부를 확인한다. 먼저 isAnnotationPresent 함수를 사용해 어떤 애노테이션 클래스인지 확인한다. 애노테이션을 여러 가지 만들어서 사용할 수 있으므로 특정 애노테이션을 확인해야 한다.
□ 애노테이션 정보를 getAnnotation으로 가져오면 그 내부 속성에 저장된 값을 알 수 있다. 그런 다음에 이 속성의 값만큼 객체의 메서드를 실행한 것이다.

```
annotation class TAnnotataion(val count: Int)    //애노테이션 속성 추가

class Test {
    @TAnnotataion(count=3)                        //메서드 애노테이션 정의 시
    fun some(){                                    //속성 부여
        println("some 메소드 호출 ")
    }
}

val obj: Test = Test()                            //객체 생성
val methods = Test::class.java!!.methods
println("클래스 정보 확인 : " + Test::class)      //리플렉션정보확인
println("클래스 정보 확인 : " + Test::class.java!!)
println("메소드 정보 확인 : " + methods)
```

```
for(method in methods){
    if(method.isAnnotationPresent(TAnnotataion::class.java)){
                                                              //애노테이션 여부 확인
        println(method.isAnnotationPresent(TAnnotataion::class.java))
                                                              //메서드 처리
        val annotation_ = method
                        .getAnnotation(TAnnotataion::class.java)
                                                              //애노테이션을 가진 메서드 추출
        println("어노테이션 정보 : " + annotation_)
        val count = annotation_.count               //속성 정보 확인
        for(i in 1..count){
            obj.some()                              //메서드 호출
        }
    }
}
```

```
클래스 정보 확인 : class Line_3$Test
클래스 정보 확인 : class Line_3$Test
메소드 정보 확인 : [Ljava.lang.reflect.Method;@560afc23
true
어노테이션 정보 : @Line_3$TAnnotataion(count=3)
some 메소드 호출
some 메소드 호출
some 메소드 호출
```

## 제공된 애노테이션

코틀린에 내부적으로 만들어진 애노테이션은 그대로 사용할 수 있다. 어떤 애노테이션을 사용할 수 있는지 알아본다.

### ◤ 사용 경고 애노테이션

특정 함수나 클래스 등이 앞으로 중단되어 사용하지 못할 경우에 deprecated 애노테이션을 사용한다.

　□ 아래 예제를 보면 클래스를 정의해서 deprecated로 지정했다.

□ 개발 툴에서 이 클래스를 사용하면 경고 표시를 해준다. 실제 사용해도 작동이 된다. 버전이
  바뀔 때 이 경고가 나오면 다른 것으로 대체해서 사용하는 것이 좋다. 특정 버전 이후에 실제
  deprecated된 함수나 클래스가 제거되기 때문이다.

```kotlin
@Deprecated("Use removeAt(index) instead.")    //경고 처리
class ABC {                                      //클래스 정의
    var field1 = ""
    var field2 = 0
    fun function1() {}
    fun function2() {}
}

val a = ABC()
```

□ 함수에도 동일하게 붙일 수 있다. 이 함수도 개발 툴에서 경고를 보여준다.

```kotlin
@Deprecated("It is deprecated")          //경고 표시
fun sum11(a: Int, b: Int): Int {         //함수 정의
    return a + b
}

fun test() {
    println(sum11(111, 2))               // 코딩할 때 사용에 대한 경고 표시한다.
}

test()
```

113

### 🔺 자바와 코틀린 메타 애노테이션 처리 비교

자바의 애노테이션과 코틀린의 애노테이션은 처리하는 방식에 차이가 있다.

- 메타 애노테이션: 애노테이션 클래스를 어느 범위까지 적용할지 정하는 애노테이션이다.
- 메타 애노테이션은 내장된 애노테이션을 사용한다.

□ 제공되는 Target 애노테이션을 처리할 때 내부 구성이 달라서 인자로 전달하는 세부 항목에
  서 차이가 발생한다.
□ 코틀린에서는 실제 자바의 애노테이션을 import 해서 사용해도 동일한 결과가 나온다.

☐ 코틀린에서 작성할 때는 코틀린이 제공하는 방식을 사용하는 것을 권고한다.

```
// 자바 처리
import java.lang.annotation.*

@Target(ElementType.FIELD, ElementType.TYPE)
annotation class MyAnnotation          // 적용 대상이 FIELD, TYPE(Class or Interface)

@MyAnnotation                          // 적용 대상이 TYPE인 경우
class MyClass{
    @MyAnnotation                      // 적용 대상이 FIELD인 경우
    val i = 100
}
 // 코틀린 처리
@kotlin.annotation.Target(AnnotationTarget.PROPERTY, AnnotationTarget.CLASS)
annotation class MyAnnotation          // 적용 대상이 클래스와 속성

@MyAnnotation                          // 적용 대상이 TYPE인 경우
class MyClass{
    @MyAnnotation                      // 적용 대상이 FIELD인 경우
    val i = 100
}
```

### ◤ 메타 애노테이션 처리

애노테이션을 정의할 때 용도, 유지 범위 등에 대한 정보를 지정할 수 있다.

- Target 애노테이션: 애노테이션을 추가할 곳을 제한한다.
- Retention 애노테이션: 소스 코드나 런타임 등까지 애노테이션 정보에 대한 유지 여부를 제한한다.

☐ 애노테이션을 지정하고 어떤 상태까지 유지할지 지정한다.
☐ 애노테이션 지정 범위는 Class이지만 실제 interface, object 정의와 동반 객체도 적용된다.

```
@kotlin.annotation.Target(AnnotationTarget.CLASS)             // 대상은 클래스
@kotlin.annotation.Retention(AnnotationRetention.RUNTIME)  // 런타임까지 유지
annotation class ClassTesting

@ClassTesting                                    // 적용 대상이 인터페이스인 경우
interface MyInterface {}
```

CHAPTER 12

```
@ClassTesting                                    // 적용 대상이 클래스인 경우
class MyClass1{
    val i = 100


    @ClassTesting                                // 적용 대상이 동반 객체인 경우
    companion object {}

}

@ClassTesting                                    // 적용 대상이 object 정의인 경우
object ObjectD {}
```

☐ 함수, 속성의 게터와 세터 메서드에 적용할 애노테이션을 만든다. 그리고 함수, 메서드, 게터
와 세터에 모두 적용한다.

```
@kotlin.annotation.Target(AnnotationTarget.FUNCTION,          // 대상은 함수
                          AnnotationTarget.PROPERTY_GETTER,   // 속성의 게터
                          AnnotationTarget.PROPERTY_SETTER)   // 속성의 세터
@kotlin.annotation.Retention(AnnotationRetention.SOURCE)      // 소스에서만 유지
annotation class MethodTest

class MyClass2{
    val i = 100

    @MethodTest                                  // 적용 대상이 함수인 경우
    fun method() = "Method"

}

@MethodTest                                      // 적용 대상이 함수인 경우
fun func() {}

var proc : String = ""
    @MethodTest
    get() = field
    @MethodTest
    set(value) {
        field = value
    }
```

□ 아래 예제는 속성에만 적용한 것이다. 최상위 속성과 클래스 내부의 속성에 애노테이션을 추가할 수 있다.

```
@kotlin.annotation.Target(AnnotationTarget.PROPERTY)          //대상은 속성
@kotlin.annotation.Retention(AnnotationRetention.SOURCE) //소스에서만 유지
annotation class PropertyTest

class MyClass3{
    @PropertyTest                                           //적용 대상이 속성인 경우
    val i = 100

    fun method() = "Method"

}

@PropertyTest                                                //적용 대상이 속성인 경우
val proc = 100
```

### ◀ 자바 연계 애노테이션 처리: 패키지

파일에 대한 이름을 제공하는 애노테이션을 지정할 수 있다.
  □ 주피터 노트북은 패키지 구성을 할 수 없다.
  □ 그래서 @file:JvmName 애노테이션을 사용해서 파일 이름과 패키지 이름을 동일하게 지정한다.
  □ 다른 셀에서 이 패키지를 import 해서 패키지처럼 사용할 수 있다.

```
@file:JvmName("dahl.moon")              //패키지를 파일로 지정
package dahl.moon

fun foo() = "패지지 정의"
```

```
import dahl.moon.*              //패키지 사용

println(foo())
```
패지지 정의

  □ 다시 패키지를 만든다. 이 패키지 내에는 슈퍼클래스와 서브클래스를 정의한다. 서브클래스

는 부모 클래스의 메서드를 재정의했고 애노테이션으로 이 메서드는 @Deprecated로 앞으로 사용하지 않는다고 지정한다.

□ 이 패키지를 import 한다.

□ 클래스로 객체를 생성하고 이 객체의 사용하지 않을 메서드를 작성하고 확인하면 이 메서드 이름에 줄을 그어서 deprecated라고 표시해준다. 하지만 이 메서드를 실행해도 결과는 나온다.

```kotlin
@file:JvmName("foo.bar")              // 패키지를 파일로 지정
package foo.bar

open class Parent{                    // 슈퍼클래스 정의
    open fun parentMethod() ="parent"
}

class Child :Parent() {               // 서브클래스 정의

 @Deprecated("중지")
 override fun parentMethod() = "Child"
}
```

```kotlin
import foo.bar.*                      // 패키지 사용

val c = Child()
c.parentMethod()                      // 사용할 때 경고 표시
```

```
Child
```

### 🔲 자바 연계 애노테이션 처리: 이름 충돌

함수를 정의할 때 매개변수의 자료형에 따라 함수 오버로딩이 가능하다. 주의할 점은 리스트 등은 원소를 관리하는 자료형이 더 가지고 있다. Jvm에서는 런타임에 세부 자료형을 가지지 않아서 동일한 이름의 함수에서 리스트로 지정할 경우 세부 자료형은 구분하지 않아서 동일한 자료형으로 인식해서 함수를 정의할 수 없다.

□ 함수의 매개변수로 제네릭 클래스로 자료형을 지정하면 함수 오버로딩이 처리되지 않을 수도 있다. 왜냐하면, 타입 인자가 없지만 통일한 자료형으로 인식하기 때문이다.

□ 그래서 동일한 파일에서 지정할 때 JvmName 애노테이션을 사용해서 각각의 함수 이름을 다르게 지정했다.

□ 이제 이 두 함수는 이름 충돌이 방지되어 언제라도 호출할 수 있다.

```
// fun foo(a:List<String>) {                          // compile error 발생
//     println("foo(a:List<String>")
// }

// fun foo(a:List<Int>) {                             // compile error 발생
//     println("foo(a:List<Int>")
// }


@file:JvmName("foo")                                  // 파일 이름
@JvmName("foo1String")                                // 적용될 함수 이름
fun foo1(a : List<String>) {                          // 함수는 동일한 이름
    println("foo(a : List<String>")
}

@JvmName("foo1Int")                                   // 적용될 함수 이름
fun foo1(a : List<Int>) {                             // 함수는 동일한 이름
    println("foo(a : List<Int>")
}

foo1(listOf("a"))
foo1(listOf(1,2,3))
```

```
foo(a : List<String>
foo(a : List<Int>
```



### 자바 연계 애노테이션 처리: 정적 처리

코틀린에 명확하게 정적 영역은 없지만, JVM으로 처리할 때 정적으로 변환된다. 이를 애노테이션을 사용해서 명확히 지정할 수 있다.

□ 동반 객체 내의 속성을 자바 언어의 정적 메서드처럼 정적 처리를 하라고 지정하는 애노테이션이다.

```
class Bar {                                           // 클래스 정의
    companion object {                                // 동반 객체
        @JvmStatic
        var barName : String = "bar"                  // 정적 지정
    }
}
```

# Kotlin

## 파일 입출력과 스레드 처리

대용량 데이터를 보관하는 장소로 디스크에 바로 저장하는 파일과 데이터베이스 등이 있다. 특히 파일은 데이터를 저장하지만 특별하게 처리하는 방식이 없다. 이런 파일을 읽어서 처리하는 방식인 파일 입출력과 프로그램을 실행하는 환경인 스레드를 알아본다.

1. 파일 I/O 처리
2. 스레드

# 01 파일 I/O 처리

컴퓨터가 세상에 처음 나왔을 때는 현재 같은 프로그램 언어가 없었다. 1950년대에 현재 같은 프로그램이 만들어지면서 배치와 온라인 등 다양한 기법으로 프로그램을 만들어 처리하게 되었다. 대용량 데이터의 경우 파일에 저장된 데이터를 많이 처리한다. 그래서 코틀린에서도 파일에 저장된 데이터를 처리하는 방법을 지원한다.

## 스트림 및 버퍼 처리

파일 처리는 Input과 Output에 대한 데이터 처리이다. 이런 데이터가 계속 처리되어 흐르는 것과 같아서 스트림(Stream)이라고 한다. 그래서 이를 바이트나 텍스트 단위로 처리해서 사람이 인식할 수 있게 만들어야 한다. 특히 I/O 처리의 성능을 향상하기 위해 중간에 저장공간을 두고 처리하는 방식을 버퍼(Buffer) 처리라고 한다. 이런 IO 구조부터 하나씩 알아본다.

### ◼ IO 상속관계 확인

입출력은 기본으로 IO 스트림을 구조화해서 처리한다. 어떻게 구조화하는지 알아본다.

- □ 가장 기본으로 파일을 읽고 쓰는 기반은 InputStream과 OutputStream이다. 이를 기반으로 바이트 단위로 처리하도록 지원하는 것이 ByteArrayInputStream과 ByteArrayOutputStream 이다.
- □ 이들 간의 관계를 supertypes 속성으로 확인해 보면 상속관계인 것을 확인할 수 있다.

```
import java.io.*                          //파일을 스트림으로 입력

val a = InputStream::class                //입력 스트림
val b = OutputStream::class               //출력 스트림
val c = ByteArrayInputStream::class       //바이트 입력 스트림 리더
val d = ByteArrayOutputStream::class      //바이트 출력 스트림 라이터


println(a.supertypes)                     //슈퍼클래스 확인
```

```
println(b.supertypes)
println(c.supertypes)
println(d.supertypes)
```

```
[java.io.Closeable, kotlin.Any]
[java.io.Closeable, java.io.Flushable, kotlin.Any]
[java.io.InputStream]
[java.io.OutputStream]
```

## ▶ 바이트 스트림 처리

바이트스트림은 기본으로 데이터를 읽고 쓰는 것이다. 이 바이트스트림을 어떻게 처리하는지 알아본다.

- □ 바이트 배열 객체를 만들어 변수에 할당한다. 출력 처리도 널러블 바이트 배열로 정의하고 null을 할당한다.
- □ 이제 이를 스트림 객체로 변환해서 변수에 할당한다. 출력은 빈 바이트스트림 객체를 만든다.
- □ 바이트스트림을 read 메서드로 바이트 단위로 읽는다. 순환하면서 모든 바이트를 읽는다. 이때 한 바이트씩 write 메서드로 쓴다.
- □ 모두 스트림으로 작성되면 배열로 변환해서 outSrc에 보관한다.
- □ 이 두 배열을 contentToString 메서드로 출력하면 동일한 배열인 것을 알 수 있다. 이는 하나씩 읽어서 출력했다는 것이다.

```
import java.io.ByteArrayInputStream           // 스트림으로 변환해서 읽기
import java.io.ByteArrayOutputStream          // 스트림으로 변환해서 쓰기

val inSrc = byteArrayOf(1,2,3,4,5,6,7,8,9)    // 배열 생성
var outSrc : ByteArray? = null                // 널러블 처리

var input = ByteArrayInputStream(inSrc)       // 바이트 스트림 객체 생성
var output = ByteArrayOutputStream()          // 바이트 스트림 빈 객체 생성

var data =  input?.read()                     // 세이브 연산자 처리해서 바이트 하나 읽기
println("바이트 하나 읽기 : ${data}")
println("데이터 자료형 확인 : ${data.javaClass.kotlin}") // 데이터 자료형 확인
while (data != -1) {                          // 데이터 순환: 모두 읽고 난 후에 -1 반환
    output?.write(data)                       // 쓰기
    data =  input?.read()                     // 다음 읽기
    if (data == -1) println("최종 데이터 : ${data}") // 최종 상태 확인
}
```

```
println("처리된 결과 자료형 : ${output.javaClass.kotlin}")    //스트림
outSrc = output.toByteArray()                                //배열로 변환
println(inSrc.contentToString())                             //배열 상태 확인
println(outSrc.contentToString())
```

```
바이트 하나 읽기 : 1
데이터 자료형 확인 : class kotlin.Int
최종데이터 : -1
처리된 결과 자료형 : class java.io.ByteArrayOutputStream
[1, 2, 3, 4, 5, 6, 7, 8, 9]
[1, 2, 3, 4, 5, 6, 7, 8, 9]
```

## ◤ 중간 처리를 위한 버퍼 스트림 처리

스트림 처리의 기본은 하나 입력하면 하나를 출력한다. 그래서 중간에 버퍼를 지정하고 처리하면 빠르게 입출력을 처리할 수 있다.

- □ 버퍼를 처리하려면 BufferReader, BufferWriter를 import 한다.
- □ 문자열을 라인별로 처리하기 위해 하나의 문자열에 개행문자(₩n)를 넣는다.
- □ BufferReader를 처리하려면 InputStream을 인자로 전달해서 버퍼 객체를 만든다. 그러면 버퍼를 기준으로 읽을 수 있다.
- □ BufferWriter를 사용하려면 OutputStream을 인자로 전달해서 버퍼 객체를 만든다.
- □ readLine 메서드를 사용해서 한 줄 단위로 읽는다. 한 줄 단위로 쓰려고 할 때는 개행문자를 추가한다. 보통 파일의 한 라인의 마지막은 개행문자가 들어가야 한다.
- □ 다 작성이 된 후에 문자열을 출력하면 입력으로 들어온 문자열을 그대로 읽고 버퍼에 바로 쓰인 것을 알 수 있다.

```
import java.io.InputStreamReader          //입력 스트림
import java.io.OutputStreamWriter         //출력 스트림
import java.io.BufferedWriter             //출력 버퍼
import java.io.BufferedReader             //입력 버퍼

val str = "입력스트림을 ₩n 버퍼를 사용해서 출력스트림으로"   //문자열
val content = str.toByteArray()           //바이트 배열로 변환
println(content.contains(10))

var ins = ByteArrayInputStream(content);                        //입력 스트림
var bfReader = BufferedReader(InputStreamReader(ins))           //입력 버퍼
```

```
var baos : ByteArrayOutputStream = ByteArrayOutputStream(100)
var writer = BufferedWriter(OutputStreamWriter(baos));      //출력 버퍼

var temp = bfReader.readLine()                              //첫 번째 문장 읽기
while(temp != null){
    println(temp)
    writer.write(temp +"Wn")                                //버퍼에 출력
    temp = bfReader.readLine()                              //다음 문장 읽기
}
writer.flush()

val aaa = baos.toString()
println(aaa)                                                //출력 결과 확인
```

```
true
입력스트림을
 버퍼를 사용해서 출력스트림으로
입력스트림을
 버퍼를 사용해서 출력스트림으로
```

## ▌ 반복자로 순환 처리

스트림을 시퀀스로 변환해서 동적으로 처리하는 반복자로 변환해서 처리할 수 있다.

- □ iterator 메서드를 사용해 반복자로 변경했다.
- □ 순환할 때 반복자의 hasNext 메서드로 마지막인지 검토하고 next로 다음 라인을 조회해서 처리한다. 모든 처리가 끝나면 close로 닫아준다.
- □ 가장 간단한 방식으로 useLines을 사용하면 모든 것을 다 읽어서 인자로 전달한 람다표현식에 내용에 따라 기능을 처리한다. 읽은 것을 그대로 출력하는 람다표현식을 받았다. 그래서 하나씩 출력한다.

```
import java.io.ByteArrayInputStream            //스트림으로 변환해서 읽기

val str = "입력스트림을 Wn버퍼를 사용해서 출력스트림으로" //문자열
val content = str.toByteArray()                //바이트 배열로 변환
println("포함관계 : " + content.contains(-20))  //바이트로 변환된 값 확인
println("포함관계 : " + content[0])

var someStream = ByteArrayInputStream(content) //입력 스트림

var reader = someStream.bufferedReader()       //입력 스트림 내의 메서드 처리
```

```
println(reader.javaClass.kotlin)                              //버퍼로 변환

val iterator = reader.lineSequence().iterator()              //반복자로 변환
while(iterator.hasNext()) {
    val line = iterator.next()                               //반복자로 조회
    println(line)
}
reader.close()

someStream = ByteArrayInputStream(content)                   //다시 스트림 처리
reader = someStream.bufferedReader()                         //내부 메서드로 버퍼 처리
reader.useLines { lines -> lines.forEach {println(it)} //uselines 메서드 처리
}
```

```
포함관계 : true
포함관계 : -20
class java.io.BufferedReader
입력스트림을
버퍼를 사용해서 출력스트림으로
입력스트림을
버퍼를 사용해서 출력스트림으로
```

## 파일 처리: 읽기

IO의 기본은 스트림이므로 이를 상속한 파일도 스트림으로 처리한다. 파일을 읽을 때는 바이트 단위, 라인 단위, 또는 전체 라인을 다 읽고 처리하지만, 실제 내부적으로는 바이트 단위가 기본이다. 파일을 어떻게 읽고 처리하는지 알아본다.

### ◤ 상속관계

파일도 바이트 단위의 스트림 처리와 문자 단위의 리더 등으로 구성된다.

- □ 파일을 처리하는 인터페이스와 클래스의 상속관계 확인하면 파일도 Stream과 Buffer로 구성된다.
- □ 클래스 참조를 사용해서 레퍼런스를 가져와 supertypes 속성을 확인하면 상속관계를 확인할 수 있다.

```
import java.io.*                              //파일을 스트림으로 입력

val a = FileInputStream::class               //파일 입력 스트림
val b = FileReader::class                    //파일 리더
val c = BufferedReader::class                //버퍼 리더
val d = InputStreamReader::class             //입력 스트림 리더
val e = Reader::class                        //리더
val f = File::class                          //파일


println(a.supertypes)                        //슈퍼클래스 확인
println(b.supertypes)
println(c.supertypes)
println(d.supertypes)
println(e.supertypes)
println(f.supertypes)
```

[java.io.InputStream]
[java.io.InputStreamReader]
[java.io.Reader]
[java.io.Reader]
[java.lang.Readable, java.io.Closeable, kotlin.Any]
[java.io.Serializable, kotlin.Comparable<java.io.File!>, kotlin.Any]


### ◀ 스트림으로 파일 처리

입력과 출력 스트림을 사용해 파일을 읽는다. 스트림은 바이트 단위로 읽고 쓴다.

□ 실제 파일을 읽어서 다른 파일에 작성해본다. 파일이 있는 곳의 **path** 즉 경로는 문자열로 작성한다. 보통 파일은 일정한 디렉토리 내부에 작성한다. 파일의 경로도 상대적 표기법과 절대적 표기법이 있다. 축약형으로 상대적 표기법을 많이 사용한다. 명확히 파일 경로를 표시할 때는 절대적 표기법으로 전체 경로를 모두 작성한다. 상대적 표기법에서 점 하나는 현재 디렉토리를 의미하고 점 두 개는 상위 디렉토리를 의미한다.

□ 파일을 FileInputStream의 read 메서드로 바이트 단위로 읽는다. 바이트 단위로 읽으면 정수로 표기된다. 그래서 이 데이터의 자료형을 확인하면 Int로 출력된다.

□ 이 파일을 다시 다른 파일에 모두 저장하기 위해서 while 반복문으로 한 바이트씩 읽고 바로 한 바이트씩 파일에 저장한다. 이때는 FileOutputStream이 write 메서드로 쓴다.

□ 파일 처리가 끝나면 항상 close 메서드로 닫아야 한다.

□ 저장한 파일을 다시 읽어서 제대로 작성되었는지 확인한다.

```
import java.io.FileInputStream                          // 파일을 스트림으로 입력
import java.io.FileOutputStream                         // 파일을 스트림으로 출력

val fin = FileInputStream("./data.txt")                 // 파일 읽기
var fout = FileOutputStream("./dataout.txt")            // 파일 쓰기

var data = fin.read()                                   // 파일에 데이터 하나 읽기
println("바이트 하나 읽기 : ${data}, ${data.toChar()}")  // 하나의 바이트로 처리
println("데이터 자료형 확인 : ${data.javaClass.kotlin}")

while (data != -1) {                                    // 순환하기
    fout.write(data)                                    // 파일 다시 쓰기
    data = fin.read()                                   // 파일 다시 읽기
}

fin.close()                                             // 파일 닫기
fout.close()                                            // 파일 닫기

val fin1 = FileInputStream("./dataout.txt")             // 저장된 파일 읽기
var data1 = fin1.read()                                 // 파일을 하나씩 읽기
while (data1 != -1) {                                    // 순환 처리
    print(data1.toChar())                               // 정수를 문자로 변환
    data1 = fin1.read()                                 // 파일 읽기
}

fin1.close()                                            // 파일 닫기
```

```
바이트 하나 읽기 : 72, H
데이터 자료형 확인 : class kotlin.Int
Hello world!
```

## 버퍼리더를 사용해 파일 처리

입력 스트림으로 객체를 생성하고 버퍼를 사용해 텍스트로 파일을 읽는다.

□ 이번에는 Files로 파일을 열고 inputStream 메서드로 InputStream으로 변경한다.

□ 이를 bufferedReader 메서드로 버퍼로 변환하고 use 메서드에 readLines 메서드로 전체 라인을 모두 읽는다. 이때 use는 파일을 처리하는 확장함수로 람다표현식을 받아서 파일을 모두 처리하면 자동으로 파일을 닫는다.

□ 파일도 라인을 하나의 원소로 보면 리스트 등의 다른 컬렉션과 구조와 동일하다. 그래서 내부

순환을 forEach 메서드를 사용해 출력을 처리할 수 있다.

☐ 바이트 단위에서 텍스트 단위로 파일을 처리한다. 이때는 readText 메서드를 사용한다. 텍스트를 읽고 변수에 할당한 후 이 변수의 자료형을 확인하면 문자열이라는 것을 알 수 있다.

☐ 이제 파일을 읽고 가변 리스트에 저장해본다. 이때는 useLines을 사용해 전체 파일의 읽고 이를 람다표현식으로 한 라인을 리스트의 원소로 저장한다. useLines도 파일을 처리하는 확장함수이다. 이 useLines이 종료되면 파일을 자동으로 close한다. 그래서 별도로 파일을 닫을 필요가 없다.

☐ 리스트에 저장된 원소를 forEach로 출력하면 라인별로 출력한다.

```kotlin
import java.io.File                                    //파일 처리
import java.io.InputStream                             //스트림 처리
import java.io.BufferedReader                          //버퍼 처리

val inputStream: InputStream = File("test.txt")        //파일 읽고
                            .inputStream()             //파일을 스트림으로 변환
val inputString = inputStream                          //스트림을 가지고
                .bufferedReader()                      //버퍼로 변환
                .use { it.readLines() }                //use로 텍스트로 처리
println(inputString)                                   //배열로 처리

inputString.forEach {println(it)}                      //내부 순환으로 처리

val fl = File("test.txt").bufferedReader()             //바로 버퍼로 변환
                .use { it.readText() }                 //파일을 텍스트로 읽음
println(fl.javaClass)                                  //문자열로 처리
println(fl)

val inputStream1 = File("test.txt").inputStream()      //스트림을 다시 사용하려면 재생성
val lineList1 = mutableListOf<String>()                //리스트 하나 만들기
inputStream1.bufferedReader()                          //버퍼로 만들고 전체를 리스트에 넣기
        .useLines { lines -> lines.forEach { lineList1.add(it)} }
                                                       //리스트에 저장
lineList1.forEach{print(">  " + it)}                   //리스트 내의 원소 출력
println()
```

```
[코틀린세상, 안드로이드, 스프링]
코틀린세상
안드로이드
스프링
```

```
class java.lang.String
코틀린세상
안드로이드
스프링

> 코틀린세상> 안드로이드> 스프링
```

### ◤ 파일 클래스의 메서드로 처리

파일 클래스로 직접 파일을 처리하는 메서드를 제공한다. 이를 사용해서 파일을 읽는다.

- □ 이번에는 파일을 readLines 메서드로 바로 읽어서 처리한다.
- □ 파일을 모두 읽고 forEach로 출력한다.
- □ 가변 리스트에 저장할 때도 useLines로 바로 읽고 리스트의 addAll 메서드로 모든 원소를 추가한다.
- □ 파일의 readText 메서드로 바로 텍스트로 읽을 수 있다. 이를 Stream으로 처리한 것과 동일한 결과인지 확인한다.

```
import java.io.File                                    //파일 처리
import java.io.InputStream                             //스트림 처리
import java.nio.charset.Charset                        //문자 세트 지정

val fileName = "test.txt"
val lines: List<String> = File(fileName).readLines()   //파일을 라인으로 읽기
lines.forEach { line -> println(line) }                //내부 순환을 처리하면서 읽기

val myList = mutableListOf<String>()                   //리스트 생성
File(fileName).useLines { lines -> myList.addAll(lines) }
myList.forEachIndexed { i, line -> println("${i}: " + line) }

var content = File(fileName).readText()                //파일을 직접 텍스트로 읽기
println(content)

val myFile = File(fileName)                            //파일 확인
var ins: InputStream = myFile.inputStream()            //스트림으로 처리
content = ins.readBytes().toString(Charset.defaultCharset())//바이트 단위로 읽고
println(content)                                       //문자 세트 표시
```

코틀린세상
안드로이드

```
스프링
0: 코틀린세상
1: 안드로이드
2: 스프링
코틀린세상
안드로이드
스프링

코틀린세상
안드로이드
스프링
```

## 파일 처리: 쓰기

파일 쓰기에 필요한 클래스와 인터페이스를 확인하고 파일 쓰기 방식을 더 자세히 알아본다.

### ◤ 상속관계 확인

파일 읽기처럼 파일 쓰기도 스트림과 라이터로 구성된 것을 알 수 있다.

□ 파일도 기본으로 스트림을 상속해서 처리한다.
□ 보통 Writer는 파일 쓰기 등을 지원하는 클래스이다.
□ 파일 클래스는 파일 스트림 등의 작업을 처리한다.

```
import java.io.*                          //파일을 스트림으로 입력


val a = FileOutputStream::class          //파일 출력 스트림
val b = FileWriter::class                //파일 라이터
val c = BufferedWriter::class            //버퍼 라이터
val d = OutputStreamWriter::class        //출력 스트림 라이터
val e = Writer::class                    //라이터
val f = File::class                      //파일

println(a.supertypes)                    //슈퍼클래스 확인
println(b.supertypes)
```

```
println(c.supertypes)
println(d.supertypes)
println(e.supertypes)
println(f.supertypes)
```

```
[java.io.OutputStream]
[java.io.OutputStreamWriter]
[java.io.Writer]
[java.io.Writer]
[java.lang.Appendable, java.io.Closeable, java.io.Flushable, kotlin.Any]
[java.io.Serializable, kotlin.Comparable<java.io.File!>, kotlin.Any]
```

### ◤ 텍스트로 파일 쓰기

파일을 새로 만들거나 기존 파일을 다시 작성할 때 파일 쓰기를 사용한다.

□ 파일에 쓸 문자열을 변수에 할당한다. 파일 이름과 디렉토리 등의 경로도 지정한다.

□ FileWriter의 인자에 파일 경로를 전달해서 파일을 생성한다. 이를 다시 BufferedWriter에 전달해서 버퍼로 만든 후에 파일을 작성하고 다 작성되면 파일을 닫는다.

□ 작성된 파일을 File을 사용해서 읽고 출력한다.

□ 이번에는 파일을 더 빠르게 처리하기 위해 use 메서드를 사용한다.

□ 작성된 파일을 읽어서 잘 처리되었는지 확인한다.

```kotlin
import java.io.File                              //파일 생성
import java.io.BufferedWriter                    //버퍼 쓰기 생성
import java.io.BufferedReader                    //버퍼 읽기 생성
import java.io.FileWriter                        //파일 쓰기 생성
import java.io.FileReader                        //파일 읽기 생성

val content = "코틀린 세상. 코틀린에서 파일을 만드는 방법."  //저장될 문자열
val fileName = "printtest1.txt"                  //파일 이름
val fw = FileWriter(fileName)                    //파일 쓰기 생성
val writer = BufferedWriter(fw)                  //파일 버퍼 생성
writer.append(content)                           //버퍼에 쓰기
writer.flush()                                   //메모리에 있는 것 쓰기
writer.close()                                   //쓰기 종료

var lines = File(fileName).readLines()           //파일 읽기
println(lines)                                   //결과 출력

val content1 = "코틀린 세상. 심심해서 취미로 코틀린 공부."   //파일 내용
```

CHAPTER **13**

```
File(fileName).bufferedWriter()                    //버퍼 쓰기 생성
    .use { out ->out.write(content1)}              //use 메서드로 내용 쓰기

val frd = FileReader(fileName)                     //파일 읽기 생성
val buffrd = BufferedReader(frd)                   //파일 읽기버퍼 생성
lines = buffrd.readLines()                         //파일 읽기
println(lines)                                     //결과 출력
```

[코틀린 세상. 코틀린에서 파일을 만드는 방법.]
[코틀린 세상. 심심해서 취미로 코틀린 공부.]

### ▌파일의 메서드로 파일 여러 라인 쓰기

파일은 많은 라인을 가진다. 여러 라인을 작성하는 방법을 알아본다.

    □ File 클래스로 객체를 만들고 use 메서드로 이 파일에 여러 라인을 작성한다.

    □ 다 작성되면 다시 읽어서 출력한다.

```
import java.io.File                                //파일 처리

val fileName = "test2.txt"                         //파일 이름
val myfile = File(fileName)                        //파일 객체 생성
println("파일객체생성 : ${myfile.javaClass.kotlin}")  //파일 객체 확인

myfile.bufferedWriter()                            //파일에서 버퍼로 쓰기 생성
    .use { outf ->                                 //use 메서드로 파일 쓰기
    println("버퍼 쓰기 객체 : ${outf.javaClass}")     //파일 객체 확인
    outf.write("한점 부끄럼없이\n")                    //첫 번째 라인 쓰기
    outf.write("살아가는 사람들\n")                    //두 번째 라인 쓰기
    outf.write("하지만 ...\n")                       //세 번째 라인 쓰기
}
println("파일 쓰기 종료")

val fileop = File(fileName)                        //파일 객체 생성
var lines = fileop.bufferedReader().readLines()    //파일을 다시 읽음
println(lines)                                     //파일 출력
```

파일객체생성 : class java.io.File
버퍼 쓰기 객체 : class java.io.BufferedWriter
파일 쓰기 종료
[한점 부끄럼없이, 살아가는 사람들, 하지만 ...]

## 프린트라이터로 파일 쓰기

별도의 클래스로 파일을 작성할 수 있다.

□ 이번에는 PrintWriter 클래스로 파일을 작성한다.

□ File 클래스처럼 파일을 생성한 후에 다시 파일이 잘 작성되었는지 확인한다.

```kotlin
import java.io.File                                    // 파일 클래스
import java.io.PrintWriter                             // 프린트 쓰기

val content = "코틀린 세상. 코틀린에서 파일을 만드는 방법."    // 파일 쓰기 내용
val flname = "printtest.txt"                           // 파일 이름
val writer = PrintWriter(flname)                       // 프린트 쓰기 객체 생성
writer.append(content)                                 // 내용 쓰기
writer.close()                                         // 파일 닫기

var lines = File(flname).readLines()                   // 파일 객체 사용해서 바로 읽기
println(lines)                                         // 결과 출력
```

[코틀린 세상. 코틀린에서 파일을 만드는 방법.]

## 파일 클래스로 파일 쓰기

파일 클래스를 사용해서 다양하게 파일을 작성해본다.

□ 이번에는 File 클래스에서 printWriter 메서드를 실행해 PrintWriter를 생성해서 처리한다.
  use 메서드 람다표현식에 한 줄이나 여러 줄을 파일에 남길 수 있다.

□ 또한, writerText 메서드로 파일을 직접 작성한다.

□ 파일 작성한 것을 다시 읽어서 확인해본다.

```kotlin
import java.io.File                                    // 파일 처리

val fileName = "test1.txt"                             // 파일 이름
val content1 = "코틀린 세상. 왜 만들었을까?"               // 파일 쓰기 내용
File(fileName).printWriter()                           // 파일 객체 생성 후 프린터 쓰기 객체 생성
    .use { out ->out.println(content1)}                // use 메서드로 파일 쓰기
    var lines = File(fileName).readLines()             // 파일 읽기
println(lines)                                         // 결과 출력

val content2 = "코틀린 세상. 재미있는 프로그램언어..."        // 파일 쓰기 내용
File(flname).writeText(content2)                       // 파일 객체에서 바로 텍스트로 쓰기
lines = File(flname).readLines()                       // 파일 읽기
println(lines)                                         // 결과 출력
```

```
val myfile = File(fileName)                      // 파일 가져오기
myfile.printWriter().use { outf ->               // PrintWriter 객체 생성 후 파일 쓰기
    println(outf.javaClass)
    outf.println("아는 척 하는 것과")              // 파일에 첫 번째 라인 쓰기
    outf.println("모르는 것에는 ")                 // 두 번째 라인 쓰기
    outf.write("거의 차이가 없다.")               // 세 번째 라인 쓰기
}                                                // use 메서드: file 자동 종료 처리
println("Writed to file")

val fileop = File(fileName)                       // 파일 가져오기
println(fileop.javaClass.kotlin)                  // 클래스 확인
lines = fileop.readLines()                        // 파일 내부 읽기
println(lines)                                    // 출력
```

```
[코틀린 세상. 왜 만들었을까?]
[코틀린 세상. 재미있는 프로그램언어...]
class java.io.PrintWriter
Writed to file
class java.io.File
[아는 척 하는 것과, 모르는 것에는 , 거의 차이가 없다.]
```

## 파일 접근과 NIO 처리

파일에 접근할 때 버퍼, 비동기 방식을 지원하는 새로운 패키지인 nio 패키지를 사용한다.

### ◤ 파일 클래스의 메서드로 처리

파일 클래스로 직접 객체를 만들어 파일이 존재하는지 확인한다. 파일을 작성할 때 존재 여부를
판단해서 재작성할 것인지 아니면 추가할 것인지도 결정해서 처리한다.

```
import java.io.File

val file = File("./test.txt")                    // 파일 정보 가져오기
println(file.javaClass)                          // 파일 클래스 확인
if (file.exists()) {                             // 파일 확인
    println("존재하는 파일 ")
```

```
}
val dir = File("../chapter_12")              // 상위 디렉토리 정보 가져오기
println(file.javaClass)                      // 파일 클래스 확인
if (dir.exists()) {                          // 디렉토리 여부 확인
        println("존재하는 디렉토리")
}

val file2 = File("../data/titanic.csv")      // 상위 디렉토리 정보 가져오기
if (file2.isDirectory) {                     // 디렉토리 여부 확인
    println("상위에 존대하는 디렉토리")
}
if (file2.isFile) {                          // 파일 여부 확인
    println("상위 디렉토리 내의 파일")
}
```

```
class java.io.File
존재하는 파일
class java.io.File
존재하는 디렉토리
상위 디렉토리 내의 파일
```

## ▌ Paths 클래스의 메서드로 처리

새로운 패키지인 nio 내의 Paths를 사용해 경로 등을 확인한 후에 이 파일의 존재 여부 등 다양한
메서드로 파일을 정보를 확인할 수 있다.

- □ 먼저 Paths.get으로 파일의 경로를 확인해서 변수에 할당한다. 이것을 File 클래스에서는 to-
  Path 메서드로 처리한다.
- □ 내부 파일의 존재 여부, 디렉토리, 파일 여부 등을 확인한다.
- □ 파일 경로를 파일과 디렉토리 경로를 구분해서 처리할 수도 있다.
- □ 이 파일을 반복자로 읽고 출력한다.

```
import java.nio.file.Paths                          // 패스로 경로 확인
import java.io.File                                 // 파일로 경로 확인

val pathFromFile1 = Paths.get("../data/titanic.csv") // 패스로 파일 경로 확인
println("path 1 : $pathFromFile1")
val file = File("../data","titanic.csv")            // 디렉토리 경로와 파일 분리도 가능
val pathFromFile2 = file.toPath()                   // 패스 정보 가져오기
println("path 2 : $pathFromFile2")
```

```
val pathFromFile3 = pathFromFile1.toFile()          //패스 정보 가져오기
println("path 3 : $pathFromFile3")
println("존재여부     : ${pathFromFile3.exists()}")      //파일 존재 여부
println("파일여부     : ${pathFromFile3.isFile()}")      //파일 여부
println("디렉토리여부 : ${pathFromFile3.isDirectory}") //디렉토리 여부

println("파일명  : " + pathFromFile1.getFileName())       //파일명 출력
println("부모 디렉토리명: " + pathFromFile1
                    .getParent().getFileName())        //부모 디렉토리명 출력
println("중첩 경로 수 : " + pathFromFile1.getNameCount())//중첩 경로 수 출력

val iterator = pathFromFile1.iterator()               //반복자를 통해 이름 출력
while(iterator.hasNext()) {
    val temp = iterator.next()
    println(temp.getFileName())
}
```

```
path 1 : ../data/titanic.csv
path 2 : ../data/titanic.csv
path 3 : ../data/titanic.csv
존재여부     : true
파일여부     : true
디렉토리여부 : false
파일명  : titanic.csv
부모 디렉토리명: data
중첩 경로 수 : 3
..
data
titanic.csv
```

◤ Files 클래스의 메서드로 처리

Files 클래스로 파일을 처리해 본다.

□ Paths로 파일 경로를 확인한다.

□ Files의 lines의 인자로 path, 문자 세트를 지정해 파일을 읽고 내부순환으로 출력한다. 또한, readAllLines로 전체 파일을 읽고 출력한다.

□ 바이트로 읽을 경우는 readAllBytes를 사용한 후에 String 클래스에서 인코딩하여 문자열로 출력한다.

□ Files에서 파일은 write로 처리한다. 이때도 경로, 문자열을 바이트로 변환해 인자로 전달한

다. 이 파일을 읽을 때도 동일한 문제 세트를 지정해서 읽는다.

```kotlin
import java.nio.file.Files              //파일 처리
import java.nio.file.Paths              //경로 처리
import kotlin.text.Charsets             //문자 세트 지정

val path = Paths.get("../data/data.txt")     //패스 확인
Files.lines(path, Charsets.UTF_8)            //파일 읽기: utf-8로 변환
          .forEach { println(it) }           //내부 순환으로 각 라인 출력

Files.readAllLines(path, Charsets.UTF_8)     //전체를 읽어서 출력
          .forEach { println(it) }

val encoded = Files.readAllBytes(path)       //바이트로 읽기
var content = String(encoded, Charsets.UTF_8)  //문자열로 변환
println(content)                             //출력

var content1 = String(content.toByteArray(Charsets.UTF_16),
                  Charsets.UTF_8)            //문자 세트 변경
println(content)                             //출력

val s = "코틀린으로 개발하기..."              //파일에 쓸 문자열
val path1 = Paths.get("./data1.txt")         //파일 지정
Files.write(path1,s.toByteArray(Charsets.UTF_8))  //파일에 쓰기

Files.lines(path1, Charsets.UTF_8)           //파일 읽기
          .forEach { println(it) }           //출력
```

코틀린 파일 처리
코틀린 파일 처리
코틀린 파일 처리
코틀린 파일 처리
코틀린으로 개발하기...

# 02 스레드

컴퓨터에서 프로그램을 처리하는 방식은 리눅스 등 오퍼레이팅 시스템(operating system)의 프로세스(Process)와 스레드(Thread)를 사용한 실행환경을 작동시키는 것이다. 특히 현재의 CPU 체계인 멀티코어로 구성된 컴퓨터에서는 멀티프로그래밍 기법으로 스레드를 더욱 많이 사용해서 프로그램을 실행한다. 다음 장에서 배우는 코루틴도 내부적으로 스레드 풀에서 실행된다. 스레드가 어떻게 처리되는지 먼저 알아본다.

## 스레드

JVM은 기본으로 멀티스레드 방식으로 실행된다. 그래서 스레드를 작동하려면 함수나 메서드를 작성해서 이를 스레드에서 실행해야 한다. 이제 스레드 처리에 대해 알아본다.

### ◤ 프로세스와 스레드

- 프로세스(Process): 특정 프로그램을 태스크로 보고 이 태스크를 실행 단위로 처리한다. 특히 멀티스레드를 지원하면서 내부에 스레드 단위로 프로그램을 처리할 수 있다.
- 스레드(Thread): 프로세스 내부에서 작은 단위로 실행할 수 있는 기능을 한다. 하나의 프로세스에서 처리되는 스레드는 프로그램을 실행한 스택을 생성하지만, 메모리 등은 프로세스에서 제공하는 것을 공유해서 처리한다.
- 프로세스의 자원을 사용해서 자기 스레드가 실행되는 동안 다른 스레드를 처리하지 못하게 블로킹(blocking)한다. 그다음에 다시 자기 스레드가 블로킹 되면 다른 스레드가 실행된다.
- 프로세스는 보통 기본 메인 스레드와 다른 작업을 실행하는 별도의 스레드로 관리된다. 별도의 스레드를 생성하지 않으면 메인 스레드 하나로 프로그램을 처리한다. 앞에서 배운 대부분은 메인 스레드 하나로 실행했다. 멀티스레드 처리는 메인 스레드 외에 별도의 스레드를 생성해서 프로그램을 나눠서 처리하는 방식이다.

### ◀ 프로세스와 스레드 확인

현재 컴퓨터에 있는 프로세스와 스레드를 확인해 본다.

- □ 현재 작동하는 시스템의 프로세스를 검색해서 출력한다.
- □ Thread.currentThread를 실행해서 현재 작동하는 스레드를 가져온다. 보통 메인 스레드를 출력한다.
- □ 두 개의 함수를 정의한다. 함수가 실행될 때 어떤 스레드를 사용하는지 출력한다.
- □ 제공하는 run 함수 내에서 람다표현식으로 두 함수의 실행을 전달해서 내부함수들을 차례로 실행한다.
- □ 실행된 결과를 확인하면 동일한 스레드로 순차적으로 함수가 실행된 것을 확인할 수 있다.

```kotlin
val cores = Runtime.getRuntime().availableProcessors() //프로세스 개수
println("코어 개수 : $cores")
println("메인 스레드 : ${Thread.currentThread()}") //메인 스레드

fun task1() {                                        //함수 정의
    println("task1 : ${Thread.currentThread()}")
}

fun task2() {                                        //함수 정의
    println("task2 : ${Thread.currentThread()}")
}

run {                                                //스코프 함수로 다른 함수 정의
    task1()
    task2()
}
```

```
코어 개수 : 8
메인 스레드 : Thread[Thread-5,5,main]
task1 : Thread[Thread-5,5,main]
task2 : Thread[Thread-5,5,main]
```

### ◀ 스레드 상태 알아보기

스레드를 만들려면 Thread 클래스를 상속하거나 Runnable 인터페이스와 Thread 클래스를 사용해서 작성한다.

- □ Thread 클래스와 Runnable 인터페이스를 참조해서 출력한다. 현재 실행되는 스레드를 activeCount로 확인할 수 있다.

□ Thread 클래스의 멤버도 확인할 수 있다. 여기서는 멤버의 개수만 확인한다.

□ 하나의 스레드 객체를 만든다. 스레드가 만들어졌지만, 아직 실행되지 않고 start 메서드로 실행하면 스레드가 실행된다.

```kotlin
fun <T:Any> T.dir() : Set<String> {          //리스트의 멤버를 조회하는 확장함수
    val a = this.javaClass.kotlin             //클래스 출력
    println(a.simpleName)
    val ll = a.members.map { it.name}         //멤버의 이름을 맵으로 처리
    return ll.toSet()
}
println("클래스 참조 : ${Thread::class}")      //스레드 클래스 참조
println("인터페이스 참조 : ${Runnable::class}")  //인터페이스 참조
println("현재 스레드 개수 : " + Thread.activeCount()) //스레드 개수
println("현재 스레드 : ${Thread.currentThread()}") //현재 스레드

val tr1 = Thread()                            //스레드 객체 생성
println("스레드 멤버 개수 : ${tr1.dir().count()}") //스레드 내부 멤버 확인
println("스레드 그룹 : ${tr1.getThreadGroup()}")  //스레드 그룹 확인
println(tr1.isAlive)                          //활동 여부
tr1.start()                                   //스레드 시작
println(tr1.isAlive)                          //활동 여부
println(tr1.isDaemon)                         //데몬 스레드 여부
tr1.join()

                                              //조인 이후에 스레드 종료
```

```
클래스 참조 : class java.lang.Thread
인터페이스 참조 : class java.lang.Runnable
현재 스레드 개수 : 12
현재 스레드 : Thread[Thread-10,5,main]
Thread
스레드 멤버 개수 : 92
스레드 그룹 : java.lang.ThreadGroup[name=main,maxpri=10]
false
true
false
```

### ▌ 스레드 클래스의 주요 메서드

스레드를 처리할 때 사용되는 주요 메서드를 알아본다

■ start 메서드: 실제 스레드 환경을 구성한 환경을 실행하는 메서드이다. 이 메서드를 실행해야 내부에 있는

run 메서드가 실행된다.

- run 메서드: 스레드 클래스를 정의할 때 내부에서 실행될 코드를 작성하는 메서드이다. 실제 이 메서드만 실행하면 스레드 환경이 구성되지 않아서 아무런 일도 하지 않는다. 스레드 실행은 start 메서드로 처리해야 한다.
- join 메서드: 스레드가 실행된 다음 종료할 때까지 기다린다.
- sleep 메서드: 스레드를 잠시 중단하고 다른 스레드를 처리한 후 다시 자기 스레드를 작동할 수 있게 만든다.

## ▌ 스레드 생성

스레드를 정의할 때는 run 메서드를 재정의하지만, 내부의 start 메서드가 자동 실행되면서 run 메서드를 실행한다. 어떻게 스레드가 작동되는지 알아본다.

- □ 스레드를 인자로 전달받고 출력하는 함수를 정의한다.
- □ 스레드를 실행하는 하나의 클래스를 작성한다. 이때 Thread를 상속하고 run을 재정의한다. 이 run 내부에 스레드에서 실행한 함수를 실행한다.
- □ 현재 사용하는 스레드를 출력한다.
- □ 스레드를 상속한 클래스의 객체를 생성한다. 그리고 스레드를 시작한다. 그다음 위에 정의한 함수를 한 번 더 실행한다.
- □ 스레드를 처리할 때 메인 스레드가 먼저 종료할 수 있으므로 현재 진행 중인 스레드가 모두 처리될 때까지 기다리려고 join 메서드를 실행한다.
- □ 실행된 결과를 보면 메인 스레드와 보조 스레드를 사용해서 각각의 기능을 처리한 것을 볼 수 있다.

```
fun exec(tr: Thread) {                          //스레드 내부에서 실행할 함수 정의
    println("${tr}: 보조 스레드 작동중 ")
}

class MyThread: Thread() {                       //스레드 클래스를 상속
    override fun run() {
        val tr = Thread.currentThread()          //함수 실행 스레드 확인
        exec(tr)
        println("${tr}: 보조 스레드 종료 ")
    }
}

val mtr = Thread.currentThread()                 //현재 스레드 확인
```

```
    println("${mtr}: 메인 스레드 작동중")

    val myThread = MyThread()                    //스레드 객체 생성
    myThread.start()                             //스레드 실행

    exec(myThread)                               //함수를 호출해서 스레드 상태 출력

    println("${mtr}: 대기중")                     //스레드가 다 처리하면 출력
    myThread.join()                              //보조 스레드 종료 대기
```

```
Thread[Thread-15,5,main]: 메인 스레드 작동중
Thread[Thread-16,5,main]: 보조 스레드 작동중
Thread[Thread-16,5,main]: 보조 스레드 작동중
Thread[Thread-16,5,main]: 보조 스레드 종료
Thread[Thread-15,5,main]: 대기중
```

### ■ 스레드 실행하면서 상태 확인

스레드를 생성해서 run, start, join 메서드의 작동 방식을 확인한다. 스레드의 상태 여부를 확인하면 스레드가 작동하는지 알 수 있다.

- □ 스레드를 상속한 클래스를 정의한다. 이번에는 스레드 이름만 출력한다.
- □ 스레드 객체를 만들고 run 메서드를 실행하면 스레드가 작동하지 않는다. 이는 run 메서드를 실행한다고 스레드가 작동하는 것이 아니기 때문이다.
- □ 다시 스레드 객체를 만들고 start 메서드로 스레드를 실행해야 스레드 상태가 바뀐다. 스레드를 종료하려면 join 메서드를 실행한다.
- □ 한번 사용한 스레드는 다시 시작할 수 없다. 스레드는 실행이 필요할 때마다 생성해서 start 메서드로 실행해야 한다.

```
class SimpleThread : Thread() {                  //스레드 상속한 클래스 정의
    override fun run() {                          //이 메서드는 start나 직접 호출 가능
        println("현재 스레드 이름 : ${this.getName()}")
    }
}

println("메인스레드 : ${Thread.currentThread()}")
val thread = SimpleThread()                      //스레드 객체 생성
thread.run()                                     //스레드 실행
println("스레드 활동여부 " +thread.isAlive)       //활동 여부
thread.join()
println("스레드 활동여부 " +thread.isAlive)       //활동 여부
```

```
thread.run()                                          // 스레드 실행
thread.join()
println("스레드 활동여부 " +thread.isAlive)          // 활동 여부

val thread1 = SimpleThread()                          // 새로운 스레드 객체 생성
thread1.start()                                       // 스레드 실행
println("스레드 활동여부 " +thread1.isAlive)         // 활동 여부
thread1.join()                                        // 스레드 종료
println("스레드 활동여부 " +thread1.isAlive)         // 활동 여부

// thread1.start()                                    // 스레드 다시 생성해서 처리
```

```
메인스레드 : Thread[Thread-20,5,main]
현재 스레드 이름 : Thread-21
스레드 활동여부 false
스레드 활동여부 false
현재 스레드 이름 : Thread-21
스레드 활동여부 false
스레드 활동여부 true
현재 스레드 이름 : Thread-22
스레드 활동여부 false
```

### ◤ 인터페이스로 스레드 정의 후 스레드 생성

Runnable 인터페이스를 상속해서 run 메서드를 클래스 내에 구현하고 이 클래스의 객체를 생성해서 Thread 클래스의 생성자에 전달해서 스레드 객체를 만든다.

- □ 이번에는 인터페이스를 사용해서 두 개의 클래스를 정의한다. 이때 Runnable 인터페이스를 상속해서 내부에 있는 run 메서드를 재정의한다. 두 클래스 내의 로직은 스레드를 sleep으로 특정 시간만큼 일시 중단해서 여러 스레드를 처리하게 한다.
- □ 두 개의 클래스로 각각의 객체를 생성한다. 인터페이스를 상속해 정의해서 아직 스레드가 만들어지지 않는다. 다시 Thread에 인자로 전달해서 스레드를 생성해야 한다.
- □ 두 개의 스레드를 시작해서 상태를 확인한다. 각각 다른 스레드를 처리하는 것을 확인할 수 있다.

```
class First : Runnable {                              // 인터페이스로 클래스 정의
    override fun run() {
        println("Helper 5000 대기중 ")
        Thread.sleep(5000) }                          // 스레드 중단
}
```

```kotlin
class Second : Runnable {                          //인터페이스로 클래스 정의
    override fun run() {
            println("Tester 5000 대기중 ")
            Thread.sleep(5000)    }                //스레드 중단
}
val obj1 = Second()                                //객체 생성
val thread1 = Thread(obj1)                         //스레드 객체 생성
val obj2 = First()                                 //객체 생성
val thread2 = Thread(obj2)                         //스레드 객체 생성
thread1.start()                                    //스레드 실행
println("스레드 1 이름    : " + thread1.getName())
println("스레드 1 ID      : " + thread1.getId())
println("스레드 1 우선순위 : " + thread1.getPriority())
println("스레드 1 상태    : " + thread1.getState())
thread2.start()                                    //스레드 실행
println("스레드 2 이름    : " + thread2.getName())
println("스레드 2 ID      : " + thread2.getId())
println("스레드 2 우선순위 : " + thread2.getPriority())
println("스레드 2 상태    : " + thread2.getState())
thread1.join()                                     //스레드 동기화
thread2.join()
```

```
스레드 1 이름    : Thread=27
Tester 5000 대기중
스레드 1 ID      : 39
스레드 1 우선순위 : 5
스레드 1 상태    : TIMED_WAITING
스레드 2 이름    : Thread-28
Helper 5000 대기중
스레드 2 ID      : 40
스레드 2 우선순위 : 5
스레드 2 상태    : TIMED_WAITING
```

### ◢ object 표현식으로 스레드 생성

이번에는 더 간단하게 object 표현식으로 스레드 객체를 생성한다. 간단한 테스트를 할 때는 이 방식을 사용하는 것이 편하다.

□ 스레드를 생성하는 함수를 정의한다. object 표현식으로 스레드 객체를 생성한다. 내부에 sleep의 인자로 5000을 넣으면 스레드가 5초씩 중단해서 처리한다.

□ 두 개의 스레드를 만들어 변수에 할당하고 스레드를 실행한다. 스레드 상태를 확인하면 두 개의 별개의 스레드가 실행된 것을 알 수 있다.

```
fun createThread() : Thread {              // 스레드 생성 함수 정의
    return object : Thread() {              // object 표현식으로 스레드 객체 생성
              override fun run() {
                    println("5000 중단 ")
                    Thread.sleep(5000);
              }}
}

val thread1 = createThread()                // 두 개의 스레드 객체 생성
val thread2 = createThread()

thread1.start()                             // 스레드 실행
println("스레드 1 이름    : " + thread1.getName())    // 스레드 상태 확인
println("스레드 1 ID      : " + thread1.getId())
println("스레드 1 우선순위 : " + thread1.getPriority())
println("스레드 1 상태    : " + thread1.getState())

thread2.start()                             // 스레드 실행
println("스레드 2 이름    : " + thread2.getName())    // 스레드 상태 확인
println("스레드 2 ID      : " + thread2.getId())
println("스레드 2 우선순위 : " + thread2.getPriority())
println("스레드 2 상태    : " + thread2.getState())

thread1.join()
thread2.join()
```

```
스레드 1 이름    : Thread-33
5000 중단
스레드 1 ID      : 45
스레드 1 우선순위 : 5
스레드 1 상태    : TIMED_WAITING
스레드 2 이름    : Thread-34
스레드 2 ID      : 46
5000 중단
스레드 2 우선순위 : 5
스레드 2 상태    : TIMED_WAITING
```

### ◤ 코틀린에서 제공하는 스레드 함수 사용

코틀린에서 제공하는 함수 thread를 사용해서 스레드를 처리해 본다.

　□ 코틀린에서 제공하는 함수로 스레드를 만든다. 이 함수의 인자로 함수를 받으므로 람다표현

식으로 함수를 전달한다.

- 제공된 함수는 기본으로 스레드를 실행한다. 그래서 join으로 스레드가 모두 처리될 때까지 기다린다.
- 종료된 결과를 보면 메인 스레드와 함수에서 실행한 스레드가 다른 것을 확인할 수 있다.

```kotlin
import kotlin.concurrent.thread                              //스레드 처리 함수 사용

println("${Thread.currentThread()}:메인 스레드 작동")

val myThread = thread() {                                    //스레드 함수에 익명 함수 전달
    println("${Thread.currentThread()}: 보조 스레드 작동")
}

println("${Thread.currentThread()}: 대기중")                 //현재 스레드 확인

println("스레드 종료")
myThread.join()
```

```
Thread[Thread-38,5,main]:메인 스레드 작동
Thread[Thread-38,5,main]: 대기중
스레드 종료
Thread[Thread-39,5,main]: 보조 스레드 작동
```

## ◤ 사용자 정의 스레드 함수 사용

제공하는 함수 thread와 동일한 매개변수를 가지는 스레드 함수를 작성해서 확인한다.

- 스레드 함수의 매개변수는 기본으로 start가 있다. 즉 스레드를 자동으로 실행하는 것이다. isDaemon은 백그라운드에서 스레드를 실행하는 것이다. 컨텍스트를 로딩하는 것은 내부적인 것을 사용해서 null로 처리한다. 또한, 스레드의 이름도 지정할 수 있다. 마지막으로 실제 스레드에서 처리할 함수를 지정한다. 이 함수의 반환값은 스레드여서 Thread를 지정한다.
- 이제 내부에서 object 표현식으로 스레드를 정의하고 이를 반환한다.
- 중간에 스레드에 필요한 처리기를 추가한다.
- 이 함수로 람다표현식을 받고 스레드를 생성한다. 이 스레드를 실행하고 종료한다.

```kotlin
fun makeThread( start: Boolean = true,                       //스레드 시작 상태 지정
                isDaemon: Boolean = false,                   //데몬 처리 여부
                contextClassLoader: ClassLoader? = null,     //클래스 로더
                name: String? = null,                        //스레드 이름
```

```
                        priority: Int = -1,              //스레드 우선순위
                        block: () -> Unit ): Thread {    //내부 실행 람다표현식


        val thread = object : Thread() {                 //반환할 스레드 정의
            override fun run() {
                block()
            }
        }
        if (isDaemon)thread.isDaemon = true              //데몬 처리
        if (priority > 0) thread.priority = priority     //우선순위 처리
        name?.let { thread.name = it }
        contextClassLoader?.let { thread.contextClassLoader = it }//클래스 로더
        return thread                                                 처리
}

val ss = "스레드 처리 : ${Thread.currentThread()}"
val th1 = makeThread(block ={ println(ss)})

println(th1.javaClass)
th1.start()
println(" 스레드 종료 ")
th1.join()
```

```
class Line_7$makeThread$thread$1
 스레드 종료
스레드 처리 : Thread[Thread-43,5,main]
```

## ◣ 스레드의 조인 메서드

스레드가 계층을 구성해서 처리하면 조인 메서드를 사용해 서브 스레드 처리가 종료될 때까지 기다린 후에 전체 스레드를 종료 처리한다.

- □ 최상위 속성 x를 정의한다.
- □ 스레드를 생성하는 클래스에 속성을 하나 정의한다. 이 클래스의 run 메서드에 속성의 값이 들어오면 순환해서 최상위 속성을 갱신한다.
- □ 스레드를 시작하고 종료하는 것을 하나의 함수로 정의한다. 이 함수에 특정 시간을 가지는 매개변수를 정의한다.
- □ 이 함수에서 스레드를 시작하고 특정 시간만큼만 기다리는 join 메서드를 처리한다. 현재 처리되는 스레드가 종료할 때까지 기다린다.

□ 이 함수의 인자를 1000으로 줄이면 스레드가 종료되지 않아서 실제 값이 변경되지 않는다. 하지만 3000으로 전달하면 스레드가 모두 실행될 동안 대기하고 있어서 최상위 속성의 값을 변경한 것을 볼 수 있다.

```kotlin
var x = 100                                          //최상위 변수 정의

class ThreadTest(var procesCount : Int = 0) : Thread() {//스레드 클래스 정의
    init { println("스레드 객체 생성 ")}
    override fun run() {                              //run 재정의
        println("작업 스레드 :"
                + this.getName() + " started")
        while (procesCount > 0) {                     //처리 개수만큼 순환
            Thread.sleep(1000)                        //일시 중단
            procesCount--                             //순환 개수 차감
            x = x +77                                 //최상위 변수 갱신
        }
    }
}

fun startedThread(milTime : Long) {                   //스레드 처리 함수
    val t1 = Thread.currentThread()                   //메인 스레드 확인
    println("메인 스레드 : "+ t1.getName())
    val t2 = ThreadTest(1)                            //서브스레드 생성
    t2.start()
    println("조인 호출 ")
    t2.join(milTime)                                  //조인할 때 시간을 인자로 받아서 대기
    println("변수 값 확인 : $x ")
    println("조인 반환")
}
startedThread(3000)
println("변수 값 확인 : $x ")
```

메인 스레드 : Thread-12
스레드 객체 생성
조인 호출
작업 스레드 :Thread-13 started
변수 값 확인 : 177
조인 반환
변수 값 확인 : 177

2.2

## 스레드 풀 사용

스레드를 무작정 만들면 컴퓨터의 자원을 너무 많이 사용한다. 시스템의 가용할 자원 범위를 벗어날 경우는 더 이상 스레드를 만들 수 없어서 메모리 에러가 발생한다. 그래서 특정 개수의 스레드를 풀(pool)을 만들어서 특정 스레드를 계속 활용한다.

### ◤ 스레드 여러 개 만들기

동일한 처리의 스레드를 여러 개 생성해서 리스트 객체에 넣고 이를 내부 순환으로 실행한다

□ 10개의 스레드를 리스트로 만든다. List 클래스에 인자는 개수와 초깃값을 처리하는 람다표현식이다.

□ 10개의 스레드를 만들기 위해 첫 번째 인자로 10을 전달하고 두 번째로 람다표현식 내에 thread 함수로 스레드를 만들었다.

□ 이 리스트의 원소인 스레드를 forEach로 순환하면서 실행하고 join으로 종료 처리한다.

```kotlin
import kotlin.concurrent.thread        //스레드 처리 함수 사용

var count = 0
val threads = List(10) {               //리스트 클래스로 스레드 10개 생성
    thread {                           //스레드 함수로 10개의 스레드 만들기
        Thread.sleep(1000)
        print(".")                     //특정 점을 출력
        count += 1                     //스레드가 생긴 건수 확인
        print(count)
    }
}

threads.forEach( Thread::join)         //각각의 스레드 종료할 때까지 기다림
```

    .....45321.6.7..89.10

### ◤ 스레드 풀을 만들어 스레드 실행

2개의 스레드를 스레드 풀로 만들어서 실행한다.

□ Executors를 import 한다.

CHAPTER 13

- 이 Executors의 newfixedThreadPool을 사용해서 2개의 스레드를 가지는 스레드 풀을 생성한다.
- 이번에는 3개의 스레드를 만들 때 repeat 함수를 사용했다.
- 이 함수도 첫 번째는 반복 개수가 인자로 들어오고 다음 인자는 람다표현식으로 실제 실행한 로직을 전달받는다.
- 스레드 풀의 스레드는 execute로 실행한다. 실행할 코드는 람다표현식으로 전달한다.
- 이제 스레드의 상태를 확인하고 스레드 풀을 shutdown으로 종료한다. 현재 실행 중인 스레드를 모두 처리하고 종료하는 것을 볼 수 있다.

```kotlin
import java.util.concurrent.Executors         // 스레드 풀을 만들기 위한 클래스

val executor = Executors.newFixedThreadPool(2) // 특정 스레드 개수만큼만 사용하는 풀을 만듬
var count = 0
repeat(3) {                                     // 스레드 풀에 스레드 작동하는 함수 등록
    executor.execute  {                         // 스레드 풀에 람다표현식 전달
        Thread.sleep(10)                        // 스레드를 임시 지연 처리
        println(Thread.currentThread()          // 현재 스레드 출력
                          .getName())
        count += 1                              // 스레드가 생긴 건수 확인
        println(count)
    }
}

println(executor.isTerminated())               // 스레드 풀 미종료
executor.shutdown()                            // 스레드 풀 종료
println(executor.isShutdown())                 // 스레드 풀 종료 확인
```

```
false
true
pool-1-thread-2
pool-1-thread-1
2
1
pool-1-thread-1
3
```

## ◤ 스레드 풀을 사용해 처리

클래스를 정의해서 여러 스레드를 스레드 풀로 처리하는 방법을 자세히 알아본다.

- 스레드에서 실행할 것을 클래스로 정의한다.

□ 이번에는 Runnable로 정의했다. 실제 스레드 풀에서 스레드를 실행하는 execute 메서드가 Runnable 객체를 인자로 전달하면 내부적으로 스레드를 실행해준다.

□ 스레드를 5개 만들고 스레드 풀은 3개로 지정한다. 그리고 스레드 풀에서 execute 메서드에 인자로 전달해 실행한다.

□ 이번에는 스레드를 특정 시간까지 대기한 후에 종료하기 위해 awaitTermination 메서드에 숫자와 시간의 기준을 지정해서 처리한다.

```kotlin
import java.text.SimpleDateFormat
import java.util.Date
import java.util.concurrent.TimeUnit
import java.util.concurrent.Executors

class Task(val name:String) : Runnable   {        //러너블 객체 생성
    override fun run() {                            //러너블 메서드 재정의
        val d = Date()
        val ft = SimpleDateFormat("hh:mm:ss")      //시분초로 시간 포매팅
        println("초기 시간확인 "
                        + " task name - "
                        + name +" = "              //태스크 이름
                        +ft.format(d))             //타임 처리
        Thread.sleep(100)                          //지연 처리
    }
}

val MAX_T = 5                                       //스레드 개수
fun main() {
    val r1 = Task("task 1")                        //태스크 객체 생성
    val r2 = Task("task 2")
    val r3 = Task("task 3")
    val r4 = Task("task 4")
    val r5 = Task("task 5")

    val pool = Executors.newFixedThreadPool(MAX_T) //스레드 풀 생성
    pool.execute(r1)                               //풀에서 스레드 실행
    pool.execute(r2)
    pool.execute(r3)
    pool.execute(r4)
    pool.execute(r5)
    // pool.shutdown()                             //풀 종료→풀의 스레드 개수에 맞춰 종료
    pool.awaitTermination(3000L, TimeUnit.MICROSECONDS)//3초 이후에 스레드 풀 종료
}
main()
```

CHAPTER 13

```
초기 시간확인   task name - task 2 = 02:28:40
초기 시간확인   task name - task 5 = 02:28:40
초기 시간확인   task name - task 4 = 02:28:40
초기 시간확인   task name - task 1 = 02:28:40
초기 시간확인   task name - task 3 = 02:28:40
```

### 스레드를 순환하면서 실행

스레드를 생성해서 순환하면서 처리하면 스레드가 계속 생성된다.

- □ 스레드를 실행할 Runnable 인터페이스를 상속한 object 표현식으로 정의했다.
- □ 10번을 순환하기 위해 for 문을 사용했다. 순환할 때마다 스레드 객체가 만들어진다. 그래서 10번 처리된 스레드가 모두 다르다.

```
fun main1() {
    val task = object : Runnable {              //스레드 처리 객체 만들기
        override fun run() {
            println("Thread: "
                        + Thread.currentThread()
                                .getName())
        }
    }

    for (i in 1..10) {                          //순환 처리
        val thread = Thread(task)               //스레드 객체 생성
        thread.start()                          //스레드 시작
    }
}
main1()
```

```
Thread: Thread-29
Thread: Thread-30
Thread: Thread-31
Thread: Thread-32
Thread: Thread-33
Thread: Thread-34
Thread: Thread-38
Thread: Thread-37
Thread: Thread-36
Thread: Thread-35
```

### ▮ 스레드 풀을 사용해 순환 실행

스레드 풀을 만들어 순환하면서 주어진 스레드를 반복적으로 사용한다.

- □ 이번에는 스레드가 5개만 있는 스레드 풀을 생성한다.
- □ 순환문으로 스레드를 10번 실행한다. 스레드 풀을 사용해서 5개의 스레드가 반복해서 사용되는 것을 알 수 있다.

```kotlin
import java.util.concurrent.Executors

fun main2() {
    val task = object : Runnable {          //스레드를 만듦
        override fun run() {
            println("Thread: " + Thread.currentThread()
                                    .getName())
        }
    }

    val service = Executors.newFixedThreadPool(5)   //스레드 풀 정의

    for (i in 1..10) {                              //반복 순환
        service.submit(task)                        //스레드 실행
    }
    service.shutdown()                              //스레드 풀 닫기
}
main2()
```

```
Thread: pool-3-thread-1
Thread: pool-3-thread-4
Thread: pool-3-thread-3
Thread: pool-3-thread-2
Thread: pool-3-thread-2
Thread: pool-3-thread-4
Thread: pool-3-thread-3
Thread: pool-3-thread-1
Thread: pool-3-thread-5
Thread: pool-3-thread-2
```

### ▮ 스레드 하나씩 실행 반환값 처리

스레드가 실행된 결과를 반환받아서 그 결과를 확인하거나 다른 용도로 사용할 수 있다.

- □ 스레드 처리할 람다표현식을 변수에 할당한다. 이 람다표현식은 스레드 처리한 후에 반환값

을 처리한다.

□ 스레드 2개를 처리하는 스레드 풀을 생성한다.

□ 스레드 풀에서 summit 메서드로 스레드를 실행하면 스레드의 결과를 반환값으로 받을 수 있다. 이 반환값의 클래스를 확인하면 Future 클래스의 객체이다.

□ 반환 결과를 get 메서드로 가져오면 스레드의 반환 결과를 확인할 수 있다. 또한, 이 get 메서드에 특정 시간을 넘기면 특정 시간을 기다렸다가 정보를 가져온다.

□ 반환 결과를 cancel 메서드로 스레드를 중단할 수도 있다.

```kotlin
import java.util.concurrent.Executors
import java.util.concurrent.ExecutorService
import java.util.concurrent.TimeUnit
import java.util.concurrent.Callable

val callable = {                                    //스레드에서 처리할 람다표현식
    Thread.sleep(10)
    println("Thread: " + Thread.currentThread().getName()) //현재 스레드
    "반환값"                                           //반환값
}
val executorService = Executors.newFixedThreadPool(2)      //스레드 풀 정의

val future1 = executorService.submit(callable)
println("퓨처 객체 : " + future1.javaClass)         //퓨처 처리 클래스
val future2 = executorService.submit(callable)
val future3 = executorService.submit(callable) //반환값 처리

var value = future1.get()                          //작업 끝날 때까지 기다려 값 받기
println(value)
var canceled = future2.cancel(true)                // 작업 취소. 취소 여부를 돌려받는다.
println(canceled)
value = future3.get(500, TimeUnit.MILLISECONDS)//500밀리세컨드 동안만 기다려 값 받기
println(value)
```

```
퓨처 객체 : class java.util.concurrent.FutureTask
Thread: pool-4-thread-1
반환값
true
Thread: pool-4-thread-1
반환값
```

## 스레드 연속 실행 반환값 처리

스레드 풀에서 제공되는 스레드를 동시에 실행할 수 있다. 동시에 실행한 결과도 한꺼번에 모두 받는다.

- □ 스레드 풀을 지정한다.
- □ 스레드에 실행될 람다표현식을 정의한다.
- □ 가변 리스트를 정의하고 람다표현식을 추가한다.
- □ 이제 invokerAll로 스레드를 모두 실행한다. 반환 결과도 리스트로 들어오므로 스레드 실행한 개수만큼 반환값을 받아서 결과를 확인할 수 있다.
- □ 이 invokeAll 메서드에 특정 시간을 지정해 처리할 수 있다. 연속해서 스레드를 실행하고 이를 출력한다. 그리고 스레드 풀을 닫는다.

```kotlin
val executorService = Executors.newFixedThreadPool(2) //스레드 풀 생성
val callable = {                                       //람다표현식으로 스레드 처리
    Thread.sleep(10)
    println("Thread: " + Thread.currentThread().getName())
    1
}
val callableList = mutableListOf<Callable<Int>>()      //가변 리스트 생성
for (i in 1..3 ) {
    callableList.add( callable)                        //람다표현식 처리 추가
}

val futures = executorService.invokeAll(callableList)  //동시에 스레드 실행
println("퓨처 : " + futures.javaClass)                   //리스트 객체로 처리
for (i in 0..2) {
    print(futures[i].get())                            //스레드 결과 확인
}
val futures1 = executorService.invokeAll(
              callableList,500,TimeUnit.MILLISECONDS)  //처리시간 지정
println("퓨처 : " + futures1[0].javaClass)
for (i in 0..2) {                                      //퓨처 객체가 리스트에 저장
    print(futures1[i].get())                           //처리 결과 확인
}
executorService.shutdown()                             //스레드 풀 종료
```

```
Thread: pool-5-thread-2
Thread: pool-5-thread-1
Thread: pool-5-thread-2
퓨처 : class java.util.ArrayList
111Thread: pool-5-thread-1
```

```
Thread: pool-5-thread-2
Thread: pool-5-thread-1
퓨처 : class java.util.concurrent.FutureTask
111
```

# Kotlin

## 코루틴 처리

순차적으로 함수가 처리될 때 그 함수를 서브루틴이라고 한다. 이런 서브루틴들이 동시에 작동되고 정보를 교환하는 것을 코루틴이라고 한다. 코루틴도 동시성은 스레드를 기반으로 처리한다. 스레드와 다른 점은 블로킹을 하지 않고 난블로킹 상태로 코루틴을 스레드 환경에서 실행한다. 그래서 일반적인 스레드 처리보다 메모리나 성능이 뛰어나다

1. 코루틴 동시성 알아보기
2. 코루틴 정보 전달 알아보기

# 01 코루틴 동시성 알아보기

앞에서 프로그램은 대부분 순차적으로 실행되고 스레드를 사용하면 동시에 처리되는 것도 확인했다. 이제 더 경량화된 코루틴을 사용해서 동시성 처리를 알아본다.

코루틴과 스레드의 큰 차이는 문맥 교환(context stitching)이 없어서 실제 코드를 실행하는데 부가비용이 적게 든다는 것이다. 이는 코루틴은 상태와 이벤트 루프 등을 관리하기 때문이다.

## 코루틴

코루틴은 코틀린에서 별도 패키지로 동시성 기능을 처리할 수 있도록 다양한 클래스와 함수를 지원한다. 코루틴을 알아보기 전에 주요 용어의 개념을 이해해본다.

### ▌코루틴과 서브루틴의 차이점

- 서브루틴(subroutine)은 순수 함수이다. 함수가 호출되면 결과를 반환한다. 서브루틴은 순차적으로 처리할 때 사용한다.
- 코루틴(coroutine)은 함수이지만 상태를 관리하고 일시 중단했다가 다시 시작할 수 있는 일시중단 함수로 구성한다.

### ▌순차 처리와 동시성 차이점

- 일반적인 프로그램은 순차적으로 실행된다.
- 여러 개의 함수가 동시에 시작하거나 동시에 끝내는 동시성(concurrency) 처리를 수행할 때 코루틴을 사용하면 편리하다.
- 병렬처리를 동시성과 유사하게 표현하지만, 모든 기능을 병렬로 처리하는 경우는 별로 없어서 이 책에서는 동일하게 처리하지 않는다.

## 블로킹과 난블로킹 처리의 차이점

- 스레드 처리는 특정 함수를 여러 스레드에 나눠 작업을 수행하고 스레드를 일시 중지하면 그 스레드가 블로킹(blocking)되어 다른 스레드가 실행된 후에 특정 시점에 블로킹된 스레드를 다시 실행한다.

- 코루틴은 스레드를 사용하지만, 스레드를 블로킹하지 않는다. 컨텍스트(Context)와 컨티뉴에이션(Continuation) 구조를 가지고 코루틴의 상태를 보관하면서 실제 실행할 때 스레드에서 실행하도록 처리한다. 그래서 별도의 블로킹 처리가 없다. 이런 방식을 난블러킹(non-blocking)이라고 한다.

## 코루틴 설치

코틀린에서 코루틴은 추가 패키지로 만들어져 있어서 먼저 설치해야 한다.

- @file:DependsOn에 코루틴 설치할 패키지를 문자열로 전달한다. 최근 버전은 1.6.4까지 나와서 문자열을 최신 버전으로 수정할 수도 있다.
- 코틀린의 주피터 명령어인 :classpath로 코루틴 패키지가 설치된 것을 볼 수 있다.
- 일단 주피터 환경이 실행될 때마다 설치해 사용하는 방식을 사용한다.
- 그리고 kotlinx.coroutines.*로 코루틴 패키지를 import 한다. 이제 코루틴을 개발할 수 있는 환경을 구성했다. 주피터 노트북을 활성화할 때마다 코루틴을 추가로 설치해서 처리한다.

```
@file:DependsOn("org.jetbrains.kotlinx:kotlinx-coroutines-core:1.6.1")
```

```
:classpath
```

```
Current classpath (14 paths):
/Users/dahlmoon/anaconda3/envs/kotlin/lib/python3.8/site-packages/run_kotlin_kernel/jars/lib-0.11.0-61.jar
/Users/dahlmoon/anaconda3/envs/kotlin/lib/python3.8/site-packages/run_kotlin_kernel/jars/api-0.11.0-61.jar
/Users/dahlmoon/anaconda3/envs/kotlin/lib/python3.8/site-packages/run_kotlin_kernel/jars/kotlin-script-runtime-1.7.0-dev-1825.jar
/Users/dahlmoon/anaconda3/envs/kotlin/lib/python3.8/site-packages/run_kotlin_kernel/jars/kotlin-reflect-1.6.0.jar
/Users/dahlmoon/anaconda3/envs/kotlin/lib/python3.8/site-packages/run_kotlin_kernel/jars/kotlin-stdlib-1.6.0.jar
/Users/dahlmoon/anaconda3/envs/kotlin/lib/python3.8/site-packages/run_kotlin_kernel/jars/annotations-13.0.jar
/Users/dahlmoon/anaconda3/envs/kotlin/lib/python3.8/site-packages/run_kotlin_kernel/jars/kotlin-stdlib-common-1.6.0.jar
/Users/dahlmoon/.m2/repository/org/jetbrains/kotlinx/kotlinx-coroutines-core/1.6.1/kotlinx-coroutines-core-1.6.1.jar
/Users/dahlmoon/.m2/repository/org/jetbrains/kotlinx/kotlinx-coroutines-core-jvm/1.6.1/kotlinx-coroutines-core-jvm-1.6.1.jar
/Users/dahlmoon/.m2/repository/org/jetbrains/kotlin/kotlin-stdlib-jdk8/1.6.0/kotlin-stdlib-jdk8-1.6.0.jar
/Users/dahlmoon/.m2/repository/org/jetbrains/kotlin/kotlin-stdlib/1.6.0/kotlin-stdlib-1.6.0.jar
/Users/dahlmoon/.m2/repository/org/jetbrains/annotations/13.0/annotations-13.0.jar
/Users/dahlmoon/.m2/repository/org/jetbrains/kotlin/kotlin-stdlib-jdk7/1.6.0/kotlin-stdlib-jdk7-1.6.0.jar
/Users/dahlmoon/.m2/repository/org/jetbrains/kotlin/kotlin-stdlib-common/1.6.0/kotlin-stdlib-common-1.6.0.jar
```

```
import kotlinx.coroutines.*
```

### 코루틴 주요 클래스 확인

먼저 코루틴에 어떤 클래스가 있는지 알아본다.

- 코틀린에서 코루틴을 실행하려면 기존 환경이 아닌 별도의 코루틴 스코프를 지정해서 작성한다.
- 그 대표적인 것이 GlobalScope와 CoroutineScope이다. 그래서 먼저 이 코루틴 스코프의 상속관계와 생성관계를 확인한다.

```kotlin
println((GlobalScope::class).supertypes)              //슈퍼클래스 확인

println(GlobalScope === GlobalScope)                  //글로벌 스코프는 object 정의의 싱글턴

println(GlobalScope::class.isInstance(GlobalScope))   //인스턴스 관계 확인

val co = CoroutineScope(Dispatchers.Default)          //코루틴 스코프는 클래스

println(CoroutineScope::class.supertypes)             //슈퍼클래스 확인

println(CoroutineScope::class.isInstance(co))         //인스턴스 관계 확인
```

```
[kotlinx.coroutines.CoroutineScope, kotlin.Any]
true
true
[kotlin.Any]
true
```

### 일반 함수와 스레드 처리

앞에서 배운 스레드를 다시 한 번 확인한다.

- 두 개의 함수를 정의한다. 이 함수는 스레드의 이름을 출력한다.
- 스코프 함수 run은 하나의 람다표현식 안에 여러 개의 함수 호출을 전달하면 이 함수들을 순차적으로 실행한다.
- 스레드 처리를 해보기 위해 object 표현식을 Thread를 상속받아 내부에 함수를 호출했다.
- 두 개의 스레드를 start로 시작하고 join으로 끝냈다.
- 결과를 확인하면 일반 함수는 하나의 스레드로 순차적으로 처리했지만, 스레드로 처리는 동시에 두 개의 스레드가 실행된 것을 알 수 있다.

```kotlin
fun task1()= println("일반함수 task 1 : "
                + Thread.currentThread().name) //첫 번째 함수
fun task2() = println("일반함수 task 2 : "              //두번째 함수
```

```
                    + Thread.currentThread().name)

run {  println("순차적 처리")              //내부 함수를 연속으로 실행
    task1();task2();  }                    //일시 중단 함수 사용 금지

println("스레드 처리")
val thread1 = object : Thread() {          //스레드 처리
    override fun run(){                     //start 메서드 이후에 run 실행
        task1()
        Thread.sleep(200)                  //스레드 일시 중단
    }
}

val thread2 = object : Thread() {          //다른 스레드 처리
    override fun run(){                     //start 메서드 이후에 run 실행
        task2()
        Thread.sleep(200)                  //스레드 일시 중단
    }
}
thread1.start()
thread2.start()                            //스레드 시작
thread2.join()
thread1.join()
```

```
순차적 처리
일반함수 task 1 : Thread-18
일반함수 task 2 : Thread-18
스레드 처리
일반함수 task 1 : Thread-19
일반함수 task 2 : Thread-20
```

## 코루틴을 구성하는 규칙

스레드와 달리 코루틴은 코루틴이 실행되는 별도의 영역인 코루틴 스코프를 구성해야 한다. 그리고 이 코루틴 스코프에서 코루틴 빌더 함수와 일시중단 함수를 사용한다.

- 코루틴 빌더 함수(coroutine builder fuction): 코루틴 환경을 구성하는 함수이다. 보통 코루틴 스코프를 만든다. 보통 코루틴 스코프의 확장함수로 만든다.
- 일시중단 함수(suspend function): 코루틴 패키지에서 제공하는 일시중단 함수로 코루틴 스코프 내에서 사용하도록 제공한다.
- 사용자 정의 일시중단 함수(User defined suspend function): 일반 함수에 suspend를 지정해서 사용자 정

의 일시중단 함수를 만든다. 이 함수는 대부분 코루틴을 처리하는 코드를 작성한다.

## ◀ 코루틴을 구성해서 처리

코루틴을 가장 간단히 구성하는 방법은 runBlocking 빌더 함수로 코루틴 스코프를 만들어 작동하는 방법이다. 이때는 현재 사용하는 스레드를 그대로 사용해서 간단한 테스트 등에서 사용한다.

- □ 스레드를 확인하는 일반 함수 2개를 정의한다.
- □ 일시중단 함수는 일반 함수 앞에 suspend 예약어를 붙여서 정의한다. 또한, 람다표현식 앞에서 이 예약어를 사용할 수 있다. 그래서 사용자 정의 일시중단 함수를 2개 정의한다.
- □ 가장 간단한 코루틴 스코프는 runBlocking 빌더 함수로 정의한다. 이 함수는 코루틴을 구성하는 람다표현식을 받는다.
- □ 이렇게 코루틴은 계층관계를 구성해서 내부적으로 각각의 코루틴을 실행시킨다. 코루틴을 구성해 coroutineContext를 확인하면 어떤 코루틴 스코프인지, 어떤 방식으로 코루틴을 실행하는지에 대한 상태를 확인할 수 있다.
- □ 내부에 자식 코루틴은 launch에 람다표현식을 받아서 4개를 빌드했다. 위에 정의된 2개의 일반 함수와 2개의 일시중단 함수를 4개의 코루틴에서 각각 실행한다.
- □ 코루틴은 기본적으로 순서 없이 동시에 실행된다. 이는 기본적으로 스레드 작업을 자동으로 실행해서 처리한다. 그래서 별도의 실행은 없지만 코루틴이 실행된 결과를 보여준다.
- □ 코루틴을 처리할 때 delay 일시중단 함수를 사용해서(스레드의 sleep 함수와 동일한 기능) 코루틴을 일시 중단 처리해서 다른 코루틴을 실행하도록 했다.
- □ 이 runBlocking 코루틴은 메인 스레드가 종료하면 같이 종료한다.

```
import kotlinx.coroutines.*                          //코루틴 패키지

fun task1()= println("일반함수 task 1 : "
                    + Thread.currentThread().name)   //첫 번째 함수
fun task2() = println("일반함수 task 2 : "            //두 번째 함수
                    + Thread.currentThread().name)

suspend fun task3() =  println("일수중단함수 task 3 : " //일시중단 함수 정의
                    + Thread.currentThread().name)
val task4 = suspend {println("일시중단함수 task 4 : "   //람다표현식도 일시
                    + Thread.currentThread().name)}    중단 함수 정의 가능

val rb = runBlocking {
    println("코루틴 처리 : " + coroutineContext)       //코루틴 환경 구성
```

```
    launch {                                          //코루틴 빌더로 함수 처리
        delay(300)
        task1()                                       //일반 함수 호출
    }
    launch {                                          //코루틴 빌더로 함수 처리
        task2()                                       //일반 함수 호출
        delay(300)
    }
    launch {                                          //코루틴 빌더로 함수 처리
        delay(300)
        task3()                                       //일시 중단 함수
    }
    launch {                                          //코루틴 빌더로 함수 처리
        task4()                                       //일시 중단 함수
        delay(300)
    }
}                                                     //메인 스레드 사용
```

```
코루틴 처리 : [BlockingCoroutine{Active}@1f69e033, BlockingEventLoop@7e98c3d5]
일반함수 task 2 : Thread-27
일시중단함수 task 4 : Thread-27
일반함수 task 1 : Thread-27
일수중단함수 task 3 : Thread-27
```

### � 스레드와 코루틴 사용량 비교

스레드나 코루틴은 둘 다 동시성 처리에 사용하지만 스레드보다 코루틴이 왜 효과적인지 이해해야 한다.

- □ 일반적으로 스레드는 컨텍스트 스위칭할 때 많은 메모리를 사용한다. 코루틴은 내부적으로 컨텍스트를 작게 관리해서 별도의 컨텍스트 스위칭이 발생하지 않는다. 그래서 스레드보다 아주 작은 자원만 사용한다. 또한, 코루틴은 runBlocking을 제외하고는 블로킹이 아닌 난블로킹으로 처리해서 스레드 중단없이 실행된다.

- □ 코루틴을 10만 개 만들어서 실행한다. 모든 것을 출력하지 않기 위해 1만 개를 처리한 후에 점을 출력한다.

- □ 스레드는 메모리를 많이 사용하므로 먼저 스레드 공유 풀을 지정하고 10000개의 스레드만 실행을 한다. 1000개마다 별표를 출력한다. 이것을 일반적인 스레드로 사용하면 메모리 부족 현상이 발생할 수 있다.

```
import java.util.concurrent.*

fun main216() = runBlocking {                        //런블로킹 코루틴 작성
    println(" 코루틴 처리 ")
    repeat(100_000) {                                //10만 개의 코루틴 처리 작성
        launch {
            delay(100L)
            if (it % 10000 == 0) {                   //만 개 처리 후에 점 표시
                print(".")
            }
        }
    }
}
main216()

println()
fun main217() {                                      //런블록으로 코루틴 작성
    println(" 스레드 처리")
    val executor = Executors.newFixedThreadPool(1024)  //스레드 고유 풀 생성
    repeat(10000) {                                  //만 개만 처리
        executor.submit {
            Thread.sleep(100L)
            if (it % 1000 == 0) {
                print("*")
            }
        }
    }
    Thread.sleep(3000L)                              // 서브스레드 처리가 끝나도록 잠시 중단

    executor.shutdown()                              //풀 닫기
}
main217()
```

코루틴 처리
. . . . . . . . . .
 스레드 처리
**********

## 1.2

## 코루틴 기본 구성

코루틴은 패키지에서 제공하는 클래스와 함수들이 어떤 역할을 하는지 알아본다. 예제는 main 함수에 반복해서 사용해서 main 함수의 이름에 숫자를 지정했다. 다른 개발툴에서 실습할 때는 각각의 main 함수에서 실행할 수 있다.

### ◤ 코루틴 패키지의 구성 요소

코루틴 패키지에서 많이 사용하는 함수와 클래스를 알아본다.

- 코루틴 스코프: GlobalScope, CoroutineScope는 코루틴 스코프를 구성해서 내부에 코루틴 빌더 함수로 코루틴을 계층 구성하고 내부에 일시중단 함수 등을 사용해서 코루틴을 처리하는 영역이다.
- 코루틴 빌더 함수: launch, runBlocking 등은 코루틴 스코프를 생성하는 함수이거나 코루틴을 처리하는 함수들이다.
- 일반중단 함수: delay 함수는 코루틴 내부의 특정 기능을 하는 함수이다.
- 코루틴 결과 처리: Job과 Deferred(Job 상속해서 구현)는 코루틴의 결과를 반환받거나 코루틴 처리의 중단 등을 처리할 수 있다.

```
import kotlinx.coroutines.GlobalScope       //전역 스코프 클래스
import kotlinx.coroutines.CoroutineScope     //코루틴 스코프 클래스
import kotlinx.coroutines.delay              //일시 중단 함수
import kotlinx.coroutines.launch             //코루틴 빌더 함수
import kotlinx.coroutines.runBlocking        //코루틴 빌더 함수
import kotlinx.coroutines.coroutineScope     //코루틴 스코프 생성 함수
import kotlinx.coroutines.Dispatchers        //코루틴 컨텍스트 관리
import kotlinx.coroutines.Job                //잡 클래스
import kotlinx.coroutines.joinAll            //조인 처리 함수
```

### ◤ 코루틴 구성

기존 스레드를 사용해 코루틴을 구성하는 runBlocking 빌더로 코루틴 스코프를 구성해서 처리한다. 이 방식은 주로 간단한 테스트 등에 사용한다.

- 코루틴 스코프를 runBlocking 빌더 함수로 구성하기 전에 이 함수가 어떻게 구성되었는지부터 알아본다. 이 함수는 2개의 인자를 받는다. 기본으로 코루틴 컨텍스트이고 그다음에 람다표현식으로 코루틴 스코프로 확장한 람다표현식을 받는다.

- 일반 함수를 정의한다. 이 함수는 현재 스레드의 이름을 반환한다.
- 코틀린이 실행되는 main 함수에 runBlocking 반환하면 이 main 함수 전체가 코루틴 스코프 영역을 구성한다.
- 코루틴 스코프 내에 코루틴 빌더와 GlobalScope를 사용해서 코루틴을 구성한다.
- 코루틴 빌더에 제공하는 람다표현식에 일반 함수를 호출해서 현재 스레드를 출력한다.
- 코루틴 빌더 함수에 첫 번째 인자는 코루틴 컨텍스트를 제공할 수 있어서 Dispatchers의 상수로 코루틴 컨텍스트를 지정한다. 그러면 실제 runBlocking에서 처리하는 스레드와 다른 코루틴의 Work 이름을 출력한다.
- 또한, 컨텍스트를 스레드 컨텍스트를 지정해서 처리할 수도 있다.

```
import kotlinx.coroutines.*

// actual fun <T> runBlocking                               //런블로킹 함수
// (context:CoroutineContext=EmptyCoroutineContext,         //컨텍스트
// block:suspend CoroutineScope.() -> T                     //람다표현식 처리
// :T                                                       //람다표현식의 반환값 처리


fun strName() = Thread.currentThread().name

fun main() = runBlocking<Unit> {
    launch {                                                //부모 컨텍스트
        println("runBlocking           : ${strName()}")
    }
    launch(Dispatchers.Unconfined) {                        //메인 스레드
        println("Unconfined            : ${strName()}")
    }

    GlobalScope.launch {                                    //전역 스코프
        println("globalscoe            : ${strName()}")
    }
    launch(Dispatchers.Default) {                           //DefaultDispatcher
        println("Default               : ${strName()}")
    }
    launch(newSingleThreadContext("스레드")) {               //새로운 스레드로 작업
        println("newSingleThreadContext: ${strName()}")
    }
}

main()
```

```
Unconfined               : Thread-10
globalscoe               : DefaultDispatcher-worker-1
```

```
Default                   : DefaultDispatcher-worker-1
newSingleThreadContext: 스레드
runBlocking               : Thread-10
```

## ◤ 코루틴에 일시중단 함수를 사용해서 지연처리 하기

코루틴은 동시에 실행되므로 일시중단 함수를 지정한 경우 코루틴은 중단되고 다른 코루틴이 실행된 다음 다시 실행된다. 어떻게 코루틴을 일시 중단하는지 알아본다.

- □ 코루틴 스코프를 runBlocking으로 빌더한다.
- □ 내부의 코루틴 계층은 GlobalScope와 CoroutineScope를 사용해서 launch로 정의한다. 각각 의 코루틴 스코프의 컨텍스트를 출력한다. 코루틴이 별도의 객체로 구성된 것을 알 수 있다. 이처럼 별도의 코루틴으로 구성해서 계층을 구성하지만, 내부적으로는 어떤 코루틴을 실행할 지 관리해서 스케줄에 맞춰 실행시킨다.
- □ 이제 코루틴을 처리할 때 일시 중단은 delay로 처리한다. 이는 Thread의 sleep처럼 특정 시간 만큼 코루틴을 중단하는 것이다.
- □ 스레드는 일단 블로킹을 처리하고 다른 스레드를 작동시키지만, 코루틴의 일시중단 함수는 코루틴의 내부에서 관리하는 컨티뉴에이션(continuation)에 보관했다가 다시 코루틴으로 돌아와서 나머지를 처리한다. 이때 상태에 재시작 점(entry point)을 관리하고 있어서 다시 코루틴을 처리한다.
- □ 코루틴의 중요한 점은 스레드를 변경하지만, 실제 스레드의 컨텍스트를 변경하는 것이 아니라 컨티뉴에이션을 스레드에서 실행만 하므로 다시 처리해도 스레드보다 성능상 문제가 없다.

```kotlin
fun main() = runBlocking {
    println("runBlocking : ${Thread.currentThread().name}")
    println(coroutineContext)

    GlobalScope.launch {
        delay(100)
        println("globalScope : ${Thread.currentThread().name}")
        println(this.coroutineContext)

    }

    val c = CoroutineScope(Dispatchers.Default).launch {
        delay(300)
```

```
        println("coroutine Scope : ${Thread.currentThread().name}")
        println(coroutineContext)
    }

    delay(1000)
}

main()
```

```
runBlocking : Thread-72
[BlockingCoroutine{Active}@48539f3f, BlockingEventLoop@47432693]
globalScope : DefaultDispatcher-worker-2
[StandaloneCoroutine{Active}@178209c3, Dispatchers.Default]
coroutine Scope : DefaultDispatcher-worker-1
[StandaloneCoroutine{Active}@2b2c7a2d, Dispatchers.Default]
```

## ◢ 런블로킹 작동 원리

런블러킹 방식은 스레드와 코루틴의 중간 정도의 요건을 처리한다. 세부적인 처리 내용을 보면 코루틴을 스레드에서 간단하게 처리하는 방식을 제공한다.

이 방식의 단점은 현재 처리되는 스레드가 종료되면 같이 종료된다.

□ 메인 함수 내에 **runBlocking** 빌더 함수로 코루틴을 만들었다. 내부에서 스레드로 출력한다. 메인 함수가 종료되면 같이 종료되어 Thread.sleep을 사용해서 메인 스레드를 지연시킨다.

□ 아래의 방식은 메인 함수는 일반 스레드가 작동되고 그 내부에 **runBlocking**이 빌더한 경우만 코루틴으로 처리한다.

□ 처리되는 순서를 보면 메인 함수가 1초 지연으로 코루틴이 순서적으로 먼저 처리된 후에 메인 함수가 실행된다. 모든 것이 스레드 환경에서 실행되는 것을 알 수 있다.

```
fun main1() {
    runBlocking {                                // 현재 사용하는 스레드 블로킹 처리
        println("World! "                        // 출력
                + Thread.currentThread().name)
        println("Hello, "                        // 출력
                + Thread.currentThread().name)   // 코루틴 내부에서 출력
    }
    Thread.sleep(1000)                           // 함수 일시 중단
```

```
    println("Main process")                          //코루틴 처리 후 실행
}
main1()
```

```
World! Thread-14
Hello, Thread-14
Main process
```

□ 위의 예제에서 코루틴 밖에 먼저 출력을 작성하고 처리하면 순서를 맞춰서 출력하는 것을 볼 수 있다.

```
fun main2() {
    println("Hello, "                              //먼저 출력
            + Thread.currentThread())
    runBlocking {                                  //코루틴 생성: 함수가 호출되면 무조건 실행
        println("World! "
                + Thread.currentThread())          //코루틴 출력
    }
    Thread.sleep(1000)                             //메인 함수 지연 처리
    println("Main process")                        //코루틴 처리 후 실행
}
main2()
```

```
Hello, Thread[Thread-18,5,main]
World! Thread[Thread-18,5,main]
Main process
```

### 런블로킹 내에 코루틴을 계층을 구성해서 빌드하기

코루틴 내에 코루틴을 구조화해서 부모와 자식 관계의 코루틴을 구성하는 것을 구조적 코루틴(Structured Coroutine)이라고 한다.

- □ 코루틴을 계층화해서 부모와 자식 간의 코루틴을 세부적으로 처리하는 것을 확인한다.
- □ 부모 코루틴은 runBlocking으로 구성한다. 그 자식은 launch 빌더로 구성하고 그 내부에 launch 빌더로 추가 구성한다.
- □ 이 코루틴을 실행하면 부모부터 실행하고 그다음에 자식들이 실행된다. 자식 코루틴이 실행된 후에 다시 부모 코루틴이 실행되는 것을 알 수 있다.

```
fun main0() = runBlocking<Unit> {                        //기본 스레드를 블록한 코루틴 생성
    launch {                                             //서브코루틴 구성
        println("서브 코루틴 1 : "
                     + Thread.currentThread().name) //스레드 출력
        delay(300)                                       //0.3초 지연
        println("서브 코루틴 1 : 지연후 처리 1")

        launch {                                         //자식 코루틴 생성
            delay(100)                                   //0.1초 지연
            println("서브 코루틴 2 : "
                         + Thread.currentThread().name) //자식 코루틴 처리: 스레드 출력
        }

        delay(200)                                       //다시 부모 코루틴 처리
        println("서브 코루틴 1 : 지연후 처리 2")
    }
    println("메인처리 시작")                             //현재 상태를 출력
    delay(2000)                                          //2초 지연
    println("메인처리 종료")
}

main0()
```

```
메인처리 시작
서브 코루틴 1 : Thread-46
서브 코루틴 1 : 지연후 처리 1
서브 코루틴 2 : Thread-46
서브 코루틴 1 : 지연후 처리 2
메인처리 종료
```

### ▋ 런블로킹 내에 코루틴 중단

코루틴 계층구조의 상위인 부모를 종료하면 자식들도 다 같이 종료된다. 이때 코루틴의 결과인 job 객체의 cancel 메서드를 사용한다.

- □ 부모 코루틴을 runBlocking으로 만들고 자식은 launch로 만들었다.
- □ 이번에는 자식 코루틴 내에 실행될 것을 repeat 함수로 100개를 만들었다. 처리 결과를 변수에 할당한다.
- □ 반환된 job 내의 cancel 메서드로 중단을 처리한다. 그러면 대기 중인 코루틴이 모두 중단된다.

□ 이때 join을 사용하면 코루틴이 중단 작업이 끝날 때까지 기다린다.

```
fun main() = runBlocking {              //런블로킹으로 코루틴 생성
    var ix = 0
    var job = launch {
        repeat(1000) { _ ->             //1000개의 코루틴 생성
            println("job을 일시 중단 처리 : ${ix++} ...")
            delay(500L)
        }
    }
    delay(1300L)                        //일시 중단→다른 코루틴 처리
    println("main: 다른 고루틴 처리 ")
    job.cancel()                        //코루틴 중단:전체가 중단됨
    job.join()
    println("main: 함수 종료.")
}

main()
```

```
job을 일시 중단 처리 :  0 ...
job을 일시 중단 처리 :  1 ...
job을 일시 중단 처리 :  2 ...
main: 다른 고루틴 처리
main: 함수 종료.
```

## 주요 코루틴 빌더 함수

코루틴 스코프를 만든 다음에 자식 코루틴을 다양하게 추가할 수 있다. 이때 사용하는 함수가 코루틴 빌더 함수이다.

### ▶ 주요 코루틴 빌더 함수

- 런치(launch) 확장함수: 코루틴 스코프에 코루틴을 빌더하는 함수이고 반환값은 Job이다. 이 Job으로 코루틴을 중단할 수 있다.
- 어싱크(async) 확장함수: 코루틴 스코프에 코루틴을 빌더하는 함수이다. 반환값은 Deferred⟨T⟩이다. 실제 Deffered⟨T⟩에는 코루틴의 처리결과도 같이 반환된다. 그래서 await로 반환값을 처리할 수 있다.

CHAPTER 14

- 위드컨텍스트(withContext) 일시중단 함수: 컨텍스트를 변경하면서 처리하는 코루틴 빌더이다. 특히 예외 처리가 필요할 때 finally 내에 noncallable과 같이 처리하면 새로운 코루틴을 실행시킬 수 있다.
- 위드타임아웃(withTimeOut) 일시중단 함수: 특정 코루틴 처리를 특정 시간까지 작동한다.

## █ 런치 확장함수

코루틴 빌더 함수인 launch는 CoroutineScope의 확장함수이다. 이 함수를 사용해서 전역 스코프나 코루틴 스코프에 코루틴을 추가한다.
- □ 주석 처리한 것이 코루틴 확장함수 launch의 정의이다.
- □ 이 빌더 함수의 첫 번째 매개변수는 context 즉 코루틴을 구성하는 CoroutineContext를 처리한다. 두 번째 매개변수는 start이다. 보통 자동으로 처리하도록 CoroutineStart.DEFAULT로 지정한다. 세 번째 매개변수는 실제 코루틴을 전달받는다. 보통 람다표현식으로 전달한다. 이 람다표현식은 일시중단함수이면서 코루틴의 확장함수이다. 반환값은 Job 클래스의 객체이고 이 Job 객체는 코루틴의 cancel이나 join 등을 사용해 실행되는 코루틴을 종료할 때 사용한다.
- □ 코루틴에서 특정 기록을 할 수 있는 확장함수 log를 만든다. 코루틴 스코프의 확장함수로 정의해서 코루틴 스코프에서 이 함수를 사용할 수 있다.
- □ GlobalScope 객체에 launch로 코루틴을 빌더한다. 이때 인자로 코루틴의 이름을 CoroutineName 객체를 생성해서 전달한다. 내부에 자식 코루틴을 하나 launch로 빌더한다. 자식 코루틴은 job을 반환받아서 join 메서드로 처리를 기다린다.
- □ 이를 실행하면 코루틴이 실행된 곳은 log 확장함수에 따라 코루틴 이름부터 출력하는 것을 볼 수 있다.
- □ 전체 함수를 코루틴으로 묶지 않아서 main 함수가 먼저 종료되지 않도록 sleep으로 코루틴 처리가 끝날 때까지 지연한다.

```
import kotlinx.coroutines.*
import kotlin.coroutines.CoroutineContext

// public fun CoroutineScope.launch(          // 코루틴 스코프의 확장함수
//     context : CoroutineContext = EmptyCoroutineContext,    // 컨텍스트
//     start : CoroutineStart = CoroutineStart.DEFAULT,       // 스타트는 자동 실행
//     block : suspend CoroutineScope.( ) -> Unit             // 일시 중단 람다표현식 로딩
// ):   Job{                                   // 반환 객체
//     ...
// }
```

```
fun CoroutineScope.log(msg: String) {               // 출력 확장함수 지정
    val name = coroutineContext[CoroutineName]?.name // 코루틴컨텍스트 이름 검색
    println("[$name] $msg")                           // 코루틴컨텍스트 이름 출력
}

fun main11() {
    GlobalScope.launch(CoroutineName("전역스코프")) { // 전역스코프의 코루틴에 이름 정의
        log("launch 코루틴 빌더 시작 ")
        var job = launch {
            delay(500)                                // 0.5초 대기
            log("코루틴 처리 1")
        }

        job.join()                                    // 전역 코루틴의 자식 코루틴 종료까지 대기
        log("launch 코루틴 빌더 정지 ")                // 최종 종료
    }
    Thread.sleep(1000)                                // 메인 스레드 잠시 대기
    println(" 메인스레드 처리 2")                       // 메인 출력
}
main11()
```

```
[전역스코프] launch 코루틴 빌더 시작
[전역스코프] 코루틴 처리 1
[전역스코프] launch 코루틴 빌더 정지
 메인스레드 처리 2
```

### ◣ 다양한 스코프에서 런치 확장함수 사용

이번에는 일반 함수에 runBlocking으로 코루틴 스코프를 지정하고 그 내부에 추가로 코루틴을 구조화했다.

- □ 이번에는 runBlocking 빌더 함수에 코루틴 이름을 인자로 전달했다.
- □ 두 개의 코루틴을 빌더할 때 하나는 내부에 코루틴 이름을 부여했고 다른 하나는 코루틴 이름을 지정하지 않았다. 지정하지 않으면 보통 부모의 코루틴 컨텍스트를 사용한다.
- □ 이제 실행하면 확장함수 log에 따라 실행되는 것을 볼 수 있다.

```
import kotlinx.coroutines.*
import kotlin.coroutines.CoroutineContext

fun CoroutineScope.log(msg: String) {               // 출력 확장함수 지정
```

```
    val name = coroutineContext[CoroutineName]?.name  //코루틴컨텍스트 이름 검색
    println("[$name] $msg")                            //코루틴컨텍스트 이름 출력
}

fun main() =
    runBlocking(CoroutineName("런블러킹")) {              //런블로킹 빌더에 코루틴 이름 지정
    val request = GlobalScope                          //전역 스코프 지정
                .launch(CoroutineName("전역스코프"))  {//코루틴에전역스코프 이름 지정
        launch(CoroutineName("새로운스코프") + Job()) {//자식 코루틴에 이름과 잡 지정
            log("job1: 즉시실행 ->"
                    + Thread.currentThread().name)     //현재 스레드 출력
            delay(1000)                                //1초 중단
            log("job1: 다른 코루틴 처리후 실행-> "
                    + Thread.currentThread().name)     //재시작 후 출력
        }
        launch {                                       //전역 스코프 내의 코루틴 빌더
            delay(100)                                 //일시 중단
            log("job2: 다른 코루틴 처리후 실행-> "
                    + Thread.currentThread().name)
            delay(1000)                                //일시 중단
            log("job2: 전체 코루틴 중단으로 미실행-> "
                    + Thread.currentThread().name)
        }
    }
    delay(5000)                                        //일시 중단
    request.cancel()                                   //글로벌 스코프 전체 종료
    delay(1000)                                        //종료 후 결과 처리
    log("main: 모든 고루틴 처리 후에 실행-> "
            + Thread.currentThread().name)
}
main()
```

[새로운스코프] job1: 즉시실행 ->DefaultDispatcher-worker-3  -
[전역스코프] job2: 다른 코루틴 처리후 실행-> DefaultDispatcher-worker-2
[새로운스코프] job1: 다른 코루틴 처리후 실행-> DefaultDispatcher-worker-2
[전역스코프] job2: 전체 코루틴 중단으로 미실행-> DefaultDispatcher-worker-2
[런블러킹] main: 모든 고루틴 처리 후에 실행-> Thread-73

## ◼ 어싱크 확장함수

비동기적으로 처리하는 async 확장함수는 현재 코루틴의 처리 결과를 반환한다. 이 반환하는 객체
는 Deferred〈T〉 클래스의 객체이다. 이 클래스의 await 메서드를 사용해 반환값을 조회한다.

- 주석으로 처리된 async 빌드 함수는 앞에서 배운 launch 빌더 함수와 매개변수는 동일하지만 반환 자료형에 차이가 있다. 하지만 Deferred⟨T⟩ 클래스는 Job 클래스를 상속해서 자기만의 반환값 처리 이외에도 Job 클래스의 멤버들도 사용할 수 있다.

- GlobalScope에 async로 코루틴을 이름을 인자로 전달해 빌더한다. 또 자식 코루틴을 async 빌더 함수에 코루틴 컨텍스트를 지정한 후에 빌더한다.

- 실행하면 코루틴이 부모부터 자식까지 실행한 결과를 출력한다.

```kotlin
import kotlinx.coroutines.*
import kotlin.coroutines.CoroutineContext

// fun <T> CoroutineScope.async(                          // 코루틴 스코프의 확장함수
//     context:CoroutineContext=EmptyCoroutineContext,    // 컨텍스트
//     start:CoroutineStart=CoroutineStart.DEFAULT,       // 스타트는 자동 실행으로 지정
//     block:suspend CoroutineScope.() -> T               // 일시 중단 람다표현식 로딩
// ):    Deferred<T>                                      // 반환 객체


fun CoroutineScope.log(msg: String) {
    val name = coroutineContext[CoroutineName]?.name
    println("[$name] $msg")
}

val syn = GlobalScope.async(CoroutineName("전역스코프")){ // 전역스코프에
    log("현재 코루틴 1 : " + Thread.currentThread().name) // 코루틴 빌더
    async(Dispatchers.Default) {                          // 비동기 코루틴 빌더
        delay(100)                                        // 일시 정지
        log("현재 코루틴 2 : " + Thread.currentThread().name)
    }

    delay(100)                                            // 일시 정지
    log("코루틴 종료 " + Thread.currentThread().name)     // 부모를 종료 처리
}

Thread.sleep(2000)
```

```
[전역스코프] 현재 코루틴 1 : DefaultDispatcher-worker-2
[전역스코프] 현재 코루틴 2 : DefaultDispatcher-worker-2
[전역스코프] 코루틴 종료 DefaultDispatcher-worker-1
```

■ 사용자 정의 일시중단 함수를 async 내부에서 사용

async 빌더 함수의 반환값을 어떻게 처리하는지 알아본다.

- □ 코루틴 빌더를 runBlocking으로 처리하고 내부에 async 빌더 함수를 사용했다. 사용자 정의
  일시중단 함수를 async 내에서 실행한다.
- □ 이 사용자 정의 일시중단 함수에 반환값을 처리해서 async 빌더 함수의 결과를 변수에 할당
  한 후에 await로 조회해서 이 두 값을 덧셈한 후에 출력한다.

```kotlin
import kotlinx.coroutines.*
import kotlin.coroutines.CoroutineContext

fun CoroutineScope.log(msg: String) {                      //확장함수
    val name = coroutineContext[CoroutineName]?.name       //코루틴 이름
    println("[$name] $msg")
}

fun main11() = runBlocking(CoroutineName("런블러킹")){       //코루틴환경
    val one = async {
        doSomethingOne()
    }                                                      //동시 처리
    val two = async {
        doSomethingTwo()
    }                                                      //동시 처리
    println(one.javaClass)
    log("Result : ${one.await() + two.await()}")           //출력
}

suspend fun doSomethingOne(): Int {
    delay(1000L)                                           //일시중단
    return 10                                              //결과 리턴
}
suspend fun doSomethingTwo(): Int {
    delay(1000L)                                           //일시중단
    return 20                                              //결과 리턴
}

main11()
```

```
class kotlinx.coroutines.DeferredCoroutine
[런블러킹] Result : 30
```

## 코루틴을 종료 처리

런블로킹과 전역 스코프에 async 빌더로 코루틴을 추가했다. 그리고 launch로 빌더된 코루틴을 cancel시켰을 때 어떻게 처리되는지 확인한다.

- □ 코루틴을 runBlocking으로 빌더하고 내부에 async와 launch로 코루틴을 정의한다.
- □ 이때 async는 GlobalScope의 launch보다 더 지연 처리된다.
- □ launch를 cancelAndJoin으로 중단한다. 이때 내부적으로 예외가 발생해서 예외처리했다.
- □ async가 처리될 때까지 join으로 대기한다.

```kotlin
fun CoroutineScope.log(msg: String) {              //확장함수
    val name = coroutineContext[CoroutineName]?.name //코루틴 이름
    println("[$name] $msg")
}

fun main11() =
    runBlocking(CoroutineName("런블러킹")){          //코루틴 환경
    val deferred = async {                          //async로 코루틴 생성
        delay(1000)                                 //1초 대기
        log("async Start")
        "async result"                       // 해당 코루틴 블록(Deferred)의 await() 호출 시 반환값
    }
    log("Test")
    val job = GlobalScope
            .launch(CoroutineName("전역스코프")) {  //launch로 코루틴 생성
        try {
            delay(200)                              //0.2초 대기
            log("launch Start")
            delay(Long.MAX_VALUE)                   // 최대 시간 정지
        } finally {
            log("launch Cancelled")          // 해당 job의 cancel() 취소 시 호출되는 finally
        }
    }
    delay(500)                                      //0.5초 대기
    job.cancelAndJoin()                             //job 취소, 대기
    delay(500)                                      //0.5초 대기
    log(deferred.await())                           // deferred의 결괏값 얻기
}
main11()
```

```
[런블러킹] Test
[전역스코프] launch Start
[전역스코프] launch Cancelled
[런블러킹] async Start
[런블러킹] async result
```

## ◤ 코루틴의 지연처리

빌더 함수에 start 매개변수를 지연으로 지정해서 자동으로 실행되지 않도록 정할 수 있다. 그러면 코루틴은 start나 await를 만나야 실행된다.

- 코루틴 빌더할 때 async와 launch의 start 매개변수에 CoroutineStart.LAZY를 지정하면 바로 실행되지 않고 start, await를 만나야 실행된다.

```
fun main1() = runBlocking<Unit> {
    val deferred = async(start = CoroutineStart.LAZY) { //LAZY로 start 설정
        println("async Start")
        "async Result"
    }
    println("Test")

    val job = GlobalScope
            .launch(start = CoroutineStart.LAZY) {       //LAZY로 start 설정
        println("launch Start")
    }

    job.start()                         //launch는 start() 또는 join()으로 해당 코루틴을 실행
    //job.join()                        //start와 같이 실행시키고 join은 대기까지

    //deferred.start()                  //async는 start 또는 await()으로 해당 코루틴을 실행
    deferred.await()                    //await도 실행시키고 대기까지
}

main1()
```

```
Test
async Start
launch Start
```

## ◤ 일시중단 함수와 같이 지연처리

일시중단 함수를 코루틴에 빌더한 후에 특정 코루틴을 지연 처리할 수 있다.

- 코루틴 빌더를 async로 처리한다, 그중에 하나는 LAZY로 지연 처리한다. 사용자 정의 일지 중단 함수를 실행한 결과를 합산하도록 정의했다.
- 지연 처리할 때까지는 반환값을 가져오지 않으므로 실제 계산은 지연 처리가 await를 만나서 코루틴이 실행된 후에 값을 반환한다.

```
fun main12() = runBlocking {                        //런블로킹으로 코루틴
    val one = async {                               //비동기 코루틴에서 일시 중단 함수 호출
        doSomethingOne()                            //첫 번째 일시 중단 함수 호출
    }
    val two = async(start = CoroutineStart.LAZY) {  //비동기 코루틴에서 지연 시작 처리
        doSomethingTwo()                            //두 번째 일시 중단 함수 호출
    }

    println("결과값 : ${one.await() + two.await()}")//지연 처리한 것은 await
                                                    //만나야 시작
}

suspend fun doSomethingOne(): Int {                 //일시 중단 함수 정의
    delay(1000L)                                    //일시 중단
    println(" 10 반환 처리")
    return 10                                       //결과 리턴
}

suspend fun doSomethingTwo(): Int {                 //일시 중단 함수 정의
    delay(1000L)                                    //일시 중단
    println(" 20 반환 처리 ")
    return 20                                       //결과 리턴
}
main12()
```

```
 10 반환 처리
 20 반환 처리
결과값 : 30
```

## ◤ 위드컨텍스트 함수

특정 컨텍스트를 지정해 그 내부의 코루틴을 처리한다. 이때는 일시중단 함수인 withContext를 사용해서 처리한다.

- □ 주석에 있는 withContext는 일시중단 함수이다. 매개변수는 컨텍스트와 람다표현식으로 코루틴을 받아서 처리한다.
- □ 코루틴은 runBlocking으로 부모 코루틴을 만들고 두 개의 코루틴 빌더 중 하나는 withContext 함수로 처리하고 다른 하나는 launch로 처리했다.
- □ 코루틴을 실행하면 withContext는 부모와 달리 이 함수가 정한 코루틴 범위로 처리한다.
- □ 아무런 컨텍스트 지정이 없는 launch 빌더 함수는 부모인 runBlocking의 컨텍스트를 그대로

사용해서 실행한다.

```
// suspend fun <T> withContext(                        // 일시 중단 함수
// context: CoroutineContext,                          // 코루틴 컨텍스트
// block : suspend coroutineScope.() -> T):T           // 일시 중단 코루틴 람다표현식

fun main() = runBlocking {                             // 현재 스레드 코루틴 처리
    withContext(Dispatchers.Default) {                 // 컨텍스트 변경
        println("위드컨텍스트 처리 : "
                + Thread.currentThread().name)
        delay(100)
    }

    launch {                                           // 기존 컨텍스트 사용
        println("런치 처리 : "
                + Thread.currentThread().name)
        delay(100)
    }

    delay(2000)
}

main()
```

```
위드컨텍스트 처리 : DefaultDispatcher-worker-2
런치 처리 : Thread-49
```

## ▌ 컨텍스트의 내용 추가

일시중단 함수 withContext도 컨텍스트에 디스패처와 이름을 전달받아 처리할 수 있다. 여러 개의
인자를 전달할 때는 더하기 연산자를 사용해서 묶어준다.

- □ 일시중단 함수는 컨텍스트의 이름과 메시지를 출력한다.
- □ withContext 함수에 컨텍스트를 인자로 전달할 때 Dispatcher와 name 두 가지를 하나로 합
  쳐서 하나의 컨텍스트로 전달한다.
- □ withContext 빌더 함수 내부에 launch를 지정할 때 다른 컨텍스트 이름을 작성했다.
- □ 코루틴을 실행하면 부모와 자식 두 코루틴에 부여된 이름이 달라서 어떤 코루틴이 처리되는
  지 명확히 알 수 있다.

```
import kotlinx.coroutines.*
import kotlin.coroutines.coroutineContext

suspend fun printName(msg : String) {       //일시중단함수에 코루틴 컨텍스트 이름 출력
    val name = coroutineContext[CoroutineName]?.name
   println("[${name}]" + msg )
}

suspend fun main_() =
    withContext(Dispatchers.Default
                + CoroutineName("Outer" )) {
                                             //특정 코루틴 이름을 부여한 일시중단함수
      printName("시작" + Thread.currentThread().name) //Outer
      launch(CoroutineName("Inner")) {                   //자식 코루틴에도 이름 부여
          printName("종료" + Thread.currentThread().name) //Inner
      }
      delay(10)                                         //지연
      printName("메인종료")                              //Outer
}

fun main() = runBlocking {
    main_()
}

main()
```

[Outer]시작DefaultDispatcher-worker-2
[Inner]종료DefaultDispatcher-worker-1
[Outer]메인종료

## ◤ 위드컨텍스트 함수의 NonCanellable 처리

코루틴을 중간에 종료시키면 현재 처리된 결과를 출력한다. 이때 예외가 발생하지만, 현재까지 처리된 결과까지만 처리한다.

□ 1000개의 코루틴을 만들고 실행한다. 이 코루틴을 중지시키면 내부적으로 예외가 발생한다.

□ 예외를 처리할 때 반드시 처리가 가능한 finally로 처리해 withContext에 NonCancellable을 지정하면 중단을 막고 코루틴을 모두 처리한다.

□ 예외가 발생하더라도 반드시 처리해야 하는 경우에 사용한다.

CHAPTER **14**

```
fun main2() =
    runBlocking {                                    //코루틴 블록 스코프 생성
        var jobw = Any()
        val job = launch {                           //자식 코루틴 생성
            try {
                repeat(1000) { i ->                  //1000개의 코루틴 생성
                    println("코루틴 반복처리 $i ...")
                    delay(500L)
                }
            } finally {                              //종료하면 내부적으로 예외 발생
                jobw = withContext(NonCancellable) { //무조건 처리가 가능한
                    delay(1000)                      //코루틴 처리
                    println("main : 현재 상태 전부처리!")
                    100                              //반환값
                }
            }
        }
        println("main : 메인대기중!")
        delay(1300L)                                 //메인 일시 중단
        job.cancelAndJoin()                          //코루틴 완전 중단
        println("main : 메인 종료.")
        println(jobw.javaClass)
        if (jobw is Int)
            println(" ${jobw}")
}

main2()
```

```
main : 메인대기중!
코루틴 반복처리 0 ...
코루틴 반복처리 1 ...
코루틴 반복처리 2 ...
main : 현재 상태 전부처리!
main : 메인 종료.
class java.lang.Integer
 100
```

### ◤ 위드타임아웃 함수

특정 시간까지 처리가 필요한 코루틴은 withTimeout 함수로 처리한다.

　□ 코루틴에 타임아웃을 지정해서 람다표현식으로 정의한 것을 특정 시간까지만 처리한다.

□ 타임아웃이 발생하면 예외가 발생하므로 처리를 중단한다.

□ 반드시 처리할 것은 finally에서 withContext 함수에 NonCancellable로 지정해서 처리한다.

```
//suspend fun <T> withTimeout(                          //일시 중단 함수
//timeMillis: Long,                                     //대기 후 종료할 시간
//block:suspend coroutineScope.() -> T):T               //코루틴 처리 람다표현식


fun main() = runBlocking {                              //런블로킹 코루틴
    try {
        withTimeout(1300L) {                            //타임아웃 처리
            repeat(1000) { i -> println("코루틴 처리 $i ...")
                delay(500L)
            }
        }
    } catch(e: TimeoutCancellationException) {          //예외 처리
        println("타임아웃으로 종료 처리!!!")              //출력
    } finally {                                         //종료하면 내부적으로 예외 발생
        val jobw = withContext(NonCancellable) {        //무조건 처리가 가능한 코루틴 처리
            delay(1000)
            println("main : 현재 상태 전부처리!")
            100                                          //반환값

        }
        println(jobw)
    }

}

main()
```

코루틴 처리 0 ...
코루틴 처리 1 ...
코루틴 처리 2 ...
타임아웃으로 종료 처리!!!
main : 현재 상태 전부처리!
100

## 코루틴의 전역 스코프와 코루틴 스코프

이제는 코루틴의 전역 스코프와 코루틴 스코프에 대해 자세히 알아본다.

### ▮ 디스패처

코루틴 컨텍스트의 정보를 디스패처로 지정할 수 있다. 디스패처(Dispatchers) 내의 상수들이 어떻게 처리되는지 알아보자.

- □ Unconfined로 지정하면 특정 스레드를 확정하지 않는다. 현재 실행되는 스레드를 사용하다가 일시 중단된 후 다시 시작할 때는 다른 스레드에서 실행된다.
- □ IO는 차단 입출력을 처리할 때 사용하는 디스패처이다.
- □ Default는 코루틴 내부의 기본 처리를 사용한다는 것이다.
- □ 코루틴을 정의할 때 인자로 디스패처를 전달하지 않으면 부모 코루틴 스코프의 컨텍스트를 그대로 따른다.

```kotlin
fun main() {
    runBlocking {
        launch {
            println("launch : ${Thread.currentThread().name}")
        }

        launch(Dispatchers.Unconfined) {
            println("launch(Dispatchers.Unconfined) : ${Thread.currentThread().name}")
        }

        // launch(Dispatchers.Main) {                                           //안드로이드용
        //      println("launch(Dispatchers.Main) : ${Thread.currentThread().name}")
        //}

        launch(Dispatchers.IO) {
            println("launch(Dispatchers.IO) : ${Thread.currentThread().name}")
        }

        launch(Dispatchers.Default) {
            println("launch(Dispatchers.Default) : ${Thread.currentThread().name}")
        }
```

```
        }
    }
}

main()
```

```
launch(Dispatchers.Unconfined) : Thread-26
launch(Dispatchers.IO) : DefaultDispatcher-worker-1
launch(Dispatchers.Default) : DefaultDispatcher-worker-2
launch : Thread-26
```

## ◤ 코루틴 스코프의 컨텍스트 정보 확인

코루틴 스코프 내에 coroutineContext 속성을 제공하므로 내부의 컨텍스트를 확인할 수 있다.

- □ runBlocking 내부에 글로벌 스코프와 코루틴 스코프로 코루틴을 빌더한다.
- □ 내부의 코루틴 컨텍스트(coroutineContext)로 상태를 확인하면 현재 코루틴 객체와 디스패처에 대한 정보를 확인할 수 있다.
- □ StandaloneCoroutine은 Job을 처리할 수 있도록 반환한다.

```
fun main() = runBlocking {                                    //런블로킹 컨텍스트 확인
    println("runBlocking : ${Thread.currentThread().name}")
    println("컨텍스트 : " + coroutineContext)
    println("상태 : " +isActive)                              //잡 상태 확인

    val g = GlobalScope.launch {                              //전역 스코프 컨텍스트 확인
        delay(300)
        println("전역스코프 : ${Thread.currentThread().name}")
        println("컨텍스트 : " +coroutineContext)
        println("상태 : " +isActive)                          //잡 상태 확인
    }
    println("전역스코프 반환 : " + g)
    val c =CoroutineScope(Dispatchers.Default).launch {//코루틴 스코프
        delay(500)                                            //컨텍스트 확인
        println("코루틴 스코프 : ${Thread.currentThread().name}")
        println("컨텍스트 : " +coroutineContext)
        println("상태 : " +isActive)                          //잡 상태 확인
    }
    println("코루틴 스코프 반환 : " + c)
    delay(1000)
}
main()
```

```
runBlocking : Thread-30
컨텍스트 : [BlockingCoroutine{Active}@390a8c69, BlockingEventLoop@5be2ec8b]
상태 : true
전역스코프 반환 : StandaloneCoroutine{Active}@609d6216
코르틴 스코프 반환 : StandaloneCoroutine{Active}@724b1be3
전역스코프 : DefaultDispatcher-worker-1
컨텍스트 : [StandaloneCoroutine{Active}@609d6216, Dispatchers.Default]
상태 : true
코루틴 스코프 : DefaultDispatcher-worker-1
컨텍스트 : [StandaloneCoroutine{Active}@724b1be3, Dispatchers.Default]
상태 : true
```

## ◾ 코루틴 컨텍스트 정보 확인

코루틴이 빌드된 상태에서 coroutineContext 속성의 정보를 확인할 수 있다. 내부적으로 key로 만들어져 있어서 key 정보로 조회할 수 있다. 세부적인 내용은 이 책이 다루는 범위를 넘어서므로 코틀린 매뉴얼에서 찾아보기 바란다.

▢ 이번에는 runBlocking으로 코루틴을 빌더하고 coroutinContext 내의 저장된 것을 key로 조회해 본다. 결과는 보통 Job과 코루틴의 상태 관리하는 Continuation에 대해 key로 조회한다.

▢ Async로 처리할 때 결과는 DeferredCoroutine이고 Deferred<T>의 반환 정보를 await() 메서드로 조회한다.

```kotlin
fun main1() = runBlocking {
    val l = launch(Dispatchers.Default) {           // DefaultDispatcher
        println("Default : ${Thread.currentThread().name}") // 현재 처리 기준
        println("Job : " + coroutineContext[Job.Key])       // 컨텍스트 내의 잡
        println("컨티뉴에션 : "                               // 컨티뉴에이션
                + coroutineContext[kotlin.coroutines.ContinuationInterceptor.Key])
    }
    val a = async(Dispatchers.IO) {                 // Dispatcher IO
        delay(200)
        println("IO  : ${Thread.currentThread().name")     // 현재 처리 기준
        println("Job : " + coroutineContext[Job.Key])       // 잡
        println("컨티뉴에션 : "                               // 컨티뉴에이션
                + coroutineContext[kotlin.coroutines.ContinuationInterceptor.Key])
    }
    val t = launch(newSingleThreadContext("스레드")) {    // 새로운 스레드 처리
        delay(500)
        println("Thread  : newSingleThreadContext: ${Thread.currentThread().name}")
        println("Job : " + coroutineContext[Job.Key])       // 잡
```

```
        println("컨티뉴에션 : "                              //컨티뉴에이션
                + coroutineContext[kotlin.coroutines.ContinuationInterceptor.Key])
    }

    delay(1000)
    println("반환값 l : " + l)
    println("반환값 a : " + a)
    println("반환값 t : " + t)
}
main1()
```

```
Default : DefaultDispatcher-worker-2
Job : StandaloneCoroutine{Active}@5b1b3e7f
컨티뉴에션 : Dispatchers.Default
IO : DefaultDispatcher-worker-2
Job : DeferredCoroutine{Active}@1d75a9da
컨티뉴에션 : Dispatchers.IO
Thread  : newSingleThreadContext: 스레드
Job : StandaloneCoroutine{Active}@32d7814f
컨티뉴에션 : java.util.concurrent.ScheduledThreadPoolExecutor@1815b50d
[Running, pool size = 1, active threads = 1, queued tasks = 0, completed tasks = 1]
반환값 l : StandaloneCoroutine{Completed}@5b1b3e7f
반환값 a : DeferredCoroutine{Completed}@1d75a9da
반환값 t : StandaloneCoroutine{Completed}@32d7814f
```

## ■ 전역 스코프와 스레드 같이 처리하기

스레드와 코루틴 전역 스코프 처리를 비교해본다. 둘 다 프로그램 처리가 종료하면 중단되므로 스레드와 코루틴 처리가 종료되기 전에 메인 프로그램이 대기해야 한다.

□ Thread 클래스에 러너블을 3개 전달해서 객체를 생성하고 스레드를 바로 start로 실행한다.

□ 글로벌 코루틴 스코프에 3개의 코루틴을 빌드해서 실행한다.

□ 스레드와 코루틴은 비동기 처리라 유사하지만 큰 차이점은 코루틴은 특정 스레드를 코루틴이 공유해서 사용한다는 것이다.

□ 그래서 코루틴 내부의 스레드 사용은 내부적으로 결정해 처리하므로 코루틴을 작성할 때는 어떤 코루틴 스코프에서 코루틴을 구조화하여 실행한 것인지에 주목하면 된다.

```
fun main() {
    Thread(Runnable {                          // 3개의 러너블 객체를 만들어서 스레드 처리
        for (i in 0..2) {
```

```
            println("쓰레드 처리   : $i "        //3개의 스레드를 처리
                    + Thread.currentThread().name)
            Thread.sleep(500L)                  // 스레드 중단: 다른 스레드 처리
        }
    }).start()                                  //start 메서드로 스레드 시작

    GlobalScope.launch {                        // 코루틴 전역 스코프로 처리
        repeat(3) {                             // 3개의 일시 중단 함수 만들고 코루틴 처리
            println("코루틴처리     : $it "
                    + Thread.currentThread().name) // 코루틴 내의 dispatcher로 처리
            delay(500L)                         // 일시 중단 다른 작업 수행
        }
    }

    Thread.sleep(3000L)                         // 메인 스레드 중단. 다른 스레드나 코루틴 시작
}

main()
```

```
쓰레드 처리   : 0 Thread=15
코루틴처리     : 0 DefaultDispatcher-worker-1
쓰레드 처리   : 1 Thread-15
코루틴처리     : 1 DefaultDispatcher-worker-1
쓰레드 처리   : 2 Thread-15
코루틴처리     : 2 DefaultDispatcher-worker-1
```

## ◼ 전역 스코프에 코루틴 계층화하기

전역스코프를 여러 개 구조화하는 코루틴을 알아본다

□ 글로벌 스코프에 글로벌 스코프를 빌더해서 구조화할 수 있다.

□ 내부의 글로벌 스코프는 join을 처리한다.

□ 구조화되면 상위부터 하위로 코루틴이 실행된다. 출력 결과를 확인하면 부모 글로벌 코루틴을 처리하고 자식 글로벌 코루틴을 실행하는 것을 볼 수 있다.

```
fun main3() {
    GlobalScope.launch {                        //부모코루틴을 전역 스코프로 생성
        val job = GlobalScope.launch {          // 내부에 전역 스코프 코루틴 생성

            delay(100L)                         // 일시 중단 함수 실행
            println("World! "
                    + Thread.currentThread().name) // 코루틴 내부 스레드
        }
```

```
        println("Hello, "
                    + Thread.currentThread().name)   //부모 코루틴 스레드
        println(job.javaClass)                        //반환된 잡 클래스 확인
        job.join()                                    //내부 코루틴 처리 종료
    }

    Thread.sleep(2000)                                //애플리케이션까지 실행되므로 2초 지연
}

main3()
```

```
Hello, DefaultDispatcher-worker-1
class kotlinx.coroutines.StandaloneCoroutine
World! DefaultDispatcher-worker-1
```

## ◤ 동등한 레벨로 전역 스코프 처리 1

동등한 레벨에 여러 코루틴을 구성해서 동시에 실행할 수 있다.

- □ 코루틴 스코프를 같은 레벨로 작성한다.
- □ 먼저 메인 함수 내의 출력부터 실행한다. 일시중단 함수 **delay**의 지연 시간에 따라 동등한 레벨의 코루틴이 실행된다.
- □ 메인 함수의 마지막에 지연을 처리하므로 코루틴이 다 처리된 후에 메인 함수 내부가 실행된다.

```
fun main() {
    GlobalScope.launch {                              //전역 코루틴 처리
        delay(500L)                                   //현재 작업을 중단하고 다른 스레드 처리
        println("세상에 온것을 환영! " + Thread.currentThread())
    }
    println("코루틴, " + Thread.currentThread())  //출력
                                                      //스레드를 중단하는 함수 처리 없음

    GlobalScope.launch {                              //전역 코루틴 처리
        delay(1000L)                                  //현재 작업을 중단
        println("World!" + Thread.currentThread())
    }

    Thread.sleep(3000L)                               //작업을 중단: 다른 작업 호출
    println("Hello," + Thread.currentThread())  //출력

}
main()
```

CHAPTER **14**

```
코루틴, Thread[Thread-38,5,main]
세상에 온것을 환영! Thread[DefaultDispatcher-worker-1,5,main]
World!Thread[DefaultDispatcher-worker-1,5,main]
Hello,Thread[Thread-38,5,main]
```

### ■ 동등한 레벨로 전역 스코프 처리 2

동등한 레벨에 여러 코루틴을 구성해서 동시에 실행할 수 있다.

　　□ 글로벌 스코프 2개와 **runBlocking** 1개를 작성했다.

　　□ 이 코루틴을 실행하면 **delay**로 지연한 시간을 기준으로 처리되는 것을 확인할 수 있다.

```
fun main3() {
    println("코루틴 세상, "
                    + Thread.currentThread().name) //처음 출력

    GlobalScope.launch {                //전역 코루틴 처리
        delay(1000L)                    //현재 작업을 중단하고 다른 처리 요청
        println("세상 ! "
                    + Thread.currentThread().name)
    }
    GlobalScope.launch {                //전역 코루틴 처리
        delay(1000L)                    //다른 코루틴 처리 요청
        println("환영해요! "
                    + Thread.currentThread().name)
    }
    runBlocking {                       //런블로킹 함수로 코루틴 생성
        delay(2000L)                    //다른 코루틴 처리 요청
        println("블럭처리, "
                    + Thread.currentThread().name)
    }

    println("코루틴 종료 "
                    + Thread.currentThread().name)   //출력
    Thread.sleep(4000L)            //메인 스레드 중단 함수: 전역 스코프 코루틴 작업 호출
}

main3()
```

```
코루틴 세상, Thread-46
세상 ! DefaultDispatcher-worker-2
환영해요! DefaultDispatcher-worker-1
블럭처리, Thread-46
코루틴 종료 Thread-46
```

## ▶ 코루틴 상태 확인

코루틴의 실행과 중단될 때의 상태를 확인한다.

  ▢ 코루틴을 작성한다.

  ▢ 이 코루틴을 실행하고 join으로 코루틴이 종료할 때를 기다렸다가 상태를 확인한다.

```kotlin
fun main5() = runBlocking {              //코루틴 블로킹 처리
    val job = GlobalScope.launch {       //전역 스코프에서 잡을 반환
        delay(1000L)
        println("코루틴 세상 !")
        println("코루틴 활성화 여부 : " + isActive)      //활성화 여부
    }
    println("환영해요,")
    job.join()                           //코루틴 종료
    println("코루틴 활성화 여부 : " + job.isActive)      //활성화 여부
    println("코푸틴 정지 여부   : " + job.isCancelled)   //중단 여부
    println("코루틴 종료 여부   : " + job.isCompleted)   //종료 여부
}
main5()
```

```
환영해요,
코루틴 세상 !
코루틴 활성화 여부 : true
코루틴 활성화 여부 : false
코푸틴 정지 여부   : false
코루틴 종료 여부   : true
```

## ▶ 코루틴 중단

코루틴 작업을 강제로 중단할 수 있으며 중단하면 모든 작업이 중지된다.

```kotlin
fun main6() = runBlocking {
    val job = GlobalScope.launch {       //전역 스코프 코루틴
        repeat(1000) { i ->              //1000개 스레드 생성
            println("전역스코프 코루틴 처리 : $i ...")
            delay(500L)                  //현재 코루틴을 멈추고 다른 코루틴 작업
        }
    }
    delay(1300L)                         //현재 코루틴을 멈추고 다른 코루틴 요청
    job.cancel()                         //전역 스코프 종료
}

main6()
```

CHAPTER **14**

```
전역스코프 코루틴 처리 :  0 ...
전역스코프 코루틴 처리 :  1 ...
전역스코프 코루틴 처리 :  2 ...
```

## ▋ 코루틴 스코프 함수로 정의하기

코루틴 스코프 함수로 코루틴을 빌더할 수 있다.

- □ 이번에는 runBlocking 아래에 글로벌 스코프, 코루틴 스코프를 정의한다.
- □ 코루틴 스코프를 정의할 때 coroutineScope 함수를 사용해서 정의한다.
- □ 코루틴을 실행하면 코루틴 스코프 함수로 처리하는 것과 코루틴 스코프 클래스로 선언하는 것이 동일한 것을 알 수 있다.

```kotlin
// interface CoroutineScope                          //코루틴 스코프 인터페이스
fun main(): Unit = runBlocking {                     //런블로킹

    println("런블럭스코프 : "
            + Thread.currentThread().name)

    GlobalScope                                      //글로벌 스코프
        .launch(Dispatchers.Default) {
        println("전역스코프 : "
                + Thread.currentThread().name)
    }
    delay(1000L)
    CoroutineScope(Dispatchers.Default)              //코루틴 스코프
        .launch {
        println("코루틴스코프 1 : "
                + Thread.currentThread().name)
    }

    coroutineScope {                                 //코루틴 스코프로 지정된 일시 중단 함수
        launch(Dispatchers.Default) {
            println("코루틴스코프 2 : "
                    + Thread.currentThread().name)
        }
    }
}

main()
```

```
런블럭스코프 : Thread-43
전역스코프 : DefaultDispatcher-worker-1
코루틴스코프 1 : DefaultDispatcher-worker-1
코루틴스코프 2 : DefaultDispatcher-worker-1
```

### ◤ 일시중단 함수에 코루틴 스코프 정의

사용자 정의 일시중단 함수에서 코루틴 함수를 사용해서 코루틴을 구성할 수 있다.

- ▫ 메인 함수에는 runBlocking으로 코루틴 스코프를 정의하고 일시중단 함수만 호출했다.
- ▫ 일시중단 함수 내에 코루틴 스코프를 구조화했다. 구조화가 복잡해지면 일시중단 함수에 코루틴을 정의하고 처리할 수도 있다.

```
fun main24() = runBlocking {              //런블록 빌드로 코루틴 생성
    val x = doWorld()                     //일시 중단 함수 실행
}

suspend fun doWorld() = coroutineScope {  //코루틴 스코프로 지정된 일시중단 함수
    launch {                              //빌드 함수 정의
        delay(1000L)                      //1초 지연
        println("코루틴 세상 ! "
                + Thread.currentThread().name)
    }

    launch(Dispatchers.Default) {         //빌드 함수 정의
        delay(500L)                       //0.5초 지연
        println("코틀린 환영 ! "
                + Thread.currentThread().name)
    }

    launch {                              //빌드 함수 정의
        println("안녕하세요!!!"            //지연없음
                + Thread.currentThread().name)
    }
}

main24()
```

```
안녕하세요!!!Thread-62
코틀린 환영 ! DefaultDispatcher-worker-1
코루틴 세상 ! Thread-62
```

## 코루틴 스코프 일시중단 함수

coroutineScope 함수 정의를 확인하면 제네릭 일시중단 함수인 것을 알 수 있다. 인자로 하나의 코루틴 스코프 확장함수를 받아서 처리하는 것을 알 수 있다.

- 먼저 runBlocking으로 코루틴 스코프를 지정하고 그 내부에 launch와 일시중단 함수 coroutineScope로 코루틴을 빌더한다. 이 함수 내부에 launch로 코루틴을 추가했다.
- 코루틴을 실행하면 부모부터 자식 코루틴까지 실행된다.

```
// suspend fun <R> coroutineScope(            //코루틴 일시 중단 함수
// block:suspend coroutineScope.() -> R)      //람다표현식을 받아서 코루틴 빌드
// :R


fun main() = runBlocking {                    //런블로킹으로 빌더
    launch {                                  //코루틴 런치
        delay(200L)
        println("런블러킹 내부 코루틴 처리 : "
                + Thread.currentThread())
    }

    coroutineScope {                          //코루틴 스코프 정의
        launch(Dispatchers.Default){          //코루틴 빌더
            delay(500L)
            println("코루틴 내부 코루틴 1 : "     //내부 코루틴 처리
                    + Thread.currentThread())
        }
        delay(100L)                           //지연 처리
        println("코루틴 스코프 처리  : "          //현재 상태 확인
                + Thread.currentThread())
    }
    println("런블러킹 종료 : "                   //최종 확인
            + Thread.currentThread())
}
main()
```

```
코루틴 스코프 처리   : Thread[Thread-85,5,main]
런블러킹 내부 코루틴 처리 : Thread[Thread-85,5,main]
코루틴 내부 코루틴 1  : Thread[DefaultDispatcher-worker-1,5,main]
런블러킹 종료  : Thread[Thread-85,5,main]
```

## 1.5

# 코루틴 사용자정의 일시중단 함수

이번에는 직접 일시중단 함수(suspend function)를 정의해서 사용해본다. 함수를 작성하는 것과 동일하고 suspend 예약어를 fun 예약어 앞에 붙여 일시중단 함수를 정의한다.

### ◢ 일시중단 함수를 코루틴에서 사용

▫ 두 개의 일시중단 함수를 정의한다. 이 함수는 모든 코드를 처리하고 결과를 반환값으로 반환한다.

▫ 메인 함수에 글로벌 스코프를 지정하고 launch로 코루틴을 빌더한다. 그 내부의 람다표현식에 일시중단 함수를 실행하고 처리 시간을 출력한다.

```kotlin
import kotlinx.coroutines.*
import kotlin.system.measureTimeMillis

suspend fun doSomethingOne(): Int {          //일시중단함수
    delay(100L)                              //일시정지
    println("일시중단함수 실행 1")
    return 13
}

suspend fun doSomethingTwo(): Int {          //일시중단함수
    delay(300L)                              //일시정지
    println("일시중단함수 실행 2")
    return 29
}

fun main() {
    GlobalScope.launch(Dispatchers.Default) {    //전역 스코프에 코루틴 빌더
        val time = measureTimeMillis {           //처리 시간 계산
            val one = doSomethingOne()           //함수 호출
            val two = doSomethingTwo()
            println( "실행결과 1 : $one")          //실행 결과 출력
            println( "실행결과 2 : $two")
        }
        delay(1000)                              //일시 지연
        println("총 실행시간 :  $time ms.")        //함수 실행 결과 출력
    }
```

```
    }

    println("### 작업 종료  ###")
    main()
    Thread.sleep(2000)                                   //전체 처리 결과 대기
```

```
### 작업 종료  ###
일시중단함수 실행 1
일시중단함수 실행 2
실행결과 1 : 13
실행결과 2 : 29
총 실행시간 :  413 ms.
```

◤ 클래스의 메서드로 일시중단 함수 정의

클래스를 작성할 때 일반 메서드와 일시중단 함수를 메서드로 정의할 수 있다. 이제 객체를 생성
해서 메서드를 코루틴에서 호출해 사용해보자.

ㅁ 클래스를 정의한다. 클래스에 일반 메서드 1개와 일시중단 메서드 2개를 작성한다.

ㅁ 메인 함수에 **runBlocking**으로 코루틴 스코프를 구성하고 그 내부에서 클래스의 객체를 만들
  어 일반 메서드와 일시중단 메서드를 같이 실행한다. 실행된 결과를 출력한다.

```
import kotlinx.coroutines.*

class Suspend {                                          //클래스 정의
    fun compute() {                                      //일반 메서드
        println("일반함수 호출 ")
    }
    suspend fun doSomethingOne(): Int {                  //일시 중단 메서드
        delay(100L)                                      //일시 중단 함수 처리
        println("일시중단메소드 호출 1")                     //출력
        return 13                                        //반환값
    }

    suspend fun doSomethingTwo(): Int {                  //일시 중단 메서드
        delay(300L)                                      //일시 중단 함수 처리
        println("일시중단메소드 호출 2")                     //출력
        return 29                                        //반환값
    }
}
```

```
fun main() {
    val time = runBlocking {                              //코루틴 구성
        val sus = Suspend()                               //객체 생성
        sus.compute()                                     //일반 메서드 실행
        val one = sus.doSomethingOne()                    //일시 중단 메서드 실행
        val two = sus.doSomethingTwo()
        delay(200)                                        //일시 중단 처리
        println("메소드 처리 결과 : ${one + two}") //일시 중단 메서드 결과 출력
    }
}
main()
```

```
일반함수 호출
일시중단메소드 호출 1
일시중단메소드 호출 2
메소드 처리 결과 : 42
```

## ◾ 일시 중단함수에 코루틴 스코프 정의

이번에는 메인 함수에는 코루틴 스코프를 정의하고 나머지는 일시중단 함수에 코루틴을 빌더한다.

- □ 일시중단 함수에 코루틴 스코프와 코루틴 빌더를 모두 처리한다.
- □ 이 일시중단 함수를 메인 함수의 코루틴 스코프에서 호출해 실행한다.
- □ 그러면 코루틴이 실행되어 결과를 반환한다.

```
import kotlinx.coroutines.*

fun main() = runBlocking {                                //런블록으로 코루틴 지정
    doWorld()                                             // 일시 중단 함수 호출
}


suspend fun doWorld() =                                   //일시 중단 함수
    coroutineScope {                                      //코루틴 스코프 지정
        launch(Dispatchers.Default) {                     //코루틴 빌더에 코루틴 컨텍스트 지정
            delay(1000L)                                  //일시 정지
            println("좋은 세상! : "
                + Thread.currentThread().name)  //현재 코루틴 처리
        }

        println("코틀린은 : "
            + Thread.currentThread().name)  //현재 스레드 처리
```

```
    }

main()
```

```
코틀린은 : Thread-20
좋은 세상! : DefaultDispatcher-worker-1
```

### 위드컨텍스트에서 일시중단 함수 실행

일시중단 함수는 코루틴 스코프가 구성된 곳에서 호출할 수 있다.

- □ 메인 함수에 runBlocking으로 코루틴 스코프를 구성한다. withContext로 코루틴을 빌더하고 내부에 일시중단 함수를 실행한다.
- □ 일시중단 함수는 coroutineScope 함수로 코루틴을 빌더한다.
- □ 코루틴을 실행하면 일시중단 함수의 코루틴이 실행된다.

```
import kotlinx.coroutines.*

fun main34() = runBlocking {                    //코루틴을 현재 스레드로 처리
    withContext(Dispatchers.Default) {          //코루틴 컨텍스트 변경
        doWorld()                               // 일시 중단 함수 호출
    }
    println("Done")                             //종료

    delay(3000)                                 //모든 코루틴 종료 대기
}

suspend fun doWorld() = coroutineScope {        //코루틴 스코프 지정
    launch {                                    //코루틴 빌더
        delay(2000L)
        println("World 2 : "
                + Thread.currentThread().name)
    }
    launch {                                    //코루틴 빌더
        delay(1000L)
        println("World 1 : "
                + Thread.currentThread().name)
    }
    println("Hello : "
            + Thread.currentThread().name)
}
```

```
main34()
```

```
Hello : DefaultDispatcher-worker-1
World 1 : DefaultDispatcher-worker-1
World 2 : DefaultDispatcher-worker-1
Done
```

## 코루틴 예외처리

프로그램을 실행할 때 정상적인 처리가 아니면 예외가 발생한다. 코루틴도 마찬가지로 예외처리가 필요하다. 예외가 발생하면 전파되어 모든 것을 종료한다. 예외가 발생할 때도 모든 것을 종료하지 않고 필요한 로직이 처리될 수 있는지 알아본다.

### ▌ 예외 전파 차단

여러 코루틴을 정의할 때 코루틴 자식 영역에서 예외 전파를 차단할 때 사용한다.

- 슈퍼바이저 스코프(supervisorScope): 코루틴 스코프를 지정해서 모든 자식에게 슈퍼바이저 잡을 적용할 때 사용한다.
- 슈퍼바이저 잡(SupervisorJob): 특정 코루틴에 예외를 처리할 때 자식 코루틴에 한정해서 처리하는 방식을 슈퍼바이저 잡이라고 한다. 코루틴을 빌더할 때 컨텍스트 내부에 정의한다.

두 경우 모두 슈퍼바이저가 적용된 자식이 취소되지만 부모는 취소되지 않는다. 동시에 여러 코루틴 작업을 처리할 때 예외가 발생하더라도 반드시 처리가 필요한 부분은 잘 구성할 필요가 있다.

### ▌ 코루틴 중단 처리 예외 보기

코루틴의 cancel로 중단을 처리하면 내부적으로 예외가 발생한다.

- 메인 함수에 runBlocking으로 코루틴 스코프를 지정하고 그 내부에 launch 빌더로 1000개의 코루틴을 만들었다.
- 코루틴을 중단하려면 반환값인 Job을 받아야 하므로 변수 job을 받았다. 이 job의 cancel 메서드를 부모 코루틴에서 실행시키고 join으로 코루틴이 중단되는 것을 기다린다.

CHAPTER 14

□ 이때 예외를 catch 구문에서 잡고 발생한 예외를 확인한다.

```kotlin
fun main33() = runBlocking {              //런블로킹 스코프 구성
    val job = launch {                    //자식 코루틴
        try {
                repeat(1000) { i ->       //1000개 작업
                println("코루틴 job 실행 : $i ...")
                delay(500L)               //일시 중단
                }
        } catch(e : Exception) {          //작업 종료로 예외 발생
                println("중단에 따른 예외 :" + e.message)  //예외 처리
        }
    }
    delay(1300L)                          //런블로킹 스코프에서 지연
    println("메인 처리후 자식 종료")
    job.cancel()                          //현재 코루틴 작업 종료
    job.join()                            //코루틴 작업 종료
    println("메인 종료 .")
}

main33()
```

```
코루틴 job 실행 : 0 ...
코루틴 job 실행 : 1 ...
코루틴 job 실행 : 2 ...
메인 처리후 자식 종료
중단에 따른 예외 :StandaloneCoroutine was cancelled
메인 종료 .
```

## ◀ 예외처리 핸들러 사용

자식 코루틴에 예외 핸들러(Exception Handler)를 launch 빌더 함수의 인자로 전달해서 코루틴 컨텍스트에 추가한다. 이러면 예외가 발생할 때 부모로 전파되지 않고 예외핸들러에서 처리된다.

□ 먼저 예외를 처리하기 위해 CoroutineExceptionHandler를 만든다. 이때 람다표현식으로 예외를 받을 수 있도록 처리한다.

□ 코루틴 스코프를 runBlocking으로 만들어 내부에 launch로 코루틴을 빌더한다. 이때 인자로 예외 핸들러를 전달한다.

□ 내부 코루틴에서 throw로 예외를 발생시키면 이 예외 핸들러가 실행되어 예외를 처리한다.

□ 코루틴은 예외가 발생하면 부모로 전파되지 않고 자식 코루틴에 등록된 예외 핸들러가 실행되고 종료한다.

```
fun main03() {
    val handler = CoroutineExceptionHandler {          //예외 핸들러 작성
            _, exception -> println("예외처리 : $exception")}
    try {
        runBlocking {                                   //런블로킹 스코프 구성
            val job = launch(handler) {                 //자식 코루틴
                println("코루틴 실행 ")
                delay(500L)                             //일시 중단
                throw Exception("첫번째 코루틴 내에서 예외 발생 ")
            }
            delay(1300L)                                //런블로킹 스코프에서 지연
            println("메인 처리후 자식 종료")
            println("메인 종료 .")
        }
    } catch (e : Exception) {
        println(e.message)
    }
}

main03()
```

코루틴 실행
첫번째 코루틴 내에서 예외 발생


### 예외처리 핸들러를 부모 코루틴에 등록해서 사용

글로벌 스코프나 코루틴 스코프를 만든 후에 **launch**로 빌더할 때 예외 핸들러를 등록한다. 자식 코루틴에서는 예외 핸들러를 등록하지 않는다. 그러면 부모 코루틴에서 전파된 예외를 처리한다.

□ 예외 핸들러를 부모 코루틴에 등록하고 두 개의 자식 코루틴을 빌더했다.

□ 이제 자식 코루틴에서 예외를 발생시킨다.

□ 그러면 예외 핸들러가 실행되는 것을 볼 수 있다. 예외처리가 부모 코루틴에 있어서 다른 자식을 실행하지 않고 부모 코루틴을 종료하면서 모든 자식 코루틴이 종료되는 것을 확인할 수 있다.

```
fun main13() {
    val handler = CoroutineExceptionHandler {          //예외 처리 핸들러 작성
            _, exception -> println("예외처리 : $exception")}
                                                        //코루틴에 예외 처리 가능
    GlobalScope.launch(handler) {                       //자식 코루틴에 핸들러 처리
            launch {
```

```
                println("코루틴 실행 1 ")
                delay(500L)                                    //일시 중단
                throw Exception("첫번째 코루틴 내에서 예외 발생 ")//예외
                }                                                    // 발생

            launch {
                println("코루틴 실행 2")
                delay(500L)                                    //일시 중단
                }
            }

    Thread.sleep(1300L)                          //런블로킹 스코프에서 지연
    println("메인 처리후 자식 종료")
    println("메인 종료 .")
}

main13()
```

코루틴 실행 1
코루틴 실행 2
예외처리 : java.lang.Exception: 첫번째 코루틴 내에서 예외 발생
메인 처리후 자식 종료
메인 종료 .

## ◣ 코루틴 예외처리: async 코루틴 빌더

어싱크(async) 코루틴 빌더는 예외가 발생하면 내부적으로 예외를 잡아서 반환값으로 전달한다. 그래서 이 반환값을 처리하는 await 메서드를 사용하면 예외가 전파된다. 이런 예외 전파를 방지하려면 슈퍼바이저 스코프로 지정한다.

- □ 먼저 슈퍼바이저 스코프를 정의했다. 이 스코프의 모든 자식 코루틴은 예외가 발생하면 예외를 처리할 수 있다.
- □ 자식 코루틴을 async로 빌더한다. 이 코루틴에서 예외를 발생시킨다. 그러면 예외를 await를 통해 부모에게 다시 전달한다. 부모가 슈퍼바이저 스코프라서 더 상위에 예외를 전달하지 않고 내부적으로 처리를 끝낸다.
- □ 이처럼 예외가 발생하면 어느 계층까지 예외를 전파해 처리하고 나머지 코루틴을 처리할지 생각해서 슈퍼바이저 스코프를 지정해서 사용해야 한다.

```
fun main23() = runBlocking {

    try {
        supervisorScope {                          //슈퍼바이저 스코프로 예외처리
            val job = async {                      //어싱크에서 예외가 발생하면 부모에게 전달
                println("코루틴 실행 ")
                delay(500L)                        //일시 중단
                throw Exception("첫번째 코루틴 내에서 예외 발생 ")
            }

            println("메인 처리후 자식 종료")
            try {                                  //부모에게 예외 던져서 실제 처리가 안 됨
                job.await()
            } catch (e:Exception) {                //슈퍼바이저 스코프로 처리해야 예외 전파가 중단됨
                println("예외를 다시 전달") //예외를 다시 전달해서 출력됨
                println(e.message)
            }
            println("메인 종료 .")
        }
    } catch (e : Exception) {                      //슈퍼바이저 스코프 내에서 예외 처리해서
        println("부모영역까지 예외전달 ")  //예외 처리 하지 않음
        println(e.message)
    }
}

main23()
```

메인 처리후 자식 종료
코루틴 실행
예외를 다시 전달
첫번째 코루틴 내에서 예외 발생
메인 종료 .

## ◤ 슈퍼바이저 스코프 내의 여러 코루틴 처리

슈퍼바이저 스코프에서 발생한 예외가 내부에는 전파되지만 외부에는 전파되지 않는다.

▫ 슈퍼바이저 스코프에 2개의 자식 코루틴을 빌더했고 다른 형제 코루틴을 전역 스코프로 정의
했다.

▫ 슈퍼바이저 스코프에서 예외를 발생시킨다. 내부의 자식은 예외를 처리하지만, 형제 스코프
인 전역 스코프에는 예외가 전파되지 않는다. 그래서 전역 스코프는 모두 처리하고 더 이상

처리할 코루틴이 없어서 종료한다.

▫ 이처럼 특정 영역을 처리하는 코루틴을 묶어 슈퍼바이저 스코프에서 코루틴을 처리하면 예외 전파를 방지할 수 있다.

```
// suspend fun <R> supervisorScope(                              //슈퍼바이저 스코프도 일시 중단 함수
// block : suspend CoroutineScope.() -> R) : R                   //매개변수로 람다표현식 받음

fun main31() = runBlocking {                                     //최상위 부모 코루틴
    try {
        supervisorScope {                                        //슈퍼바이저 스코프로 처리
            val firstchild = launch {                            //첫 번째 자식 코루틴
                try {
                    println("잠시 중단")                          //실행
                    delay(500)
                    println("다시 시작")                          //예외 발생으로 미실행
                }
                finally {
                    println("자식 코루틴 중단처리 ")//예외를 전달받아서 처리됨
                } }
            val secondchild = launch {                           //두 번째 자식 코루틴
                println("잠시 중단 2")                            //실행
                delay(1000)
                println("다시 시작 2")   }                        //예외 발생으로 미실행
            yield()
            println("예외 발생 시킴 ")
            throw AssertionError("자식들에게 전파")//예외 발생
        }
    }
    catch(e: AssertionError) {
        println("예외 갭처  , ${e.message}")
    }
    val job = GlobalScope.launch {                               //슈퍼바이저 스코프와 형제 코루틴
        println("잠시 중단 3")                                   // 예외와 상관 없이 처리
        delay(1000)
        println("다시 시작 3 ")
    }
    delay(2000)
}
main31()
```

잠시 중단
잠시 중단 2
예외 발생 시킴

```
자식 코루틴 중단처리
예외 갭처  , 자식들에게 전파
잠시 중단 3
다시 시작 3
```

## ◤ 슈퍼바이저 잡과 예외 핸들러 사용

예외를 제어하기 위해 각각의 코루틴에 개별적인 슈퍼바이저 잡과 예외핸들러를 만들어 같이 컨텍스트에 전달할 수 있다.

- □ 변수에 슈퍼바이저 잡과 예외 핸들러를 생성해서 할당한다.
- □ 스코프 함수 with에 코루틴 스코프를 지정한다. 이때 코루틴 컨텍스트와 슈퍼바이저 잡을 코루틴 컨텍스트로 만들어 인자로 전달한다.
- □ 코루틴을 빌더할 때 첫 번째 launch 함수에 예외 핸들러를 인자로 전달한다. 두 번째 코루틴은 내부에 try catch로 예외를 처리한다.
- □ 코루틴을 실행하면 첫 번째 코루틴에서 throw로 예외를 발생시킨다. 그러면 첫 번째 코루틴은 중단된다, 하지만 두 번째 코루틴은 예외 없이 처리된다. 슈퍼바이저 잡에서 예외 전파를 방지하기 때문이다.
- □ 더 상위의 부모에게까지 예외가 전파되지 않는다는 것을 알 수 있다.
- □ 슈퍼바이저 잡의 중단을 cancel로 처리하고 두 번째 코루틴을 join을 실행해서 중단될 때까지 대기한다.

```kotlin
// fun SupervisorJob(parent : Job? = null)          // 슈퍼바이저잡 함수
// : CompletableJob                                  // 잡을 반환
// interface CompletableJob : Job                    // 컴플리터블잡 인터페이스
// interface Job : CoroutineContext.Element          // 잡도 코루틴 컨텍스트의 엘리먼트
fun main32() = runBlocking {
    val supervisor = SupervisorJob()                 // 슈퍼바이저잡 지정
    val handler = CoroutineExceptionHandler {        // 예외 처리 핸들러 작성
        _, exception -> println("예외처리 : $exception")}
    try {
        with(CoroutineScope(coroutineContext
                        + supervisor)) {
            val firstChild = launch(handler) {       // 코루틴에 예외 처리 전달
                println("첫번째 코루틴 실행 ")
                throw AssertionError("첫번째 코루틴 내에서 예외 발생" )
            }
```

```
        val secondChild = launch {
            firstChild.join()                          //첫 번째 코루틴 조인
            println("첫번째 코루틴 상태: ${firstChild.isCancelled}" )
            try {
                delay(Long.MAX_VALUE)
            }
            finally {                                  //중단해서 반드시 처리
                println("두번째 코루틴 처리 ")
            }
        }
        firstChild.join()                              //첫 번째 코루틴 중단
        println("수퍼바이저로 중단 처리 ")
        supervisor.cancel()                            //슈퍼바이저 중단
        secondChild.join()                             //두 번째 코루틴 중단
    }
} catch (e: CancellationException) {
        println("전체 코루틴 완료 !")
    }
}
main32()
```

첫번째 코루틴 실행
예외처리 : java.lang.AssertionError: 첫번째 코루틴 내에서 예외 발생
첫번째 코루틴 상태: true
수퍼바이저로 중단 처리
두번째 코루틴 처리

# 02 코루틴 정보 전달 알아보기

여러 코루틴을 처리할 때 다른 코루틴의 정보를 활용해 처리할 필요가 있다. 이럴 경우 현재 코루틴에서 다른 코루틴으로 채널(channel)을 사용해서 정보를 전달할 수 있다. 코루틴에 전달하는 정보도 연속적인 데이터일 경우가 있으므로 이런 경우는 스트림 처리처럼 연속된 정보 플로우(flow)로 처리한다. 또한, 특정 정보는 갱신과 조회가 빈번하게 일어날 수 있으므로 값을 보호하며 처리하는 액터(actor)도 제공한다.

## 코루틴 채널 처리

동시에 여러 개의 코루틴을 실행하다 보면 코루틴 간의 데이터 교환이 필요할 때가 있다. 이럴 때는 코루틴 간의 정보를 공유할 수 있는 채널(channel)을 지정해 데이터 보내고 이 데이터를 받아 사용할 수 있다.

### ▐ 채널 패키지 사용

채널을 사용하려면 코루틴 내부의 채널 패키지를 사용한다. 채널이 사용되지 않으면 아래처럼 코루틴 내부의 채널 패키지를 지정해서 **import** 처리한다.

```
import kotlinx.coroutines.*
import kotlinx.coroutines.channels.*
```

### ▐ 채널의 종류

채널을 정의할 때 **capacity** 속성을 지정하면 다양한 채널을 구성할 수 있다.

- 랑데부(Channel.RANDEVOUS: Unbuffered): 특정한 버퍼를 사용하지 않고 메시지를 송수신하는 경우이다. 송신이 발생하지 않으면 수신 측은 버퍼가 없어서 항상 대기한다.
- 메시지 융합(Channel.CONFATED): 송신된 메시지가 아직 수신으로 사용되지 않으면 중첩되어 갱신 처리

한다. 송신보다 수신이 느린 경우는 기존 메시지가 갱신되어서 사용하지 못한다.

- 버퍼 지정(숫자로 입력): 송신과 수신 채널에 버퍼 사이즈를 지정한다. 버퍼 사이즈에 맞춰서 송수신이 발생하므로 랑데부보다 지연이 덜 생긴다.
- 버퍼 지정(Channel.UNLIMITED): 송수신의 버퍼가 무한정으로 지정되어 많은 양의 송신 메시지를 받을 수 있다. 하지만 메모리 크기를 넘어서면 메모리 오류가 발생할 수 있다.

## 채널 사용

채널을 만들 때는 Channel 함수로 채널 객체를 만든 후에 사용한다. 채널에서 제공하는 송수신 메서드를 사용해서 메시지를 전달한다.

- □ 코루틴에 사용할 채널을 생성하고 변수에 할당한다. 코루틴 내부에서 이 채널을 사용해서 데이터를 송수신한다. 채널을 만들 때 용량을 지정하지 않으면 버퍼가 없는 채널이 만들어진다. 이런 채널을 랑데부 채널이라고 한다. 특별하게 버퍼가 없으므로 전송하면 바로 수신이 가능하고 전송한 데이터가 없으면 수신을 기다려야 한다.
- □ 하나의 코루틴에서 채널에 데이터를 send로 보낸다.
- □ 다른 두 코루틴에서 이 채널에서 데이터를 receive로 받는다.

```
//interface Channel<E> : SendChannel<E>, ReceiveChannel<E>        //채널은 송신과 수신 채널을 묶는 개념
//fun <E> Channel (                                               //채널 함수
//     capacity : Int = RENDEZVOUS,                               //버퍼 용량
//     onBufferOverflow : BufferOverflow = BufferOverflow.SUSPEND,
//     onUndeliveredElement : (E) -> Unit? = null
// ): Channel<E>

fun main() = runBlocking {
        val chan = Channel<Int>()
        launch {
            for (x in 1..5) chan.send(x *x)                    //값을 보냄
        }
        launch {
            repeat(3) {
                delay(10)
                println("코루틴1 : " + chan.receive())//값을 받음
            }
        }
        launch {
            repeat(2) {
                delay(20)
```

```
                println("코루틴2 : " +chan.receive()) //값을 보냄
            }
        }
        delay(200)
        chan.close()                                    //더 보낼 값이 없음, close
        println("Done!")
}
main()
```

```
코루틴1 : 1
코루틴2 : 4
코루틴1 : 9
코루틴1 : 16
코루틴2 : 25
Done!
```

## ◥ 채널의 타입 인자를 문자열로 지정

채널의 타입 인자를 문자열로 지정하면 문자열로 메시지를 송수신 처리한다.

- □ 함수에 runBlocking으로 코루틴 스코프를 구성한다.
- □ 채널을 생성한다. 버퍼가 없으므로 랑데부 채널로 만들었다.
- □ 자식 코루틴에서 채널에 문자열을 보낸다.
- □ 다른 자식 코루틴은 async로 빌더한다. 그러면 반환값으로 채널의 결과를 확인할 수 있다.
- □ 결과를 await로 받고 출력하거나 동일한 문자열 여부를 비교한다.

```
fun from_ont_to_another() {
    runBlocking {

        val channel = Channel<String>()                    //문자열 채널 생성

        launch {                                            //전송 코루틴
            channel.send("코틀린 세상에 들어온 것을 환영!")
            channel.close()
        }
        val result = async {                                //수신 코루틴
            channel.receive()
        }

        println(result.await())                             //코루틴 반환값 출력
        println(result.await() == "코틀린 세상에 들어온 것을 환영!")
    }                                                       //전달된 값 비교
```

```
}

from_ont_to_another()
```

코틀린 세상에 들어온 것을 환영!
true

### ◀ 랑데부 채널 자세히 알아보기

채널을 버퍼가 없이 만들면 랑데부 채널이 만들어진다. 버퍼가 없으므로 송신되어야 수신 코루틴
이 실행된다.

- ▢ 하나의 송신 코루틴에서 2번의 순환으로 4개 문자열을 송신한다.
- ▢ 4개의 수신 코루틴에서 채널의 데이터를 하나씩 꺼낸다.

```
fun Rendezvous_Channel() {
    runBlocking {
        val basket = Channel<String>()
        launch {                                        // 코루틴에서 순환문으로 전송
            val fruits = listOf("사과", "오렌지")
            for (fruit in fruits) {
                println("송신 1 코루틴 : $fruit")
                delay(100)
                basket.send(fruit)
            }
            for (fruit in fruits) {                     // 코루틴에서 순환문으로 전송
                println("송신 2 코루틴 : $fruit")
                delay(100)
                basket.send(fruit)
            }
            basket.close()                              // 채널 닫음
        }
        launch(Dispatchers.IO) {                        // 4개의 코루틴을 만듦
            repeat(4) {                                 // 각각 출력
                delay(100)
                println(Thread.currentThread().name)
                println("수신 코루틴 : ${basket.receive()}")
            }
        }
    }
}

Rendezvous_Channel()
```

```
송신 1 코루틴 : 사과
DefaultDispatcher-worker-1
수신 코루틴 : 사과
송신 1 코루틴 : 오렌지
DefaultDispatcher-worker-1
수신 코루틴 : 오렌지
송신 2 코루틴 : 사과
DefaultDispatcher-worker-1
송신 2 코루틴 : 오렌지
수신 코루틴 : 사과
DefaultDispatcher-worker-1
수신 코루틴 : 오렌지
```

## ◢ 버퍼 채널

채널을 만들 때 송신과 수신의 지연을 방지하기 위해 버퍼를 처리한다. 이러면 버퍼 사이즈 만큼 송신이 들어가므로 수신에서 지연 없이 처리할 수 있다.

- □ 버퍼 2개를 지정해서 처리한다.
- □ 이번에는 2개의 코루틴에서 데이터를 송신한다.
- □ 6개의 수신 코루틴에서 버퍼에 있는 것을 하나씩 수신한다.

```kotlin
fun buffer_Channel() {
    runBlocking {
        val basket = Channel<String>(2)                    //채널
        val fruits = listOf("바나나", "딸기", "앵두")
        launch {                                            //송신 코루틴1
            for (fruit in fruits) {
                println(" 송신 1: $fruit")
                basket.send(fruit)
            }
        }
        launch {                                            //송신 코루틴2
            for (fruit in fruits) {
                println(" 송신 2: $fruit")
                basket.send(fruit)
            }
        }
        launch {                                            //수신 코루틴
            repeat(6) {
                delay(100)
```

CHAPTER 14

```
                    println(" 수신 : ${basket.receive()}")
                }
            }
            delay(3000)
            basket.close()                                    //채널 닫기
        }
    }
}
buffer_Channel()
```

```
송신 1: 바나나
송신 1: 딸기
송신 1: 앵두
송신 2: 바나나
수신 : 바나나
수신 : 딸기
송신 2: 딸기
수신 : 앵두
송신 2: 앵두
수신 : 바나나
수신 : 딸기
수신 : 앵두
```

## ◤ 무한 버퍼 채널

채널의 버퍼가 현재 실행되는 환경의 메모리를 충분히 사용한다.

- □ 채널을 만들 때 버퍼 크기를 무제한(UNLIMITED)으로 지정한다.
- □ 3개의 코루틴을 자식을 가진 코루틴에서 채널에 전송한다. 이것을 6개의 코루틴 자식을 가진 코루틴에서 하나씩 수신한다.

```
fun unlimited_Channel() {
    runBlocking {
        val channel = Channel<Int>(Channel.UNLIMITED)   //버퍼 제한을 안 줌
        launch {                                        //송신 코루틴
            repeat(3) {
                delay(30)
                println(" 송신 1 : $it")                 //인덱스 값 전송
                channel.send(it)
            }
        }
        launch {                                        //송신 코루틴
```

```
            repeat(3) {
                delay(50)
                println(" 송신 2 : $it")
                channel.send(it)
            }
        }
        launch {                                          //수신 코루틴
            repeat(6) {
                delay(100)
                println(" 수신 : ${channel.receive()}")
            }
        }
        delay(2000)
        channel.close()                                   //채널 닫기
    }
}

unlimited_Channel()
```

```
송신 1 : 0
송신 2 : 0
송신 1 : 1
송신 1 : 2
수신 : 0
송신 2 : 1
송신 2 : 2
수신 : 0
수신 : 1
수신 : 2
수신 : 1
수신 : 2
```

## ◤ 중첩 버퍼 채널

채널로 송수신할 때 최신 메시지가 중요하고 기존 메시지를 갱신해도 큰 문제가 없을 경우에 메시지 전달 방식으로 사용한다.

- □ 채널을 CONFLATED로 지정해서 생성한다.
- □ 코루틴에서 짧은 시간에 전송하지만, 수신 코루틴이 많은 지연 후에 메시지를 수신하면 기존 메시지가 갱신된다. 그래서 일부 메시지가 사라진다.
- □ 수신에서는 현재 상태를 받아서 처리한다.

```
fun conflated_channel() {
    runBlocking {
        val basket = Channel<String>(Channel.CONFLATED)  //사용하지 않은
        val animal = listOf("강아지", "고양이", "거북이") //버퍼는 중첩시킴
        launch {                                          //코루틴에서 채널로
            for (pet in animal) {                         //송신
                delay(10)
                println(" 송신 1 : $pet")
                basket.send(pet)
            }
        }

        launch {                                          //수신
            delay(300)
            println(" 수신 :  ${basket.receive()}")
        }
    }
}

conflated_channel()
```

```
송신 1 : 강아지
송신 1 : 고양이
송신 1 : 거북이
수신 :  거북이
```

## ◤ 프로듀스와 컨슈머 처리

앞에서는 채널과 코루틴을 별도로 만들어서 정보를 주고받았다. 이번에는 정보 송수신을 프로듀스와 컨슈머 기능을 하나로 처리하는 방식을 알아본다.

- 생산자(produce): 코루틴을 만들 때 별도의 확장함수를 지정해 생산자 코루틴을 만들어서 사용한다.
- 소비자(comsumeEach): 생산자의 메서드를 사용해서 전달된 메시지를 처리한다.

□ 생산자를 코루틴 스코프의 확장함수로 지정한다.
□ 생산자 코루틴을 만드는 produce 함수를 사용한다. 내부 로직은 차례로 메시지를 전달하게 작성했다.
□ 수신한 코루틴에서는 이 생산자의 consumeEach 메서드로 메시지를 하나씩 수신해 처리한다.

```
// interface ProducerScope<in E>                          //생성자스코프
// : CoroutineScope, SendChannel<E>                       //코루틴스코프와 센드채널 상속

// fun <E> CoroutineScope.produce(                         //생산자 빌더
//     context : CoroutineContext = EmptyCoroutineContext, //컨텍스트
//     capacity : Int = 0,                                 //용량
//     block : suspend ProducerScope<E>.() -> Unit          //생산자 스코프의 람다표현식
// ) :  ReceiveChannel<E>                                  //수신 채널

fun CoroutineScope.produceSquares() = produce {  //코루틴 스코프 내의 확장함수 생성
    for (x in 1..5) {
        send(x * x)                              //값을 하나씩 produce
    }
}

fun main() = runBlocking {
    val squares = produceSquares()              //생산자 함수 실행
    println(squares.javaClass)                  //수신자 반환
    squares.consumeEach { println(it) }         //값을 하나씩 consume
    println("Done!")
}

main()
```

```
class kotlinx.coroutines.channels.ProducerCoroutine
1
4
9
16
25
Done!
```

## ◣ 파이프라인 처리 1

프로듀스 함수를 여러 개 정의하고 이를 연결해서 메시지를 연속적으로 전달해 처리하는 파이프
라인을 만들 수 있다.

- □ 생산자인 produce 함수로 2개의 확장함수를 만든다. 하나는 무한의 값을 송신하도록 만들고
  다른 하나는 수신 객체에 변환된 값을 전달하도록 만든다.
- □ 두 번째 생산자의 인자로 첫 번째 생산자를 전달하면 무한 수신할 수 있지만 8번만 수신을 받
  아서 종료한다.

□ 이제 모든 파이프라인을 중단하기 위해 coroutineContext의 cancelChildren 메서드를 사용한다.

```
fun CoroutineScope.numbers() = produce<Int> { //숫자 생성자
    var x = 1
    while (true) send(x++)                    //1부터 시작하여 모든 자연수를 produce
}

fun CoroutineScope.square(numbers: ReceiveChannel<Int>): ReceiveChannel<Int> = produce {
    for (x in numbers) send(x * x)            //주어진 수의 제곱을 produce
}

fun main() = runBlocking {
    val num = numbers()                       //숫자 생성자 코루틴
    val squares = square(num)                 //채널을 전달받은 코루틴
    repeat(8) {
        println(squares.receive())            //처음 8개만 출력
    }
    println("Done!")
    coroutineContext.cancelChildren()         //파이프라인 중단
}

main()
```

```
1
4
9
16
25
36
49
64
Done!
```

### 파이프라인 처리 2

이번에는 생산자로 코루틴 스코프의 확장함수와 코루틴으로 처리하는 확장함수를 만들어서 파이프라인을 구성한다.

□ 반복해서 송신하는 생산자 코루틴을 확장함수로 만든다.

□ 이를 받아서 처리하는 확장함수를 코루틴으로 만든다.

□ 실제 코루틴에서 이 수신 처리하는 함수를 사용해서 메시지를 수신한다.

```
fun CoroutineScope produceOrders(): ReceiveChannel<String> = produce {
    var x = 1                                        // 생산자를 확장함수로 정의
    while (true) {
        send("주문번호 . ${x++}")                      // 채널 전송
        delay(100)
    }
}
fun CoroutineScope.orderProcessor(id: Int, orders: ReceiveChannel<String>) = launch {
    for (order in orders) {                          // 수신 채널 확장함수 정의
        println("처리번호 : #$id $order")              // 수신 결과를 처리
    }
}

fun main() = runBlocking {
    val orders = produceOrders()                     // 무한 전송 처리
    repeat(3) {
        orderProcessor(it + 1, orders)               // 일부만 받아서 처리
    }
    delay(1000)
    orders.cancel()
}
main()
```

```
처리번호 : #1 주문번호 . 1
처리번호 : #1 주문번호 . 2
처리번호 : #2 주문번호 . 3
처리번호 : #3 주문번호 . 4
처리번호 : #1 주문번호 . 5
처리번호 : #2 주문번호 . 6
처리번호 : #3 주문번호 . 7
처리번호 : #1 주문번호 . 8
처리번호 : #2 주문번호 . 9
처리번호 : #3 주문번호 . 10
```

## ▰ 일시중단 함수를 사용해서 채널 송수신

이번에는 일시중단 함수를 사용해서 채널 송신 처리를 구성한다.

□ 단어와 비디오를 처리하는 2개의 일시중단 함수를 정의한다.

□ 이 일시중단 함수의 인자는 채널을 받고 둘 다 채널에 송신한다.

□ 수신은 전달된 채널에서 직접 메시지를 가져와 처리한다.

```kotlin
suspend fun fetchWords(channel: SendChannel<String>) {   //채널을 인자로받음
    val lists = listOf("코틀린 ", "코루틴 ","동시성")
    for (tweet in lists) {
        delay(100)
        channel.send(tweet)                              //채널에 전송
    }
}

suspend fun fetchVideos(channel: SendChannel<String>) {  //채널을 인자로받음
    val videos = listOf("닥터 후", "스타워즈")
    for (video in videos) {
        delay(100)
        channel.send(video)                              //채널에 전송
    }
}

fun main() = runBlocking {
    val aggregate = Channel<String>()
    launch { fetchVideos(aggregate) }                    //전송 채널
    launch { fetchWords(aggregate) }
    launch {                                             //수신 채널
        repeat(5) {
            println(aggregate.receive())
        }
    }
    delay(3000)                                          //일시 중단
    coroutineContext.cancelChildren()                    //자식 코루틴중단
}

main()
```

닥터 후
코틀린
스타워즈
코루틴
동시성

## 코루틴 플로우(Flows) 처리

코루틴은 보통 하나의 정보만 처리하지만, 여러 개의 정보를 연속해서 처리할 필요가 있다. 이런 비동기 처리하는 것을 플로우(flows)라고 한다. 플로우도 일반 함수에서는 호출할 수 없으며 항상 코루틴 내부에서만 작동한다.

### ◤ 플로우 생성과 처리 비교

플로우를 처리할 때 중요한 것은 플로우를 생성하고 생성된 것을 요청해서 처리하는 것이다.

- 플로우 원소 생성: emit, emitAll
- 플로우 데이터 요청: collect, collectIndexed, collectLatest

### ◤ 리스트와 플로우 처리 비교

일반 함수에서 리스트를 처리하듯 코루틴 내부에서도 리스트처럼 여러 개를 처리할 수 있는 구조가 필요하다.

- 일반 함수의 반환값이 리스트이다. 이 일반 함수를 실행하면 리스트가 반환된다.
- 코루틴을 처리할 때 이런 연속된 컬렉션을 전달할 수 있다. 플로우로 코루틴을 만들어서 처리하는 것이다. 이때 일시중단 함수에 정의하는 것이 아니라 일반 함수에 플로우 코루틴을 정의한다. 왜냐하면, 일시중단 함수는 단일 값만 반환할 수 있기 때문이다.
- 이제 플로우를 반환하는 일반 함수를 정의했다. 이 함수에서 값 반환은 emit으로 처리한다.
- 또한, 일반 함수에 정의했지만 플로우도 코루틴이다. 실제 처리는 코루틴 스코프 내에서만 가능하다.
- 다른 함수에 코루틴 스코프를 정의하고 코루틴을 빌더하면서 이 flow 함수를 실행하고 collect에 람다표현식을 전달해서 플로우의 데이터를 가져와서 처리한다.
- 이 모든 것이 코루틴 스케줄에 따라 비동기적으로 처리되는 것을 알 수 있다.

```
fun fooList(): List<Int> = listOf(1, 2, 3)        //리스트 생성 함수 작성
fun main1() {
    fooList().forEach { value ->
                    println("리스트 $value ") }  //리스트 처리
}
```

```
main1()

fun fooFlow(): Flow<Int> = flow {          // 일반 함수에 flow builder
    for (i in 1..3) {                       // 순환
        delay(100)                          // 일시 중단 함수
        emit(i)                             // 다음 값 보내기
    }
}
fun main() = runBlocking<Unit> {           // 런블로킹 빌더 처리
                                            // 동시에 코루틴을 사용하여 메인 스레드가 차단되는지 확인

    launch {                                // 코루틴 처리
        for (k in 1..3) {
            println("블럭여부 확인 $k")
            delay(100)                      // 지연 함수
        }
    }
                                            // flow collect
    fooFlow().collect { value ->            // 플로우 중단함수
                    println("플로우: $value ") }
    println("리스트로 변환 : " + fooFlow().toList())  //리스트로 변환 처리
}
main()
```

```
리스트 1
리스트 2
리스트 3
블럭여부 확인 1
플로우: 1
블럭여부 확인 2
플로우: 2
블럭여부 확인 3
플로우: 3
리스트로 변환 : [1, 2, 3]
```

## ◤ 플로우를 코루틴 내부에 넣고 실행

일반함수에 플로우로 코루틴 처리를 정의한다. 플로우 실행은 코루틴 내부에서 처리하고 변수에
할당한다.

- □ 플로우를 launch 빌더 내에 작성해서 실행하는 것을 확인한다.
- □ 코루틴 스코프에서 처리하는 것과 자식 코루틴 내에서 처리하는 결과가 동일한 것을 알 수
  있다.

```
fun foo(): Flow<Int> = flow {                 //플로우 빌더는 일시 중단 함수로 정의하지 않음
    println("플로우 시작")
    for (i in 1..3) {
        delay(100)
        emit(i)                               //데이터 송신
    }
}

fun main() = runBlocking<Unit> {
    println("플로우 스코프 만듬")
    val flow = foo()                          //플로우 함수 실행
    println(flow.javaClass)                   //플로우 객체로 변환

    flow.collect { value -> println(value) }  //플로우 처리
    println("집합 변환 : " + flow.toSet())    //집합으로 변환

    launch {
        println("코루틴 내부에서 호출")
        flow.collect { value -> println(value) }  //플로우 중단함수
    }
}

main()
```

```
플로우 스코프 만듬
class kotlinx.coroutines.flow.SafeFlow
플로우 시작
1
2
3
플로우 시작
집합 변환 : [1, 2, 3]
코루틴 내부에서 호출
플로우 시작
1
2
3
```

### ◤ 플로우도 타임아웃 처리

플로우를 특정 시간 내에 처리하도록 지정할 수 있다.

▫ 플로우 함수를 정의한 후에 타임아웃을 처리하는 withTimeoutOrNull에 특정 시간을 지정하

CHAPTER **14**

고 플로우를 처리했다.

- 플로우도 코루틴이므로 특정 시간이 지나면 타임아웃이 되어 모든 코루틴을 종료한다.

```
fun foo(): Flow<Int> = flow {          //플로우 빌더 처리
    for (i in 1..3) {
        delay(100)                     //일시 중단
        println("Emitting $i")
        emit(i)                        //플로우 값 처리
    }
}

fun main() = runBlocking<Unit> {
    withTimeoutOrNull(250) {           //250ms 후에 시간 초과
        foo().collect { value -> println(value) }  //플로우 중단함수
    }
    println("Done")
}
main()
```

```
Emitting 1
1
Emitting 2
2
Done
```

### ◤ 시퀀스나 배열을 플로우로 변환

코틀린 컬렉션 내의 클래스를 플로우로 변환해서 처리한다.

- 범위 객체를 asFlow로 변환했다. 이 함수는 코루틴 패키지에서 만든 확장함수이다.
- 이 확장함수로 범위나 리스트 등을 플로우로 변환해 코루틴 내에서 플로우를 쉽게 처리할 수 있다.
- 플로우로 변환된 것을 실행해보면 일반 함수에 플로우 지정한 것과 동일한 결과가 나오는 것을 볼 수 있다.

```
// fun <T> () -> T.asFlow() : Flow<T>    //함수 자료형의 확장함수
// fun IntRange.asFlow() : Flow<Int>     //범위의 확장함수

fun main() = runBlocking<Unit> {
```

```
        val foo =  (1..3).asFlow()
        println(foo.javaClass)
        println(foo::class.supertypes)
        println("원소 개수 : " + foo.count())      //플로우 중단함수
        foo.collect { value -> println(value) } //플로우 중단함수
}

main()
```

```
class kotlinx.coroutines.flow.FlowKt__BuildersKt$asFlow$$inlined$unsafeFlow$9
[kotlinx.coroutines.flow.Flow<[ERROR : Unknown type parameter 0. Please try
recompiling module containing "[container not found]"]>, kotlin.Any]
원소 개수 : 3
1
2
3
```

## ◼ 플로우 내의 원소 변환

플로우도 리스트나 배열처럼 여러 원소를 가진다. 이들도 내부의 원소를 변환해서 처리할 수
있다.

□ 플로우로 변환할 때 플로우의 컨텍스트도 변경할 수 있다. 플로우도 원소별로 변환하는 map
을 지원한다.

□ 이제 플로우 원소를 collect으로 가져올 때 작업이 실행된다.

□ 실제 delay 함수가 작동되지 않고 내부적으로는 순차적으로 처리된다.

```
fun convert(request: Int): String {
    return "일반함수변환 $request"                     //플로우 값 매핑
}

suspend fun convertFlow(request: Int): String {
    //delay(1000)                                    //1초 대기
    return "일시중단함수변환 $request"                  //플로우 값 매핑
}

fun main() = runBlocking<Unit> {
    val foo = (1..3).asFlow()                        //범위를 플로우로 변환
                    .flowOn(Dispatchers.IO)          //플로우의 컨텍스트 변환
    foo.map { it -> convertFlow(it) }                //플로우에도 map으로 변환 처리 가능
        .collect { it -> println(it) }               //플로우 중단함수
```

CHAPTER **14**

```
    foo.map { it -> convert(it) }                    // 플로우에도 map으로 변환 처리 가능
        .collect { it -> println(it) }               // 플로우 중단함수

}

main()
```

일시중단함수변환 1
일시중단함수변환 2
일시중단함수변환 3
일반함수변환 1
일반함수변환 2
일반함수변환 3

## ■ 시퀀스를 플로우로 처리

플로우도 시퀀스 처리가 리스트나 배열과 동일하게 처리된다.

□ 리스트를 시퀀스로 변환하고 시퀀스 내부의 원소를 변환해서 처리했다.

□ 이 리스트를 플로우로 변환해 처리한다.

```
fun convert(request: Int): String {
    return "일반함수변환 $request"                     // 플로우 값 매핑
}

suspend fun convertFlow(request: Int): String {
    delay(1000)                                      // 1초 대기
    return "일시중단함수변환 $request"                  // 플로우 값 매핑
}

fun main() = runBlocking<Unit> {
    val foo = listOf(1,2,3,4).asSequence().asFlow()  // 시퀀스를 플로우로 변환
                            .flowOn(Dispatchers.IO)   // 플로우의 컨텍스트 변환
    foo.map { it -> convertFlow(it) }                // 플로우에도 map으로 변환 처리 가능
        .collect { it -> println(it) }               // 플로우 중단함수

    foo.map { it -> convert(it) }                    // 플로우에도 map으로 변환 처리 가능
        .collect { it -> println(it) }               // 플로우 중단함수

}

main()
```

일시중단함수변환 1
일시중단함수변환 2
일시중단함수변환 3
일시중단함수변환 4
일반함수변환 1
일반함수변환 2
일반함수변환 3
일반함수변환 4

## ◤ 플로우 내부 원소를 변환 처리

플로우의 데이터를 변환하면서 플로우 데이터를 전달해야 비동기 처리가 실행된다.

- □ 플로우 데이터를 만들었지만, map으로 처리할 때는 순차적으로 처리되었다.
- □ 이제 transform 내에서 emit을 처리하면 비동기적으로 처리된 결과가 출력된다.

```kotlin
fun convert(request: Int): String {          //일반 함수 정의
    return "일반함수변환 $request"              //플로우 값 매핑
}

suspend fun convertFlow(request: Int): String {   //일시 중단 함수 정의
    delay(100)                                    //1초 대기
    return "일시중단함수변환 $request"             //플로우 값 매핑
}


fun main() = runBlocking<Unit> {
    val foo = (1..3).asFlow()                 //배열→Flow 변환

    foo.transform { it ->                     //변환 메서드로 여러 개를 변환
        emit("문자열로 변환 $it")               //emit으로 flow 처리
        emit(convert(it))                     //emit으로 flow 처리
        emit(convertFlow(it))                 //emit으로 flow 처리
    }.collect { it -> println(it) }           //플로우 중단 함수
}

main()
```

문자열로 변환 1
일반함수변환 1
일시중단함수변환 1
문자열로 변환 2
일반함수변환 2

일시중단함수변환 2
문자열로 변환 3
일반함수변환 3
일시중단함수변환 3

## ■ 리듀스, 폴드 처리

플로우의 원소들의 값을 합산해서 처리한다.

- □ 컬렉션의 map reduce 처리 플로우도 map reduce 처리가 가능한 것을 확인할 수 있다.
- □ reduce와 fold의 차이점은 fold는 초깃값을 인자로 전달해서 값을 계산하는 것이다.
- □ 시퀀스에서 처리되는 map reduce와 처리가 같은 것을 확인할 수 있다.

```kotlin
fun main() {
    runBlocking<Unit> {
        val sumF1 = (1..10).asFlow()                         //플로우로 변환

        val sumF2 = sumF1.filter { it % 2 == 0}              //필터 처리
                    .map {it * it }                          //변환 함수
                    .reduce { accumulator, value
                                -> accumulator + value }     //중단 리듀스 함수

        println(sumF2)
        val sumF3 = sumF1.filter { it % 2 == 0}              //필터 처리
            .map {it * it }
            .fold(0) {accumulator, value
                            -> accumulator + value }
        println(sumF3)
    }

    val sumS1 = (1..10).toList().asSequence()                //시퀀스 변환
    val sumS2 = sumS1.filter { it % 2 == 0}                  //필터 처리
        .map {it * it }                                      //변환 함수
        .reduce { accumulator, value -> accumulator + value }//함산 함수
    println(sumS2)

    val sumS3 = sumS1.filter { it % 2 == 0}                  //필터 처리
        .map {it * it }
        .fold(0) {accumulator, value -> accumulator + value }//폴더 연산
    println(sumS3)
}

main()
```

```
220
220
220
220
```

### ◀ 두 개의 플로우를 하나로 합치기: Zip 처리

두 개의 플로우를 하나로 묶어서 처리한다.

□ 두 개의 플로우를 하나로 묶어서 맵으로 변환한다.

□ 보통 컬렉션에서 제공하는 zip과 동일한 것을 알 수 있다.

```
fun main() {
    var mapF = mutableMapOf<Int, String>()
    runBlocking<Unit> {
        val nums = (1..3).asFlow()                        //숫자 플로우
        val l = listOf("one", "two", "three")             //리스트 생성
        val strs = flowOf(*l.toTypedArray())              //리스트를 플로우로 변환
        println("리스트로 변환 : " + strs.toList())

        nums.zip(strs) { a, b -> a to b }                 //집을 통해 튜플로 변환
            .collect { mapF.put(it.first, it.second) }    //맵으로 변환
        println("뱀으로 변환 : " + mapF)
    }
}
main()
```

```
리스트로 변환 : [one, two, three]
뱀으로 변환 : {1=one, 2=two, 3=three}
```

### ◀ 플로우 취소

플로우는 별도의 취소를 제공하지 않는다. 플로우를 취소하는 것이 아니라 상위 코루틴을 취소해서 플로우를 종료한다.

```
fun main() {

    runBlocking<Unit> {                                   //런블로킹 스코프

        val job = launch {                                //코루틴 빌더
            delay(200)
```

```
            (1..5).asFlow().collect { println("$it") }    //플로우 처리
        }

        delay(300)
        println(" 플로우 취소하기 ")                          //플로우 중단
        job.cancel()
    }
}

main()
```

1
2
3
4
5
 플로우 취소하기

## 액터 처리

액터(Actor)는 코루틴에서 특정 상태를 관리하며 수신과 송신을 함께 처리할 수 있어서 동기화된 정보를 관리할 수 있다. 액터를 정의할 때는 수신과 송신을 별도로 구성한다. 이런 특성을 가지므로 액터는 스레드간 동기화를 지원하기 위한 도구로 사용된다.
그래서 액터를 사용하면 상태 액세스를 단일 스레드로 한정할 수 있고 다른 스레드를 사용해서 채널에 현재의 상태를 변경할 수도 있다.


### ◤ 액터에 데이터 전송하고 출력하기

액터를 사용하려면 채널의 actor 함수를 import 해야 한다.

```
import kotlinx.coroutines.*
import kotlinx.coroutines.channels.actor
```

## ■ 액터 함수

액터 함수도 코루틴 스코프의 확장함수이다.

- □ 실제 코루틴 패키지에 actor 함수가 구현된 정보를 가져온 것이다.
- □ 액터로 만들면 액터 스코프가 생기고 기본으로 액터는 Receive Channel을 내부에 구현해서 값을 받을 수 있다.
- □ 액터가 처리되면 반환값으로 SendChannel을 처리한다.

```
// interface ActorScope<E> : CoroutineScope, ReceiveChannel<E>   // 액터 스코프는 코루틴과 리시브 채널


// public fun <E> CoroutineScope.actor(                          // 액터 빌더
//     context: CoroutineContext = EmptyCoroutineContext,        // 컨텍스트
//     capacity : Int = 0,                                       // 용량
//     start: CoroutineStart = CoroutineStart.DEFAULT,
//     onCompletion: ComletionHandler? = null,                   // 핸들러
//     block: suspend ActorScope<E>.() -> Unit                   // 일시 중단 람다표현식
// ):  SendChannel<E>                                            // 전송 채널
```

## ■ 액터 함수로 액터 스코프를 만들어 사용하기

액터로 코루틴을 만들면 액터는 기본으로 데이터를 받을 수 있는 ReceivedChannel를 가진다.

- □ 액터로 코루틴 스코프를 정의한다. 버퍼 크기를 10으로 지정했다.
- □ 액터에 전달된 데이터는 채널로 수신해서 출력된다.
- □ 1부터 5까지 범위를 만들고 이 숫자를 문자열로 바꿔서 send 메서드로 전송한다.
- □ 액터를 모두 사용하면 close로 닫는다.

```
fun main() = runBlocking {                              //런블로킹 스코프 생성
  val actor1 = actor<String>(capacity = 10) {           // 액터 빌더
    for (data in channel) {                             // 액터 내부의 수신된 데이터 출력
      println(data +" Thread : " + Thread.currentThread().name)
    }
  }
  (1..5).forEach {
      actor1.send(it.toString())                        // 액터에 데이터 전송
  }
  actor1.close()                                        // 액터 종료
  delay(500L)                                           // 전체 지연
  println(" closed ")
```

```
}

main()
```

```
1 Thread : Thread-25
2 Thread : Thread-25
3 Thread : Thread-25
4 Thread : Thread-25
5 Thread : Thread-25
 closed
```

### ◾ 확장함수로 액터 생성하고 메시지 전송만 하기

액터로 확장함수를 만들고 다른 코루틴 함수에서 이 액터를 사용한다.

- □ 코루틴 확장함수를 정의하고 actor로 액터 스코프를 지정한다. 그 내부에 액터가 수신하는 채널에 대한 처리를 만든다.
- □ 메인 함수에 runBlocking으로 코루틴 스코프를 만든다. 이 스코프 내부에 액터 스코프를 만든다.
- □ 두 async 코루틴의 5개의 자식 코루틴에서 액터로 데이터를 전송한다. 하지만 현재 액터는 수신만 할 수 있으므로 반환값을 처리할 수 없다.

```
fun CoroutineScope.actorCounter() = actor<Int> { //코루틴 스코프에 액터를 정의
    println(channel::class.simpleName)
    var count = 0                              // actor 로컬 변수
    for (msg in channel) {                     // channel을 순회하는 for-loop 문
        count++                                // 수신마다 count로 로컬변수 값 증가
        println("수신받은 메시지 : $msg")//수신마다 출력
    }                                          // channel이 닫히고 for-loop 문을 벗어나면 출력
    println("result $count")
}

fun main() = runBlocking {
    val counter = actorCounter()               //액터 공유 채널만들기
    val workA = async {                        //코루틴에서 전달
        repeat(2) {
            counter.send(it)                   //액터에 전송
        }
    }
    val workB = async {                        //코루틴에서 전달
        repeat(3) {
```

```
                counter.send(it)                    // 액터에 전송
            }
        }
        workA.await()                               // 반환값 없음
        workB.await()
        counter.close()                             // 액터 종료
}

main()
```
```
ActorCoroutine
수신받은 메시지 : 0
수신받은 메시지 : 1
수신받은 메시지 : 0
수신받은 메시지 : 1
수신받은 메시지 : 2
result 5
true
```

## ▌ 송신 처리

다시 한번 액터를 확장함수로 만들고 데이터를 송신해본다.

- □ 액터로 코루틴 확장함수를 작성한다.
- □ 코루틴 스코프를 runBlocking으로 만든다. 그 안의 액터 스코프에 생성 데이터를 전송한다.

```
fun CoroutineScope.basicActor() = actor<Int> {
    var count = 0                                   // actor 로컬 변수
    for (msg in channel) {                          // channel을 순회하는 for-loop 문
        count++                                     // 수신마다 count 로컬 변수 값 증가
        println("수신받은 메시지 : $msg") // 수신마다 출력
    }
                                                    // channel이 닫히고 for-loop 문을 벗어나면 출력
    println("result $count")

}
                                                    // 0.5초 딜레이를 갖고 3번 채널에 send(송신) 반복
val rb = runBlocking {                              // 런블로킹 스코프 정의
    val chan = basicActor()                         // 액터 빌더 실행
    repeat(3) {
        delay(500)
        println("송신한 메시지 : $it")
```

```
        chan.send(it)                        // 액터에 데이터 전송
    }

    chan.close()                             // 액터 종료
}
```

```
송신한 메시지 : 0
수신받은 메시지 : 0
송신한 메시지 : 1
수신받은 메시지 : 1
송신한 메시지 : 2
수신받은 메시지 : 2
result 3
```

### ◤ 클래스를 정의해서 액터 송수신을 분리

액터로 데이터를 송수신하려면 송신과 수신을 별도로 분리해서 처리한다.

□ 송수신을 담당할 클래스 정의: 봉인 클래스를 정의해서 송신과 수신을 담당하는 object화 클래스를 정의한다. 데이터를 가져오는 GetCounter 클래스의 속성은 CompleteDeferred 클래스로 정의해서 이 객체로 데이터를 반환받는다.

```
sealed class CounterMsg                                // 모든 메시지 타입의 부모 클래스
object IncCounter : CounterMsg()                       // 변수를 1 증가시키라는 메시지
class GetCounter(val response: CompletableDeferred<Int>)
                      : CounterMsg()                    // 변수의 값을 돌려달라는 메시지
```

□ 액터 스코프를 정의하고 송수신하기: 액터를 확장함수로 정의한다. 이번에는 데이터를 송수신하기 위해 when 표현식을 사용한다. 전달되는 메시지의 자료형을 판단해서 데이터 송수신 로직을 추가한다. 먼저 InCounter 자료형은 수신하면 내부 데이터를 수정한다. GetCounter를 받으면 갱신된 속성을 다시 외부로 전송 처리한다. 밑에 코루틴 스코프를 만들어서 하나의 코루틴에서는 전송하고 다른 코루틴에서는 데이터를 수신한다. 액터가 모두 사용되면 닫는다.

```
fun CoroutineScope.counterActor() = actor<CounterMsg> {
    var counter = 0                                    // 변수(state)
    for (msg in channel) {                             // 들어오는 메시지 처리
        println("수신메시지 : " + msg::class.simpleName)
```

```
            when (msg) {
                is IncCounter -> { counter++              //수신 처리
                                   println("수신 " + Thread.currentThread().name)
                                  }
                is GetCounter -> { msg.response.complete(counter) //송신 처리
                                   println("송신 " + Thread curr.entThread() name)
                                  }
            }
        }
    }

fun main() = runBlocking<Unit> {
    val counter = counterActor()                          //actor 생성
    launch(Dispatchers.Default) {
        launch {
            counter.send(IncCounter)
        }
    }
                                                          //actor로부터 값을 받는다.
    delay(500)
    val response = CompletableDeferred<Int>()             //actor 객체 생성
    counter.send(GetCounter(response))                    //수신받기 위해 액터에 전송
    println("Counter = ${response.await()}")              //수신 결과 확인
    delay(1000)
    counter.close()                                       //actor 종료
}
main()
```

```
수신메시지 : IncCounter
 수신 Thread-52
수신메시지 : GetCounter
 송신 Thread-52
Counter = 1
```

## ▋ 액터 송수신 처리

다른 클래스를 사용해서 송수신을 처리해본다.

　▫ 송수신을 담당할 클래스 정의: 봉인 클래스를 정의한다. 그리고 내부적으로 송신을 담당하는
　　클래스와 수신을 처리하는 클래스를 분리해서 작성한다. 수신을 위한 클래스의 속성은 Com-
　　pletableDeferred 자료형으로 지정한다.

```
// interface CompletableDeferred<T> : Deferred<T>              // 비동기 처리 결과

sealed class Message                                          // 봉인 클래스로 상속관계 명확화
object Receive : Message()                                    // 수신 메시지 처리
class  Send (val response: CompletableDeferred<Int>)// 송신 메시지 처리
                       : Message()                            // 인자로 deferred 객체 수신 필요
```

☐ 액터 스코프를 함수로 정의한다. 이 함수 내의 봉인 클래스를 상속한 클래스로 when 구문에
서 자료형을 점검한 후에 송수신 처리 로직을 작성한다. 수신일 경우는 지역변수를 더하고 송
신일 경우는 값에 곱하기 100을 처리한다.

☐ 실제 작동하는 코루틴을 메인 함수에 정의한다.

☐ 액터와 메시지 송수신을 위해 함수를 실행해서 액터 스코프를 빌더한다.

☐ 송신은 withContext로 코루틴을 빌드하고 수신은 launch로 빌더한다. 액터에서 값을 가져오
려면 CompletableDeferred 객체를 생성하고 Send 클래스의 객체의 인자로 전달한다. 이를
액터에 송신해서 값을 수신한다.

☐ 수신된 값은 await 메서드로 확인한다.

```
fun CoroutineScope.numsActor() = actor<Message> {
    var counter = 0                                          // 내부 상태 관리
    for (msg in channel) {                                   // 들어오는 메시지 처리
        println("수신메시지 : " + msg::class.simpleName)
        println(coroutineContext)
        when (msg) {
            is Receive -> {  counter++                       // 내부 값 변경
                            println("수신 " + Thread cur.rentThread() name).}
                                                             // 송신값 처리
            is Send ->    {  msg.response.complete(counter * 100)
                            println("송신 " + Thread.currentThread().name) }
        }
    }
}

fun main() {
    GlobalScope.launch(Dispatchers.Default) {
        val counter = numsActor()                            // actor 생성
        withContext(Dispatchers.Default) {
            launch {
                counter.send(Receive)                        // 메시지 전송
```

```
            }
        }
        launch {
            delay(300)                                      //actor에서 값을 받는다.
            val response = CompletableDeferred<Int>()
            counter.send(Send(response))                    //반환값을 받기 위한 메시지 전송
            println("송신되는 값 = ${response.await()}") //Deferred 처리이므로
        }                                                    //await로 결과를 수신 처리
        delay(2000)
        counter.close()                                      //actor 종료
    }
    Thread.sleep(3000)
}

main()
```

```
수신메시지 : Receive
[ActorCoroutine{Active}@ba1b908, Dispatchers.Default]
수신 DefaultDispatcher-worker-3
수신메시지 : Send
[ActorCoroutine{Active}@ba1b908, Dispatchers.Default]
송신 DefaultDispatcher-worker-3
송신되는 값 = 100
```

## ◀ 송수신 처리

슈퍼바이저 잡과 예외 핸들러를 같이 컨텍스트로 전달할 수 있다.

- □ 송수신을 담당할 클래스 정의: 봉인 클래스를 작성할 때 상속한 클래스를 내부 클래스로 작성한다. 수신을 위한 클래스의 속성은 CompletableDeferred 자료형으로 지정한다.

```
sealed class Message {                                   //봉인 클래스 정의
    class Increment(val value: Int) : Message()          //수신 처리 클래스 정의
    class GetValue(val deferred: CompletableDeferred<String>)
                                                         //송신 처리 클래스 정의
                        : Message()//송신을 위한 deferred 객체 전달
}
```

- □ 송수신을 담당할 액터 확장함수를 정의한다.
- □ 실제 실행할 메인 함수를 작성한다. 메인 함수 내부에 확장함수를 실행해서 액터 스코프를 빌

더한다.

□ 코루틴 스코프를 만들어 액터에 3번 송신하고 상태를 변경한다.

□ 이 변경된 값을 가져오기 위해서 다른 코루틴 스코프에서 액터에 수신 처리한다.

□ 이때 액터에서 값을 가져오려면 CompletableDeferred 객체를 생성하고 GetValue 클래스 객체의 인자로 전달한다. 이를 액터에 송신해서 값을 수신한다.

□ 값을 확인하려면 await 메서드를 사용한다.

```kotlin
fun CoroutineScope.channelActor() = actor<Message> { //코루틴 스코프
    var counter = 0                                   //확장함수로 액터 빌더 정의
    for (message in channel) {
        println("전송 받은 메시지: " + message::class.simpleName)//수신한
        when(message) {                               //메시지 출력
            is Message.Increment                      //메시지 수신 처리
                    -> counter += message.value
            is Message.GetValue                       //메시지 송신 처리
                    -> message.deferred
                        .complete(counter.toString()
                                +" 액터")
        }
    }
}

fun main() = runBlocking<Unit> {
    val msgchannel = channelActor()                   //액터 빌드하기

    GlobalScope.launch {                              //전역 스코프에서 액터에 전송
        msgchannel.send(Message.Increment(1))
        msgchannel.send(Message.Increment(2))
        msgchannel.send(Message.Increment(200))
    }

    launch {
        val deferred = CompletableDeferred<String>() //메서드 받기위한 deferred 처리
        msgchannel.send(Message.GetValue(deferred))//액터로 메시지 전송해서 수신 처리
        println("전송받은 메시지 : " + deferred.await())//전송받은 메시지 처리
    }

    delay(3000)
    msgchannel.close()
}
```

```
main()
```

전송 받은 메시지 : Increment
전송 받은 메시지 : Increment
전송 받은 메시지 : Increment
전송 받은 메시지 : GetValue
전송받은 메시지 : 203 액터

ㄱ

가변 리스트  98, 298, 299, 300, 301, 314, 315, 326, 463, 474, 512, 513, 539
가변변수  39
가변인자  96, 97, 127, 391
가시성  129, 139, 140, 141, 142, 152, 481
가시성 변경자  139, 140
결합관계  257, 258, 259, 260, 261
고차함수  374, 391, 392, 393, 410, 411, 415, 416
공변성  462, 463, 464, 465, 466, 467, 468, 469, 470, 472, 473, 474, 475, 476, 483
공통 메서드  210, 211, 289
구조분해  232, 233, 234, 235, 246, 280, 310, 333
구조적 동등성  66, 281
구현관계  145, 146
꼬리 재귀  396, 397

ㄴ

날짜  192, 249, 250, 251, 252, 253, 254, 255
날짜 포매팅  250, 251, 253, 254
내부 클래스  131, 140, 154, 155, 157, 369, 370, 485, 619
내장 자료형  117, 192, 193
내포 클래스  131, 152, 153, 171, 172, 485
논리연산  31, 61, 64, 65, 66
논리연산자  31, 61, 64, 65

ㄷ

다중 상속  345
단일 상속  130, 145, 256, 345, 427
단일표현식  69, 80, 96
단항연산자  47, 50
동등성  66, 67, 68, 281

동반 객체  131, 142, 143, 160, 168, 169, 170, 171, 172, 178, 183, 283, 285, 286, 287, 356, 367, 442, 479, 485, 499, 503
동시성  541, 542, 547
디스패처  564, 568, 569

ㄹ

람다표현식  108, 109, 110, 111, 112, 114, 115, 117, 118, 119
런치  555, 556, 557
렉시컬 스코프  100, 115
리터럴  30, 31, 32, 46, 194, 202, 237
리터럴 표기법  30, 31, 46, 194, 202, 237
리플렉션  68, 114, 143, 194, 197, 198, 201, 211, 236, 237, 304, 338, 436, 438, 439, 477, 480, 481, 483, 488, 489, 491, 496
링크드리스트  297, 301, 302, 316

ㅁ

매개변수 초깃값  96
메모이제이션  398
메서드 오버라이딩  211, 272, 274, 275
메서드 오버로딩  269
메서드 참조  142, 143, 144
메서드 체이닝  388
멤버 가시성  140
명시적 캐스팅  192
무공변  474
무변성  462, 463, 464
문서화 주석  34
문자열 템플릿  35, 37, 59, 200
문장  24, 29, 40, 59, 60, 69, 70, 71, 76, 80, 430

## ㅂ

반공변성  462, 463, 466, 467, 468, 469, 470, 472,
476

반복자  78, 80, 87, 88, 89, 216, 240, 241, 246, 247,
248, 341, 508, 519

배열  35, 57, 64, 80, 87, 96, 97, 214, 215, 216, 217,
218, 219, 220, 232, 234, 244, 245, 246, 295,
324, 326, 392, 393, 401, 474, 506, 606, 607,
608

배킹필드  173, 263, 264, 266, 291, 358, 359, 412,
449, 452

버퍼 스트림  507

범위  63, 64, 72, 78, 79, 80, 81, 82, 87, 88, 89, 129,
186, 202, 207, 218, 227, 240, 241, 242, 243,
244, 245, 246, 247, 248, 283, 364, 448, 498,
499, 533, 563, 570, 606, 613

변경 가능한 객체  102, 104, 201

변경 불가능한 객체  102

변성  375, 443, 462, 463, 464, 465, 466, 467, 468,
469, 470, 471, 472, 473, 474, 475, 476, 483

변수 스코프  99, 100, 101, 115, 156

별칭  56, 291, 293, 314, 391, 395

보조 생성자 오버로딩  137

봉인 클래스  369, 370, 371, 372, 373, 486, 616, 617,
618, 619

부생성자  131, 150

부수효과  375

불변 리스트  298, 301, 302, 327, 464, 474

불변변수  39

비교연산  31, 61, 62, 63, 64, 67

비교연산자  31, 61, 62, 67

비동기  518, 558, 571, 603, 609

비순수함수  376

비트연산  52

## ㅅ

사용자 지정 변성  471, 472

상속  145, 146, 147, 148, 149, 150, 154, 155, 158,
159, 161, 163, 164, 165, 166, 167

상속관계  44, 45, 140, 145, 146, 147, 148, 150, 154,
158, 186, 198, 211, 227, 228, 229, 236, 257,
259, 260, 272, 274, 320, 364, 417, 421, 443,
449, 462, 465, 467, 475, 476, 481, 486, 491,
492, 505, 509, 514, 544

생성관계  197, 198, 491, 544

생성자  133, 134, 135, 136, 137, 138, 139, 141, 142,
146, 147, 149, 150

생성자 위임호출  131, 150

서브루틴  90, 541, 542

선언 변성  469

소프트 예약어  57

속성 위임 규칙  430

수신 객체  400, 599

수탁자 클래스  418, 419, 420, 421, 422, 423, 426,
428

순수함수  375, 376

순환문  42, 60, 78, 80, 82, 83, 84, 85, 88, 194, 195,
216, 240, 241, 310, 333, 335, 537

숫자 클래스  46, 193, 194

슈퍼바이저 스코프  583, 586, 587, 588

슈퍼바이저 잡  583, 589, 619

스레드  504, 522, 523, 524, 525, 526, 527, 528,
529, 530, 531, 532, 533, 534, 535, 536, 537,
538, 539, 541, 542, 543, 544, 545, 546, 547,
549, 550, 551, 552, 568, 571, 612

스코프 함수  246, 400, 402, 403, 404, 405, 406,
407, 544, 576, 589

스타 프로젝션  474, 475, 476

스택  312, 313, 314, 315, 317, 396, 397, 522

스프레드 연산자  97

시그니처  91, 126, 189, 237, 238

시퀀스  340, 341, 342, 343, 344, 380, 606, 608, 610

식별자  40, 54, 55, 56, 57, 125, 126, 272

실수  31, 32, 37, 45, 48, 67, 68, 193, 194, 200, 430,
447, 448, 449, 450

싱글턴  166, 480

## ㅇ

아나콘다 14, 15, 16, 17, 18, 19, 22

안전호출 120, 121, 122

애노테이션 291, 464, 467, 483, 494, 495, 496, 497,
498, 499, 500, 501, 502, 503

액터 591, 612, 613, 614, 615, 616, 617, 618, 619,
620

어싱크 555, 558, 586

엘비스 연산자 222, 225, 226

연관관계 146, 257

연산자 30, 31, 32

연산자 오버로딩 51, 123, 124, 268, 269, 270, 271,
373, 438

예약어 57

예외문 60

예외처리 75, 415, 556, 561, 583, 584, 585, 586

오버라이딩 211, 272, 274, 275, 361, 381

오버로딩 51, 123, 124, 125, 126, 127, 130, 137, 138,
268, 269, 270, 271, 305, 373, 438, 444, 502

위드컨텍스트 556, 563, 565, 582

위드타임아웃 556, 566

위임관계 417, 418, 420, 421, 422, 424, 425, 426

위임 속성 435

위치인자 96

위탁자 클래스 418, 419, 420, 421, 422, 423, 424,
426, 428

유니코드 82, 92

의존관계 257, 261, 262

이너 클래스 131, 152, 153, 154, 157, 158, 172, 485

이넘 클래스 9, 280, 283, 284, 285, 286, 287, 288,
289, 456

이름인자 96

이스케이프 문자 36, 37, 202, 203, 227

이진연산자 52

이항연산자 47, 61, 270

익명함수 90, 106, 107, 108, 109, 110, 112, 114, 117,
118, 121, 122, 123, 377, 381, 383, 391, 478, 489

인라인 클래스 256, 280, 291, 292, 293

인라인 함수 109, 407, 410, 411, 412, 413, 414, 415,
416, 480

인픽스 270

일급 객체 68, 374, 375, 377, 378, 379, 381

일시중단 함수 542, 545, 546, 549, 551, 556, 560,
562, 563, 564, 573, 577, 578, 579, 580, 581,
582, 601, 603

일시중단함수 556

입력 스트림 511

## ㅈ

자료형 222, 223, 224, 225, 226, 227, 228, 229,
230, 231, 232, 235

재귀함수 391, 396, 397, 398, 410

전역변수 40, 42, 71, 100, 101, 115, 139, 156, 157,
173, 174, 236, 375, 376

전역함수 100, 139

정수 24, 26, 31, 32, 35, 36, 37

제네릭 442

제네릭 클래스 453, 454, 455, 456, 457, 458, 464,
465, 466, 467, 468, 470, 471, 472, 473, 475,
485, 502

제네릭 확장속성 449, 452

제네릭 확장함수 449, 451, 452, 460

조건문 60, 69, 71, 95, 222, 226, 228

조합관계 257, 259

주 생성자 129, 130, 131, 132, 133, 134, 135, 136,
137, 138, 141, 142, 150, 165, 169, 183, 248, 257,
280, 282, 285, 291, 292, 293, 346, 349, 352,
418, 420, 421, 422, 453, 470, 472, 484, 489

주석 30, 33, 34, 494, 556, 559, 563

주피터 노트북 14, 15, 18, 22, 23, 24, 26, 27, 28, 29,
54, 140, 501, 543

주피터 랩 15, 18, 21, 28, 29

지역변수 40, 42, 43, 57, 71, 73, 80, 92, 99, 100,
101, 102, 107, 112, 115, 160, 164, 236, 376, 385,
430, 433, 473, 480, 618

지역 클래스 92, 99, 152, 154, 155

지역 함수 92

지연초기화 430, 431, 433, 435, 452

## ㅊ

채널 591, 592, 593, 594, 595, 596, 597, 598, 601, 602, 612, 613, 614
초기화 27, 99, 130, 131, 133, 134, 136, 147, 150, 230, 231, 291, 292
최상위 클래스 131, 147, 160, 180, 192, 193, 210, 223, 229, 481
최하위 클래스 192, 210
추상 클래스 345, 346, 347, 348, 349, 350, 351, 352, 353, 354, 355, 356, 357, 358, 362, 363, 365
출력 스트림 510

## ㅋ

카멜 표기법 39, 40
커링함수 374, 383, 384, 385, 386, 388
코루틴 541, 542
코루틴 빌더 함수 545, 549, 550, 555, 556
큐 313, 314, 315, 316, 317, 318, 319
클래스 129
클래스 위임 418, 419, 420, 421, 422, 423, 425, 426, 427, 428, 430
클래스 위임 규칙 418
클로저 40, 99, 112, 113, 115, 383, 385

## ㅌ

타임 존 251, 254, 255
타입 매개변수 441, 442, 443
타입변환 44, 45
타입 별칭 293
타입 인자 441, 442, 443
타입추론 44, 45

## ㅍ

파스칼 표기법 40
파일 505, 507
팟홀 표기법 40
포함연산자 63
표준 입출력 5, 58, 375
표현식 30
플로우 603

## ㅎ

하드 예약어 57
할당복합연산자 49
함수 시그니처 91, 237
함수 오버로딩 125, 126, 127, 270, 444, 502
함수 자료형 117, 118, 488, 489
함수 참조 113, 114, 477, 478
합성함수 391, 393, 394, 395, 451
형식문자 포매팅 37
호출연산자 27, 92, 106, 109, 111, 118, 122, 123, 124, 133, 285
확장속성 443, 449, 452
확장함수 179, 180, 181, 182

## O

object 165, 166
object 표현식 160, 161, 162, 163

## S

SAM 인터페이스 400, 408, 409